KB216097

예비 일반교육 교사를 위한

특수교육의 이해

UNDERSTANDING

SPECIAL EDUCATION

FOR PRE-SERVICE GENERAL EDUCATION TEACHER

예비 일반교육 교사를 위한

특수교육의 이해

박선희·양현규 지음

한양대학교 출판부

머리말

특수아동은 언제 어디서나 우리와 함께 해 온 아이들이다. 이런 사실을 몰랐기에 무관심했을 수 있고 아니면 알고 있더라도 일반교육 교사와는 무관한 아이들이라고 생각해서 교육대상으로 염두에 두지 않았을 수도 있다. '특수아동은 특수교육을 받아야 하고, 특수교육은 특수교육 교사가 담당하는 것이다'라고 생각했기 때문에 당연히 특수아동은 특수교육 교사가 담당하는 것으로 생각해 왔을 것이다. 겉으로 보기에 '특수(special)' 체인으로 연결되는 것처럼 보여서 일반교육은 낄 자리가 없다고 생각했을 것이다. 하지만 드러난 용어가 오해를 만든 것일 뿐이다. 실제 특수아동의 특수는 special이 아닌 exceptional이다. 원래 '특수(special)'라는 단어로 연결되는 관계가 아닌 것이다. exceptional이라고 드러내 보면 특수아동은 반드시 special educator와만 함께 할 이유가 없다. general educator와도 함께 할 수 있고 반드시 함께 해야만 한다.

오해라고 표현했지만, 사실은 그렇게 믿고 싶었던 것일 수도 있다. 특수아동을 '특수' 체인에 묶어 두면 교육 서비스 제공자로서는 너무나 쉽게 교육적 결정을 내릴 수 있기 때문이다. 하지만 이처럼 잘못된 인식이 믿음으로 굳어진다면 특수아동의 사회적 배제가 당연하게 받아들여질 것이다. 다행히도 이런 우려가 현실화하는 것을 막고자 하는 노력이 있었고 현재 어느 정도 열매가 맺어진 상태다. 많은 특수아동이 일반학교에서 통합교육을 받게 되면서 양적 측면에서 성과가 있었고 특수교육에 대한 인식도 조금씩 개선되어 가고 있는 중이다. 하지만 통합교육의 질적 측면에 관한 관심은 여전히 부족해 보인다.

통합교육의 질은 일반교육 교사에게 달려 있다. 교원양성과정에서 일반교육 예비교사에게 통합교육의 당위성을 알게 하고 관심을 두게 하는데 주력하는 이유가 바로 여기에 있다. 장애아동 대부분이 통합교육을 받고 있으므로 이젠 예비교사에게 통합교육은 미래에 마주할 여러 교육상황 중 하나가 되었다. 향후 이런 상황에 마주했을 때 당황할 수 있는 일반교육 교사들을 떠올려 보며, 예비 일반교육 교사 입장에서 지금 당장 필요한 게 무엇일까 생각하게 되었다.

현재 시판되고 있는 통합교육 관련 도서들이 주로 특수교육 교사 관점에서 통합교육을 기술하고 있어, 많은 일반교육 예비교사들이 학습에 어려움이 있었고 혼란이 있어 왔다. 따라서 지금 당장 필요한 것은 일반교육 교사에게 적절한 교재라는 생각을 하게 되었고 이런 측면에서 이 번에 본 교재를 집필하게 되었다. 통합교육은 특수교육 교사 관점이 아닌 일반교육 교사 관점이어야 한다. 통합교육을 주도하면서 실행하는 주체는 바로 일반교육 교사이기 때문이다.

이 책은 당장은 어려울 수도 있는 특수교육을 제대로 이해할 수 있도록 내용을 구성하여 통합교육이 사실 어렵지 않다는 것을 알리는 데 중점을 두고 있다. 이를 위해 내용을 통합교육의 이해와 장애학생의 이해로 구성하여 미래 일반교육 교사가 될 학습자들이 보다 쉽게 통합교육 개념과 장애특성 그리고 교육지원 방법을 알 수 있도록 하였다.

특수교육의 이론은 그 내용이 방대하여 내용 선정에 어려움이 있었지만, 일반교육 교사 입장에서 필요한 기초지식을 중심으로 가장 우선순위와 중요도가 높은 내용을 선정하였다. 이 정도만 학습해도 실제 학교 현장에서 다른 전문가들과 협력하여 통합교육을 하는 데 큰 어려움이 없을 것이라 생각한다.

이 책이 통합교육 현장으로 갈 예비 일반교육 교사들에게 장애아동의 장애 및 특성을 이해하고 지원할 수 있는 지식의 토대가 되기를 바란다. 나아가 장애학생으로 선정된 학생뿐만 아니라 장애가 없지만 여러 가지 이유로 학습에 어려움을 겪고 있는 학생들을 지원하는 데도 도움이 되기를 바란다. 마지막으로 장애아동은 학급의 운영을 힘들고 불편하게 하는 존재가 아니라 함께 살아가는 소중한 사회의 구성원임을 인식하고 열린 태도가 형성되기를 소망한다.

2022년 1월

저자 일동

차례

II 장애학생의 이해

I

통합교육의 이해

특수교육과 일반교육 교사의 관계

—

장애개념 및 특수교육의 특징

—

특수교육의 개념

—

국내 특수교육 현황과 교육지원

—

통합과 교육배치의 원리

—

특수교육 교육과정과 개별화교육계획

—

통합교육을 위한 교육지원

1 특수교육과 일반교육 교사의 관계

학습 목표

1 특수교육 교직과목을 학습하는 이유와 궁극적인 목적을 이해할 수 있다.
2 특수교육 교사의 특징을 알 수 있다.
3 장애인학대 유형과 학대 예방 및 신고 의무자로서 해야 할 역할을 알고 실천할 수 있다.

일반교육 교사(이하 일반교사)는 장애학생과 무관하다고 생각하기 쉽지만, 이는 결코 사실이 아니다. 오히려 일반교사는 특수교육에서 매우 중요한 역할을 담당한다. 현재 특수교육에서는 통합교육이 추세인데, 이 통합교육의 성공을 결정하는 교사가 바로 일반교사이다. 이와 관련하여 본 장에서는 일반교사가 특수교육에서 어떤 역할을 수행해야 하는지를 중심으로 다룬다. 이를 위해 예비교사가 특수교육 관련 과목을 학습해야 하는 이유와 목적을 다루고, 원활한 교육활동을 위해 일반교사가 긴밀히 협력해야 할 특수교육 교사(이하 특수교사)와 장애 학대 의무신고자로서 역할에 대해 살펴본다.

1 특수교육 교직과목의 목적

특수교육 교직과목은 개설 학교에 따라 특수교육론 또는 특수교육학개론이라는 과목명으로 불리고 있다. 일반교사가 될 예비교사로서는 이 과목을 왜 배워야 하는지 의문이 들 것이다. 왜냐하면 흔히 장애학생은 특수교사가 담당하는 것으로 알고 있기 때문이다. 특수교사에게 장애학생 교육을 맡기면 되는데 굳이 일반교육 예비교사에게 왜 이 과목을 배우게 하는 것일까 하는 의문은 어쩌면 당연한지도 모른다. 이 과목을 배워야 하는 이유를 설명하면 장애학생이 포함된 일반학급에서의 통합교육은 바로 일반교사가 담당하기 때문이다. 일반학급에 장애학생이 있다면 통합교육은 교사에게 있어 선택이 아니라 필수이다. 이처럼 일반교사가 통합교육을 해야 하는 것이 현실인데 양성과정에서 특수교육 관련 과목을 이수하지 않았거나 제대로 배우지 않는다면 실제 통합교육 상황에서 장애학생을 제대로 교육할 수 없게 될 것이다.

그렇다면 특수교사라고 하는 교사들은 장애학생 교육에 있어 어떤 일을 담당할까? 우리나라에서 특수교사는 사실상 분리교육만 담당한다. 장애학생의 교육은 통합교육 상황(장애학생과 비장애학생이 함께 교육받는 상황)과 분리교육 상황(장애학생들만 또는 개별 장애학생만 교육받는 상황)으로 나눌 수 있는데, 분리교육 상황에서는 특수교사가 담당하고 통합교육 상황에서는 일반교사가 담당하는 것이다.

특수교육을 통합교육과 분리교육으로 설명하면, 현재 국내에서 통합교육은 장애학생의 약 70% 정도가 받고 있고, 나머지 30% 정도는 분리교육을 받고 있다. 이렇듯 대다수의 장애학생들이 일반교육 현장에서 통합교육을 받고 있으므로 일반교사는 언젠가는 통합교육을 해야 할 상황에 직면하게 된다. 이런 현실에서 특수교육에 대해 아무런 준비도 되어 있지 않다면 굉장히 난감할 것이다. 그래서 교원 양성과정에서 특수교육 과목을 수강하도록 하여 통합교육을 할 수 있도록 대비하게 하는 것이다.

물론 이 과정을 이수한다고 해서 혼자서 장애학생을 가르칠 수는 없다. 실제 통합교육에서 일반교사들에게 요구하는 것이 무엇인지 살펴보기 전에 장애학생 교육을 전문으로 하는 특수교사의 경우를 살펴보면, 특수교육을 위한 수행능력에는 그림 I-1-1과 같이 특수화된 능력이 더 필요함을 알 수 있다. 그림 I-1-1은 모든 교사에게 필요한 일반적 능력 외에도 10가지 장애유형에 해당하는 학생들에 대한 교육역량 또한 갖춰야 해서 더욱 높은 전문적 자질이 요구됨을 알 수 있다(김병하, 1999).

특수교육을 전공하는 학생들은 이러한 능력을 갖추기 위해 4년 동안 특수교육 관련 교육과정을 이수하고, 그 후 특수교사가 되어 장애학생을 가르치게 된다. 이에 비해 일반교사는 단지, 이 한 과목만을 배우고 학교 현장에서 통합교육을 하게 된다. 이는 잠깐만 생각해봐도 원활한 통합교육의 실행이 불가능함을 알 수 있다. 4년 동안 특수교육을 전공

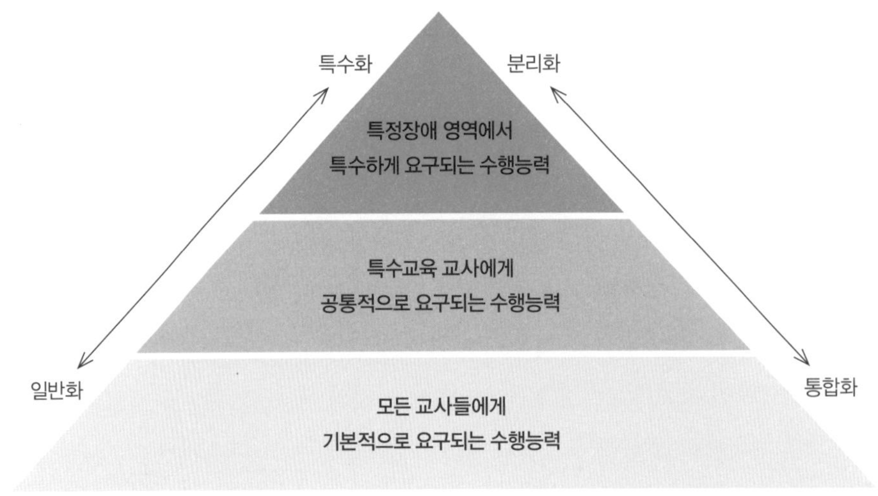

그림 I-1-1 특수교사의 수행능력 구조

출처: 김윤성(2011)

한 특수교사도 교육 현장에서 장애학생 교육이 쉽지 않은데, 특수교육 관련 한 과목만을 수강한 일반교사에게 장애학생 교육을 담당하게 한다는 것은 사실상 어려운 것을 요구하는 것이다. 그렇다면 통합교육에서 일반교사에게 기대하는 것은 무엇일까? 그것은 일반교사가 혼자서 장애학생 교육을 담당하는 것이 아니라 다른 전문가들과 협력해서 가르치는 것이다.

특수교육에는 일반교육과 다른 특징이 있는데 이것을 제대로 이해한다면 일반교사도 장애학생을 교육한다는 게 불가능하지 않음을 알게 된다. 그 핵심적인 특징은 바로 협력적 팀 접근이다. 사실 특수교사도 혼자서 장애학생을 가르치지 않으며 다른 전문가들과 협력을 통해 함께 가르친다. 만일 교사 혼자서 실시하는 특수교육이라면 그 교육은 실패할 가능성이 높다. 당연히 일반교사도 혼자서 장애학생을 가르칠 수 없고 그럴 필요도 없으며 그래서도 안 된다.

본 과목은 교사 독자적으로 통합교육할 수 있도록 하는 데 목적이 있지 않다. 실제 이 과목이 달성하고자 하는 목적은 크게 두 가지다. 첫째는 통합교육에 대한 개념적 방해 요소를 제거하기 위함이다. 일반교사가 통합교육에 대한 개념조차 없다 한다면 심한 경우, 자신의 학급에 장애학생이 소속되어 있음에도 자신이 담당하는 학생이 아니라고 여길 것이다. 이는 통합교육에서 큰 장애물로 작용한다. 실제로 현재 학교 현장에 있는 교사 중 교원 양성과정에서 특수교육 관련 과목을 배우지 않은 일부 교사는 통합교육에 대한 개념조차 없어서 '장애학생은 특수교사가 가르쳐야지', '장애학생은 특수학교에서 교육을 받아야지'라고 말하기도 한다. 만약 장애학생이 이런 생각을 하는 교사를 만난다면 물리적인 수준의 통합교육, 즉 제대로 실행되지 못한 교육을 받게 될 것이다. 설령 교사에게 통합교육에 대한 개념이 있다 하더라도 적절한 실행방법을 모른다면 적절한 통합교육을 못할 것이다. 이런 통합교육에서의 개념적 방해요소들을 제거하기 위해 본 과목을 이수하도록 하는 것이다. 다시 말해 특수교육의 이해를 통해 통합교육에 대한 개념과 통합교육을 실시하는 방법을 알게 하여 통합교육을 제대로 실시하게 한다는 것이다.

둘째는 통합교육에 대한 기초지식을 습득하게 하기 위함이다. 통합교육은 특수교사가 아니라 일반교사가 주도하는 것이다. 물론, 통합교육은 일반교사 혼자 하는 것은 아니며 다른 전문가들과 협력해서 교육하는 것이다. 통합교육은 다른 전문가들(예를 들면, 특수교사, 보호자, 특수교육 관련서비스 제공자, 관할 특수교육지원센터 등)과 협력을 통해 가르친다. 따라서 협력이 중요한데 이를 위해서는 다른 전문가들과 의사소통할 수 있는 수준의 기초지식을 갖추고 있어야 한다. 다른 전문가들과 대화가 원활하다면 일반교사는 협력을 수월하게 주도할 수 있고 전문가들의 도움을 받아 통합교육을 성공적으로 실시할 수 있을 것이다.

전술한 목적을 달성하기 위해 이 과목에서 중점을 두는 학습내용은 크게 두 가지다. 하나는 통합교육의 이해이고 다른 하나는 장애유형 10가지의 이해이다. 통합교육의 이해는 주로 통합교육에 대한 개념과 특수교육 관련 제도에 따라 실행하는 통합교육방법을 다룬다. 그리고 장애유형 10가지의 이해는 장애유형별 정의와 특성, 그리고 특성에 따른 통합교육에서의 교육지원 방법을 다룬다. 이 중 장애유형 10가지의 이해는 특수교육의 핵심이라고 할 만큼 중요하다. 본 교재가 다루는 두 가지 내용을 습득한다면 다른 전문가들과 의사소통할 수 있을 정도의 기초지식을 습득하게 될 것이고 이를 학교 현장에서 활용하여 협력하면 어렵지 않게 통합교육을 할 수 있을 것이다.

특수교육 교직과목은 이론과 실제 중 이론에 중점을 두는 과목이다. 이 과목의 목적이 다른 전문가들과 의사소통할 수 있을 정도의 기초지식을 습득하게 하는 것에 있기도 하고, 한정된 이수 시수 안에서 통합교육 현장에서의 실제까지 다룰 수 없기 때문이기도 하다. 흔히 교육에서 이론과 실제는 그 틈새가 크다고 한다. 이는 실제 교육 현장에 나가면 학교에서 배웠던 이론과는 다른 실제에 직면하게 된다는 것을 의미한다. 특수교육에서도 이런 간극은 존재하는데 일반교육보다 그 차이가 더 크다는 특징이 있다. 이는 장애학생에 따라 교육이 달라지는 특수교육의 특성에 기인한 것이다. 특수교육은 장애학생 한 명의 요구로부터 시작되므로 학생마다 그 교육이 달라진다. 다시 말해, 이론과 실제 간의 큰 차이는 장애학생마다 다른 요구 때문에 나타나는 것이다. 더욱이 그 요구를 충족하는 방법 또한 다르기 때문인데, 특수교육은 일반교육과는 다른 접근방식, 즉, 협력적 접근을 사용하므로 교사는 더욱 큰 차이를 느끼게 된다. 일반교사들은 한 명의 교사가 다수의 학생을 교육하는 방식에 익숙하다. 하지만 특수교육은 그 반대의 접근방법 즉, 한 학생에 대해 전문가들이 협력적으로 접근해야 한다. 따라서 특수교육의 실제는 교사 한 명의 역량에 따라 결정되는 것은 아니다. 다른 전문가들과 대화할 수 있을 정도의 기초지식만이라도 갖추고 있다면 협력을 통해 통합교육할 수 있으므로 이런 기초지식으로서 통합교육과 장애유형 10가지를 이론적으로나마 아는 것이 현재 양성과정에서 최선이라 할 수 있다.

장애학생은 장애라는 특수성이 있어서 그들을 담당하는 어떤 교사라도 장애전문가의 도움이 필요하다. 물론 특수교사도 전문가라 할 수 있지만, 이는 일반교사에 비해 상대적인 것이지 모든 장애에 대해 완벽한 전문적 지식을 갖출 순 없다. 그래서 특수교사도 다른 전문가들과 협력을 통해서 장애학생을 지도하는 것이다.

간혹 특수교육 교직과목을 수강하는 학생 중에는 '장애학생이 문제행동을 보일 때 어떻게 대처해야 하는지 궁금합니다. 우리는 그게 더 필요합니다.'라고 실제 측면에 중점을 둔 내용을 요청하기도 한다. 이런 요구는 예비교사들이 장차 통합교육에서 직면하게 될 문제와 관련되어 있으므로 어쩌면 당연할 수 있다. 하지만 이 과목에서 실제를 다룬다고 하더라도 별 도움이 되진 않을 것이다. 왜냐면 전술한 것처럼 특수교육의 실제적인 측면이라는 것은 어떤 장애학생을 만나느냐에 따라 달라지기 때문이다. 학습자인 장애학생이 없는 현재 상태에서 교육 중재법을 알려준다고 하더라도 실제 장애학생에게 맞지 않을 수 있다. 만약 본 과목의 내용을 실제 중심으로 변경하게 된다면, 전문가들과 의사소통할 수 있는 기초지식 습득이라는 목적에도 도달할 수 없을뿐더러 실제 측면에서 알려주는 중재법이 실제 장애학생에게 최선의 방법이 아닐 수 있으므로 학교 현장에서 큰 도움이 되지 않을 것이다. 그리고 앞서서 특수교육은 교사 혼자 하는 게 아니라 다른 전문가들(특히 특수교사)과 협력해서 계획하고 실행한다고 했었다. 특수교육의 실제라는 것은 협력적 팀 접근이므로 일반교사가 혼자 교육해야 한다는 부담을 가질 필요가 없는 것이다. 장애학생에 대한 최선의 중재법은 학교 현장의 전문가들, 특히 특수교사로부터 자문받은 중재법이다. 다시 한번 강조하면, 장애학생에 대한 최상의 실제는 학교 현장의 장애전문가들이 결정한다.

전술한 내용을 이해하고 이 과목을 듣는다고 해도 본 과목의 내용이 쉽게 와닿진 않을 것이다. 예비교사 관점에서 생소한 내용이기도 하고, 학교 현장에서 협력할 때 필요한 내용을 담고 있어 당장 쓸모가 있는 것도 아니기 때문이다. 학습자인 여러분의 이해를 돕기 위해 ICT 교육에 비유해보면 본 과목은 ICT 활용 교육이 아니라 ICT 소양 교육이라 할 수 있다. 컴퓨터를 사용하기 전에 컴퓨터 주요 부품에 무엇이 있는지 그 기능은 무엇인지 등을 아는 것과 같다. 이런 지식만 갖추고 있다면 컴퓨터를 활용하는 것은 다른 사람의 도움을 받아 어렵지 않게 사용할 수 있을 것이다. 본 과목은 이것을 기대하고 있다. 이 과목의 내용을 다른 전문가들과 협력을 하는 데 필요한 내용이라고 받아들인다면 생소한 내용이지만 더욱더 집중할 수 있을 것이다.

2 특수교육 교사

일반교사는 전문가팀과 협력하여 통합교육을 실행해야 한다. 일반교사가 이 전문가팀에서 지속하여 긴밀한 관계를 유지해야 할 구성원이 있는데 그건 바로 특수교사다. 특수교사는 어떤 장애학생이라도 교육할 준비가 되어 있는 교육전문가다. 따라서 일반교사가 통합교육을 제대로 하기 위해서는 특수교사의 도움을 반드시 받아야 한다. 학교 현장에서 특수교사와 협력하면서 적시에 협력적 자문을 받는다면 통합교육을 성공적으로 실행할 수 있다. 이러한 성공적인 통합교육은 장애학생뿐만 아니라 비장애학생들에게도 도움이 된다. 또한, 협력관계에 있는 특수교사에 대해 미리 알고 있다면 통합교육을 이해하는 데 보다 도움이 될 것이다. 이에 따라 특수교사의 양성과정과 특수교사의 특징에 대해 살펴보고자 한다.

양성과정

우리나라 특수교사의 양성은 1950년 국립 맹아학교 사범과에서 시작되었다. 대학에서는 1961년 한국사회사업대학에 특수교육과를 설치하였으나, 공식적으로 대학에서 특수교사를 양성한 것은 1971년 이후다(김승국 등, 1997). 그 후 교육법이 개정됨에 따라 교육대학 및 사범대학 특수교육과를 졸업한 자, 대학의 특수교육 관련학과 졸업자로서 소정의 교직과정을 이수한 자, 그리고 일반교사 자격증을 가지고 교육대학원 및 교육부장관이 지정한 대학원에서 석사학위를 취득한 자에게 특수교사 자격을 부여해 왔다. 유치원 및 초등·중등·특수학교 등의 교사자격 취득을 위한 세부기준(2020)에 의하면, 교육대학원에서 특수학교 교사자격을 취하기 위해서는 유치원·초등학교·중등학교 교사자격증을 소지한 자로 한정하고 있다. 이에 따라 현재는 대학의 특수교육과 및 특수교육 관련학과, 그리고 대학원 특수교육 전공에서 특수교사 자격증을 발급하는 이원화 체제로 운영되고 있다.

특수교사의 특징

특수교육과에 입학하면 일반적으로 유아, 초등, 중등교육 과정의 특수교육 중 하나를 선택하는데, 적지 않은 학생들이 복수전공으로 두 개의 과정을 선택해서 교사자격증을 모두 취득하여 졸업한다. 특수교육에선 이런 복수전공이 그리 어렵지 않은 편인데, 일반교육과는 다른 특수교육만의 특징이 있기 때문이다. 그 특징이란 유·초·중등교육 과정 간에 다뤄야 하는 해당 교육의 교육과정이 다르긴 하지만, 특수교육의 핵심이라고 하는 장애유형 10가지 중 9가지가 공통이라는 것이다. 교사자격 취득 세부기준에 의하면 특수학교 교사가 되기 위해서는 표 I-1-1과 같은 특수교육 공통영역을 반드시 이수해야 하는데, 이 기본 이수 과목들이 유·초·중등교육 모두 공통이다.

표 I-1-1 특수교육 영역(공통) 기본 이수 과목

기본 이수 과목(또는 분야)	비고
특수교육학, 특수교육교육과정론, 장애학생통합교육론, 특수교육대상학생 진단 및 평가, 특수교육공학, 시각장애학생교육, 청각장애학생교육, 지적장애학생교육, 지체장애학생교육, 중도·중복장애학생교육, 정서·행동장애학생교육, 자폐성장애학생교육, 의사소통장애학생교육, 학습장애학생교육, 건강장애학생교육	특수학교(유치원/초등/중등) 교사자격증 취득을 위한 공통 기본 이수 과목(또는 분야) ※ 특수교육교육과정론(초등/중등 필수)

출처: 유치원 및 초등·중등·특수학교 등의 교사자격 취득을 위한 세부기준(2020)

특수교사는 직업적으로 몇 가지 장점이 있는데, 그중 하나가 공립 교원으로 임용이 되면 이후 본인 적성에 따라 학교를 선택할 수 있다는 것이다. 일반학교(특수학급이 설치되어 있는 경우)와 특수학교 중 자신의 적성에 맞는 학교를 선택할 수 있다는 것이 장점일 수 있다. 조직 체계 속에서 계획된 대로 실행하는 것이 자신에게 맞는다면 특수학교로 신청하고 자신의 재량껏 학급을 운영해 보는 것이 적성에 맞는다면 특수학급에 발령을 신청하여 갈 수 있다.

특수교사가 일반학교와 특수학교 중 하나를 선택할 수 있는 것처럼 장애학생 또한 학교를 선택할 수 있다. 이것과 관련하여 장애학생 배치유형을 살펴보면 표 I-1-2와 같다.

표 I-1-2 장애학생 배치유형에 따른 교육 구분

소속	배치유형	교육 구분	담당교사
일반학교	일반학급	일반학급에서 완전통합교육	일반교사
	특수학급	일반학급(통합학급)에서 통합교육	일반교사
		특수학급에서 부분적 분리교육	특수교사
특수학교	특수학교	완전분리교육	특수교사

특수학교에서 교육을 받는 장애학생은 완전분리교육을 받는다. 일반학교에 특수학급이 설치되어 있는 경우, 장애학생은 크게 두 가지 배치유형(일반학급 배치, 특수학급 배치) 중 하나로 배치되는데, 대부분은 특수학급에 배치된다. 특수학급 배치 학생은 통합교육을 받기는 하나, 사실상 부분적으로 분리교육을 받는다. 학교생활의 대부분은 일반학급에서 보내고 일부의 시간만 특수학급에서 분리교육을 받는 것이다. 일반학급은 교육과정 상 별도의 지원이 필요하지 않은 장애학생이 배치되거나 일반학교에 특수학급이 설치되어 있지 않았을 때 배치될 수 있다. 일반학급에 배치되는 장애학생들은 완전통합교육을 받는다. 장애학생이 일반학급에 있는 상황이 곧 통합교육 상황이고, 이때 일반교사가 장애학생 교육

을 담당해야 한다.

교사를 교과교사와 비교과교사로 구분할 때 특수교사는 교과교사에 해당한다. 특수교육은 특성에 적합한 교육과정과 특수교육 관련서비스 제공을 통하여 이루어지는 교육이므로, 교육과정에 의한 교육을 한다는 점에서 교과교사이기 때문이다. 따라서 다른 교과교사와 마찬가지로 학교장의 결재를 득한 시간표를 통해 수업시수를 인정받는다. 교사를 담임교사와 비담임교사로 구분할 때, 특수학급을 담당하는 특수교사는 담임교사에 해당한다. 따라서 특수학급을 담당하고 있는 특수교사는 교과교사 및 담임교사의 역할을 하며, 교과지도 외에도 생활지도 및 업무분장에 의한 특수학급 운영 관련 각종 교육 행정 업무를 담당하게 된다(교육부, 2017a).

3 장애인학대 의무신고자

장애인복지법(2020)에서는 직무상 장애인학대 사실을 알게 되었을 때 이를 의무적으로 신고해야 하는 사람을 지정하고 있다. 이 사람들을 장애인학대 신고의무자라고 하는데 여기에 유·초·중등교사를 포함한 교육기관 종사자들이 포함되어 있다. 따라서 예비교사들도 앞으로 신고의무자로서 어떤 역할을 해야 하는지 알고 있어야 한다.

장애인복지법(2020)에서는 신고의무자에 대해 다음과 같이 규정하고 있다.

> 직무상 장애인학대 및 장애인 대상 성범죄를 알게 된 경우에는 지체 없이 장애인권익옹호기관 또는 수사기관에 신고하여야 한다(장애인복지법 제59조의4 제2항).

신고하지 않으면 300만 원 이하의 과태료가 부과된다. 단지, 과태료 때문에 신고해야 하는 것보다는 학생을 지도하는 교사이기 때문에 장애학생이 어떤 유형의 학대이든 학대 상황에 직면해 있다면 당연히 신고해야 한다. 만약 학대인지 아닌지 판단이 어렵다면 장애인 인권상담 네트워크나 장애인 인권침해 예방센터에 상담하면 되고, 직접 신고할 때는 권익옹호 전문기관 또는 수사기관으로 신고하면 된다.

2018년 전체 장애인 상담 중 약 50% 정도가 장애인학대 의심 사례에 대한 것이었다. 그림 I-1-2에서 볼 수 있듯이, 신체적 학대가 가장 많았고 경제적 착취, 방임, 정서적 학대 순이었다. 그리고 학대의 약 66%가 인지능력에 어려움이 있는 지적장애인들에게 행해지고 있음을 알 수 있다.

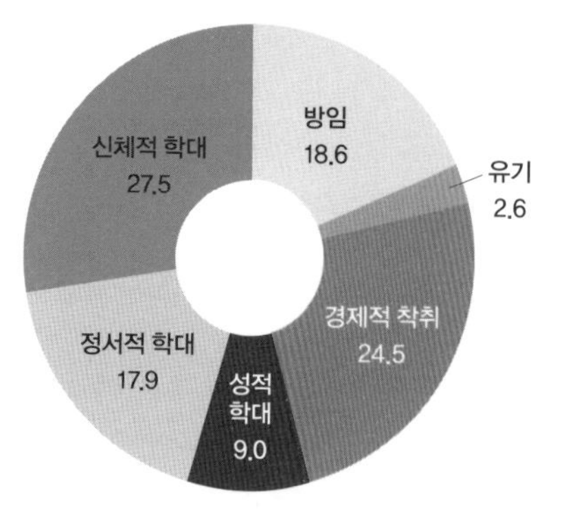

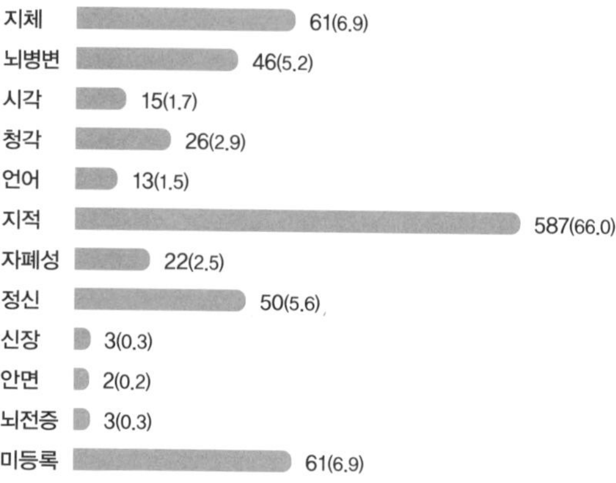

그림 I-1-2 장애인학대 현황(단위: %)

출처: 보건복지부(2019)

장애인학대의 이해

장애인복지법(2020)에서는 장애인학대에 대해 다음과 같이 정의하고 있다.

- **장애인학대**

  장애인에 대하여 신체적·정신적·정서적·언어적·성적 폭력이나 가혹행위, 경제적 착취, 유기 또는 방임하는 것을 말한다(장애인복지법 제2조 제3항).

학대 가해자를 살펴보면 의외로 장애인과 가까운 사람들이 많다. 가해자들은 장애인을 보호하고 지원한다는 명목 아래 학대를 일삼고, 자신의 행위를 선으로 포장하며 다른 사람들이 장애인에게 관심을 두지 않게 한다는 점에서 더욱 주의할 필요가 있다. 장애인학대에는 다음과 같은 특징이 있다(보건복지부, 2016).

- **은밀하게 일어난다.**

  가정 내, 장애인 시설 내, 직장, 학교 등 우리 주변에서 은밀하게 일어날 수 있다.

- **가까운 사람이 가해자가 되는 경우가 많다.**

  보호자, 복지서비스 제공자, 직장 동료, 이웃 등 장애인과 가까운 사람이 가해자가 되는 경우가 많다. 하지만 가까운 사람 모두가 가해자는 아니다. 장애인의 옹호자로서 역할을 충실히 하는 사람도 있다.

- **학대임을 인지하지 못하거나 학대임에도 가볍게 여기는 경우가 많다.**

  학대를 당하거나 유기·방임에 놓인 장애인을 보고도 대수롭지 않게 여기는 경우가 많다.

- 장애인 스스로 해결하거나 도움을 요청하기 어려운 경우가 많다.

  ① 장애인은 피해 상황을 인지하지 못하거나 가해자에게 순응하는 경우가 많다.

  ② 학대를 당하고도 어쩔 수 없는 일로 체념하는 경우가 많다.

장애인학대 유형

장애인학대는 신체적 학대, 정서적 학대, 성적 학대, 경제적 착취, 유기·방임으로 나눌 수 있다. 이런 학대 상황을 목격한다면 신고를 해야 하고, 갑작스럽게 다른 사람을 두려워하거나 위축 등의 예측징후가 있다면 학대를 의심해보고 그 원인을 파악해서 신고해야 할 수도 있다.

신체적 학대

장애인학대 사례 중 가장 많은 유형이 신체적 학대이다. 신체적 학대는 장애인의 신체에 손상을 입히거나 고통을 주는 행위로 폭행, 상해, 감금 등의 행위를 말한다. 신체적 학대의 구체적 예는 다음과 같다(보건복지부, 2019).

- 손이나 발 등 몸이나 도구를 사용해 때리거나 상처를 입히는 행위
- 원치 않는 수술이나 시술을 받게 하는 행위(낙태, 문신, 불임시술 등)
- 묶거나 가두거나 출입을 통제하는 행위
- 잠을 자지 못 하게 하거나 똑바로 앉은 채 움직이지 못 하게 하는 행위
- 고통을 줄 목적으로 과도한 양의 음식이나 매운 음식을 먹이는 행위
- 화상 동상을 입히는 행위
- 체벌 기합 행위
- 불필요하거나 과도한 약물 투여 행위

장애인복지법(2020)에서는 신체적 학대와 관련하여 상해, 폭행, 체포 또는 감금, 곡예를 시키는 행위에 대해 처벌 규정을 마련하고 있다. 교사는 장애학생에 대한 신체적 학대 상황을 목격하는 것 외에 학대를 의심할 수 있는 정황이 발견된 경우에도 신고해야 한다. 예를 들어 학생의 신체 부위에 상처, 멍, 묶인 자국, 흉터가 있다면 그 원인을 파악하고 신고를 해야 할 수도 있다.

정서적 학대

정서적 학대는 잘 드러나지 않는다는 특징이 있으므로 다른 유형에 비해 더 유심히 살펴보아야 한다. 정서적 학대는 마음에 상처를 입히는 행위로서 폭언, 협박, 조롱, 비하 등과 같은 언어적 폭력, 무시하거나 집단으로 따돌리는 등의 비언어적 폭력, 모욕적인 행위를 강요하는 등의 가혹행위를 말한다. 구체적인 정서적 학대 행위의 구체적 예는 다음과 같다(보건복지부, 2019).

- 공포감을 주는 위협이나 협박, 지속적인 비하, 모욕, 조롱, 욕설
- 따돌리거나 소외시키는 경우, 투명 인간처럼 대하는 행위
- 종교적 행위 강요
- 사회관계로부터의 고립

장애인복지법(2020)에서는 정서적 학대와 관련하여 정신건강 및 발달에 해를 끼치는 행위를 규정하고, 이에 대한 처벌 규정을 마련하고 있다. 정서적 학대는 눈에 잘 띄지 않기 때문에 교사가 간과하기 쉬운 유형이다. 장애학생은 장애가 있다는 이유로 폭언이나 비하, 조롱, 욕설과 같은 언어적 폭력에 노출되는 경우가 많다. 이런 정서적 학대에 놓이는 장애학생은 자아존중감이 낮아지게 되고, 이로 인해 사회적 참여에 어려움이 있을 수 있음을 유념해야 한다. 교사는 모든 학생에 대해 학대 상황을 살펴보아야 하지만, 장애학생에 대해서는 특히 더 유심히 살펴보아야 한다. 이 외에도 교사는 비장애학생들이 장애라는 용어를 사용하여 비하나 농담, 조롱하지 않도록 언어사용에 있어 지도할 필요가 있다. 그리고 장애학생을 의도적으로 소외시키거나 고립시키는 말이나 행위를 하지 않도록 또래학생을 지도할 필요가 있다.

성적 학대

성적 학대는 성희롱, 성추행, 성폭행 등 성적 폭력이나 가혹행위를 말한다. 정서적 학대에 해당하는 행위라도 성적 굴욕감이나 수치심을 준다면 성적 학대로 볼 수 있고, 반대로 성적 학대로 보기에 애매한 행위는 정서적 학대로 볼 수도 있다. 성적 학대의 구체적 예는 다음과 같다(보건복지부, 2019).

- 성추행, 성폭행
- 성희롱
- 성매매를 요구하거나 강요하는 행위
- 특정한 사람과의 성적 행위나 성적 수치심을 주는 행위의 강요
- 성적 행위나 신체를 촬영하거나 게시, 유포하는 행위

장애인복지법(2020)에서는 성적 학대와 관련하여 성희롱, 성폭력에 대해 처벌 규정을 마련하고 있다. 중등교육기의 학생들은 신체적으로 성숙해 있으므로 교사는 성적 학대 문제가 발생하지 않도록 특별히 세심하게 살펴볼 필요가 있다. 성적 학대를 예방하기 위해 장애학생에 대해서는 성교육을 주기적으로 실시하고는 있지만 만에 하나 발생할 수 있는 상황이 있는지 확인하고, 있다면 교사가 즉각 개입하고 신고해야 한다. 장애학생은 학대를 받고 있어도 학대 사실을 인지하지 못하는 경우가 있고, 인지하더라도 도움을 요청하는 방법을 모르거나 의사표현을 못할 수도 있다. 따라서 성적 학대와 관련해서도 교사가 유심히 살펴보아야 한다.

경제적 착취

경제적 착취는 피해자의 장애를 이용하여 노동력, 재물, 재산적 가치가 있는 권리 등을 부당하게 침해하고, 이로 인하여 경제적 손해를 끼치는 행위를 말한다. 경제적 착취의 구체적인 예는 다음과 같다(보건복지부, 2019).

- 노동력 착취
- 폭행이나 협박 등으로 재산을 빼앗는 행위
- 속여서 재산을 가로채는 행위
- 명의를 도용하여 재산을 가로채거나 채무를 발생시키는 행위
- 폭행, 협박, 기만 등 다양한 방법을 이용하여 현저히 부당한 계약을 체결하거나 권리를 포기하게 하는 행위

장애인복지법(2020)에서는 경제적 착취와 관련하여 다음에 대해 처벌 규정을 마련하고 있다.

- 폭행·협박·감금 등을 통해 원치 않는 노동 강요
- 장애인에게 구걸하게 하거나, 장애인을 이용해 구걸한 경우
- 장애인에게 증여 또는 급여된 금품을 목적 외로 사용한 경우
- 장애인을 이용한 부당한 영리 행위

유기·방임

유기·방임은 보호의무자가 자신의 의무를 내버림으로써 피해자에게 생명이나 신체의 위험을 초래하는 행위를 말한다. 유기는 보호의무자가 자신의 보호·감독을 받는 장애인을 버리는 행위이고, 방임은 보호의무자가 자신의 보호·감독을 받는 장애인에 대하여 기본적인 보호조차 제공하지 않는 행위이다. 유기·방임에 해당하는 예는 다음과 같다(보건복지부, 2019).

- 피해 장애인을 본래 거주지가 아닌 장소에 버리고 연락을 끊는 행위
- 기본적인 의식주의 제공을 현저히 소홀하게 하는 행위
- 치료, 수술 등 의료적 처치가 필요함을 알고도 이를 지원하지 않고 방치하는 행위
- 기본적인 교육·훈련을 일절 지원하지 않는 행위

장애인복지법(2020)에서는 유기·방임에 대해 처벌 규정을 마련하고 있다. 유기·방임을 의심할 수 있는 징후로는 악취, 땀띠, 염증, 욕창의 증상이나 머리, 수염, 목욕, 손톱, 옷 입기 등 신변처리가 안 된 상태가 있다. 또한, 건강이나 주거 환경이 불량한 상태, 가정이 어려운 상황임에도 사회 지원서비스 연계를 거절하는 경우 등도 예측징후에 속한다.

Memo

2 장애개념 및 특수교육의 특징

학습 목표

1 장애명칭과 의학적 진단을 알아야 하는 이유를 설명할 수 있다.
2 장애개념과 특성을 이해할 수 있다.
3 일반교육과 구분되는 특수교육의 특징을 설명할 수 있다.

특수교육대상 아동은 원래 특수아동(exceptional children)이라고 하는 영재아동(gifted children)과 장애아동(children with disabilities)이다. 그러나 국내에서는 교육기본법(2021)에서 장애아동을 특수교육대상으로, 영재는 영재교육대상으로 구분함으로써 특수교육대상을 장애아동으로 한정하고 있다. 이처럼 국내에서 특수교육은 장애아동을 대상으로 하므로 어떤 아동이 장애를 가졌는지 알아내는 것이 특수교육의 시작이 된다. 이는 대상 아동을 특정할 필요가 없는 일반교육 분야와는 크게 구분되는 특징이다.

1 장애명칭과 의학적 진단의 의미

장애개념을 설명하는 장애 관점은 의학적 관점과 사회적 관점 두 가지로 구분될 수 있다. 장애에 대한 의학적 관점은 장애를 신체나 인지 등에서의 비정상성으로 받아들이고 장애의 원인에 주된 초점을 두는 것으로서 장애가 개인 안에 실재하는 속성이라고 본다. 하지만 장애에 대한 사회적 관점은 장애를 개인의 속성으로 보지 않고, 개인과 환경의 상호작용 결과로 보며 사회 환경에 따라 다르게 정의된다고 본다. 다시 말해 장애를 사회적 구조나 환경의 문제로 보는 것이다. 지금까지 장애 분야에서는 장애에 대해 대부분 의학적 관점을 사용해왔다. 이 때문에 '다름을 틀림'으로 받아들이고, 이를 정상으로 돌리기 위해 교정해야 한다고 믿었다(결함모형). 또한 개인 자체의 치료나 재활, 교육에 집중해 왔고 장애를 극복해야 하는 것으로 여겼다(개별적인 모형). 따라서 장애 문제를 극복하는 것도, 극복하지 못한 책임도 전적으로 개인에게 있다고 보았다. 의학적 관점에서는 아무리 복지제도가 잘 갖춰지고 장애 인식이 개선된다고 하더라도 근본적으로 장애인에 대한 편견은 사라질 수 없다는 문제가 있다(Oliver, 1990; 김수연, 2010).

두 개의 장애 관점 중 어느 관점이 옳은지를 따지는 것 보다 두 관점 모두를 조화롭게 사용해야 한다는 것이 중요하다. 하지만 장애 분야에서는 지금까지 의학적 관점의 장애를 당연한 것처럼 받아들여 왔고, 장애에 대한 사회적 관점을 간과해 왔다.

장애인 명칭에 대해 살펴보면, 현재 국내에서는 장애인(障礙人)이라는 명칭이 사용되는데 이는 현행 장애인복지법(2020)의 영향을 받은 것이기도 하다. 법적 용어이기도 한 장애인이라는 명칭은 이전에 장애자라는 명칭으로 사용된 적이 있다. 이는 장애인복지법(2020) 이전 법인 심신장애자복지법(1981)의 영향을 받은 것이다. 중국에서는 잔질인(残疾人), 일본에서는 장해자(障害者)라는 명칭이 사용되고 있고, 이 중 일본의 영향을 받아 국내에서는 종종 장애와 장해가 혼용되기도 한다.

미국을 포함한 영어 사용 국가에서는 현재 사람 위주의 호칭(person-first language)을 사용하여 장애인을 person with disabilities처럼 표기한다. 과거에는 장애 위주 호칭(disabling language)을 사용하여 disabled person과 같은 명칭을 썼는데, 이런 명칭은 장애를 먼저 씀으로써 장애를 강조한다는 비판을 받았었다.

사람 위주 호칭은 개인이 장애를 가지고 있다는 의미를 지니므로 장애 원인이 개인에게 있음을 내포하고 있다. 이는 장애를 의학적 관점에서 보고 있음을 나타낸다. 반면에 장애 위주 호칭은 환경에 의해 장애인이 되었다는 의미가 있으므로 장애가 환경의 문제임을 내포하고 있다. 이는 장애를 사회적 관점에서 보고 있음을 나타낸다.

국내 특수교육에서는 교사가 10가지 장애유형에 대해 알고 준비해 둔다면 어떤 장애학생이라도 가르칠 수 있다고 본다. 학교 현장이나 학계에서는 이런 장애유형 분류에 따른 장애명칭을 사용하여 표찰을 하는데, 이런 장애명칭 사용은 다음과 같은 장점이 있다(Heward, Alber-Morgan, & Konrad, 2016).

- **장애유형별 의미 있는 차이 인식**
  장애명칭은 학생의 학습이나 행동에 대해 장애유형에 따라 의미 있는 차이를 알 수 있게 한다.
- **조정과 서비스 제공**
  장애명칭 사용은 명칭이 없는 학생들에게는 제공할 수 없는 조정(accommodation)과 서비스를 제공할 수 있게 한다.
- **긍정적 수용**
  장애명칭은 장애학생의 부적절한 행동을 보다 긍정적으로 받아들이게 한다. 또래에게 장애학생의 장애특성을 자세히 설명해 준다면 또래들과의 관계 형성과 유지에 도움을 주고 사회적 수용성을 높일 수 있다.
- **의사소통 촉진**
  장애명칭은 전문가들(교사, 장애전문가, 보호자) 간의 의사소통을 돕고, 장애 관련 연구에서 연구결과를 평가하고 분류할 수 있게 한다.

하지만 장애유형 명칭 사용에는 다음과 같은 단점이 있으므로 사용 시 주의를 해야 한다(Heward, Alber-Morgan, & Konrad, 2016).

- **실제 능력 간과**
  교사는 장애명칭으로 인해 할 수 없는 쪽으로 편향되기 쉽다. 할 수 있는 것보다 할 수 없는 것에 더 집중하게 되어 장애학생의 실제 능력을 간과하게 한다.
- **낙인 발생**
  장애명칭 사용은 장애학생에게 낙인을 발생시킨다. 이로 인해 또래로부터 놀림 받을 가능성이 있고, 장애학생의 자아존중감은 낮아지게 된다. 이게 심해지면 사회참여에 장애를 일으키는 원인으로도 작용할 수 있다.
- **낮은 기대감**
  장애명칭은 교사에게 낮은 기대를 하게 한다. 이는 학생에게 부정적인 영향을 준다. 장애학생의 잠재능력을 알아보지 못하고 낮은 기대 수준을 보인다면 장애학생은 자신의 능력을 최대로 발휘할 수 없게 된다.

- **다른 특성 설명으로 사용**

  장애명칭은 장애학생의 다른 특성을 설명하는 근거로 사용되기 쉽다. 장애학생의 장애는 그 학생의 전체적인 특성이 아니라 일부의 특성만을 설명한다는 것을 잊지 말아야 한다.

- **동일 특성으로 간주**

  같은 장애유형이면 학생들의 특성이 같다고 생각하기 쉽다. 비장애학생들도 개별 학생마다 다른 특성을 보이듯, 같은 장애유형의 학생들도 서로 간에 개인차가 있어 다양한 특성을 보인다는 것을 고려해야 한다.

장애유형 명칭 외에 학생이 가지고 있는 의학적 증상에 대해서도 이해하고 있어야 한다. 이는 동일한 장애유형이라고 하더라도 의학적 증상에 따라 학생의 교육적 요구가 달라질 수 있기 때문이다. 따라서 교사는 의학적 진단의 의미를 알고 있을 필요가 있다. 일반교사가 의학적 진단을 이해하고 있다면 통합교육에서 다음과 같은 이점을 얻을 수 있다 (Fox, 2003).

- **전문가팀 협력에 도움**

  전문가팀 내의 장애전문가들과 같은 용어로 의사소통할 수 있고 통합교육을 수월하게 주도할 수 있게 된다.

- **전문적 상담**

  의학적 진단명을 사용하면 보호자와 더욱 전문적으로 상담할 수 있다. 이는 보호자에게 자신의 요구가 학교에 제대로 전달될 것이라는 믿음을 줄 것이다. 그리고 이런 상담을 통해 보호자는 교사를 더욱 신뢰하게 될 것이다.

- **적절한 교육활동 판단**

  학생에게 어떤 활동이 유익한지 어떤 활동이 유익하지 않은지 구분할 수 있다.

- **장애로 인한 이차적 문제 확인**

  예를 들어, 뇌성마비 학생은 장애로 인해 쉽게 피곤해하고 발작할 가능성이 높은데, 교사가 이런 뇌성마비 특성을 알고 있다면 학교에서 미리 대비하여 지도할 수 있다.

2 장애개념 및 특성

이론 상 장애에서는 장애를 매우 다양하지만 보편적인 특성으로 본다. 장애는 성이나 민족처럼 인간성 일부를 정하는 특성이 아니다(Bickenbach 등, 1999). 장애가 보편적 특성이라는 것은 장애, 비장애 이렇게 이분법적으로 나눌 수 없음을 의미한다. 장애는 기능(functioning) 수준을 나타내므로 이런 기능 수준은 완전 장애와 완전 능력 사이의 연속선 상에 있게 된다(Federici 등, 2012). 이런 연속선 상에서 구분할 수 있는 유일한 경계는 사회적이고 정치적 목적으로 사회 내의 자원을 재분배할 기능적인 구분인 것이다(Federici 등, 2012).

이처럼 장애 기준은 사회·정치적으로 결정되므로 장애 발생률(incidence)과 출현율(prevalence)은 시대에 따라 그리고 법과 제도가 달리 시행되는 지역에 따라 달라질 수 있다. 지적장애 판정을 위해 사용되는 조건인 지적기능 상의 심각한 어려움을 예로 들어보면, 그림 I-2-1과 같은 웩슬러 지능검사 결과의 분포도에서 지적기능 상의 심각한 어려움은 통상적으로 평균에서 -2·표준편차보다 낮을 때이다. 웩슬러 지능검사 결과 분포가 평균이 100이고 표준편차 15인 정규분포이므로 IQ 70 이하일 때 지적기능 상에 심각한 어려움이 있다고 본다.

그림 I-2-1의 IQ는 지적기능 수준을 나타내고 완전 장애와 완전 능력 사이의 연속선 상에 나타나고 있다. 이러한 연속선 상에서 어느 정도의 수준을 경계로 하여 지적기능 상에 심각한 제한이 있다고 결정할지는 사실 그 사회에서 정하기 나름이다. 한때 평균에서 -1·표준편차보다 낮을 때 즉, IQ 85 이하일 때를 기준으로 지적기능의 제한을 정한 적도 있었다는 사실(Heber, 1959; 1961)은 이를 뒷받침해 준다.

지적기능의 제한이 있을 확률 즉, IQ 70 이하일 확률은 약 2.27%이므로 이 정도의 비율로 지적기능에 어려움을 가지고 있는 사람들이 존재해 왔고 앞으로도 존재하리라는 것을 추정할 수 있다.

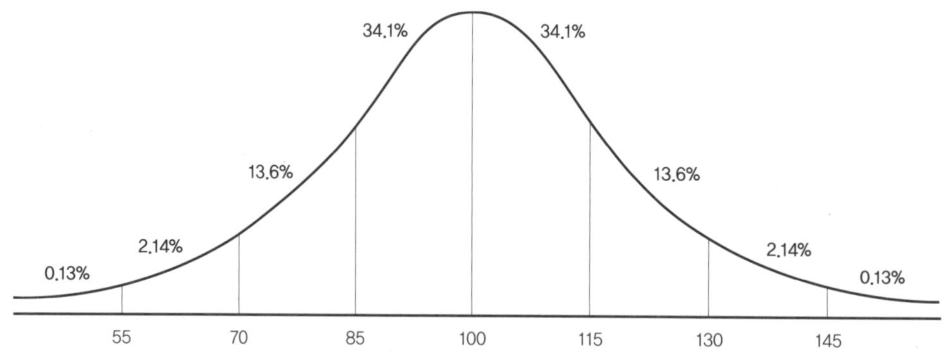

그림 I-2-1 지능의 정규분포

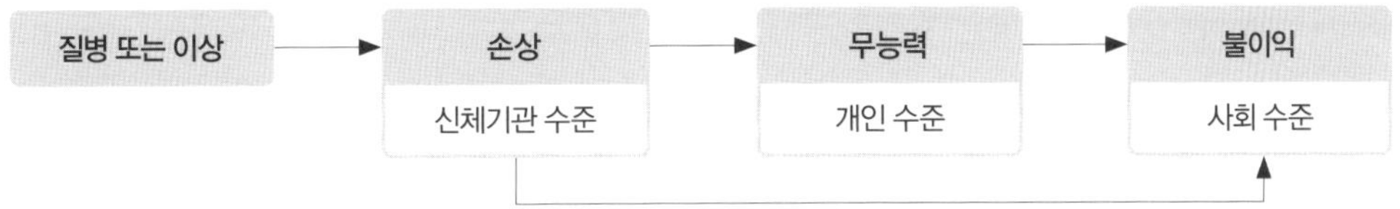

그림 I-2-2 ICIDH 모형

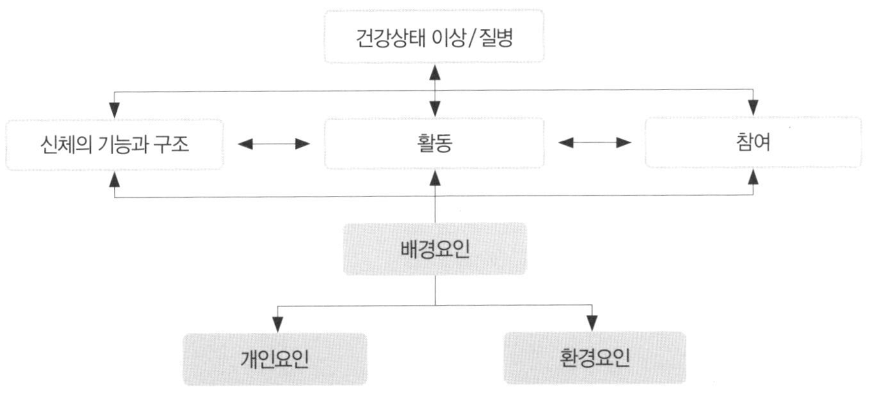

그림 I-2-3 ICF 모형

이런 지적기능 상에 어려움이 있는 아동 중에는 지적장애 아동들이 존재하므로, 이런 특수아동들은 어느 사회나 늘 존재한다는 것을 알 수 있다.

특수교육 분야를 포함한 장애 관련분야에서는 지금까지 장애에 대해 주로 의학적 관점을 사용해 왔는데, ICIDH(International Classification of Impairment, Disability and Handicap) 모형(World Health Organisation, 1980)이 일조한 면이 있다. 사실 이 모형이 지금까지도 장애 분야에 뿌리 깊게 남아 있어, 특수교육 분야에서도 장애를 개인의 병리적 문제로 인한 질병 같은 것으로 보고 의학적 관점에 따라 교정되어야 한다는 믿음을 가지고 있다(Hersh & Johnson, 2008).

ICIDH 모형은 그림 I-2-2처럼 신체기관 수준의 손상(impairment)과 개인 수준의 무능력(disability), 그리고 사회 수준의 불이익(handicap), 이 세 가지 요소로 구성된다. 여기서 손상, 무능력, 불이익은 서로를 구분하기 위한 명칭으로서 실제 사용에 있어서는 모두 장애라고 번역한다. 예를 들어, 현재 장애유형 명칭으로 사용하고 있는 visual impairments, physical disabilities는 각각 시각장애, 지체장애로 번역한다. 이 세 요소 중에 불이익은 부정적인 의미가 내포되어 있어 현재 장애라는 용어로 사용되지 않는다.

ICIDH 모형은 질병이나 이상(disorder)으로부터 시작하고 단방향으로 영향을 준다고 본다. 여기서 이상은 기능이 평균적인 사람과 얼마나 다른가에 중점을 두는 것으로, 손상, 무능력처럼 이 역시 장애라고 번역한다. 이 모형은 단방향성이 특징인데, 주의할 점은 개인에게 손상이나 무능력이 있다고 해서 반드시 불이익이 발생하지는 않는다는 것이다.

ICIDH 모형은 의학적 관점의 장애만을 나타내는 모형이라는 비판을 받아 왔다. 그 결과 ICIDH 모형이 수정·보완되어 그림 I-2-3과 같은 사회적 관점이 포함된 ICF(International Classification of Functioning, disability and health) 모형(World Health Organisation, 2001)이 제시되었다. 이 모형에서는 ICIDH 모형의 손상, 무능력, 불이익이라는 용어가 각각 신체의 기능과 구조, 활동, 참여로 변경되었다. 그리고 이 모형은 각 요소가 서로 영향을 주는 결과로서 장애가 나타난다고 본다.

3 특수교육의 특징

특수교육에서 중재

특수교육이 일반교육과 다른 특징 중 하나는 중재(intervention)를 실시한다는 점이다. 특수교육에서의 중재는 다음과 같이 세 가지로 분류할 수 있다(Heward, Alber-Morgan, & Konrad, 2016).

- **예방적(preventive) 중재**
  장애 원인을 제거하거나 막거나 학생이 가지고 있는 잠재적인 요소가 장애로 발전하지 않도록 중재를 하는 것이다. 다시 말해 예방적 중재는 장애가 발생할 수 있는 원인을 제거하는 것과 이미 알려진 장애 또는 조건이 미칠 수 있는 부정적 영향을 줄이는 것을 포함한다.
- **교정적(remedial) 중재**
  교정적 중재는 장애의 특정 영향을 제거하여 독립적이고 성공적으로 기능하는데 필요한 기술을 가르치는 것에 목표를 둔다. 학교에서 필요한 기술은 개인관리기술(신변처리 기능 관련 기술), 사회적 기술(예, 의사소통 시작과 유지), 직업기술(중등교육에서의 진로와 직업교육 관련 기술), 또는 학업적인 기술(예, 읽기, 쓰기, 수학적 계산) 등을 들 수 있다. 교정적 중재에서는 비장애학생이 교육받는 일반 환경을 강조한다.
- **보상적(compensatory) 중재**
  보상적 중재는 장애로 인해서 하지 못하는 과제를 대체기술을 가르쳐 과제를 수행할 수 있도록 하는 것이다. 예를 들어, 손 사용이 어려운 뇌성마비 학생에게 머리에 막대를 달아 자판을 누를 수 있도록 하는 것을 들 수 있다. 맹학생을 위해 점자를 가르치는 것도 보상적 중재에 해당한다.

이 중 예방적 중재는 다음과 같이 1차, 2차, 3차 예방적 중재로 구분할 수 있다(Heward, Alber-Morgan, & Konrad, 2016). 이 세 단계를 통해 장애학생(예, 문제행동과 관련해서는 정서·행동장애학생)을 찾아낼 수 있다.

- **1차 예방적 중재**

  장애를 발생시키는 위험요소를 줄이거나 제거하여 장애가 발생하지 않도록 하는 것이다. 장애 자체가 발생하지 않도록 모든 학생의 위험요인을 제거하는 것으로 발생률을 낮추는 데 목적이 있다. 예를 들어, 문제행동을 예방하기 위해 1차 예방적 중재로 학급의 모든 학생을 대상으로 긍정적 행동지원(positive behavior support)을 할 수 있다(Horner & Sugai, 2015).

- **2차 예방적 중재**

  장애 위험 요소를 조기에 발견하여 장애로 발전하지 않도록 예방하는 것이다. 예를 들어, 1차 예방적 중재에 반응을 보이지 않는 문제행동 징후를 보이는 몇몇 학생들에 대해 1차 예방적 중재보다 높은 수준의 중재를 실시한다.

- **3차 예방적 중재**

  장애가 발생한 학생에게 장애의 영향을 최소화해 주는 것이다. 예를 들어 문제행동이 심한 학생을 특수교육에 의뢰하고 정서·행동장애로 판정되면 특수교육을 통해 집중적이고 개별화된 중재를 실시한다.

특수교육에서의 촉진

장애학생의 수행을 도울 때 촉진(prompt)을 사용하는 것은 특수교육에서 잘 드러나진 않지만 차별화된 특징이다. 물론, 비장애학생들도 새로운 과제를 하거나 기술을 습득할 때 촉진이 필요할 수 있다(Bellamy 등, 1979). 하지만 특수교육에서는 단계적이고 체계적으로 사용한다는 측면에서 차별성이 있다. 다시 말해, 특수교육에서의 촉진은 장애학생에게서 정반응을 이끌어 낼 수 있도록 단계적이고도 체계적인 자극을 제시한다는 측면에서 다르다고 할 수 있다.

촉진의 유형에는 언어적 촉진(verbal prompt), 몸짓 촉진(gesture prompt), 모델촉진(model prompt), 그리고 신체적 촉진(physical prompt)이 있다. 이런 촉진을 사용하는 방법은 크게 두 가지로 최소-최대촉진전략(least-to-most prompt strategy)과 최대-최소촉진전략(most-to-least prompt strategy)이 있다(Orelove & Sobsey, 1987). 가장 널리 사용되는 방법은 최소촉진전략이라고도 하는 최소-최대촉진전략이다. 이 방법은 학생에게 먼저 독립적으로 수행할 기회를 준 후에 스스로 하지 못하면 정반응을 보일 때까지 최소촉진인 언어적 촉진부터 몸짓촉진, 모델촉진 그리고 최대촉진인 신체적 촉진까지 사용하는 것이다. 이 방법은 단점이 있는데, 교육 도중에 보이는 오류를 학생이 학습한다면 오히려 학습을 방해할 수 있다는 것이다. 또한, 오류를 바로잡아주기 위해 교사가 피드백을 자주 하면 학생의 학습 동기가 낮아질 수 있다는 단점이 있다. 이 방법과 대비되는 방법이 최대-최소촉진전략이다. 이 방법은 학생이 스스로 수행하기 전에 촉진(대개 신체적 촉진)부터 제공한다. 스스로 할 수 있을 때까지 반복 수행하게 하면서 점차 촉진 정도를 줄여 간다는 것인데, 학생이 교사의 촉진에 너무 의존할 가능성이 높다는 것이 단점이다(Sowers & Powers, 1991).

이런 전략을 사용할 때 주의사항이 있는데, 장애학생의 능력 수준에 맞지 않게 촉진이 지나치거나 적다면 적절한 학습이 이루어지지 않는다는 것이다. 그리고 촉진을 일관되게 사용하지 않으면 그 효과가 낮아진다는 것 또한 주의해야 한다. 따라서 교수적 촉진을 사용할 때는 장애학생의 능력 수준에 맞게, 그리고 일관되게 사용해야 하고, 궁극적으로는 학생 스스로 할 수 있도록 해야 한다. 학교 현장에서 촉진은 주로 중도·중복장애 학생들에게 기능적 기술을 교수할 때 사용하고 시간지연법과 함께 사용하기도 한다. 시간지연법은 교수적 촉진을 사용하기 전에 일정 시간을 기다리게 하는 것이다. 매우 간단하지만 이러한 방법을 통하여 학생은 과제수행 방법을 스스로 습득할 수 있다(이소현, 박은혜, 2020).

교정(remediation)

교정은 재활(rehabilitation)의 의미로서 교육계에서 사용하는 용어이다.

낙인(stigma)

장애와 관련한 부정적인 고정관념을 강하게 심어 주는 것이다. 원래는 쇠붙이를 불에 달구어 찍는 도장을 의미하며 가축에게 자신의 소유 등을 표시하기 위해서, 혹은 범죄자임을 쉽게 알게 하려고 사용되었다. 특수교육에서 낙인은 주로 낙인 효과 또는 명명 효과(labeling effect) 차원에서 논의되는데, 장애학생의 진단명이나 어떤 특성에 대한 부정적인 고정관념이 오랫동안 해당 장애학생이나 또는 그를 바라보는 타인 모두에게 비교육적으로 영향을 미칠 수 있다는 것에 대한 경계심을 강조하기 위해서 사용된다. 낙인이 찍힌 장애학생은 자신이 할 수 있는 능력조차도 발휘하지 않고, 자신에게 낙인된 대로 행동하며, 교사나 부모 혹은 또래들은 낙인이 찍힌 학생에 대한 교육적 기대를 하지 않을 수 있다는 점에서 폐해의 심각성이 크다. 장애학생의 선별이나 진단을 위하여 검사를 실시한 후에 이들에게 아무런 교육적 후속 조치를 하지 않는 경우 역시 낙인을 찍는 행위로 간주할 수 있다(국립특수교육원, 2018).

발생률(incidence)

특정 기간에 모집단 내의 인구 중에서 새롭게 발생한 특정 조건을 만족시키는 사례의 수를 의미한다. 그러므로 장애인의 발생률은 장애의 원인을 연구하고 장애 예방 프로그램을 개발하는 데 필요하다. 예를 들어, 다운증후군의 경우 왜 나이 많은 산모에게서 더 자주 염색체 이상이 나타나는지 알 수는 없으나 산모의 연령이 높아짐에 따라 다운증후군의 아동이 태어날 확률이 높게 나타난다는 사실을 바탕으로 예방적 조치가 가능해졌다. 이와 같은 사례가 발생률 조사에 의하여 알려진 사례이다(백은희, 2020).

출현률(prevalence)

특정 지역이나 특정 시기에 인구 중에 나타나는 사례의 총수를 의미한다. 의학계에서는 유병율이라고 한다. 예를 들어 지적장애의 출현율은 (지적장애인으로 판별된 사람의 수) / (전체인구 수) × 100으로 산출하게 된다. 출현율은 발생율과 달리 인과관계를 알아보는 데 활용할 수 없으나, 서비스 대상 수를 결정하는 데 있어 발생률보다 활용하기에 더 좋다(백은희, 2020).

표찰(labeling)

장애를 설명하려고 특정한 명칭을 부여하는 행위이다. 낙인(stigma)과 같은 의미로 사용되기도 한다. 그러나 행정적인 측면에서는 동일한 특성을 간략하게 설명할 수 있는 장점이 있다. 지적장애·뇌성마비·학습장애 등과 같은 명칭은 진단명이 되기도 하며, 성격에 따라 표찰 혹은 낙인으로 인식될 수도 있다(국립특수교육원, 2018).

3 특수교육의 개념

학습 목표

1 국내 특수교육대상자의 장애 선정기준을 이해할 수 있다.

2 요구와 충족을 중심으로 특수교육을 설명할 수 있다.

3 장애학생의 교육적 요구를 충족하는 방법 두 가지를 설명할 수 있다.

4 특수교육의 6대 원리를 설명할 수 있다.

특수교육대상 학생은 장애인 등에 대한 특수교육법 시행령(2021) 상의 장애유형별 적격성 판정 기준을 충족하는 학생이다. 따라서 특수교육에서는 일반교육과 달리 이런 기준에 따라 대상학생이 누구인지 알아내는 것이 우선이다. 그리고 특수교육을 받는 학생들 대부분은 장애인복지법(2020) 상의 등록장애인이므로 이 법의 기준 또한 함께 보아야 한다. 장애인, 비장애인이라는 이분법적 구분에는 이론적 기준이 아닌 사회·정치적으로 결정되는 기준이 사용되므로, 특수교육학은 사회적 합의라고 하는 이들 법을 중심으로 다룬다.

장애유형 각각에 대해 여러 정의가 있지만, 특수교육의 실제는 결국 장애인 등에 대한 특수교육법(2020)과 동법 시행령(2021)에 따라 결정되므로 이 법에서 용어 정의 및 특수교육대상자 선정기준을 살펴보는 것이 중요하다. 본 장에서는 이를 중심으로 이 법이 제시하는 국내 특수교육에 대한 개념과 원리를 살펴보고자 한다.

1 특수교육대상자

학교 현장에서 흔히 장애학생이라고 불리는 특수교육대상자는 다음과 같이 정의된다(장애인 등에 대한 특수교육법, 2020).

- **특수교육대상자**

  특수교육이 필요한 사람으로 선정된 사람을 말한다(제2조 제3항).

- **특수교육대상자 선정 방법**

  다음 각호의 어느 하나에 해당하는 사람 중 특수교육이 필요한 사람으로 진단·평가된 사람을 특수교육대상자로 선정한다(제15조).

  ① 시각장애 ② 청각장애 ③ 지적장애 ④ 지체장애 ⑤ 정서·행동장애
  ⑥ 자폐성장애(이와 관련된 장애를 포함한다) ⑦ 의사소통장애 ⑧ 학습장애
  ⑨ 건강장애 ⑩ 발달지체 ⑪ 그 밖에 대통령령으로 정하는 장애

이 정의에 따르면 특수교육이 필요한 사람으로 진단·평가된 사람은 특수교육대상자로 선정된다. 이는 사실상 등록장애인과 무관하게 특수교육을 신청할 수 있고, 선정되면 특수교육을 받을 수 있음을 나타낸다. 실제로 특수교육을 받는 모든 학생이 등록장애인은 아니다.

다시 말해, 장애인 등에 대한 특수교육법(2020)에서 특수교육이 필요한 사람으로 진단·평가된 사람이 특수교육을 받을 수 있다고 되어 있는 것은 등록장애인과 무관하게 진단·평가 결과 특수교육 적격성 판정 기준을 충족하면 특수교육을 받을 수 있다는 것을 나타낸다. 미국 장애인교육법(IDEA, 2004)에서는 '학생의 장애가 교육적 성취에 불리함(어려움)을 준다'는 기준이 특수교육 적격성 판정 기준으로 사용되고 있다. 장애인 등에 대한 특수교육법(2020)에서도 이런 기준에 따라 표 I-3-1과 같은 선정기준을 마련하고 있다.

표 I-3-1 특수교육대상자 선정기준

1	**시각장애를 지닌 특수교육대상자** 시각계의 손상이 심하여 시각 기능을 전혀 이용하지 못하거나 보조공학기기의 지원을 받아야 시각적 과제를 수행할 수 있는 사람으로서 시각에 의한 학습이 곤란하여 특정의 광학기구·학습매체 등을 통하여 학습하거나 촉각 또는 청각을 학습의 주요 수단으로 사용하는 사람
2	**청각장애를 지닌 특수교육대상자** 청력 손실이 심하여 보청기를 착용해도 청각을 통한 의사소통이 불가능 또는 곤란한 상태이거나, 청력이 남아 있어도 보청기를 착용해야 청각을 통한 의사소통이 가능하여 청각에 의한 교육적 성취가 어려운 사람
3	**지적장애를 지닌 특수교육대상자** 지적기능과 적응행동 상의 어려움이 함께 존재하여 교육적 성취에 어려움이 있는 사람
4	**지체장애를 지닌 특수교육대상자** 기능·형태 상 장애를 가지고 있거나 몸통을 지탱하거나 팔다리의 움직임 등에 어려움을 겪는 신체적 조건이나 상태로 인해 교육적 성취에 어려움이 있는 사람
5	**정서·행동장애를 지닌 특수교육대상자** 장기간에 걸쳐 다음 각 목의 어느 하나에 해당하여, 특별한 교육적 조치가 필요한 사람 가. 지적·감각적·건강 상의 이유로 설명할 수 없는 학습 상의 어려움을 지닌 사람 나. 또래나 교사와의 대인관계에 어려움이 있어 학습에 어려움을 겪는 사람 다. 일반적인 상황에서 부적절한 행동이나 감정을 나타내어 학습에 어려움이 있는 사람 라. 전반적인 불행감이나 우울증을 나타내어 학습에 어려움이 있는 사람 마. 학교나 개인 문제에 관련된 신체적인 통증이나 공포를 나타내어 학습에 어려움이 있는 사람
6	**자폐성장애를 지닌 특수교육대상자** 사회적 상호작용과 의사소통에 결함이 있고, 제한적이고 반복적인 관심과 활동을 보임으로써 교육적 성취 및 일상생활 적응에 도움이 필요한 사람
7	**의사소통장애를 지닌 특수교육대상자** 다음 각 목의 어느 하나에 해당하여 특별한 교육적 조치가 필요한 사람 가. 언어의 수용 및 표현 능력이 인지능력에 비하여 현저하게 부족한 사람 나. 조음능력이 현저히 부족하여 의사소통이 어려운 사람 다. 말 유창성이 현저히 부족하여 의사소통이 어려운 사람 라. 기능적 음성장애가 있어 의사소통이 어려운 사람
8	**학습장애를 지닌 특수교육대상자** 개인의 내적 요인으로 인하여 듣기, 말하기, 주의집중, 지각(知覺), 기억, 문제 해결 등의 학습기능이나 읽기, 쓰기, 수학 등 학업 성취 영역에서 현저하게 어려움이 있는 사람
9	**건강장애를 지닌 특수교육대상자** 만성질환으로 인하여 3개월 이상의 장기입원 또는 통원치료 등 계속된 의료적 지원이 필요하여 학교생활 및 학업 수행에 어려움이 있는 사람
10	**발달지체를 보이는 특수교육대상자** 신체, 인지, 의사소통, 사회·정서, 적응행동 중 하나 이상의 발달이 또래에 비하여 현저하게 지체되어 특별한 교육적 조치가 필요한 영아 및 9세 미만의 아동

출처: 장애인 등에 대한 특수교육법 시행령(2021)

10가지 장애유형 중 학습장애, 건강장애, 발달지체를 제외한 7가지 정의에는 미국 장애인교육법(IDEA, 2004)의 특수교육 적격성 판정 기준이 사용되어야 한다. 특수교육 정의에 의하면, 장애학생의 요구는 특성에 적합한 교육과정과 특수교육 관련서비스 제공을 통해 충족될 수 있다. 따라서 전문가팀은 이 두 가지 충족 방법을 특수교육대상자에게 제공함으로써, 특수교육대상자가 장애로 인한 교육적 성취 어려움을 극복할 수 있도록 해야 한다.

2 특수교육의 정의

우선, 장애인 등에 대한 특수교육법(2020)의 목적을 보면 다음과 같다(장애인 등에 대한 특수교육법, 2020).

- **목적**
  국가 및 지방자치단체가 장애인 및 특별한 교육적 요구가 있는 사람에게 통합된 교육환경을 제공하고 생애주기에 따라 장애유형·장애정도의 특성을 고려한 교육을 실시하여 이들이 자아실현과 사회통합을 하는데 기여함을 목적으로 한다(제1조).

이 목적은 통합교육을 지향하고 있음을 보여준다. 실제 분리교육을 받는 장애학생이 있음에도 불구하고 이런 학생들에 대한 언급이 없다는 점에서 현실적인 목적이라기보다 이상적인 목적에 가깝다.

다음으로 특수교육에 대한 정의를 살펴보면 다음과 같다(장애인 등에 대한 특수교육법, 2020).

- **특수교육**
  특수교육대상자의 교육적 요구를 충족시키기 위하여 특성에 적합한 교육과정 및 제2호에 따른 특수교육 관련서비스 제공을 통하여 이루어지는 교육을 말한다(제2조 제1항).

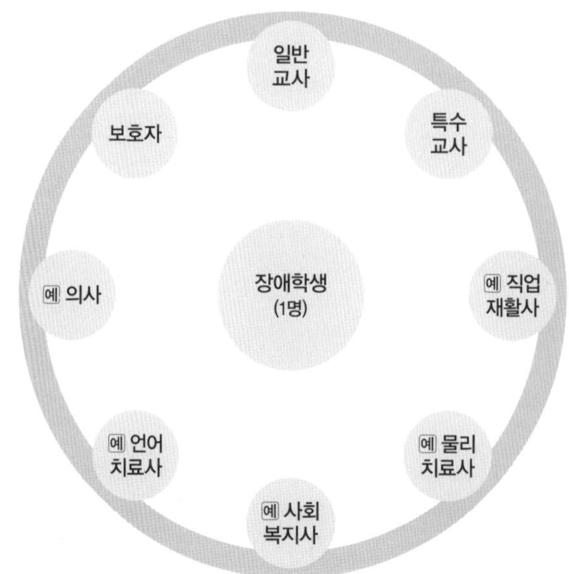

그림 I-3-1 개별화교육으로서 특수교육

이 정의는 그림 I-3-1에서 볼 수 있듯이 장애학생 한 명의 요구를 관련 전문가들이 충족시키는데, 이때 두 가지 충족 방법(특성에 적합한 교육과정, 특수교육 관련서비스)을 제공한다. 여기서 전문가들은 세 부류 즉, 교육전문가(일반교사, 특수교사), 장애전문가(예를 들어, 직업재활사, 물리치료사, 사회복지사, 언어치료사, 의사 등), 보호자로 구분할 수 있다.

교육전문가 중 일반교사는 일반학급(통합학급)의 담임교사이고, 특수교사는 특수학급 교사이다. 이들 교사는 필수 구성원이고, 장애전문가는 장애학생의 요구에 따라 그 구성원이 달라진다. 보호자도 반드시 참여해야 하는 구성원이다. 그림 I-3-1은 특수교육이 개별화교육(individualized education)이고, 전문가들의 협력으로 실시되어야 함을 보여준다. 통합교육 상황과 분리교육 상황은 장애학생의 교육환경에 따라 결정되는 것으로 통합교육 상황에서는 일반교사가 주도하고 분리교육 상황에서는 특수교사가 주도한다. 다시 말해, 특수교육은 교육환경에 따라 해당 교사가 협력을 주도해서 실행해야 한다. 학교 현장의 일반교사가 통합교육을 위해 협력을 주도하지 않는다면 통합교육은 실패할 가능성이 높다.

3 요구를 충족하기 위한 교육지원

특성에 적합한 교육과정

특수아동인 특수교육대상자에게는 교육과정과 관련하여 개별지원이 필요할 수 있다. 비장애학생과는 달리 장애학생에게는 교육과정 변경(curriculum modification)을 허용함으로써 교육적 성취에 어려움이 없게 하는 것이다. 여기서 교육과정 변경은 표 I-3-2에 제시된 것처럼 교육과정 수정(curriculum adaptation), 교육과정 보완(curriculum augmentation), 교육과정 대체(curriculum alteration) 세 가지 유형을 나타낸다(Wehmeyer, lance, & Bashinski, 2002).

표 I-3-2 교육과정 변경의 유형

유형	개념	예
교육과정 수정	장애학생이 통합학급의 수업 및 교육활동에 참여할 수 있도록 교수적 수정을 제공하되, 통합학급의 교육목표 및 내용, 학생의 수행수준 및 성취 기준에 대한 기대는 변경하지 않음	교수적 수정 제공 • 교수자료 수정 • 교수방법 수정 • 학생수행 수정(예, 추가 시간 제공, 보조공학기기 제공 등)
교육과정 보완	장애학생이 통합학급 수업 및 교수활동에 참여할 수 있도록 교수적 수정을 제공하되, 장애학생의 개별적인 특성 및 요구를 고려한 개별화교육계획에 준하여 통합학급의 교육목표 및 내용, 학생의 수행수준 및 성취기준에 대한 기대를 변경함	교수적 수정을 제공하면서 교수활동 수정이나 부분 참여를 적용하는 중다수준교육과정 • 인지수준을 고려하여 과제의 난도를 낮춤 • 학습지 및 과제수행의 분량을 줄임 • 논술시간에 글을 쓰는 대신 주제를 그림으로 표현함
교육과정 대체	장애학생의 특성 및 요구를 고려할 때, 국가수준 교육과정을 통해 장애학생의 개별적 요구를 충족시키기 어려운 경우 국가수준 교육과정 대신 차별화된 교육과정을 적용함	통합교육 상황에서는 중첩교육과정 • 기능적 교육과정 • 생활중심 교육과정

출처: 교육부(2017a)를 수정

교육과정 수정은 학생에 대한 교사의 기대를 수정하지 않고 학생의 장애유형과 특성에 맞게 교수적 수정(7장 참조)을 제공하는 것이다. 하지만, 장애학생에 따라서는 교수적 수정이 필요하지 않을 수 있다. 교육과정 보완은 교사의 기대를 수정하는 것(Peterson & Hittie, 2003)으로서 교육목표 적합화(adaptation)가 필요한 학생에게 제공한다. 학생에게 맞게 수정된 교육목표에 따라 교육내용, 교육방법, 평가방법까지 달라지고, 이는 개별화교육계획(individualized education plan)에 기록된다. 교육과정 대체는 국가수준 교육과정을 사용하기에 개인차가 너무 커서 차별화된 교육과정을 사용하게 하는 것이다. 이런 교육과정 변경 세 가지 유형을 국내 국가수준 교육과정에 적용하여 장애학생에게 고려할 수 있는 단

그림 Ⅰ-3-2 특성에 적합한 교육과정 고려 단계

계를 나타내 보면 그림 Ⅰ-3-2와 같다.

여기서 일반교육 교육과정(누리과정, 공통교육과정, 선택중심교육과정)과 기본교육과정은 국가수준의 교육과정이다. 국가수준 교육과정을 그대로 사용할 수 있다고 하더라도 수업 상황에서 교육과정 수정이 필요한 장애학생들이 많다.

이 5단계를 고려할 때 주의할 점은 장애학생의 장애가 심하더라도 일반교육 교육과정을 사용할 수 있는지 먼저 확인해야 한다는 것이다. 이때 장애학생에게 높은 수준의 특수교육 관련서비스를 제공해서라도 일반교육 교육과정을 사용할 수 있는지 보호자, 일반교사, 특수교사, 장애전문가로 구성된 전문가팀이 사용 가능 여부를 확인해야 한다. 그런데도 일반교육 교육과정 사용이 어렵다면 일반교육 교육과정을 보완하여 적용하는 ②단계를 고려하게 된다. 이때도 고강도 서비스를 제공해서라도 보완된 일반교육 교육과정을 사용할 수 있는지 그 여부를 전문가팀이 결정한다. 이러한 교육과정을 사용할 수 없다면 그 후에 장애학생만을 위한 국가수준 교육과정인 기본교육과정에 대해 ①, ②단계를 고려한 것처럼 ③, ④단계를 고려한다. 국가수준 교육과정(일반교육 교육과정이나 기본교육과정)을 근간으로 한 교육과정 사용이 어렵다면 ⑤단계처럼 장애학생만을 위한 차별화된 교육과정을 제공할 수 있다.

실제 국내에서는 일반학급 및 특수학급에 배치된 장애학생의 교육과정에 대해 다음과 같이 편성·운영하도록 하고 있다(교육부, 2017b).

- 편제와 시간 배당은 해당 학년군의 교육과정을 따른다.
- 교과의 내용을 대신하여 생활기능 및 진로와 직업교육, 현장실습 등으로 편성·운영할 수 있다. 그 영역과 내용은 학생의 장애특성 및 정도를 반영하여 학교가 정한다.

이는 장애학생의 교육과정 편제와 시간 배당도 일반학급의 교육과정 편제와 시간 배당을 따라야 하지만 그 교과시간에 다루는 실제 내용은 개별화교육지원팀의 결정에 따라 다음과 같이 달라 수 있음을 나타내고 있다.

- 해당 교과시간에 장애학생만을 위한 차별화된 교육과정을 사용할 수 있다. 다시 말해 국가수준 교육과정을 사용하기에 개인차가 너무 큰 장애학생인 경우 생활기능 영역(자조기술, 기초자립기술 등)을 중심으로 차별화된 교육과정으로 교과 내용을 대체할 수 있다는 것이다. 이는 교사가 결정하는 것이 아니라 전문가팀이 결정하는 것이다.
- 전문가팀이 장애학생에게 원래 교과 내용보다 다른 교과 내용(예를 들어 진로와 직업, 현장실습)이 필요하다고 결정한다면, 해당 교과의 내용을 대신하여 '교과 내용 대체'의 방식으로 조정하여 운영할 수 있다.

기본교육과정은 특수교육만을 위한 교육과정으로 일반교육 교육과정처럼 국가수준의 교육과정이다. 기본교육과정은 다음과 같은 장애학생 교육원리를 따르고 있다.

기능성(functionality) 강조

기능성은 장애학생을 위한 교육과정을 고려할 때 가장 핵심이 된다. 기능은 반복되는 일상에서 직접적이고 실제로 적용되는 것만을 의미하지는 않는다. 그 외에 생존을 위해 스스로 하지 않으면 안 되는 것도 포함한다. 그러므로 기능적인 활동이나 기술은 다양한 선택 상황(예를 들어, 구매 결정)이나 또래와의 관계 형성과 유지에서 스스로 책임을 져야 하는 활동이나 기술이 된다. 이와 같은 기능성은 자연스러운 상황에서 활동에 참여하는 것으로 정의된다. 따라서 기능적인 활동이나 기술은 다음과 같은 특성이 있다(Giangreco, 1989).

- **일반적인 환경에서 지도**
  수업 활동으로써 필요한 기술이 아니라 학생이 생활하는 가정, 학교, 지역사회에서 자연스럽게 지도되어야 한다.
- **일반화와 직접적인 관련성**
  기능적인 활동이나 기술은 현재 생활이나 미래 생활에 직접 적용된다. 다시 말해 기능성이란 일반화와 직접 관련된다는 의미이다. 일반화되지 않는 활동이나 기술은 기능성을 보유하지 않는다. 대부분의 학교에서는 비기능적인 활동이나 기술의 습득에 집중해 왔다. 그러나 이러한 활동이나 기술들은 학생의 현재 생활이나 미래 생활로 일반화되지 않는다는 점에서 장애학생들에게 적절한지에 대해 타당성이 부족하다는 지적을 받아 왔다. 특정 활동이나 환경, 사람에 의해서만 나타나는 활동이나 기술일 경우 일반화되지 않는다.

비기능적인 활동을 선택하여 학생을 가르치는 교사들은 궁극적으로 그 활동이 일반화되어야 한다는 데 목적을 두고 있다고는 하지만, 그런 활동들보다는 기능적인 활동들이 더욱 그 목적을 쉽게 달성할 수 있음을 인식하여야 한다. 예를 들어, 눈-손 협응기술을 가르치기 위해 퍼즐 맞추기를 하게 하는 것보다는 음료수자판기 사용하기, 빨래방 세탁기나 건조기 사용하기, 또는 번호키 누르기나 키오스크를 사용하게 하면 그런 기술을 더 잘 습득할 수 있고, 실제 생활에서 일반화할 수 있다.

- **성인생활로 연결**

기능성은 결국 학교 졸업 이후 성인생활로 연결된다. 학생들에게 학교생활은 성인생활을 위한 준비과정이라는 의미가 있다. 성인생활은 실제 생활을 할 수 있도록 독립적으로 필요한 기능을 제대로 수행해야 하는 생활이다. 따라서 장애학생의 교육에서 기능성을 강조하는 것은 곧 이들의 교육 결과를 성인생활로 연결하는 것이 된다.

생활연령의 적절성 강조

장애학생 교육은 생활연령의 적절성을 고려해야 한다. 장애학생에게 생활연령에 적절한 교재, 활동, 상호작용의 기회를 제공하는 것은 또래와 원활하고 긍정적인 상호작용을 촉진한다. 이전의 장애학생을 위한 교육은 발달모형(developmental model)에 기초하였기 때문에 학생의 정신연령에 집중하였고, 그 결과 생활연령에 필요한 활동이나 내용보다는 낮은 학년 수준의 학생들이 학습하는 활동이나 내용을 학습하게 하였다. 이 발달모형에 집중하다 보면 장애학생은 자신의 생활연령에 적합한 활동이나 내용을 학습할 기회가 제한되는 것이 당연하게 받아들여진다. 이는 저학년 학생이라는 낙인이 발생할 수 있게 한다(정동영, 1997; 2001).

특수교육 관련서비스

특성에 적합한 교육과정은 특수교육 관련서비스와 함께 제공되어야 한다. 특수교육 관련서비스는 특수교육대상자의 요구를 충족하는 한 방법으로서, 장애학생과 그 가족에게 제공된다면 특수교육의 효율성은 높아지게 된다. 장애인 등에 대한 특수교육법(2020)에서 특수교육 관련서비스는 다음과 같이 정의되어 있다(장애인 등에 대한 특수교육법, 2020).

- **특수교육 관련서비스**

  특수교육대상자의 교육을 효율적으로 실시하는 데 필요한 인적·물적 자원을 제공하는 서비스로서 상담지원·가족지원·치료지원·보조인력지원·보조공학기기지원·학습보조기기지원·통학지원 및 정보접근지원 등을 말한다(제2조 제2항).

이 정의에 의하면 특수교육 관련서비스의 목적은 특수교육대상자의 교육을 효율적으로 실시하기 위해서다. 즉, 교육의 효율성이 목적이라는 것인데, 여기서 중요한 점은 교육배치 결정 과정에서 이러한 효율성을 고려해서는 안 된다는 것이다. 다시 말해, 최대한 일반학급에서 교육을 효율적으로 실시하기 위해 특수교육 관련서비스를 제공한다는 것이지, 특수교육 관련서비스 제공에 최적화되어 있는 분리된 환경에 배치할 수 있다고 받아들여서는 안 된다는 것이다. 교육배치 결정 과정 중에서 효율성을 고려하게 되면 일반학급보다 제한된 환경으로 배치할 가능성이 높아진다. 효율성 측면을 강조하여 특수교육대상자를 분리할 수 있는 근거로 사용해서는 안 될 것이다. 높은 수준의 특수교육 관련서비스를 제공했음에도 불구하고 일반학급 배치 유지가 어렵다면 이것을 근거로 더욱 제한된 환경으로 배치할 수 있다.

특수교육 관련서비스는 특성에 적합한 교육과정을 결정할 때도 제공되어야 한다. 그리고 교육배치 결정에서처럼 특성에 적합한 교육과정을 결정할 때도 효율성 측면에서 결정해서는 안 된다. 고강도 서비스를 실시했음에도 불구하고 일반교육 교육과정 사용이 어렵다고 판단되면 이것을 근거로 일반교육 교육과정을 보완하거나 대체를 고려할 수 있다.

이처럼 특수교육 관련서비스는 전문가팀이 장애학생을 위한 특성에 적합한 교육과정과 교육배치를 신중히 결정하게 하는 데 사용된다. 특히, 이런 결정에서 중도·중복장애 학생에 대해 이러한 결정을 할 때 과소평가하지 않게 하는 데 도움이 된다.

특수교육 관련서비스로 실제 지원되는 유형은 표 I-3-3과 같다. 이 유형 중 기숙사 지원과 훈련지원은 특수교육 관련서비스 정의에는 명시되어 있지 않지만, 실제 지원되고 있는 유형이다.

표 I-3-3 특수교육 관련서비스 유형에 따른 지원내용

지원유형	지원내용
상담지원, 가족지원	특수교육대상자의 가족에 대하여 가족상담, 부모교육 등을 제공한다. • 가족지원은 가족상담, 양육상담, 보호자 교육, 가족지원프로그램 운영 등의 방법으로 하되, 건강가정지원센터, 장애인복지시설 등과 연계하여 할 수 있다.
치료지원	필요한 경우 특수교육대상자에게 물리치료, 작업치료 등을 제공한다. • 치료지원에 필요한 인력은 면허 또는 공인 민간자격을 소지한 사람으로 한다. • 특수교육지원센터 또는 특수학교에 치료실을 설치·운영할 수 있다. • 공공보건의료기관 및 장애인복지시설 등과 연계하여 치료지원을 할 수 있다.
보조인력 지원	특수교육대상자를 위하여 보조인력(특수교육실무사 또는 사회복무요원)을 지원한다.
보조공학기기지원, 학습보조기기지원, 정보접근지원	특수교육대상자의 교육을 위하여 필요한 장애인용 각종 교구, 각종 학습보조기기, 보조공학기기 등의 설비를 제공한다. • 각종 교구·학습보조기기·보조공학기기를 제공할 수 있도록 특수교육지원센터에 필요한 기구를 갖추고 있다.
통학지원	특수교육대상자의 취학 편의를 위하여 통학차량 지원, 통학비 지원, 통학 보조인력의 지원 등 통학 지원 대책을 마련한다. • 통학지원을 원활하게 할 수 있도록 통학차량을 각급학교에 제공하거나 통학지원이 필요한 특수교육대상자 및 보호자에게 통학비를 지급한다. • 특수교육대상자가 현장체험학습, 수련회 등 학교 밖 활동에 참여할 수 있도록 조치를 취한다.
기숙사지원	특수교육대상자의 생활지도 및 보호를 위하여 기숙사를 설치·운영할 수 있다. 기숙사를 설치·운영하는 특수학교에는 특수교육대상자의 생활지도 및 보호를 위하여 생활지도원을 두는 외에 간호사 또는 간호조무사를 둔다.
훈련지원	보행훈련, 심리·행동 적응훈련 등 특정한 장애유형의 특수교육대상자에게 필요한 특수교육 관련서비스를 제공한다.

출처: 장애인 등에 대한 특수교육법(2020); 동법 시행령(2021)

4 특수교육 관련 법과 기초원리

특수교육은 대상학생이 누구인지 특정하는 것으로부터 시작된다. 따라서 법에 제시된 기준, 특히 장애인 등에 대한 특수교육법(2020)의 기준이 매우 중요하다. 하지만 이 법이 제시하고 있는 선정기준을 가지고 장애학생이 누군지 특정하기엔 그 기준이 모호하다는 데 문제가 있다. 따라서 장애인복지법(2020)의 기준을 함께 사용하는데, 특수교육대상자의 대부분이 이 법에 따라 장애인으로 등록되어 있고, 이 법이 등록장애인에 대한 구체적 기준을 제시하고 있기 때문이다.

통합교육은 장애인 등에 대한 특수교육법(2020)에서 규정하는 것으로 이 법이 일반교사에게 제대로 통합교육을 실행하도록 요구하고 있다. 따라서 이 법이 제시하는 통합교

육의 개념, 실행방법을 알고 있는 것이 성공적인 통합교육을 위한 기초가 된다. 특수교육학이 법을 중심으로 다루는 이유가 이처럼 법에서 통합교육을 강제하기 때문이기도 하고, 전술한 것처럼 법에 장애 기준이 제시되어 있기 때문이기도 하다.

장애인복지법(2020)에서는 표 I-3-4와 같이 장애를 크게 신체적 장애와 정신적 장애 두 가지로 구분한다. 그리고 이에 대해 중, 소로 분류하여 총 15가지의 장애유형으로 구분하고 있다.

표 I-3-4 장애인의 분류

대분류	중분류	소분류	세분류
신체적 장애	외부 신체기능의 장애	지체장애	절단장애, 관절장애, 지체기능장애, 변형 등의 장애
		뇌병변장애	뇌의 손상으로 인한 복합적인 장애
		시각장애	시력장애, 시야결손장애
		청각장애	청력장애, 평형기능장애
		언어장애	언어장애, 음성장애, 구어장애
		안면장애	안면부의 추상, 함몰, 비후 등 변형으로 인한 장애
	내부 기관의 장애	신장장애	투석치료 중이거나 신장을 이식받은 경우
		심장장애	일상생활이 현저히 제한되는 심장기능 이상
		호흡기장애	일상생활이 현저히 제한되는 만성·중증의 호흡기 기능 이상
		간장애	일상생활이 현저히 제한되는 만성·중증의 간기능 이상
		장루·요루장애	일상생활이 현저히 제한되는 장루·요루
		뇌전증장애	일상생활이 현저히 제한되는 만성·중증의 뇌전증
정신적 장애	발달장애	지적장애	지능지수가 70 이하인 경우
		자폐성장애	소아청소년 자폐 등 자폐성 장애
	정신장애	정신장애	조현병, 조현정동장애, 양극성정동장애, 재발성우울장애

출처: 보건복지부(2020)

장애인복지법(2020)에서는 각 장애유형에 대해 장애등급(1~6등급)을 구분했었지만, 2019년 7월 1일부로 장애등급제가 폐지된 후 표 I-3-5에서 볼 수 있듯이 장애정도를 중증과 경증으로 단순 구분하고 있다. 종전의 1~3등급은 장애가 심한 장애인(중증), 4~6등급은 장애가 심하지 않은 장애인(경증)으로 일괄 전환하게 되었다(보건복지부, 2020).

표 I-3-5 장애유형별 종전 장애등급과 장애정도 기준 대비표

장애유형 \ 장애정도		중증			경증		
		1급	2급	3급	4급	5급	6급
지체장애	상지절단	○	○	○	○	○	○
	하지절단	○	○	○	○	○	○
	상지관절	○	○	○	○	○	○
	하지관절	○	○	○	○	○	○
	상지기능	○	○	○	○	○	○
	하지기능	○	○	○	○	○	
	척추장애		○	○	○	○	
	변형장애					○	○
뇌병변장애		○	○	○	○	○	○
시각장애		○	○	○	○	○	○
청각장애	청력		○	○	○	○	○
	평형기능			○	○	○	
언어장애				○	○		
신장장애			○			○	
심장장애		○	○	○		○	
호흡기장애		○	○	○		○	
간장애		○	○	○		○	
안면장애			○	○	○	○	
장루·요루장애			○	○	○	○	
뇌전증장애			○	○	○	○	
지적장애		○	○	○			
자폐성장애		○	○	○			
정신장애		○	○	○			

출처: 보건복지부(2020)

장애인복지법(2020)에서 장애 판정 기준은 '신체적·정신적 장애로 오랫동안 일상생활이나 사회생활에서 상당한 제약을 받는 자'이다. 그리고 장애인 등에 대한 특수교육법(2020)에서 특수교육대상자 선정 기준은 주로 '장애로 인해 교육적 성취에 어려움이 있는 사람'이다. 이처럼 법마다 어디에 중점을 두는지가 다르므로 장애유형 수와 그 명칭에도 차이가 있다. 장애인 등에 대한 특수교육법(2020)에서는 10가지 장애유형을 다루고 있는데, 이 장애유형을 기준으로 두 법의 장애유형 명칭을 비교해보면 표 I-3-6과 같다. 학교교육과 관련된 정서·행동장애, 학습장애, 건강장애, 발달지체라는 장애유형은 장애인복지법(2020)에는 없다는 것을 알 수 있다.

표 I-3-6 장애인복지법(2020)과 장애유형 명칭 비교

장애인 등에 대한 특수교육법(2020)	장애인복지법(2020)
시각장애	시각장애
청각장애	청각장애
지적장애	지적장애
지체장애	지체장애, 뇌병변장애
정서·행동장애	×
자폐성장애	자폐성장애
의사소통장애	언어장애
학습장애	×
건강장애	×
발달지체	×

장애인복지법 외의 국내 특수교육 관련 법인 발달장애인법, 장애인차별금지법, 장애아동복지지원법, 장애인고용법 등에 대해서는 부록(2. 특수교육 관련 법과 서비스)을 참조하면 된다.

미국의 장애인에 대한 교육법은 국내 특수교육법(현행 장애인 등에 대한 특수교육법과 이전 법인 특수교육진흥법)에 영향을 주어 왔다는 점에서 매우 중요하다. 미국의 장애인에 대한 교육법은 표 I-3-7과 같이 개정됐고, 현재 IDEA(2004)에 이르고 있다.

표 I-3-7 미국의 장애인에 대한 교육법

법률	교육적 시사점
1975년 전장애아교육법 (EHA: the Education for All Handicapped Children Act, Public Law 94-142)	• 6~21세의 장애학생을 위한 무상의 적절한 공교육 제공 • 교육적 의사결정에 있어서 장애학생과 부모의 권리보호 • 각 장애학생을 위한 개별화교육프로그램(individualized education program) 개발 • 장애학생은 최소제한환경에서 교육적 서비스를 받아야 한다고 명시
1990년 장애인교육법 (IDEA: Individuals with Disabilities Education Act, Public Law 101-476)	전장애아교육법(EHA, 1975)에서 명칭 변경되었고 다음과 같은 변화가 있다. • 자폐와 외상성 뇌손상을 독립된 장애유형으로 인정 • 16세부터 개별화교육프로그램에 전환 서비스에 대한 기술 포함 • 관련서비스에 재활상담과 사회사업 서비스 포함
2004년 장애인교육법 (IDEA: Individuals with Disabilities Education Improvement Act, Public Law 108-446)	장애인교육법(IDEA, 1990)의 주요 구성요소와 원리는 그대로 유지하되 다음과 같은 변화가 있다. • 학습장애학생 선정을 위해 중재반응모형(response to intervention model) 사용 • 우수한 특수교사에 대해 정의

출처: Heward(2006)에서 발췌 후 수정

현재 특수교육에서 중요하게 받아들여지는 기초원리는 IDEA(2004)의 여섯 가지 원리다. 이 원리는 국내법에서 규정하고 있지는 않지만, 국내 특수교육에서도 매우 중요하게 받아들여지고 있다. 미국의 장애인에 대한 교육법은 몇 차례 개정되면서도 다음과 같은 여섯 가지 원리는 일관되게 유지되고 있다(IDEA, 2004).

- **무상의 적절한 공교육**(Free Appropriate Public Education: FAPE)
  모든 장애학생은 장애유형과 정도에 상관없이 무상의 적절한 공교육을 받아야 한다. 이는 부모가 비용을 지급하는 것이 아니라 국가에서 모든 비용을 제공해야 함을 의미하고, 학교는 장애학생의 특별한 요구에 맞는 개별화교육프로그램을 반드시 수립하고 실시해야 한다.
- **적절한 평가**(Appropriate evaluation)
  학교는 학생이 장애가 있는지 그리고 장애가 있다면 학생에게 필요한 교수가 무엇인지 결정을 할 때는 비편향적(unbiased)이고 다요인(multi- factored) 진단·평가방법을 사용하여야 한다. 진단·평가 과정에는 문화 또는 언어와 관련된 편향이 없어야 한다. 모든 평가는 학생의 언어로 실시되어야 하고, 하나의 평가 결과에 근거하여 장애 판정이나 교육배치를 해서는 안 된다. 이러한 관점에서 비차별적 평가(Nondiscriminatory evaluation) 또는 평가 절차 상의 보호라고도 한다.

- **개별화교육프로그램**

개별화교육프로그램은 장애학생의 현행 수행수준을 구체화하고, 측정 가능한 연간목표를 설정하며, 교육적인 효과를 얻고 목표를 달성할 수 있도록 특성에 적합한 교육과정과 특수교육 관련서비스를 포함하는 문서다.

- **최소제한환경**(Least Restrictive Environment: LRE)

장애의 정도와 특성 때문에 분리해야 하는 경우를 제외하고, 장애학생은 가능한 비장애학생들과 함께 최소제한환경에서 교육을 받아야 한다. 분리해야 한다면 반드시 근거를 제시해야 한다. 장애학생이 자신의 교육적 요구에 따라 최소제한환경에서 교육받는 것을 보장하기 위해서 연계적 배치서비스 체계를 제공해야 한다.

- **부모의 의사결정 참여**(Parent participation in decision making)

학교는 개별화교육프로그램을 수립하고 실시하는 것에 있어서 장애학생의 부모와 반드시 협력해야 한다. 개별화교육프로그램뿐만 아니라 장애학생과 관련된 어떤 결정에도 부모(그리고 적절한 경우에는 학생)의 요구사항이 반드시 고려되어야 한다.

- **절차적 보호**(Procedural safeguards)

학교는 장애학생과 부모의 권리를 보호하기 위해서 특수교육에 관련된 진단·평가, 교육배치를 하기 전에 반드시 부모의 동의를 받아야 한다. 진단·평가, 교육배치, 특수교육 관련서비스에 대하여 부모가 동의하지 않으면, 부모는 적법절차에 따라 심사청구나 행정심판을 통해 이의제기를 할 수 있다.

생활연령(chronological age)

태어난 실제 생년월일을 기준으로 해서 산출한 연령이다. 참고로 지적장애 아동은 생활연령과 비교해 정신연령이 낮다(국립특수교육원, 2018).

자조기술(self-help skills)

독립적인 일상생활을 하는 데 필요한 기본적인 기술이다. 식사하기, 옷 입고 벗기, 목욕, 몸단장하기 등의 기술을 포함한다. 이러한 기술들은 단순한 개별적인 활동이 아니라 운동성, 감각, 인지, 언어, 사회성 등 여러 기능의 통합을 필요로 하는 기술들로 적절한 대인관계 및 사회활동의 바탕이 된다(국립특수교육원, 2018).

정신연령(mental age)

지능의 정도, 또는 수준을 역연령(歷年齡)에 비추어 지적 연령으로 환산한 것. 이것은 생활연령에 대한 정신연령의 백분율로 표시되는 비율 지능지수의 산출에 사용된다. 일정 연령의 표집 집단이 65~75%가 통과한 5~6개의 문항을 모두 맞추게 되면 그 집단의 연령을 피검사자의 정신연령으로 간주한다. 또한 피검사자가 일련의 문항에서 일정한 연령의 표집집단이 얻은 평균과 같은 점수를 받게 되면 그것을 피검사자의 정신연령으로 삼는 방법도 사용되고 있다(서울대학교교육연구소, 1995).

Memo

4 국내 특수교육 현황과 교육지원

학습 목표

1 최근의 국내 특수교육 현황을 파악한다.

2 특수교육 의뢰 이후 선정 및 교육배치 절차를 설명할 수 있다.

3 생애주기별 특수교육지원을 설명할 수 있다.

장애학생을 일반학교에 배치하여 비장애학생들과 함께 교육받을 수 있는 환경을 제공해주는 것은 매우 중요하다. 이런 통합된 환경 제공에 대한 중요성이 장애인 등에 대한 특수교육법에 명시되면서 2008년 시행 이후 지금까지 국내 통합교육에서는 양적성장이 있었다. 지금까지 국내 통합교육이 어떻게 성장을 이뤄왔는지 알아보기 위해 국내 특수교육의 현황과 통합교육을 위한 제도에 대해 자세히 살펴보기로 한다.

1 국내 특수교육의 현황

통합교육이 지속해서 강조됨에 따라 일반학교에서 통합교육을 받는 장애학생의 수는 점차 증가하고 있다. 반면에, 장애정도가 심한 중도·중복장애학생 위주로 특수학교 배치가 이뤄지면서 분리교육을 받는 장애학생 수는 조금씩 감소하고 있다. 이런 추세를 표 I-4-1에서 확인할 수 있다. 현재 통합교육을 받는 장애학생들은 72%에 달한다.

표 I-4-1 연도별 특수교육대상자 배치 현황(단위: 명, %)

연도	특수학교 및 특수교육지원센터	일반학교	전체
2016	25,961(29.5)	61,989(70.5)	87,950(100)
2017	26,199(29.3)	63,154(70.7)	89,353(100)
2018	26,337(29.0)	64,443(71.0)	68,805(72.1)
2019	26,337(29.0)	64,443(71.0)	92,958(100)
2020	26,615(27.9)	68,805(72.1)	95,420(100)

출처: 교육부(2020)

일반학교에서 통합교육을 받는 장애학생의 대부분은 특수학급에 배치되고 있다. 그림 I-4-1의 교육환경별 배치 현황을 보면, 장애학생의 약 55% 정도가 특수학급에 배치되어 있음을 알 수 있다. 16% 정도의 학생들은 학교에 특수학급이 없거나, 특수학급이 있는 학교라도 완전통합이 가능하여 일반학급에 배치된 학생들이다. 전자의 경우 교육과정상 지원이 필요하다면 순회교육을 통해 별도의 특수교육서비스를 받을 수 있다.

그림 I-4-2는 장애유형별 특수교육대상자 분포 현황을 나타낸 것이다. 지적장애 학생이 특수교육대상자의 절반 정도를 차지하여 장애유형 중 가장 많은 것으로 나타났고, 다음으로 자폐성장애, 지체장애 순으로 나타났다. 또한, 국내에서는 지적장애와 자폐성장

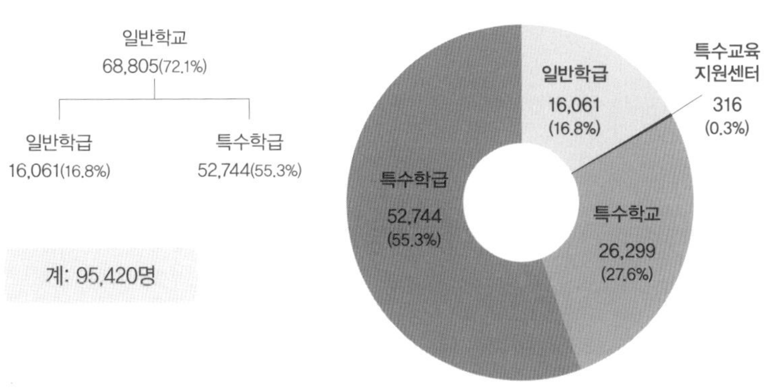

그림 I-4-1 교육환경별 특수교육대상 학생 배치 현황 출처: 교육부(2020)

그림 Ⅰ-4-2
장애유형별 특수교육대상자 현황
출처: 교육부(2020)

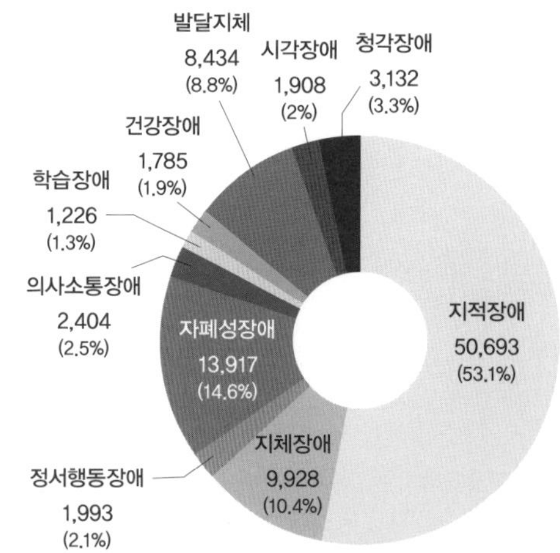

계: 95,420명

애를 발달장애라고 하므로(발달장애인 권리보장 및 지원에 관한 법률, 2020), 국내 특수교육 대상 학생들은 주로 발달장애 학생임을 알 수 있다.

특수교육대상자에 대해서는 교육기본법(2021) 제8조의 의무교육 규정에도 불구하고 유치원·초등학교·중학교·고등학교과정의 교육을 의무교육으로 규정하고 있다. 또한, 만 3세 미만의 장애영아와 전공과 과정의 학생에 대해서는 무상교육을 받을 수 있도록 하고 있다. 이는 특수교육의 기초원리 중 무상의 적절한 공교육과 관련한 규정으로 장애학생 교육에 대한 국가의 책무성을 강조한 것이다.

특수교육에서 의무교육에 해당하는 학교과정에 대해서는 과정별로 최대 4명·6명·6명·7명을 기준으로 한 학급(특수학교의 학급이나 특수학급)을 설치할 수 있도록 규정하고 있다(장애인 등에 대한 특수교육법, 2020). 그리고 학교과정에 무관하게 특수교사 한 명당 장애학생 4명을 담당하도록 하는 규정하고 있다(장애인 등에 대한 특수교육법 시행령, 2021). 하지만 여기서 40% 가감할 수 있다는 단서를 붙임으로써 사실상 유명무실한 규정이 되었고, 한 학급을 특수교사 한 명이 맡는 것이 현실이므로 학교 현장에서는 과정별로 특수교사 한 명이 최대 4명·6명·6명·7명의 장애학생을 담당하는 것으로 받아들이고 있다. 문제는 4명·6명·6명·7명이라는 규정이 어떤 이론적 근거도 없다는 것이다. 이런 법 규정은 통합교육을 포함한 특수교육을 방해하는 요인으로 작용할 수 있다. 실제 이와 관련하여 특수학급의 과밀화에 대해 문제 제기가 있었고, 학부모와 교사를 중심으로 학급당 정원을 줄여달라는 요구가 끊이지 않고 있다(국회입법조사처, 2017; 장경일, 2020).

통합교육을 하는 일반교사는 장애학생 외에도 많은 학생을 담당해야 하는 것이 현실이다. 학급의 많은 학생은 통합교육 실행을 방해하는 요소로 작용하므로 통합학급의 학생 정원 감축에 대한 요구가 있었다. 이를 위해 최근에는 장애학생이 일반학급에 배치되어 있으면 학급의 학생 정원을 1~3명 감축하여 일반교사의 통합학급 운영의 내실화를 돕는 방안이 마련되고 있다(교육부, 2021a).

장애학생 중에는 배치유형(일반학교의 특수학급 배치나 일반학급 배치, 특수학교 배치)과 무관하게 실제로는 순회교육을 받는 학생이 있다. 순회교육은 배치된 학교를 포함하여 그 외 어떤 장소에서라도 교육을 받을 수 있게 하는 것이다. 국내에서 순회교육은 가정, 시설, 병원, 학교에 있는 특수교육대상자를 대상으로 순회학급이나 파견학급의 형태로 운영되고 있다. 순회학급은 통학이 곤란하여 가정에 있는 장애학생, 파견학급이 설치되어 있지 않은 시설이나 의료기관의 장애학생, 특수학급이 설치되지 않은 일반학교에 배치된 장애학생에게 교육 기회를 제공하기 위해 설치된다.

2 특수교육 의뢰

장애인복지법 상에 장애인으로 등록된 학생이거나 장애가 있다고 의심되는 학생이 있다면 학생 본인과 보호자는 특수교육에 의뢰를 직접 하거나 학교를 통해 의뢰할 수 있다. 사실상 등록장애인과 무관하게 어떤 학생이라도 특수교육에 의뢰할 수 있다. 특수교육에 의뢰하면 그림 I-4-3과 같은 절차를 따라 특수교육대상자에 선정되고 교육배치 될 수 있다.

의뢰 접수를 받은 교육감 또는 교육장은 특수교육지원센터에 진단·평가를 의뢰한다. 특수교육지원센터는 의뢰된 날로부터 30일 이내에 학생에 대해 표 I-4-2와 같은 검사도구를 사용하여 진단·평가를 시행한다. 특수교육지원센터는 진단·평가 결과를 바탕으로 특수교육대상자 선정 여부, 교육지원 내용, 배치할 교육기관에 대한 의견을 작성한다. 이때 보호자의 의견 진술 기회를 충분히 보장한 후 최종 의견을 교육감 또는 교육장에게 보고한다.

특수교육운영위원회는 진단·평가 결과를 심사하여 특수교육대상자 선정 여부 및 교육지원 내용, 배치 교육기관을 최종적으로 결정한다. 배치 교육기관을 결정할 때는 통합과 교육배치 원리(5장 참조)에 따라 가능한 한 통합된 교육환경이면서 거주지에서 가장 가까운 학교에 배치될 수 있도록 한다. 하지만 보호자의 의견도 충분히 반영될 수 있도록 해야 한다. 이러한 심사 결과는 최종적으로 보호자와 학교장에게 서면으로 통보한다. 만약, 결정에 이의가 있으면 보호자는 심사청구나 행정심판을 제기할 수 있다.

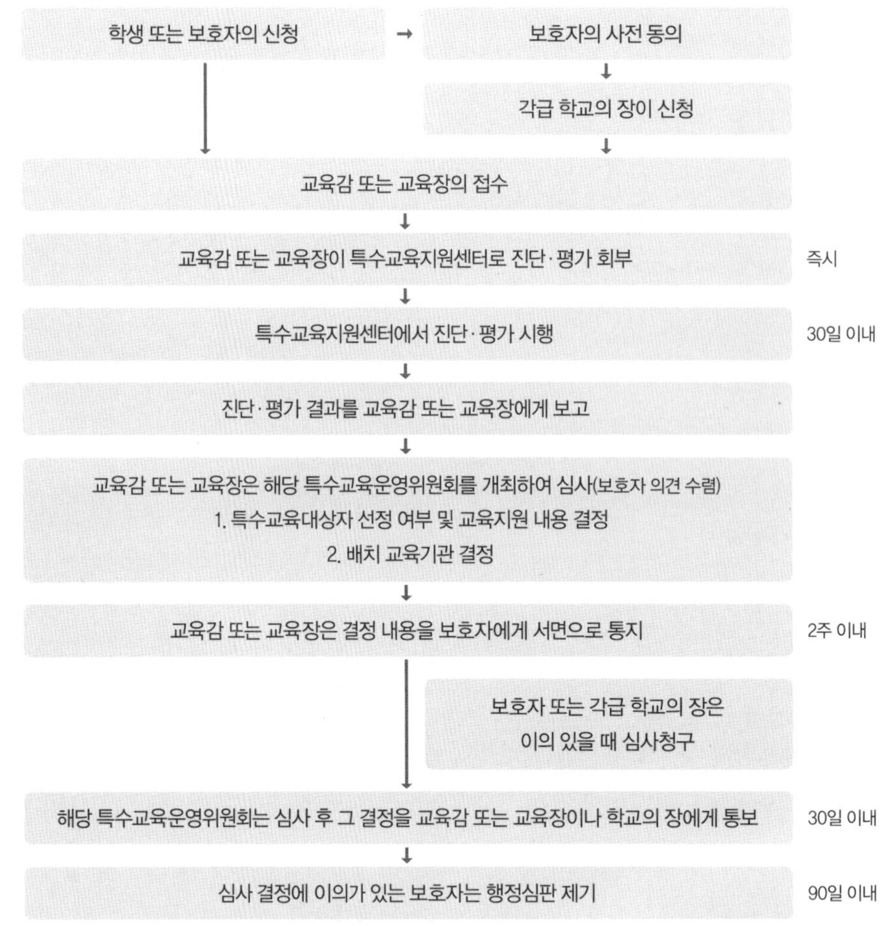

그림 Ⅰ-4-3 특수교육대상자 선정 및 교육배치 절차 출처: 경기도(2021)를 수정

표 Ⅰ-4-2 특수교육대상자 선별검사도구 및 영역별 진단·평가 검사도구

구 분		영역별 검사도구
장애 조기발견을 위한 선별검사		1. 사회성숙도검사 2. 적응행동검사 3. 영유아발달검사
진단·평가 영역	시각장애·청각장애 및 지체장애	1. 기초학습기능검사 2. 시력검사 3. 시기능검사 및 촉기능검사(시각장애의 경우에 한함) 4. 청력검사(청각장애의 경우에 한함)
	지적장애	1. 지능검사 2. 사회성숙도검사 3. 적응행동검사 4. 기초학습검사 5. 운동능력검사
진단·평가 영역	정서·행동장애 자폐성장애	1. 적응행동검사 2. 성격진단검사 3. 행동발달평가 4. 학습준비도검사
	의사소통장애	1. 구문검사 2. 음운검사 3. 언어발달검사
	학습장애	1. 지능검사 2. 기초학습기능검사 3. 학습준비도검사 4. 시지각발달검사 5. 지각운동발달검사 6. 시각운동통합발달검사

※ 비고: 특수교육대상자 선정을 위한 장애유형별 진단·평가 시 장애인증명서·장애인 수첩 또는 진단서 등을 참고자료로 활용할 수 있다.

출처: 장애인 등에 대한 특수교육법 시행규칙(2021)

특수교육지원센터는 특수교육에서 중요한 역할을 담당하는데, 특수교육대상자 선정을 위한 진단·평가 외에도 표 I-4-3과 같은 역할을 담당한다.

표 I-4-3 특수교육지원센터의 주요 역할

장애 조기발견 및 선별검사	• 장애영아 실태 파악 • 의료기관 연계 선별검사 • 센터 내 선별검사
진단·평가 및 선정배치	• 선정 절차 및 상담 안내 • 진단·평가 시행 • 선정 및 교육기관 배치
장애학생 인권 보호 및 지원	• 정기(특별)현장 지원 • 인권침해 사안 발생 시 특별지원 • 인권보호 연수 및 교육프로그램
교육활동 지원	• 장애영유아 무상교육 및 의무교육 • 순회교육 • 중증장애특성에 따른 교육지원 • 특수교사 및 통합교사 연수 • 특수학급 장학 지원 • 특수교육대상학생 통합교육지원
특수교육 관련서비스 지원	• 치료지원 제공 • 방과후 교육활동비, 통학비 지원 • 교재교구 및 보조공학기기, 학습보조기기 대여

출처: 대전동부교육 특수교육지원센터 홈페이지

3 특수교육에서 교육지원

장애인 등에 대한 특수교육법(2020)의 목적에는 '생애주기에 따라' 교육을 한다고 명시하고 있다. 여기서 생애주기(life cycle)는 일반적으로 출생에서 사망까지 일생의 발달단계로 알려져 있다. 하지만 생애주기는 출생에서 사망까지의 기간이 연속적인 단계로 구성되고, 그 연속적 단계는 되돌릴 수 없는 발달이라는 속성이 있으며, 연속적 단계의 기간이 세대를 거쳐 반복해서 나타나는 것을 의미한다. 즉, 생애주기는 연속적 형태(단계), 되돌릴 수 없는 발달(성숙), 재생 형태(세대)의 세 가지 특성이 있다는 것으로 일반적으로 여기에 연령으로 구분된다는 특성이 추가된다. 여기서 주기(cycle)라는 의미가 간과되어 생애주기가 받아들여지는 경향이 있다. 주기는 일정한 형태가 반복적으로 나타나는 것을 의미하는 것으로 개인의 생애는 일정한 연속적 단계로 구성된 기간의 형태를 나타낸다. 이런 연속적 단계로 구성된 생애 기간의 형태가 여러 세대를 거쳐 반복해서 나타난다는 의미에서 생애주기인 것이다. 단계나 발달의 의미는 있으나 반복의 의미는 없는 생애과정(life course)과는 구분될 필요가 있다(O'Rand & Krecker, 1990).

따라서 '생애주기에 따라' 교육한다는 것은 이전 세대가 한 개인의 발달단계에 따라 발달과업을 제시하고 완수할 수 있도록 교육한다는 것을 의미한다. 이는 결국, 특수교육은 평생교육 관점이어야 함을 나타내는 것이다.

실제로 2016년까지는 장애인 등에 대한 특수교육법(2016)에 이런 평생교육 관점에서 고등교육기 이후 교육을 포함하고 있었다. 비록 고등교육기 이후 교육지원 조항이 평생교육법(2016)으로 옮겨 가면서 2017년 이후 특수교육에서는 영유아기, 초중등교육기, 고등교육기만 지원하고 있지만, 평생교육 관점은 달라지지 않고 있다.

일반교육과 달리 특수교육이 평생교육 관점을 강조하는 이유는 장애학생의 경우 발달과업을 완수하는데 평생 어려움이 있기 때문이다. 따라서 학교에서와 같은 지원을 학령전기 영유아나 장애성인에게도 평생 제공할 필요성이 있다고 보는 것이다. 이런 평생교육적 특수교육지원은 다음과 같은 특징이 있다.

첫째, 교육지원의 효과성을 높인다. 특수교육이 일반교육처럼 공교육 시기에 한정해서 교육한다면 특히 학령전기의 장애아동들은 방치될 것이고, 방치된 이 아동들이 공교육을 받게 될 때쯤엔 장애로 인한 발달지체가 심화하여 결국 교육적 효과성이 낮아질 것이기 때문이다. 영유아기에 장애를 될 수 있으면 조기에 발견해서 조기중재 하는 것이 장애로 인한 피해를 최소화할 수 있고, 그 교육적 효과성 또한 높일 수 있으므로 출생 시부터 장애가 발견된다면 바로 특수교육을 받을 수 있게 하고 있다.

둘째, 장애인의 생애주기에 따라 가족을 함께 지원하므로 장애인에 대한 교육적 지원의 효과성을 높일 수 있다. 특수교육은 장애학생 외에 가족까지 대상으로 하여 가족지원을 서비스에 포함하고 있다. 가족지원은 가족의 스트레스를 경감시키고 가족의 역량을 강화해주기 위해서 제공한다. 이러한 가족지원의 이점 중 하나는 다양한 환경에서 장애인에 대해 일관된 중재를 할 수 있어 교육의 효율성을 높일 수 있다는 것이다. 그리고 이외의 이점으로 공교육 시기 이후에도 이런 지원을 통해 가족이 교육활동 중재자 역할을 수행하게 할 수 있고 장애인의 발달과업 수행을 돕게 할 수 있다는 것을 들 수 있다.

셋째, 국가 측면에서는 사회·경제적으로 이득이다. 생애주기의 단계는 신체적, 심리적 요인 외에도 사회·문화적 요인 특히 사회적 역할로서의 직업 측면에서 구분되는 면이 크다. 취업을 위해 교육이나 훈련받는 기간, 직장생활 기간, 퇴직제도와 퇴직 시기 등도 생애주기에 큰 영향을 준다. 이런 측면에서 특수교육에서는 장애학생의 취업을 위해 진로와 직업교육을 강조한다. 직장인으로서 살아가게 한다면 그렇지 못했을 때보다 국가적으로도 사회·경제적 이득이 있을 것이라는 판단이다. 그러나 학생의 장애유형이나 개별적인 특성과 무관하게 진로와 직업교육을 지나치게 강조하는 것은 바람직하지 않다. 예를 들면,

졸업을 앞둔 지적장애 학생이 자조기술이 부족하거나 결여되어 있다면 이를 더 높은 우선순위에 두어야 할 수도 있다.

여기서는 생애주기를 영유아기, 초중등교육기, 고등교육기 세 단계로 구분하고 각 단계에 대한 특수교육지원을 살펴보도록 한다.

영유아기 교육지원

오래전부터 특수교육에서는 장애 조기발견과 조기중재가 강조되어 왔다. 영유아기 교육지원은 특히 조기중재 이후의 학습에 영향을 주고, 가족의 요구를 양육 초기부터 반영할 수 있으며, 이미 발생한 장애나 장애 위험의 부정적인 결과를 최소화할 수 있다는 측면에서 그 필요성이 강조되어 왔다. 그리고 조기에 적절한 교육을 제공하면 이후 공교육기의 장애학생이나 장애성인의 사회적응과 삶의 질을 향상할 수 있고, 이를 통해 사회의 부담을 줄이며 더불어 살아갈 수 있는 바람직한 사회기반을 마련할 수 있다는 측면에서도 강조되고 있다. 이런 영유아기 교육지원의 필요성은 미국 장애인교육법(IDEA, 1997)의 다음과 같은 네 가지 목표 서술에도 잘 나타나 있다(인천광역시교육청, 2017).

- 아동의 발달을 촉진하고 발달지체의 가능성을 최소화한다.
- 학령기가 되었을 때 특수교육 및 관련서비스의 필요성을 감소시킴으로써 사회가 부담해야 하는 교육비를 절감한다.
- 이후의 시설 수용 가능성을 최소화하고 사회에서의 독립적인 삶의 가능성을 최대화한다.
- 아동의 특별한 요구를 충족시킬 수 있도록 가족의 역량을 강화한다.

장애영아 무상교육, 장애유아 의무교육은 이러한 국가 차원의 책무성을 강화하고자 하는 적극적 평등 조치의 목적으로 수립되었다(교육과학기술부, 2008a).

지원대상

영유아기의 특수교육지원 대상은 취학 전 발달 상에 지체가 있다고 진단된 출생 이후 만 6세 미만의 영유아로 그 가족까지 포함된다. 특별히, 가족을 포함한 이유는 영유아는 어린 나이로 인해 가정에서 보내는 시간이 많아 부모 지원이 그 어느 시기보다 중요하기 때문이다. 가정은 어떤 유아에게나 성장 발달을 촉진하는 가장 효과적인 경제적 구조로 가족 구성원의 적극적인 참여가 교육의 성공에 결정적인 역할을 하게 된다. 국내에서는 0~3세 미만 발달지체 영아와 그 가족을 위한 서비스와 3세 이상의 발달지체 유아와 그 가족을 위한 지원 서비스를 표 I-4-4에서 볼 수 있듯이 각각 조기중재와 유아특수교육으로 구분하고 있다(이소현, 2020).

표 I-4-4 유아특수교육 관련 영역을 지칭하는 용어 및 정의

용어	대상 나이	정의
조기중재	0~3세 미만	신생아 및 영아와 그 가족을 위해서 제공되는 협력적이고도 종합적인 특수교육서비스
유아특수교육	3~6세 미만	장애유아의 개별적인 요구를 충족시키기 위해서 제공되는 특수교육서비스
학령초기 특수교육	6~9세 미만	초등학교 저학년에 해당하는 초기 학령기 아동에게 제공되는 특수교육서비스

출처: 이소현(2020)

조기발견

대상 영유아의 연령이 낮을수록 예방적 중재의 중요성은 더욱 커진다. 그러므로 특수교육의 예방적 중재의 시작이라고 할 수 있는 장애 조기발견을 위한 접근이 체계적으로 이루어져야 한다(이소현, 김주영, 이수정, 2007). 장애 위험 및 발달지체 영유아를 조기에 발견해야 하는 이유는 가능한 조기에 특수교육을 받게 하기 위함이다. 이와 관련하여 장애인 등에 대한 특수교육법(2020)에서는 조기발견을 규정하고 있다. 이에 따라 지역주민과 관련 기관을 대상으로 홍보하고, 해당 지역 내 보건소와 병원 또는 의원에서 선별검사를 무상으로 실시하고 있다. 이렇게 조기발견하여 조기중재를 하게 되면 언어발달이 지체된 유아의 경우, 개별화교육을 통해 언어발달의 지체 정도와 이로 인한 영향을 감소시키며 후속적으로 발생할 수 있는 관련 문제를 예방할 수 있다. 또한, 뇌성마비 유아의 경우 조기에 적절한 운동과 자세잡기 중재를 통해 영구적인 근육수축을 막을 수도 있다(이소현, 2020). 즉 이미 발생한 장애가 더 악화하는 것을 막고 기존의 장애로 인하여 부가적인 문제가 발생하는 것을 예방할 수 있게 된다. 이러한 예방적 중재는 특수교육 및 사회복지 재정의 절감 효과를 주며, 장애영유아의 사회통합 가능성과 적응력을 높일 수 있게 된다. 따라서 조기발견은 특수교육이 지향하는 매우 중요한 목표 중 하나가 된다(Johnson, Rahn, & Bricker, 2015; 교육부, 2017c).

장애인 등에 대한 특수교육법(2020)과 동법 시행령(2021)에서의 조기발견 방법과 절차는 다음과 같다.

① 조기발견 방법(장애인 등에 대한 특수교육법 제14조)

- 영유아의 장애 및 장애 가능성을 조기에 발견하기 위하여 지역주민과 관련 기관을 대상으로 홍보를 하고, 해당 지역 내 보건소와 병원 또는 의원에서 선별검사를 무상으로 실시한다.
- 선별검사를 효율적으로 실시하기 위하여 지방자치단체 및 보건소와 병·의원 간에 긴밀한 협조체제를 구축한다.

② 조기발견 절차(장애인 등에 대한 특수교육법 시행령 제9조)

- 장애의 조기발견을 위하여 관할 구역의 어린이집·유치원과 학교의 영유아를 대상으로 수시로 선별검사를 한다.
- 선별검사 결과 장애가 의심되면 병원 또는 의원에서 장애 진단을 받도록 보호자에게 안내하고 상담한다.

특수교육 의뢰 이후 진단·평가를 받고 발달지체로 선정되면 특수교육을 받을 수 있는데, 장애유아들은 주로 유치원에서 통합교육을 받게 된다. 3세 미만의 장애영아들은 특수학교(유치원이나 영아반)나 특수교육지원센터에 배치되어 교육을 받을 수 있고, 가정, 병원, 시설 등에 있는 경우 순회교육을 받을 수 있다.

교육과정

장애유아를 위한 교육과정은 일반 유아교육과정인 누리과정을 근간으로 한다. 이는 장애유아들에게도 비장애유아들과 동일한 교육경험을 할 수 있도록 하기 위함이다(Division for Early Childhood, 2007). 장애유아에게 누리과정이라는 국가수준 교육과정을 적용하고, 이런 보편적 교육과정 내에서 장애유아의 장애특성 및 정도 등의 여러 요인을 고려하여 교육목표를 결정하고 교수한다(이소현, 2020). 장애유아를 위한 교육과정은 비장애유아를 위한 교육과정에서와 마찬가지로 전인적 측면에 초점을 맞추고, 특정 학습영역뿐만 아니라 발달의 모든 측면 즉, 신체, 인지, 의사소통, 사회·정서, 적응 발달영역에 대해 다양한 영역의 전문가들과 협력하여 중재를 해야 한다(Morrison, 2015).

발달지체 유아들에게는 장애유형·정도와 무관하게 가급적이면 유치원에서 통합교육을 받게 하는 것이 바람직하다. 그리고 실제 유아들은 초·중등교육기의 학생들보다 통합교육이 수월한 편인데 그 이유는 다음과 같다(교육부, 2019; 한국보육진흥원, 2020).

- **교수적 통합**

  누리과정이 놀이 중심으로 구성되어 있어 유연하게 교육과정을 편성·운영할 수 있다. 다시 말해, 유아교육은 비장애유아와 함께 누리과정 상에서 놀이가 충분히 이루어질 수 있도록 편성·운영할 수 있고, 유아의 발달과 장애정도에 따라 조정하여 운영할 수 있으므로 교수적 통합이 더욱 수월하다.

- **사회적 통합**

  나이가 어릴수록 유아들은 또래 유아들의 차이점을 편견 없이 자연스럽게 받아들이므로 사회적 통합이 수월하다.

발달지체 유아의 특성에 적합한 교육과정은 그림 I-4-4와 같이 세 단계로 고려하여 적용할 수 있다.

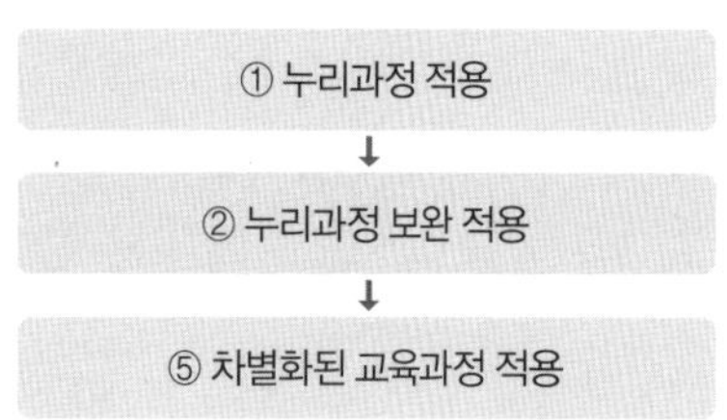

그림 I-4-4 장애유아를 위한 특성에 적합한 교육과정

여기서 주의할 점은 장애가 심한 유아라도 유치원에서 누리과정을 사용할 수 있는지 먼저 확인한다는 것이다. 이때 단순히 사용 여부를 확인하는 것이 아니라 장애유아에게 높은 수준의 특수교육 관련서비스를 제공해서라도 누리과정을 사용할 수 있는지 보호자가 포함된 전문가팀이 적용 가능 여부를 확인해야 한다. 그런데도 누리과정 적용이 어렵다면 ②단계로서 누리과정을 보완하여 적용하는 것을 고려한다. 이때도 고강도 서비스를 제공해서라도 유치원에서 보완된 누리과정을 적용할 수 있는지 그 여부를 전문가팀이 결정한다. ①, ②에서처럼 누리과정을 근간으로 교육과정을 사용하기 어렵다면 장애유아만을 위한 차별화된 교육과정을 제공할 수 있다. 통합교육 상황에서 차별화된 교육과정을 제공하는 것은 비장애유아들과 함께 누리과정 상의 활동에 참여하게 하면서 그 장애유아만을 위한 교육과정을 사용하게 하는 것이다.

초중등교육기 교육지원

지원대상

초중등교육기의 특수교육지원 대상은 초등학교 1학년부터 고등학교 3학년까지(경우에 따라 전공과까지)의 특수교육대상자이다. 이 시기에 특수교육대상자로 선정될 수 있는 장애유형은 9가지(시각장애, 청각장애, 지적장애, 지체장애, 정서·행동장애, 자폐성장애, 의사소통장애, 학습장애, 건강장애)이다. 이러한 장애학생들은 주로 학습이나 행동에서의 심각한 어려움을 보여 교육적 성취에 불리함이 있는 학생들이다.

교육과정

초중등교육기의 특수교육대상자는 다음의 세 가지 국가수준 교육과정 중에 학생과 학교의 상황을 고려하여 선택해 사용할 수 있다. 이 세 교육과정의 특징을 요약하면 다음과 같다.

- **공통교육과정**
  초등학교와 중학교 학생들을 대상으로 하고, 일반 초등학교와 중학교 교육과정에 따라 편성된 교육과정이다. 특별히 시각장애, 청각장애, 지체장애에 대해서는 장애특성을 고려하여 보완한 교과(국어, 영어, 체육)가 마련되어 있다.
- **선택중심교육과정**
  고등학교 학생들을 대상으로 하고, 일반 고등학교 교육과정에 따라 편성된 교육과정이며, 특수교육 전문교과 교육과정으로 전문교과III에 직업교과와 이료교과가 별도로 편제되어 있다.
- **기본교육과정**
  일반교육의 초·중등 교육과정을 재구성하거나 보완하여도 사용이 어려운 발달장애 학생들을 주 대상으로 한다. 장애학생의 특성 및 수준을 고려한 핵심역량 중심 교육과정이면서 학년군을 기반으로 중등도 및 중도 장애학생의 발달단계와 능력을 고려한 수준별 교육과정이다. 또한 생활환경(가정, 학교, 지역사회)에서의 기능성을 강조하는 생활중심 교육과정이다.

초중등교육기의 특성에 적합한 교육과정은 고려 단계를 통합교육 상황과 분리교육 상황 각각에 대해 표 I-4-5와 같이 고려할 수 있다. 통합교육 상황에서는 기본교육과정을 사용하지 않으므로 일반교육 교육과정(공통교육과정이나 선택중심교육과정)을 근간으로 고려한다. 국내 특수학급과 특수학교에 배치된 장애학생들은 발달장애 학생이 높은 비중을 차지하므로 일반적인 분리교육 상황에서는 일반교육 교육과정을 사용하지 않고, 주로 기본교육과정을 근간으로 한다. 하지만 모든 분리교육 상황에서 기본교육과정만을 사용하는 것은 아니다. 예를 들어 맹학교나 농학교의 경우 주로 일반교육 교육과정을 사용하기도 하고, 특수학급에서도 특정 과목은 일반교육 교육과정을 근간으로 사용하기도 한다.

표 I-4-5 통합교육 상황과 분리교육 상황에서의 특성에 적합한 교육과정

일반학급에서 통합교육 상황	특수학급이나 특수학교에서 분리교육 상황
① 일반교육 교육과정 적용	③ 기본교육과정 적용
↓	↓
② 일반교육 교육과정 보완 적용	④ 기본교육과정 보완 적용
↓	↓
⑤ 차별화된 교육과정 적용	⑤ 차별화된 교육과정 적용

여기서 주의할 점은 ①, ② 또는 ③, ④ 각 단계의 교육과정을 학생이 사용할 수 있는지를 단순히 확인하는 것이 아니라, 전문가팀(보호자, 일반교사, 특수교사, 장애전문가 등)이 높은 수준의 특수교육 관련서비스를 제공해서라도 사용할 수 있는지 확인을 해야 한다는 것이다.

중학교과정부터는 장애학생이 학교 졸업 후 직장 혹은 독립된 성인 생활로의 전환에 필요한 기술을 교수하기 위해 본격적으로 진로와 직업교육을 실시한다. 진로와 직업교육은 장애학생에게 다양한 진로 탐색 및 체험활동 기회를 제공한다. 그리고 자신의 적성과 흥미에 기반한 진로와 직업교육을 받을 수 있는 환경을 제공하여 실제 취업으로 이어질 수 있도록 하고 있다.

진로와 직업교과는 중학교 및 고등학교과정에 편성되어 있고, 초등학교 5~6학년군의 실과교과의 내용과 연계되어 있다. 고등학교의 경우, 기본교육과정의 진로와 직업교과 시간에 다양한 선택 기회를 제공하기 위하여 선택중심교육과정의 전문교과 중에서 적합한 것을 선택하여 편성·운영할 수 있다. 예를 들어 진로와 직업교과 시간에 전문교과 I(과학 계열, 체육 계열, 예술 계열, 외국어 계열, 국제 계열의 과목), 전문교과II(국가직무능력표준 NCS에 따른 17개 교과군의 과목), 전문교과III(직업, 이료교과의 과목)의 과목들을 편성할 수 있다(교육부, 2015a; 2017b).

고등학교과정을 졸업한 특수교육대상자에게 진로와 직업교육을 제공하기 위하여 수업연한 1년 이상의 전공과를 설치·운영할 수 있다. 전공과에서는 특수교육대상자의 특성, 능력, 장애유형 또는 요구에 맞추어 직업재활훈련과 자립생활훈련을 실시하고 장애학생의 직업능력 향상을 도모한다. 교육기관의 장은 이러한 교육목적을 달성하기 위하여 현장실습이 포함된 직업교육계획을 수립해야 한다. 이때 전담인력은 전공과가 설치된 특수교육기관의 고등학교과정과 같은 수준으로 배치한다.

고등교육기 교육지원

지원대상

고등교육기의 특수교육지원 대상은 대학에 재학 중인 장애대학생(이하 장애학생)이다. 이 학생들은 고등학교과정 또는 전공과를 졸업한 이후 대학 이상의 고등교육기관에서 교육을 받는 장애학생들 그리고 특별한 교육적 요구가 있는 학생들이다. 장애학생의 학습권 보장을 위해 1995년부터 실시된 특수교육대상자 특별전형을 통해서 또는 일반전형을 통해서도 많은 특수교육대상자가 대학에 진학하여 고등교육을 받아 왔다(강병호, 2010).

교육지원

대학에 장애학생 수가 지속해서 증가함에 따라 이들의 학습권을 보장하고 자기보호 역량 등의 성장을 체계적으로 지원해야 한다는 주장이 있었다. 이에 따라 대학에 특별지원위원회를 설치하여 재학 중인 장애학생 지원을 계획하고 심사청구 사건에 대한 심사 및 결정을 하고 있다. 또한, 대학에서는 장애학생의 교육 및 생활에 관한 지원을 위하여 장애학생지원센터를 운영하고 있다. 다만, 장애학생이 10명 미만이면 전담인력을 배치하여 대체할 수 있다. 장애학생에 대한 지원은 주로 환경, 교육, 생활, 기타로 구분하여 표 I-4-6과 같이 지원하고 있다.

표 I-4-6 고등교육 현장에서의 지원 범위

구분		지원 범위
환경 지원	제도	• 장애학생의 지원 등에 관한 학칙 규정 포함 • 특별지원위원회의 설치·운영 • 장애학생지원센터의 설치와 전담직원 배치 • 편의 제공(보조공학기기, 편의시설, 정보접근, 도우미 등)
	시설 및 환경 지원	• 장애학생에 대한 교수학습권 보장을 위한 시설 구비 • 교내 이동 접근성 지원(수동/전동휠체어, 저상버스 등) • 교내 행사에 모두 참여할 수 있도록 환경지원

구분		지원 범위
교육 지원	학습 지원	• 우선 수강 신청 지원제도 시행 • 학습지원 도우미 제공(대필, 한국수어, 속기, 튜터링 등) • 장애학생 배려 교수방법(판서 등) • 교강사 강의노트 파일 제공 • 장애학생의 특성을 고려한 과제 제시 • 학습에 필요한 교재·교구 지원 • 장애학생을 위한 기자재의 신속한 보수 또는 교체 • 장애학생에게 적절한 평가방법 사용 • 장애학생 수시 요구 조사 및 상담
	도우미	• 장애학생 도우미 모집, 선발, 교육, 배치 • 도우미 상담 및 만족도 검사 실시 • 도우미 활동에 따른 일지관리 및 지원금 지급
생활 지원	대학생활을 위한 생활 지원	• 장애학생 장학금 지원 • 장애 위험 학생을 위한 생활 상담 • 학내 생활지원 도우미 제공 • 기숙사 야간 생활 도우미 지원 • 기숙사 학습 도우미 지원
기타 지원	진로/취업 지원 인식 개선 등	• 진로탐색 워크숍(직업적성 및 흥미검사) • 이력서·자기소개서 인터뷰 전략 클리닉 • 맞춤형 심화교육 • 이미지 컨설팅 • 기업탐방 프로그램 • 신임교원 교육(장애학생지원서비스, 수업 중 배려사항, 시험과 평가, 교수강의 지원사항 등) • 교직원 대상 장애학생지원센터 안내 • 자료배부(교수/직원/비장애학생 대상 지원 안내서)

출처: 교육과학기술부(2011)

발달장애(developmental disabilities)

발달이 평균에서 유의미하게 일탈하여 신체적·정신적 또는 두 가지 영역 모두에서 심각하고(severe) 만성적인(chronic) 장애가 지속될 가능성이 있는 장애이다. 발달장애라는 개념은 지적장애 시설과 지역사회 정신건강센터 건축법(Mental Retardation Facilities and Community Mental Health Centers Construction Act of 1963)에서 제시되었다. 이 법에서는 발달장애를 정신지체, 뇌성마비, 뇌전증 또는 18세 이전에 발생하는 기타 여러 신경학적 장애를 의미하는 것으로, 증상이 비교적 항구적으로 나타날 수 있다고 정의하였다. 그러나 발달장애인법(The Developmental Disabilities Act of 1984)에서는 발달장애에 특별히 지적장애, 뇌성마비 등 특정 장애의 명칭을 표현하지 않았으며, 22세 이전에 발생하는 것으로 연령을 변경하였다. 또 발달장애의 진단을 충족하려면 적어도 주요 일상생활에서 세 가지 이상의 기능에 명백한 제한이 나타나야 한다고 규정하였다. 여기서 말하는 주요 일상생활은 자기관리(self-care), 수용과 표현언어(receptive and expressive language), 학습(learning), 이동(mobility), 자기지시(self-direction), 독립생활능력(capacity for independent living), 경제적 자족(economic sufficiency) 일곱 가지 영역이다. 이 정의에서 만성적인 것은 그 상태가 평생에 걸쳐 지속해서 유지될 것이라는 뜻이다. 그러나 장애의 상태가 심각하여 중증(severe)이라는 의미는 그 한계가 명확하지 않다. 예를 들어, 이 법률에 따르면 지적장애이면서 장애정도가 매우 경도(mild) 수준은 발달장애의 범주에 포함해야 하는지 의문을 제기할 수 있다. 그리고 신체적·정신적 또는 신체와 정신 양측 모두에서 장애를 나타내는 것을 어떻게 규정하느냐에 따라 학습장애, 자폐성장애, 뇌성마비 등을 발달장애에 포함하는 사람도 있고 그렇지 않은 사람도 있다. 또 발달장애는 통상 자폐성장애를 지칭하는 경우가 있다. DSM-4에서 전반적 발달장애(pervasive developmental disorders: PDD)에 자폐성장애, 레트장애, 아동기 붕괴성장애, 아스퍼거장애, 달리 분류되지 않는 전반적 발달장애를 제시하기 때문이다. 따라서 발달장애는 단지 하나의 장애유형을 의미하는 것이 아니라 장애 진단을 받은 사람에게 법률적, 행·재정적, 교육적으로 유리한 지원을 제공하려 사용하는 용어로 인식할 필요가 있다(국립특수교육원, 2018).

의무교육

헌법 제31조 제3항에 따라 의무교육은 무상이다. 무상교육과의 차이점은 강제성 유무에 있는데 의무교육은 부모 등 보호자에게 자녀를 강제로 취학시킬 의무를 부과하고 국가 및 지방자치 단체에 대해서는 교육시설, 교사 배치 등의 책무성을 강제하고 있다(교육과학기술부, 2008a).

5 통합과 교육배치의 원리

학습 목표

1 국내 통합교육 정의를 이해할 수 있다.

2 통합교육의 기초원리에 관해 설명할 수 있다.

3 최소제한환경 원리에 기초한 교육배치를 이해할 수 있다.

통합교육은 오늘날 특수교육의 큰 흐름이 되었다. 이제 통합교육에 대한 논쟁은 통합교육 시행 여부가 아니라 통합교육의 목적과 가치를 어느 정도로 어떻게 실현할 것인지와 실행의 효과성 등 통합교육의 질적 측면에 초점이 맞춰져 있다. 통합된 교육환경에서 모든 학생에게 적절한 교육서비스를 제공하기 위해서는 법, 제도, 행정 체제, 재정 확보와 지원방식 등 구조적 개선과 다양성이 존중되어야 한다. 더불어 모두가 수용되는 사회통합과 함께 살아가는 사회를 가치 있게 보는 거시적 정책적 접근이 동시에 이루어져야 한다. 특히, 학교에서는 장애학생을 위한 교수적 수정, 통합교육의 목적과 가치를 실현하려는 교사들의 역할 인식과 태도 등이 요구된다(한국통합교육학회, 2014).

통합교육의 수준은 물리적 통합, 교수적 통합, 그리고 사회적 통합으로 구분될 수 있다. 여기서 물리적 통합은 또래들과 같은 교육환경에 배치되어 있지만 교수적 통합도 사회적 통합도 아닌 수준의 통합이다. 교수적 통합은 일반학급의 수업에 참여할 수 있도록 하는 것이며, 사회적 통합은 학급 구성원의 일원으로 받아들이게 하는 것이다(정희섭 등, 2006 재인용). 따라서 제대로 실행된 통합교육이란 교수적 통합이면서 사회적 통합을 의미한다.

1 국내 통합교육 정의

현재 국내 특수교육에서의 통합교육 방향성은 장애인 등에 대한 특수교육법(2020)의 통합교육 정의에 잘 나타나 있다. 이 법에서 통합교육은 다음과 같이 정의되어 있다.

- **통합교육**

  특수교육대상자가 일반학교에서 장애유형·장애정도에 따라 차별을 받지 아니하고 또래와 함께 개개인의 교육적 요구에 적합한 교육을 받는 것을 말한다(장애인 등에 대한 특수교육법, 제2조 제6항).

하지만 이 정의는 교육 장소를 일반학교로 한정하고 있다는 점에서 실제 통합교육 실행에 모호함을 준다. 통합교육에서는 지속성이 중요하다는 사실, 그리고 이 법의 목적(제1조)이 통합교육을 지향하고 있다는 사실과 함께 종합적으로 해석해 보면 이 정의는 분리교육을 배제한 이상적인 통합교육만을 나타낸다고 볼 수 있다. 다시 말해 분리교육을 받는 장애학생들에 대한 통합교육은 언급하고 있지 않다는 것이다. 이는 분리교육을 받는 약 30% 정도의 장애학생들에 대해서는 통합 기준을 제시하지 않는다는 문제를 보인다.

또한, 이 정의는 물리적 통합을 인정하고 있지 않다. 사실상 교수적 통합과 사회적 통합을 요구함으로써 통합교육의 질적 측면의 당위성을 강조한 정의라 볼 수 있다. 하지만 이는 선언적인 정의일 뿐 실제 물리적 통합이 아니라고 확인할 수 있는 기준과 방법을 제시하고 있지 않다는 문제가 있다.

통합교육의 목적은 표 I-5-1과 같이 네 가지가 있는데(정대영, 2005), 이 목적들과 통합교육 정의는 서로 관련되어 있다. 이 목적들은 학교가 학생의 개인차(individual difference)를 고려한 적합한 교육서비스를 제공해야 하고, 이를 바탕으로 학교 자체가 공동체 사회가 될 수 있도록 해야 함을 강조하고 있다. 여기서 개인차는 학생의 특성이며, 개인 간 차이(inter-individual difference)와 개인 내적 차이(intra-individual difference)로 구분할 수 있는 것이다. 개인 간 차이는 학생들 간의 차이인 다양성을 의미하는 것이고, 개인 내적 차이는 개인이 가지는 여러 특성에서의 차이를 의미한다(Heward, 2006). 이 중 다양성 인정과 수용 그리고 교육 평등성 추구는 장애인 등에 대한 특수교육법(2020)의 통합교육 정의에 담겨 있고, 교육 수월성 추구와 조화의 극대화는 이 법의 목적(제1조)에 담겨 있다.

표 I-5-1 통합교육의 네 가지 목적

다양성 인정과 수용	학생의 다양한 능력 수준은 차별이나 집단화 등의 구분 근거가 아닌, 독특한 교육적 요구로 받아들여져야 한다.
교육 평등성 추구	학생의 교육적 요구에 적합한 교육서비스를 제공해야 한다.
교육 수월성 추구	학생의 잠재력을 최대한 개발시킬 수 있도록 교육해야 한다.
조화의 극대화	어떤 학생도 소외되지 않고 조화를 이루는 공동체 사회가 되도록 해야 한다.

출처: 정대영(2005)을 수정

전술한 것처럼 현행 장애인 등에 대한 특수교육법(2020)에서는 일시적 통합과 물리적 통합을 허용하고 있지 않다. 사실상 이상적인 정의인데다 실제 통합교육 수준 확인이나 실행에 대한 구체적 기준도 제시하고 있지 않아 학교 현장에서 통합교육 실행에 사용하기에 어려움이 있다. 이러한 문제로 인해 실제 통합교육은 이전 법인 특수교육진흥법의 정의대로 실행되고 있다(특수교육진흥법, 1997).

- **통합교육**

  특수교육대상자의 정상적인 사회적응 능력의 발달을 위하여 일반학교(특수교육기관이 아닌 학교)에서 특수교육대상자를 교육하거나, 특수교육기관의 재학생을 일반학교의 교육과정에 일시적으로 참여시켜 교육하는 것을 말한다(특수교육진흥법, 제2조 제6항).

이 정의는 물리적 통합도 일시적 통합도 통합교육이라고 인정하고 있다. 이 정의에 의하면 특수학교의 장애학생들이 일시적이라도 일반학교에서 비장애학생들과 활동을 하면 통합교육을 받는 것으로 인정된다. 이런 일시적 통합교육은 현재 연간 1회, 또는 학기별 1회 이상 운영되고 주로 일반학교에 장애학생을 보내 교육활동에 참여하게 한다. 하지만 학생의 장애가 심해 일반학교로 가지 못하는 경우, 비장애학생이 특수학교로 가서 교육활동에 참여하게 하는 유형(역통합)도 시행되고 있다(국립특수교육원, 2019).

2 통합원리

통합교육에 대한 역사적 배경에는 1960년대부터의 사회·정치적 상황과 정상화의 원리(Wolfensberger, 1972)라는 철학적 개념이 있었다. 당시 시민 권리 운동과 함께 시설에 수용된 장애인의 인권 문제에 관한 관심이 집중되었었다. 이를 계기로 탈시설화 운동이 전개되고, 장애인의 권리에 대한 의식이 신장하면서 교육계에서도 통합교육이 주목받았다. 이런 상황에서 1975년 미국 전장애아교육법(PL 94-142)이 통과되었고, 본격적으로 통합교육에 대한 논의가 시작되었다. 이 법에서 제시한 최소제한환경 원리는 장애학생을 포함한 어떤 학생도 학교에서 배제되지 않고, 최소제한환경에서 교육받을 수 있도록 보장하여 통합교육의 기초를 제공하였다.

정상화의 원리

정상화(normalization)라는 용어는 Nirje(1969)에 의해서 처음 사용되었고, Wolfensberger(1972)에 의해서 장애인 서비스의 원리로 적용되었다. 정상화 원리는 가능한 문화적으로 보편적인 방법을 사용하면 문화적으로 가치 있는 개인의 행동 및 특성을 형성하고 유지할 수 있다는 철학적 개념이다. 그리고 이를 위해 장애인은 가능한 일반적인 사회로 통합되어야 한다는 것이다. 정상화의 원리를 특수교육에 적용해 보면 장애학생에 대한 교육목표나 교육방법도 가급적 비장애학생에 대한 것과 같아야 한다는 것이다(Wolfensberger, 1972). 이를 위해 장애학생도 비장애학생의 교육환경과 같거나 최대한으로 가까운 환경에서 교육받아야 하며, 교육목표와 교육방법도 비장애학생에게 사용되는 것과 같거나 가장 가까운 것이어야 한다. 이러한 정상화 원리가 특수교육에서 최소제한환경의 개념을 탄생시킨 촉매 역할을 했다(Thurman & Fiorelli, 1980). 결론적으로 정상화 원리는 장애학생 뿐만 아니라 장애성인을 위해서도 가장 기본적 지침이 되는 개념으로 강조되고 있다(Smith, 2004).

탈시설화

장애인을 분리된 시설에서 지역사회로 이동시키자는 움직임이 탈시설화(deinstitutionalization)다. 시설수용의 원래 취지는 시설에서 더 전문적이고 우수한 서비스를 제공할 수 있으니 이런 서비스를 제공한 후에 지역사회로 복귀하게 하자는 것이었다. 하지만 시설들은 사회적으로 폐쇄적인 곳에 있었고, 그로 인해 인권침해가 만연했었다. 1960년대에 이런 사실들이 알려지고 1970년대 정상화 원리의 개념이 대두되면서 장애인 수용시설을 폐쇄해야 한다는 주장에 힘이 실리기 시작했고, 이에 따라 탈시설화가 시작되었다. 탈시설화를 통해 많은 장애아동이 가정에서 성장하게 되었고, 지역사회 내 그룹홈이 보편화되기 시작하였다. 이와 같은 탈시설화 운동이 장애인의 사회통합에 주된 역할을 해온 것이 사실이다. 하지만 탈시설화에서 가장 중요한 것은 체계적인 계획과 적절한 지원이며, 이런 지원이 있을 때 탈시설화가 성공하게 된다는 것을 유념해야 한다(Greenspan & Cerreto, 1989; Saunders, 2007).

최소제한환경

최소제한환경 원리는 미국 장애인교육법(IDEA, 2004)에서 제시하는 특수교육의 여섯 가지 원리 중 하나이다. 장애학생을 또래, 가정, 지역사회로부터 되도록 최소한으로 분리해야 한다는 것을 나타내는 법적 용어이다. 이 원리는 장애학생의 삶이 가능한 정상적이어야 한다는 관점에서 출발한다. 또한, 장애학생을 위한 교육은 학생의 특별한 요구로 이뤄져야 하고, 필요 이상으로 학생의 자유가 침해되어서는 안 됨을 의미한다(Hallahan, Kauffman, & Pullen, 2012).

장애학생을 최소한으로 제한된 교육환경에 배치한다는 개념 자체는 현실적으로 매우 적절하다고 여겨진다. 이런 이유로 최소제한환경을 통합원리(inclusion principle)라고도 한다(Turnbull, Turnbull, & Wehmeyer, 2010). 하지만 실제 장애학생을 배치할 때는 이를 잘못 적용할 가능성이 있다. 최소제한환경이라는 명칭 자체를 제한된 환경을 허용하는 것처럼 받아들여 분리의 근거로 사용하는 경향이 있기 때문이다. 이런 문제를 방지하기 위해 최소제한환경이라는 용어 대신에 가장 가능하게 하는 환경(most enabling environment)으로 변경하자는 주장이 있다(Mercer, Mercer, & Pullen, 2011).

통합교육 관점에서 최소제한환경 원리를 이해하고 실행하는 교사들은 일반학급을 최선의 선택으로 받아들이고 있는데, 그 배경에는 교사들의 사회·윤리적, 교육철학적 신념이 있다. 최소제한환경을 해석하면서 장애학생에게 적절하다면 또래와 함께 교육해야 한다는 철학적 신념이 장애학생의 배치에 실제 적용되고 있는 것이다. 이 외에 미국 장애인교육법(IDEA, 2004)이 통합교육의 법적 근거를 확고히 하고 있다는 점도 일반학급 배치를 우선 고려하게 하고 있다. 이 법에서는 장애학생을 제한된 환경에 배치하기 위해서는 그런 배치의 당위성을 설명하는 대신에 일반학급에 배치할 수 없는 정당한 근거를 전문가팀이 제시하도록 규정하고 있다. 이 규정은 통합교육 환경에서 그 학생을 위해 어떠한 노력을 했으며, 그러한 노력에도 불구하고 통합교육의 효과가 없음을 입증하는 근거가 있을 때, 제한된 환경에 배치할 수 있다는 것을 나타낸 것이다(Lerner, Lowenthal, & Egan, 2003; Yell, 2019). 이는 특히, 중도·중복장애 학생의 교육배치에서 간과하기 쉬운 다음과 같은 사항들을 유념하게 한다.

- 학생의 장애정도에 의해 교육배치가 결정돼서는 안 된다.
- 장애가 심한 장애학생이라도 일반학급 배치를 우선 고려해야 한다.
- 장애학생을 제한된 환경에 배치할 땐 매우 신중하게 결정해야 한다.

3 교육배치 원리

장애학생이 자신의 교육적 요구에 따라 최소제한환경에서 교육받는 것을 보장하기 위해 연계적 배치서비스 체계를 제공해야 한다(IDEA, 2004). 장애학생의 교육배치는 최소제한환경 원리에 따라 그림 I-5-1과 같은 연계적 배치서비스 모형에 제시된 장소 중 장애학생을 가장 최소한으로 분리시키는 환경으로 결정하는 것이다. 최소제한환경이 반드시 일반학급을 의미하는 것은 아니다. 하지만 장애가 심한 학생이라도 일반학급을 먼저 고려하는 것이 최소제한환경을 결정할 때 중요하다. 일반학급에서 적절한 서비스와 보조공학기기를 제공했음에도 불구하고 통합교육의 효과가 없음을 증명할 수 있는 근거를 제시할 수 있을 때, 연계적 배치서비스 모형 중 일반학급이 아닌 곳(좀 더 제한된 환경)에 장애학생을 배치할 수 있다. 이런 배치는 보호자를 포함한 전문가팀이 신중하게 결정해야 한다.

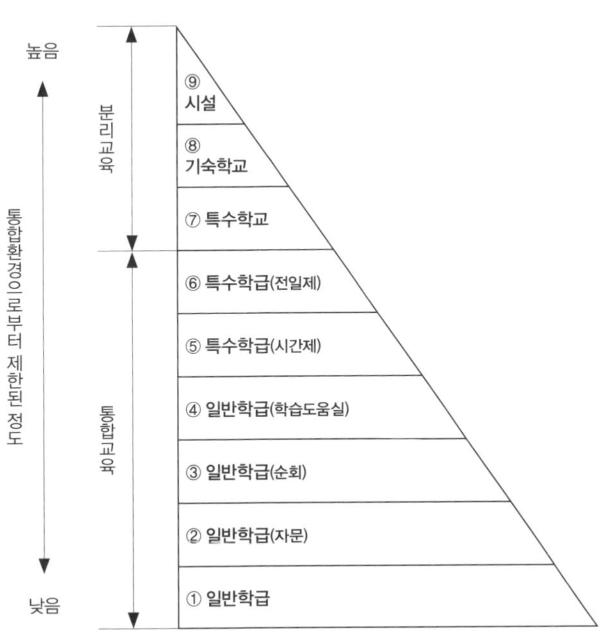

그림 I-5-1 연계적 배치서비스 모형

그리고 장애학생을 실제 교육기관에 배치할 때는 학생의 집에서 가장 가까운 곳에 배치한다는 근거리 우선 배치를 기본적으로 사용해야 한다. 이 외에 국내의 경우, 배치할 학교의 학급(일반학교의 특수학급이나 특수학교 학급)에 최대 인원(과정별로 4·6·6·7명의 학생)이 있다면 그다음 가까운 학교로 배치를 고려하게 된다.

이러한 교육배치 과정에는 부모의 의사결정 참여 원리에 따라 보호자의 요구사항이 반드시 반영되어야 하고, 절차적 보호 원리에 따라 최종 결정에는 반드시 보호자의 동의가 필요하다. 국내에선 보호자가 동의하지 않으면 심사청구나 행정심판을 통해 이의를 제기할 수 있다.

그림 I-5-1의 연계적 배치서비스 모형의 각 단계는 다음과 같은 배치 형태를 의미한다(Heward, Alber-Morgan, & Konrad, 2016; 국립특수교육원, 2018).

① 일반학급: 모든 학교 일과를 일반학급에서 비장애학생과 함께하는 완전통합 형태이다. 국내의 경우 일반학급 배치에 해당한다.

② 일반학급(자문): 일반교사가 특수교사로부터 자문을 받아 장애학생을 위해 필요한 교수적 수정이나 중재법을 일반학급에서 장애학생에게 실시해보는 형태이다.

③ 일반학급(순회): 일반학급의 장애학생이 특정 교과나 활동에서 지원이 필요할 경우 특수교사가 일반학급 수업에 들어가 장애학생을 지도해주는 형태이다.

④ 일반학급(학습도움실): 일반학급에서 주로 교육을 받지만, 방과 후 등의 특별시간 동안에만 일반학급 이외의 장소에서 지원해 주는 형태이다. 장애인 등에 대한 특수교육법에서는 학습도움실이라는 용어가 아닌 특수학급이라는 용어를 사용한다.

⑤ 특수학급(시간제): 장애학생에게 별도의 지원이 필요한 교과(주로 국어, 수학 등의 교과)에 대해 특수학급에서 수업을 받게 하는 형태이다. 국내의 경우 특수학급 배치에 해당한다.

⑥ 특수학급(전일제): 일반학교 내에 설치된 특수학급에서 학생이 모든 시간을 교육받도록 운영하는 특수학급이다. 일반학교에 학생이 배치되어 있다고 하더라도 대부분 시간을 학생이 특수학급에 있어야 하므로 통합교육에 대한 효과를 크게 기대하기 어렵다. 주로 특별시간 동안에 통합교육 기회를 제공한다. 우리나라의 경우 대부분 특수학급은 전일제가 아닌 시간제 특수학급으로 운영되고 있다.

⑦ 특수학교: 완전분리교육의 가장 흔한 형태로 장애학생을 위해 특별히 설계된 교육시설에서 특수교사로부터 교육을 받는다. 국내의 경우 특수학교 배치에 해당한다.

⑧ 기숙학교: 하루 24시간 동안 특수교사나 장애전문가로부터 주거시설을 갖춘 학교에서 교육과 훈련 및 보호를 받는 형태이다. 국내에서는 기숙제 특수학교에 해당하는 유형으로 특수학교가 처음 세워졌을 때의 보편적인 형태였다. 장애정도나 능력에 맞는 적절한 교육이 이루어진다는 장점이 있으나 부모로부터의 애정결핍, 비장애학생과의 접촉 기회의 제한 등의 문제가 있다. 이 유형은 가정에서 통학하는 특수학교 배치보다 더 제한된 환경이다.

⑨ 시설: 가장 분리된 환경으로 장애학생이 생활하는 시설에서 교육을 받는 형태이다. 국내의 경우 시설에서 순회교육을 받는 장애학생이 이 배치에 해당한다.

일반적으로 최소제한환경과 연계적 배치서비스 개념은 다음과 같이 잘못 받아들여지는 경향이 있다(Taylor, 1988).

- **제한성이라는 측면에서 서비스를 개념화하는 것으로 받아들임**
  최소제한환경이 제한된 환경을 합법화하는 것으로 받아들이는 경향이 있다. 이렇게 개념화하면 어떤 장애학생들은 반드시 제한적인 환경에 배치되어야 하고, 분리된 환경을 특정 장애학생들을 위한 최소제한환경이라고 받아들여 지원하게 되는 문제가 있다.
- **분리와 통합의 개념을 서비스의 강도와 혼동하게 함**
  분리된 환경을 가장 강도가 높은 서비스와 동일시하고 통합된 환경을 가장 강도가 낮은 서비스와 동일시하는 것으로 받아들이는데, 이는 잘못된 것이다. 배치환경은 서비스 강도와 무관하다.
- **준비도 모형(readiness model)에 근거하는 것으로 받아들임**
  장애학생이 통합환경에서 살고, 학교 갈 준비가 되어야만 최소제한환경으로 옮겨갈 권리를 가지게 된다는 것으로 받아들이기 쉬운데, 이는 잘못된 것이다. 준비도 모형은 장애를 의학적 관점에서 보는 것인데, 최소제한환경은 장애를 사회적 관점으로 보는 측면이 강하다.
- **전문가들의 의사결정에 우선권을 부여하는 것으로 받아들임**
  통합이란 윤리적이고 철학적인 문제이지 전문성에 관련된 문제가 아니다. 그러나 최소제한환경의 개념은 '적절한' 또는 '필요한' 등의 용어를 사용함으로써 전문가의 의사결정이 절대적인 것처럼 받아들이게 한다. 의사결정은 전문가들의 의견이 아닌 근거에 기초해야 한다.

- **인권침해 승인으로 받아들임**

  지역사회 참여와 자유라는 개인의 권리를 침해하는 것을 승인하는 것으로 받아들이기 쉽다. 이 때문에 장애학생을 제한하는 것은 당연하고 어느 정도 제한할 것인가를 결정하는 것처럼 최소제한환경을 받아들인다.

- **점차 덜 제한적인 환경으로 옮겨간다는 것으로 받아들임**

  장애학생이 연계적 배치서비스 체계의 덜 제한적인 특정 단계로 이동할 수 있다 하더라도, 그 특정 단계의 배치로 이동하기 위해 그 사이의 단계들에 잠시라도 머물러야 한다고 받아들이기 쉽다.

- **서비스와 지원보다 물리적 환경이 중요한 것으로 받아들임**

  장애학생이 비장애학생들과 같은 환경에 참여할 수 있도록 하기 위해 제공되는 서비스와 지원보다는 장애학생이 배치될 물리적 환경에 초점을 맞추는 것으로 받아들인다. 장애학생을 위해 특별히 고안된 설비와 물리적 환경을 강조하는 것처럼 최소제한환경이라는 용어를 받아들이는 경향이 있는데, 이는 잘못된 것이다.

그룹홈(group home)

사회생활에 적응하기 힘든 장애인이 자립할 때까지 소규모 시설에서 공동으로 생활할 수 있게 하는 제도이다. 그룹홈은 소규모 시설 또는 장애인이 공동으로 생활하는 가정을 뜻한다. 장애인을 소수의 그룹으로 묶어 가족적인 보호를 통해 지역사회에 적응할 수 있도록 도와주는 프로그램이나 제도를 일컫는다. 그룹홈은 별개의 시설로 운영되며, 최종 목적은 입주자들의 자립과 사회적인 통합이다. 전문 지도교사는 미리 계획된 프로그램에 따라 가족적인 환경 속에서 독립적인 생활기술을 습득시키고, 장애정도에 따라 개개인의 잠재능력을 높일 수 있도록 돕는 역할을 한다. 선진국에서는 1960년대부터 일반화되었으나, 한국에는 1990년대 중반에 도입되었다. 자치단체들을 중심으로 그룹홈이 권장되고는 있지만 활발하지는 않다. 그룹홈의 장점은 장애인 입장에서 열등의식이 없어지고, 성격이 밝아지며, 여러 가지 능력이 향상되고, 부모나 형제들도 부담 없이 자기 생활을 할 수 있다는 점 등이다. 문제점으로는 개별화된 서비스 및 지역사회 통합 프로그램, 홍보와 지원기관, 전문 인력 등의 부족과 운영시설의 제한성 등이 지적된다(이철수, 2013).

준비도(readiness)

교수목표를 달성하기 위하여 학생이 현재 가지고 있는 지적, 정의적, 사회적, 신체적 측면 등의 능력이나 특성의 준비 상태이다. 최근에는 수업이론에서 준비도라는 용어보다는 출발점 행동 또는 투입 행동, 선행 경향성, 선행 필수 요건 등의 용어를 더 빈번하게 사용하는 추세이다. 그러나 준비도와 출발점 행동의 근본적인 차이는 출발점 행동은 설정된 교수목표(목표행동)를 어떻게 달성할 수 있는가와 관련한 달성 방법 및 전략에 초점을 두지만, 준비도는 교수목표의 달성을 위해 필요한 모든 능력을 학생이 갖추고 있는지에 주로 관심이 있다(국립특수교육원, 2018).

6 특수교육 교육과정과 개별화교육계획

학습 목표

1 장애학생을 위한 특수교육 교육과정의 특징을 설명할 수 있다.

2 개별화교육계획 수립 및 실시에 대한 절차를 이해할 수 있다.

특수교육 교육과정은 특수교육대상자가 사용할 수 있는 국가수준 교육과정을 제시한 것이다. 특수교육 교육과정이 중요한 이유는 장애학생을 위한 특성에 적합한 교육과정이 특수교육 교육과정에 근간을 두기 때문이다. 여기서 근간을 둔다는 의미는 장애학생이 특수교육 교육과정을 가급적 그대로 사용할 수 있게 하겠다는 것이다. 하지만 장애학생의 장애유형이나 정도에 의해 특수교육 교육과정을 그대로 사용하지 못하는 경우에는 교육과정 수정·보완·대체도 가능하다(3장 특수교육의 개념 참조).

특성에 적합한 교육과정은 특수교육 관련서비스와 함께 장애학생에게 제공되어야 한다. 이 두 가지 충족방법이 장애학생을 위한 개별화교육계획에 수립되고 실시되므로 개별화교육계획은 특수교육에서 가장 핵심이라고 받아들여진다. 본 장에서는 특성에 적합한 교육과정을 이해하는데 필요한 특수교육 교육과정에 대해 알아보고, 이런 교육과정 측면의 지원방법이 담기게 되는 개별화교육계획에 대해 살펴보고자 한다.

1 특수교육 교육과정

특수교육 교육과정은 유아교육법, 초·중등교육법 및 장애인 등에 대한 특수교육법을 근거로 특수교육대상자가 배치되어 있는 유치원, 초·중등학교, 특수학교의 교육목표를 달성하기 위한 국가수준 교육과정이다. 특수교육 교육과정은 유치원, 초·중·고등학교와 특수학교에서 편성·운영하여야 할 공통적이며 일반적인 기준을 제시한 것이다(교육부, 2015a).

2015 개정 특수교육 교육과정에서 특수교육 교육과정이라는 명칭은 특수학교 교육과정이라는 명칭에서 변경된 것으로 표 I-6-1과 같은 개정과정을 거쳐 왔다.

표 I-6-1 개정 시기별 교육과정 편제의 구조

특수교육 교육과정 명칭	교육과정 편제의 구조
2008 특수학교 교육과정	• 유치원 교육과정 • 기본교육과정: 1~12학년 • 국민공통 기본교육과정: 1~10학년 • 선택중심교육과정: 11~12학년
2011 특수교육 교육과정	• 유치원 교육과정 • 기본교육과정: 초등학교 1학년~고등학교 3학년 • 공통교육과정: 초등학교 1학년~중학교 3학년 • 선택교육과정: 고등학교 1학년~3학년
2015 개정 특수교육 교육과정	• 유치원 교육과정 • 기본교육과정: 초등학교 1학년~고등학교 3학년 • 공통교육과정: 초등학교 1학년~중학교 3학년 • 선택중심교육과정: 고등학교 1학년~3학년

출처: 교육부(2017b)

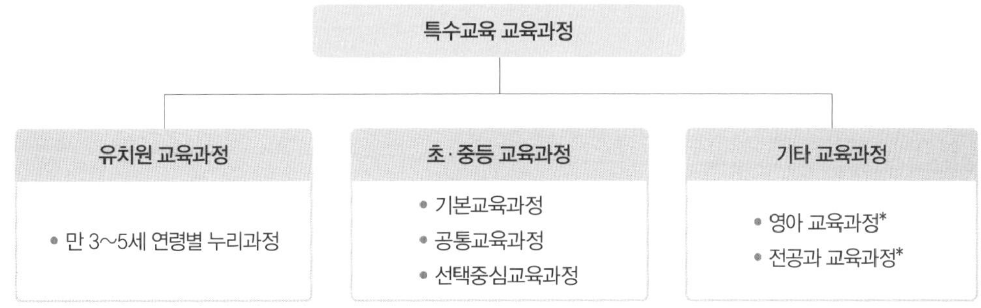

* 영아 및 전공과 교육과정은 교육감의 승인을 받아 학교장이 정함

출처: 교육부(2017b)

그림 I-6-1 특수교육 교육과정의 전반적인 구성 체계

특수교육 교육과정은 과정별로 유치원과 초·중등 교육과정으로 구성되어 있다. 그리고 초·중등 교육과정은 기본교육과정, 공통교육과정, 선택중심교육과정으로 구성되어 있다. 기본교육과정은 일반교육 교육과정을 사용하기 어려운 특수교육대상자를 위하여 대체한 대안 교육과정의 성격을 가진다. 특수교육 교육과정 체계는 그림 I-6-1과 같다(교육부, 2017b).

특수교육 교육과정에서 초·중등 교육과정은 일반교육 초·중등학교 교육과정을 근간으로 한다. 여기에 장애학생의 교육적 요구의 보편성과 특수성을 반영하여 표 I-6-2처럼 대상을 정하여 구성하고 있다. 공통교육과정의 경우 시각·청각·지체장애 학생의 특성을 고려하여 개발된 특수교육 공통교육과정(일반교육 공통교육과정의 국어, 영어, 체육 교과를 시각·청각·지체장애 학생의 특성 및 요구를 반영하여 수정한 교육과정)을 활용할 수 있으며, 선택중심교육과정의 경우 장애학생의 특성 및 요구를 고려하여 개발된 특수교육 전문교과 교육과정(특수교육대상 학생의 전문적인 직업교육을 위한 교육과정)을 편성할 수 있다. 이 교육과정은 시각·청각·지체장애 학생과 경도 지적장애 학생을 주로 대상으로 하여 직업과 이료라는 두 개 교과에 21개 과목에서 직업 적응 및 기초 직무 능력을 배양할 수 있도록 특화된 내용으로 구성하고 있다.

표 I-6-2 초·중등학교 특수교육 교육과정 유형 및 활용 대상

교육과정 유형	활용 대상
공통교육과정	시각·청각·지체장애 학생
선택중심교육과정	시각·청각·지체장애 학생과 경도 지적장애 학생을 주 대상으로 하며, 직업 관련 교과 중 선택중심교육과정이 필요한 특수교육대상 학생
기본교육과정	공통교육과정 및 선택중심교육과정을 적용하기 어려운 초등학교 1학년부터 고등학교 3학년까지의 학생

출처: 교육부(2017b)

특수교육 교육과정은 5개의 학년군(초등학교는 1~2학년, 3~4학년, 5~6학년의 3개 학년군, 중학교와 고등학교는 3개 학년을 각각 1개 학년군)을 설정하고 있는데, 이는 교육과정 편성·운영의 경직성을 벗어나 학년 간 상호 연계와 협력을 통하여 유연성을 갖게 하기 위함이다. 초등학교에서는 학년군제에 따라 필요한 경우 담임 연임제를 시행할 수 있으며, 이는 개별 학생에 대한 이해를 바탕으로 학생의 학습 및 제반 영역의 성장 발달을 효과적으로 지원하는 데에 도움이 될 수 있다.

유치원 교육과정, 기본교육과정, 공통교육과정, 선택중심교육과정 각각에 대해 특징을 설명하면 다음과 같다.

유치원 교육과정

특수교육 교육과정의 유치원 교육과정은 일반 유치원 교육과정(누리과정)의 목적을 장애유아의 특성에 맞게 설정한 것이다(교육부, 2017b). 대상은 만 3~5세 발달지체 유아로 신체운동·건강, 의사소통, 사회관계, 예술경험, 자연탐구 다섯 개의 영역을 중심으로 구성하며, 장애유아의 발달을 촉진할 수 있도록 편성한다(교육부, 2015a). 이때 장애유아가 누리과정에 최대한 참여할 수 있도록 개별화교육계획을 수립하여야 한다. 특수교육 교육과정에서의 유치원 교육과정의 주요 특징은 다음과 같다(특수교육 교육과정 총론, 2020).

- **편성·운영**

  ① 유아의 장애특성을 고려하여 1일 4~5시간을 기준으로 편성한다.

  ② 유아의 발달과 장애정도에 따라 조정하여 운영한다.

  ③ 순회교육을 위한 교육과정을 편성·운영한다.

- **교수·학습**

  ① 유아의 개별적 요구에 따라 개별화교육계획을 수립하여 운영한다. 개별화교육계획은 인지, 의사소통, 사회·정서, 운동, 적응행동 등 특수교육지원이 필요한 발달영역을 중심으로 한다.

  ② 유아의 개별적 요구에 필요한 특수교육 관련서비스는 개별화교육계획에 따라 지원할 수 있다.

- **평가**

  유아의 개별적 요구에 따른 개별화교육계획 운영의 질을 진단하고 개선하기 위해 평가를 시행한다.

기본교육과정

기본교육과정은 장애학생의 특성 및 수준을 고려한 핵심역량 중심 교육과정이면서 학년군을 기반으로 중등도 및 중도 장애학생의 발달단계와 능력을 고려한 수준별 교육과정이다. 일반교육의 초·중등 교육과정을 재구성하거나 보완하여도 적용이 어려운 발달장애 학생들을 주 대상으로 하므로 실생활 및 삶과 연계되는 내용을 중심으로 구성되어 있다.

기본교육과정은 교과와 창의적 체험활동으로 구성되고 과정별로 이수해야 하는 교과가 다르며 학생의 장애특성 및 수준에 따라 교육과정을 선택할 수 있다. 모든 교육활동을 통해 학생의 기본생활 습관, 기초학습능력, 바른 인성을 함양할 수 있도록 편성·운영한다. 기본교육과정은 다음과 같은 특징이 있다(교육부, 2017b).

- 공통교육과정 및 선택중심교육과정의 적용이 어려운 발달장애 학생의 발달수준을 고려한 핵심역량 중심 교육과정이다. 핵심역량이란 삶의 맥락에 걸쳐 모든 사람이 필요로 하는 일반적인 요소로 향후 직업생활을 포함하여 미래의 삶에 성공적으로 대처하기 위해 필수적으로 요구되는 능력을 의미한다.
- 지역사회 생활이나 사회통합에 필요한 핵심역량을 중심으로 실생활 및 삶과 연계되는 내용의 수준별 교육과정이다. 이를 위해 다섯 개 학년군으로 구분하고 있지만, 대상학생인 중등도 및 중도 장애학생의 발달단계 및 능력을 고려하여 실제로 타 학년군의 교과내용으로 대체하는 등 수준별 교육과정으로 운영할 수 있다.
- 개별 장애학생이 일상생활 및 직업활동을 포함한 미래 삶에 원활하게 대처하고 성공적인 삶을 영위할 수 있도록 마련되었다. 이를 위해 현재 및 미래 환경에서 독립적으로 생활하는 데 필요한 교육내용 및 지역사회와 환경과의 상호작용을 강조하는 교육활동이 선정되어 있다.
- 중도 지적장애 학생의 특성 및 수준을 고려한 핵심역량 중심의 교육과정 개발을 위해서 중도 지적장애 학생의 발달수준, 생활연령 등을 고려하여 실생활과 연계되는 내용을 중심으로 하는 생활중심교육과정이다. '자기관리 역량', '지식정보처리 역량', '창의적 사고 역량', '심미적 감성 역량', '의사소통 역량', '공동체 역량'의 여섯 가지의 핵심역량을 기준으로, 교과에 맞는 역량을 제시하고, 교과의 특성에 맞게 구성하고 있다.
- 기본교육과정은 학문적인 맥락에서 규정하는 교과별 주요 사실, 개념, 원리, 기능에 중점을 두는 일반교육 교육과정을 기준으로 하지 않고, 지역사회 생활이나 사회통합에 필요한 핵심역량을 중심으로 교과교육과정을 구성하고 있다.

특수교육대상자가 이수하고 있는 기본교육과정의 편제는 표 I-6-3과 같다(특수교육 교육과정 총론, 2020).

특수교육에서는 진로와 직업교육이 강조되는데, 이를 위해 중학교부터 진로와 직업교과가 필수로 지정되어 있다. 진로와 직업교과의 궁극적 목적은 자신과 직업에 대한 탐색과 체험을 통해 긍정적인 자아개념과 진로에 대한 적극적인 태도를 형성하고, 주도적으로 자신의 진로를 개척하여 지역사회의 한 구성원으로서 독립적으로 사회생활과 직업생활을 할 수 있도록 하는 데 있다. 그러한 목적과 함께 기본교육과정 적용 대상학생이 달성해야 할 학습의 도달점을 진로 개척과 직업역량 향상으로 삼고 있다. 진로와 직업교과의 목표체계는 표 I-6-4와 같다(전주대학교 국정도서편찬위원회, 2018).

표 Ⅰ-6-3 기본교육과정의 편제

구분		과목 및 영역
교과(군)	초 1, 2	국어, 수학, 바른 생활, 슬기로운 생활, 즐거운 생활
	초 3~6	국어, 사회, 수학, 과학/실과, 체육, 예술(음악/미술)
	중	국어, 사회, 수학, 과학, 진로와 직업, 체육, 예술(음악/미술) 선택: 재활, 여가활용, 정보통신활용, 생활영어, 보건
	고	국어, 사회, 수학, 과학, 진로와 직업, 체육, 예술(음악/미술) 선택: 재활, 여가활용, 정보통신활용, 생활영어, 보건
창의적 체험활동		자율 활동, 동아리 활동, 봉사 활동, 진로 활동(초1, 2학년: 안전한 생활 포함)

표 Ⅰ-6-4 진로와 직업교과의 목표체계

총괄 목표	'진로와 직업'은 자신의 흥미, 적성, 능력을 이해하고 다양한 직업 세계 및 진로에 대한 폭넓은 탐색과 경험을 바탕으로 진로 계획을 수립하며 진학 또는 취업에 필요한 지식, 기능, 태도를 익혀 진로를 개척해 나갈 수 있는 역량을 기르는 것을 목표로 한다.	
하위 목표	자기 탐색, 직업의 세계	자신의 흥미, 적성과 능력에 대한 이해를 바탕으로 진로를 탐색하고 체험하여 자신에게 맞는 고등학교와 미래의 직업을 찾는다.
	작업 기초 능력, 직업생활	신체 및 도구 사용, 정보통신 활용과 같은 직업기초 능력을 기름과 동시에 직업인의 올바른 태도를 함양하여 자신을 관리하고 공동체에 이바지하는 직업인으로 사는 삶을 준비한다.
	진로 의사결정, 직업 준비	전환에 필요한 의사결정능력과 진로 잠재력을 바탕으로 전환계획을 수립하고 선택한 진로에 대한 구체적인 정보를 수집하며 전환기관에 대한 실제적 체험을 통하여 진로를 준비한다.

출처: 전주대학교 국정도서편찬위원회(2018)

공통교육과정

특수교육 교육과정의 공통교육과정은 일반학교에서 통합교육을 받는 학생들에 대한 교육과정 편성·운영 사항을 구체화하여 실효성을 높이고, 장애학생의 독특한 학습 요구를 반영하여 공통교육과정에 대한 접근을 최대화한 것이다. 공통교육과정의 주요 특징은 다음과 같다(교육부, 2015b; 2017a).

- 공통교육과정에 대한 접근을 최대화하면서 시각·청각·지체장애 학생의 독특한 학습 요구를 반영하고 있다. 장애유형에 따른 특성 및 요구를 고려하여 일반교육 교육과정을 수행할 수 있도록 한다. 현행 교육과정에서 일반교육 교육과정에 내용을 일부 추가하는 방식으로 국어(시각·청각), 체육(시각·지체), 영어(시각·청각) 교과를 재구성하였다.

- 청각장애 학생의 경우 청력 수준과 언어 및 의사소통 특성을 고려하여 지도하는데, 청각장애유형에 따라 '듣기' 영역은 '듣기·수어 읽기·말 읽기'로, 말하기 영역은 '말·수어하기'로 수정한 것이다.
- 시각장애 학생의 경우 학습매체 특성과 시각 환경을 종합적으로 고려하여 지도하는데, 시기능에 따라 국어교과와 영어교과에서 점자 읽기와 쓰기, 확대문자 쓰기(묵자 사용 학생)의 학습내용을 수정한 것이다.
- 시각장애 학생과 지체장애 학생을 위한 체육교과는 신체기능을 고려하여 장애 상태와 운동능력에 적합한 신체활동을 통하여 바람직한 신체상을 확립하고 움직임의 개념을 이해하며, 신체활동에 대한 흥미를 느낄 수 있도록 하는 데 중점을 두고 있다.
- 시각·청각·지체장애 학생의 학습자 특성을 고려하여 자기주도적인 학습능력을 향상할 수 있도록 하였다. 이는 초·중등학교 교육과정의 공통성을 그대로 추구하되 장애특성에 따른 보상교육을 지원하는 교육과정이다.

초등학교, 중학교과정 특수교육대상자가 이수하고 있는 공통교육과정의 편제는 표 I-6-5와 같다(교육부, 2015a).

표 I-6-5 공통교육과정의 편제

구분		과목 및 영역
교과(군)	초 1, 2	국어, 수학, 바른 생활, 슬기로운 생활, 즐거운 생활
	초 3~6	국어, 사회/도덕, 수학, 과학/실과, 체육, 예술(음악/미술), 영어
	중	국어, 사회/도덕, 수학, 과학/기술·가정/정보, 체육, 예술(음악/미술), 영어 선택: 한문, 환경, 생활외국어, 보건, 진로와 직업, 재활 복지)
창의적 체험활동		자율 활동, 동아리 활동, 봉사 활동, 진로 활동 (초1, 2학년: 안전한 생활 포함)

선택중심교육과정

선택중심교육과정 중 전문교과Ⅲ는 장애학생을 위한 전문교과로 직업교육의 실효성을 높이기 위해 마련된 것이다. 이는 특수교육대상자의 직업교육을 지원하기 위한 교육과정으로서 다음과 같은 특징이 있다(교육부, 2015a; 2017a).

- 특수교육대상자가 직업을 갖는데 필요한 기초지식과 실무능력을 배양하여 성공적으로 취업에 도달할 수 있는 능력과 자질을 함양하는 직업교육과정이다.
- 특수교육 전문교과(전문교과III)는 미래사회에 부응하는 직업인으로 살아갈 수 있도록 준비하게 하고, 교육내용은 직업적응 및 기초직무능력을 배양하여 다양한 직업세계에 적응할 수 있게 한다.
- 선택중심교육과정은 모든 장애유형의 학생을 대상으로 하여 장애특성 및 정도를 고려한 다양한 교육과정으로 편제하고 있다. 즉, 보통교과, 전문교과 I, 전문교과II는 일반교육 교육과정을 따르고, 전문교과III는 특수교육대상자를 위한 교육과정이다.
- 전문교과III는 직업교과 11개 과목과 이료교과 10개 과목으로 편제되어 있다.
- 시각장애 학생들에 대한 직업교육의 전문성을 높이기 위한 이료교과는 10개이고, 과목 모두 다양한 진로탐색을 위한 보다 전문적인 내용으로 구성되어 있다.
- 특수교육대상자의 직업 선호, 산업구조 및 노동시장의 변화, 산업체의 요구 등을 분석하여 직종중심 교육과정에서 탈피하여 직무중심 교육과정으로 전환하고 학생의 직업수행 역량을 강화해 실질적으로 취업과 연계될 수 있도록 한다.

고등학교과정의 특수교육대상자가 이수하고 있는 선택중심교육과정의 편제는 표 I-6-6과 같다.

표 I-6-6 선택중심교육과정 편제

구분				교과 영역 및 교과(군)
교과(군)	보통교과	기초		국어, 수학, 영어, 한국사
		탐구		사회(역사/도덕 포함), 과학
		체육·예술		체육, 예술(음악/미술)
		생활·교양		기술·가정/제2외국어/한문/교양
	전문교과	전문교과I		과학, 체육, 예술, 외국어, 국제 계열에 관한 과목
		전문교과II		국가직무능력표준에 따른 과목(경영·금융, 보건·복지, 디자인·문화콘텐츠, 미용·관광·레저, 음식조리, 건설, 기계, 재료, 화학공업, 섬유·의류, 전기·전자, 정보·통신 등)
		전문교과III	직업	직업준비, 안정된 직업생활, 기초작업기술 I, 기초작업기술 II, 정보처리, 농생명, 사무 지원, 대인서비스, 외식서비스, 직업현장실습, 직업과 자립
			이료(시각장애학교)	해부·생리, 병리, 이료보건, 안마·마사지·지압, 전기치료, 한방, 침구, 이료임상, 진단, 이료실기 실습
창의적 체험활동				자율 활동, 동아리 활동, 봉사 활동, 진로 활동

출처: 교육부(2015a)

2 개별화교육계획

특수교육은 전문가팀에 의해 협력적 팀 접근으로 수행되어야 한다. 개별화교육계획은 이 과정에서 전문가팀의 협력을 촉진하고 유지하게 해주는 핵심 문서이다. 전문가팀은 우선 개별화교육계획 수립 과정에서 교육의 방향을 함께 찾아가므로 전문가들이 서로 의사소통하며 협력하게 된다. 개별화교육계획을 수립한 이후에는 적절한 교육을 할 수 있는 관리 도구로 활용하고, 학생의 교육적 성취를 점검할 수 있는 평가도구로도 사용한다. 다시 말해 전문가팀은 이 문서를 가지고 개별화교육을 실시한다.

개별화교육계획의 의미

개별화교육계획은 장애학생 개개인이 지닌 교육적 요구에 적합한 교육을 제공하기 위해 작성하는 법적 문서이다. 이런 개별화교육계획을 사용하여 장애학생을 교육했을 때 교육 현장에서 교육의 질을 높일 수 있고, 특수교육의 내실을 기할 수 있으며 교육의 효율성 또한 높일 수 있게 된다(교육부, 2015b).

장애인 등에 대한 특수교육법에서는 개별화교육을 위해 개별화교육계획을 작성하도록 하고 있다. 우선 이 법에서의 개별화교육의 정의를 살펴보면 다음과 같다(장애인 등에 대한 특수교육법, 2020).

- **개별화교육**

  각급 학교의 장이 특수교육대상자 개인의 능력을 계발하기 위하여 장애유형 및 장애특성에 적합한 교육목표·교육방법·교육내용·특수교육 관련서비스 등이 포함된 계획을 수립하여 실시하는 교육을 말한다(제2조 제7항).

이 정의는 개별화교육이 개별화교육계획을 수립하여 실시하는 것임을 나타낸다. 개별화교육계획은 특성에 적합한 교육과정과 특수교육 관련서비스가 기록된 법적 문서이고, 전문가팀은 이 문서를 사용하여 협력하며 장애학생의 교육적 요구를 충족시키므로 다음과 같은 특징을 갖게 된다(교육부, 2015b).

- 특수교육대상자를 위하여 특별히 고안된 교육(특성에 적합한 교육과정과 특수교육 관련 서비스)을 보장하기 위한 계획서이다.
- 특수교육대상자의 교육방향(목표, 내용, 방법)을 제시하는 계획서이다.
- 특수교육대상자의 교육적 성취를 점검하고 평가하는 평가계획서이다.
- 특수교육대상자 및 보호자의 권리를 옹호하는 주요 문서이다.
- 전문가팀의 개별화교육계획의 실시에 대한 책무성을 강화하는 실질적 문서이다.
- 전문가팀의 협력적 체계 구축 및 의사소통을 돕는 문서이다.

특성에 적합한 교육과정 수립 절차

개별화교육계획에는 특성에 적합한 교육과정과 특수교육 관련서비스가 포함된다. 이 중 교육과정에 대해서는 국가수준 교육과정을 보완하여 수립할 수도 있고, 장애학생만을 위한 차별화된 교육과정을 수립할 수도 있다.

개별화교육계획은 특수교육 교육과정에 근간을 두고 장애학생의 요구를 반영하여 작성한다. 이러한 개별화교육계획은 학생의 장애 상태나 발달단계 및 특성, 지역사회나 학교의 실태 등을 고려하여 수립된다. 특히 국가수준 교육과정에 근거하여 수립할지 아니면 학생의 요구를 중심으로 수립할지에 따라 그 절차가 달라진다. 일반적으로 개별화교육계획을 수립하기 위해서는 장·단기 교육목표 설정이 우선이다. 여기서는 국가수준 교육과정을 보완하는 경우와 차별화된 교육과정을 사용하는 경우에 대해 교육목표를 설정하는 방법을 살펴보기로 한다(교육과학기술부, 2008b).

국가수준 교육과정을 보완하는 경우의 교육목표 설정

공통교육과정이나 선택중심교육과정, 기본교육과정과 같은 국가수준 교육과정을 그대로 사용하기 어려운 장애학생이라면 해당 교육과정 상의 교육목표를 적합화하여 교육과정을 보완할 수 있다. 국가수준 교육과정을 보완하여 개별화교육계획 상의 연간 및 학기별 목표를 설정하는 절차는 그림 I-6-2와 같다.

해당 학기 교과 교육계획표 준비
- 학교(급) 단위로 준비된 교과 교육계획표를 준비

↓

차시별 교육목표와 학생의 현행 수행수준 파악
- 차시별로 제시된 교육목표에 근거한 학생의 현행 수행수준을 파악

↓

차시별 교육목표와 현행 수행수준 간의 불일치 분석을 통한 교육목표 적합화
- 학생의 현행 수행수준에 근거하여 본래의 목표를 학생의 요구와 장애, 능력 등에 맞게 적합화

↓

적합화된 교육목표의 교육내용 열거
- 적합화된 교육목표에 도달하는 데 필요한 하위의 교육내용을 열거

↓

교육내용을 지도하는 교육방법 제시
- 각 하위 교육내용을 지도하는 데 필요한 교육방법을 열거

↓

평가준거와 평가방법 기록
- 각 교육목표의 도달 여부를 확인할 수 있는 평가준거를 설정하고 평가방법을 기록

↓

적합화된 교육목표에 근거한 학기별 목표 설정
- 적합화된 교육목표를 종합하여 학기별 목표를 설정
- 학기별 목표 개발은 비계열적 교육목표 개발 형태를 취하는 것이 편리할 수 있음.

↓

학기별 목표에 근거한 연간목표 설정
- 학기별 목표를 종합하여 연간목표로 개발
- 연간목표의 개발은 비계열적 교육목표 개발 형태를 취하는 것이 편리할 수 있음.

그림 Ⅰ-6-2 국가수준 교육과정을 보완한 교육목표 설정 절차

출처: 교육과학기술부(2008b)

국가수준 교육과정을 사용하기 어려운 경우의 교육목표 설정

국가수준 교육과정인 공통교육과정, 선택중심교육과정, 기본교육과정을 보완해도 학생의 개인차가 너무 커서 사용하기 어려운 학생일 경우, 학생의 요구분석을 바탕으로 차별화된 교육과정을 수립할 수 있다. 이때 보호자, 교사, 기타 관계자들로부터 얻은 요구(정보)를 분석하는 것이 중요하고, 분석 결과에 근거하여 교육목표를 설정할 수 있다. 차별화된 교육과정을 위한 연간 및 학기별 목표를 설정하는 절차는 그림 Ⅰ-6-3과 같다.

학생의 교육적 요구와 교육과정을 종합적으로 파악하여 현행 수행수준과 교육목표 설정

- 학생의 생태학적 배경과 교육과정의 기능적 과제를 중심으로 교육목표를 설정하고 이 목표에 대한 현행 수행수준을 파악

↓

교육목표에 도달하는 데 필요한 하위 기능들을 나열

- 교육목표에 도달하는 데 필요한 하위 기능들을 과제의 전후나 상하 관계에 상관없이 나열
- 교육목표의 형식이 아닌 학습문제 형태로 기술하는 것이 편리함

↓

나열된 하위 기능들을 학습내용의 특성에 따라 분석

- 학습내용의 특성에 따라 나열된 하위 기능들에 대해 학습내용을 분석(예, 군집 분석 등)

↓

위 기능 중에서 중요 기능을 중심으로 평가의 시점, 방식 등을 고려한 학기별 목표 설정

- 평가의 시점, 방식 등을 고려하여 학기별 목표를 설정할 때는 계열적 혹은 비계열적, 혼합적 교육목표 개발 형태를 선택하여 목표를 개발

그림 Ⅰ-6-3 국가수준 교육과정을 사용하기 어려운 경우의 교육목표 설정 절차

출처: 교육과학기술부(2008b)

개별화교육계획의 수립 및 실시

특수교육운영위원회의 심사를 거쳐 특수교육대상자로 선정되고 교육배치(일반학급 배치, 특수학급 배치, 또는 특수학교 배치)가 결정되면, 배치된 해당 학교에서는 특수교육대상자에게 적합한 교육을 제공하기 위해 그림 Ⅰ-6-4와 같은 절차를 따르게 된다(교육부, 2015b).

개별화교육 지원팀 구성 → 특수교육대상자의 교육적 요구 파악 → 개별화교육 계획 수립 → 개별화교육 계획 실시 → 평가 및 검토

평가 및 검토 ↓ 평가 결과에 따라 검토와 수정 환류 ↑ 개별화교육 계획 수립

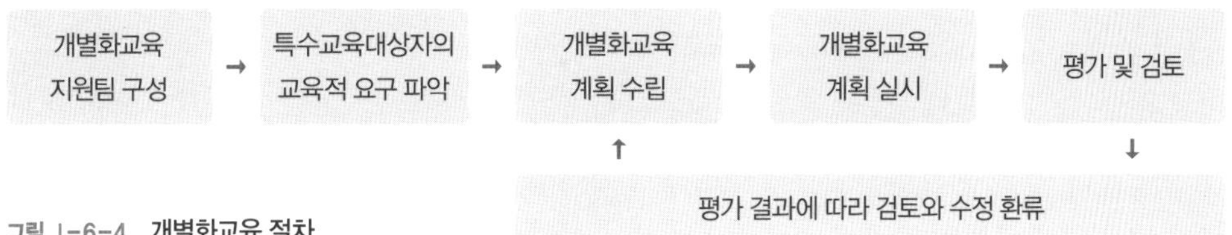

그림 Ⅰ-6-4 개별화교육 절차

개별화교육지원팀 구성

각급 학교의 장은 특수교육대상자의 교육적 요구에 적합한 교육을 제공하기 위하여 매 학년의 시작일로부터 2주 이내에 각각의 특수교육대상자에 대한 개별화교육지원팀을 구성하여야 한다. 이는 교사 한 사람이 결정하거나 실시하는 것보다 전문가들이 협력하여 실시했을 때 가장 효과적이기 때문이다. 개별화교육지원팀은 학생을 중심에 두고 정확한 진단과 협의를 통해 실질적인 개별화교육계획을 수립하고 실시한다. 개별화교육지원팀의 구성은 특수교육대상자의 교육적 요구에 따라 달라질 수 있다. 법에 명시되어 있는 개별화교육지원팀 구성원은 보호자, 특수교육교원, 일반교육교원, 진로와 직업교육 담당 교원, 특수교육 관련서비스 담당 인력이다. 개별화교육지원팀의 구성원은 아니지만 개별화교

육지원팀이 요청하면 특수교육대상자 본인, 특수교육 보조인력(특수교육실무사 또는 사회복무요원) 등 기타 지원 인력이 참여하여 정보제공 등의 도움을 줄 수 있다(교육과학기술부, 2008b).

개별화교육지원팀의 각 구성원의 역할은 표 I-6-7과 같다.

표 I-6-7 개별화교육지원팀 구성원의 역할

구성원	역할
학교장 (감)	• 매 학년의 시작일로부터 2주 이내에 개별화교육지원팀 구성 • 각 특수교육대상자에 대한 개별화교육계획이 매 학기 시작일로부터 30일 이내에 작성되고, 개별화교육지원팀 구성원이 서명한 내용에 대한 전반적인 책임 • 개별화교육계획 수립을 위한 행·재정적 지원(장소 제공, 회의 시간 확보, 회의에 소요되는 경비 등) • 개별화교육계획의 실시 및 평가에 대한 관리 • 개별화교육지원팀 구성원들 간의 협력 촉진
특수교사	• 개별화교육지원팀에 필요하다고 판단되는 구성원 확보 지원 • 학급 운영계획 및 교과목에 대한 정보 제공 • 특수교육대상자의 강점, 요구, 흥미 등에 대한 정보 제공 • 개별화교육계획 수립을 위한 업무 지원 • 특별한 교육지원이 필요한 영역의 현행 수행수준을 파악하기 위한 평가 시행 • 교육지원이 요구되는 담당 교과의 교육목표, 교육방법, 교육내용, 평가계획 수립 및 실시 • 일반교육 교원에게 적합한 교수적 지원에 대한 정보 제공 • 특수교육대상자의 보호자, 다른 교사 및 전문가와 지속적인 의사소통 유지 및 협력
통합학급 교사	• 학급 운영계획 및 교과목에 대한 정보 제공 • 특수교육대상자의 강점, 요구, 흥미 등에 대한 정보 제공 • 특수교사 또는 해당 지역의 특수교육지원센터 전문 인력의 지원을 받아 특별한 교육지원이 필요한 영역의 현행 수행수준을 파악하기 위한 평가 시행 • 특수교사 또는 해당 지역의 특수교육지원센터 전문인력의 지원을 받아 교육지원이 요구되는 담당 교과의 교육목표, 교육내용, 교육방법, 평가계획 수립 및 실시 • 특수교육대상자의 보호자, 다른 교사 및 전문가와 지속적인 의사소통 유지 및 협력
교과 담당 교사 (진로 및 직업교육 담당교원 포함)	• 교과목에 대한 전반적인 정보 제공 • 특수교육대상자의 강점, 요구, 흥미 등에 대한 정보 제공 • 특별한 교육지원이 필요한 영역의 현행 수행수준을 파악하기 위한 평가 시행 • 교육지원이 요구되는 담당 교과의 교육목표, 교육내용, 교육방법, 평가계획 수립 및 실시 • 다른 교사 및 전문가와 지속적인 의사소통 유지 및 협력
특수교육 관련서비스 담당인력	• 특수교육대상자의 교육을 위해 필요한 각종 특수교육 관련서비스 내용 결정 • 특수교육 관련서비스의 제공 일정 및 횟수 결정 • 교과 수업과 관련서비스의 연계성을 갖추기 위한 자문 제공 • 개별화교육지원팀과의 지속적인 의사소통 유지 및 협력
보호자	• 개별화교육계획 수립을 위한 회의 참석 • 특수교육대상학생의 개별화교육계획 수립을 위한 다양한 정보 제공 • 자신 또는 자녀에게 제공될 특별한 교육지원에 대한 전반적인 의사 표현 • 학교와 가정의 지속적인 의사소통 유지 및 협력

출처: 교육부(2015a)

특수교육대상자의 교육적 요구 파악

개별화교육계획을 작성하기 위해서는 먼저 학생의 요구와 실태를 객관적이고 정확하게 파악해야 한다. 기본적으로 특수교육대상자의 진단·평가 검사 결과를 사용하여 학생의 요구를 파악하는데, 이를 통해 개별화교육계획 상의 교육목표를 설정하거나 다음과 같은 정보를 알아낼 수 있다(교육과학기술부, 2008b).

교과 학습능력, 사회성 기술, 인지능력, 이동능력, 대근육 운동, 소근육 운동기술(필기 가능 여부 등), 의사소통능력, 동기, 주의집중, 교육과정에의 접근정도, 행동정보, 진료기록, 의료적 요구사항, 교육력, 강점과 재능, 사회·정서적 요구, 필요한 특수교육 관련서비스 등

진단·평가 검사 결과만으로 학생의 요구 파악이 어렵다면 교육적 요구사항에 대해 구체적이고 다양한 자료를 추가로 수집할 수 있다. 이런 자료에는 표 I-6-8과 같은 면담 및 관찰 자료, 형식적·비형식적 평가 검사 결과가 있다. 이 외에 이전 학교 또는 이전 학년의 개별화교육계획이나 교육자료가 있다면 특수교육대상자의 요구 파악에 활용할 수 있다.

표 I-6-8 특수교육대상자의 교육적 요구 파악에 사용되는 자료

자료 구분	자료 종류	실행 주체
기본 자료	진단·평가 검사 결과	특수교육지원센터
추가 자료	보호자 면담 및 특수교육대상자 관찰 자료	개별화교육지원팀
	추가 시행한 형식적·비형식적 평가 결과	

특수교육대상자의 교육적 요구를 파악하기 위해 자료를 수집할 때는 다음과 같은 사항을 주의해야 한다(교육과학기술부, 2008b).

- 개별화교육계획 수립에 참고가 될 수 있는 자료를 수집하되, 객관적이고 과학적인 방법에 따라 작성된 자료를 우선하여 수집하고, 기타 교육에 참고가 될 수 있는 중요한 정보도 함께 수집한다.
- 특수교육대상자에 대한 자료를 수집할 때는 개별화교육계획 수립에 도움이 되지 않는 불필요한 사정을 하지 않도록 유의한다. 그리고 보호자에게 정보수집의 취지를 충분히 설명하고 동의를 구해야 한다.

• 자료에는 특수교육대상자와 관련된 생육사, 병력사, 가계사 및 가정 경제사 등 다양한 개인정보가 포함되어 있으므로 인권 존중의 관점에서 비밀 보장과 보호를 위해 정보관리를 철저히 해야 한다. 작성 정보자료는 개별화교육계획을 수립하고 실시하는 데 있어 교육적 목적으로만 사용하고 다른 목적으로 사용하지 않는다.

개별화교육계획 수립

개별화교육지원팀은 매 학기의 시작일로부터 30일 이내에 특수교육대상자에 대한 개별화교육계획을 수립해야 한다. 하지만 실제로 개별화교육지원팀의 구성원들이 특수교육대상자에 대한 개별화교육계획을 정해진 회의 시간 내에서 함께 수립하기는 쉽지 않다. 따라서 표 I-6-9에서와 같은 절차를 따라 수립하는 것이 더 효율적이다. 회의 전에 개별화교육지원팀의 구성원들은 각자 영역에 대한 초안을 먼저 작성한다. 초안은 교육적 요구를 파악하기 위해 수집한 자료를 기초로 작성한다. 작성된 초안은 회의 때 개별화교육지원팀 구성원들과 공유하고 조정하면서 교육 지향점을 함께 찾는다. 이를 통해 결정된 특성에 적합한 교육과정과 특수교육 관련서비스를 기술하고, 개별화교육계획의 최종안을 수립한다. 개별화교육계획의 최종안은 실시 과정 중 또는 실시 이후 개별화교육지원팀의 결정에 따라 변경될 수 있다.

표 I-6-9 개별화교육계획의 최종안 수립 절차

초안 작성	개별화교육지원팀의 구성원은 회의 전에 교육적 요구를 파악하기 위해 수집한 자료를 근거로 각자 영역에 대한 초안을 작성한다.
↓	
협의 및 결정	개별화교육지원팀 회의를 통하여 교육목표, 교육내용, 교육방법, 평가계획 및 특수교육 관련서비스 내용과 방법을 협의하여 결정한다.
↓	
최종 기록 및 서명	기록자는 결정된 사항을 종합하여 개별화교육계획을 작성한다. 개별화교육지원팀 구성원은 작성된 개별화교육계획에 서명한다.

출처: 교육부(2015a)

개별화교육계획을 수립할 때는 표 I-6-10에서 볼 수 있는 인적사항, 현행 수행수준, 교육목표, 교육내용, 교육방법, 특수교육 관련서비스, 평가계획을 반드시 포함해야 한다(장애인 등에 대한 특수교육법 시행규칙, 2021). 이런 구성요소 외에도 교과목의 수와 교과 영역, 특수학급 수업시수, 통합학급 수업시수를 포함할 수 있다. 개별화교육계획을 수립하는 교과 영역은 특수교육대상자의 교육적 요구에 따라 개별화교육지원팀이 결정한다(교육부, 2015b).

표 Ⅰ-6-10 개별화교육계획 구성요소와 내용

구성요소	내용
인적사항	• 성명, 성별, 생년월일, 학교, 학년/반, 주소, 가족사항, 연락처 • 개별화교육계획 시작일 및 종료일 • 장애유형 및 정도, 장애특성, 진단·평가 내용 • 특수교육대상자의 흥미, 강점, 약점, 보호자의 희망사항 • 기타사항(전년도 담임교사의 의견 등)
현행 수행 수준	• 교육목표 설정에 필요한 정보 • 교육목표와 관련된 출발점 행동 수준 • 사회성, 부적응 행동, 신체활동(건강상태, 보장구 사용 등)과 같은 적응행동 특성은 교과 내에 포함시켜 진술
교육목표	• 장기목표: 현행 수행수준을 고려한, 개별화교육계획(1년)이 종료되는 시점에서 특수교육대상자가 수행할 것으로 기대되는 수준 • 단기목표: 장기목표를 구성하는 하위목표로서 해당 학기가 끝나는 시점에서 특수교육대상자가 수행할 것으로 기대되는 수준
교육내용	• 각 영역별 월간 혹은 주간 학습내용
교육방법	• 교수·학습방법: 토론식 수업, 직접교수, 또래교수, 협력교수, 모델링, 최소촉진전략, 자기점검, 행동형성, 기억전략 등 • 교수매체(자료포함): 시청각 자료, 구체물, 개별학습지, 그림책 등 • 교수집단: 전체학급 교수, 또래교수, 1:1 수업, 교사 주도적 소집단 교수, 협동학습, 학생 주도적 소집단 등 • 기타 교육내용을 교육목표에 맞게 가르치기 위해 사용할 수 있는 방법
평가계획	• 평가담당자, 평가시기, 평가방법, 평가준거, 평가결과
특수교육 관련서비스	• 특수교육 관련서비스 항목 및 내용(상담지원, 가족지원, 치료지원, 보조인력지원, 보조공학기기지원, 학습보조기기지원, 통학지원, 기숙사지원, 정보접근지원, 훈련지원) • 특수교육 관련서비스 제공 방법

출처: 교육부(2015a)

차시별 교육목표는 그것이 성취되고 누적되었을 때, 개별화교육계획의 교육목표를 달성할 수 있도록 설정되어야 한다. 그리고 수립한 교육목표에 도달할 수 있도록 특수교육대상자의 특성이나 요구를 충족시킬 수 있는 다양한 교수지원을 제공해야 한다.

개별화교육계획 수립을 완료하려면 개별화교육지원팀 구성원들의 서명을 받아야 한다. 이후 학교장의 결재를 득하게 되면 비로소 법적 효력을 갖게 된다. 개별화교육계획 최종본은 법률적으로 중요한 문서일 뿐만 아니라 실제 수업에 적용해야 하는 실질적인 수업계획이다.

서명이 되어 있는 개별화교육계획 최종본은 특수교사가 관리하며 그 사본은 보호자를 포함한 구성원들에게 배부된다.

최종 개별화교육계획은 누가기록하고 철하여 보관하며, 개별화교육계획에 기재된 특수교육대상자의 개인정보가 유출되지 않도록 주의해야 한다. 또한 특수교육대상자가 다른 학교로 전학하거나 상급학교로 진학할 경우, 전출학교는 전입학교에 개별화교육계획 원본을 14일 이내에 보내야 한다(교육과학기술부, 2008b).

개별화교육계획 실시

개별화교육계획에 기록된 교육지원 내용은 시작일로부터 종료일까지 실행한다(교육부, 2015b). 장애학생에 대해 수립한 개별화교육계획의 인적사항과 교육지원계획의 예와 교육목표의 예가 표 I-6-11과 표 I-6-12에 각각 제시되어 있다.

표 I-6-11 개별화교육계획에서의 학생 인적사항 및 교육지원계획의 예

<table>
<tr><th colspan="5">학생 인적사항</th></tr>
<tr><td>이름</td><td>나도얌</td><td>학교 학년/반</td><td>한국중학교 1학년 2반</td><td rowspan="6"></td></tr>
<tr><td>생년월일</td><td>2008. 5. 6.</td><td>성별</td><td>남</td></tr>
<tr><td>보호자</td><td>나길동(부)</td><td>연락처</td><td>010-123-67OO</td></tr>
<tr><td>주소</td><td colspan="3">충청남도 아산시 배방읍 공원로 40번지</td></tr>
<tr><td rowspan="2">장애등록 사항</td><td>장애유형</td><td>장애정도</td><td>등록일</td></tr>
<tr><td>지적장애</td><td>2급</td><td>2017. 8. 10.</td></tr>
<tr><td rowspan="5">진단·평가</td><td>검사도구</td><td>검사일</td><td>검사 결과</td><td>평가자</td></tr>
<tr><td>KISE-BAAT 쓰기</td><td>2021. 10. 12.</td><td>측정불가</td><td>고경아</td></tr>
<tr><td>KISE-BAAT 수학</td><td>2021. 10. 12.</td><td>측정불가</td><td>고경아</td></tr>
<tr><td>K-WISC-Ⅲ</td><td>2021. 10. 12.</td><td>언어성 55, 동작성 63, 전체 57</td><td>고경아</td></tr>
<tr><td>NISE-K-ABS</td><td>2021. 10. 12.</td><td>적응행동지수 52</td><td>고경아</td></tr>
<tr><td>흥미 및 강점</td><td colspan="4">동요, 친구를 좋아함</td></tr>
<tr><td>약점</td><td colspan="4">스스로 할 수 있는 것도 지시를 기다림</td></tr>
<tr><td>보호자 의견</td><td colspan="4">사회적응능력과 학습능력이 미흡하므로 통합학급에서의 적응능력 향상과 특수학급에서의 기초학습능력 향상을 원함</td></tr>
</table>

<table>
<tr><th colspan="6">교육지원계획</th></tr>
<tr><th>유형</th><th>교과</th><th>주당 시수
1학기/2학기</th><th>기간</th><th>장소</th><th>담당교사</th></tr>
<tr><td>통합교육</td><td>사회, 기술, 예체능 등</td><td>18/15</td><td>2022.3.2.~2023.1.16.</td><td>일반학급(원반)</td><td>해당 교과교사</td></tr>
<tr><td>분리교육</td><td>국어, 영어, 수학, 과학</td><td>14/17</td><td>2022.3.2.~2023.1.16.</td><td>특수학급(도움반)</td><td>특수교사</td></tr>
<tr><td rowspan="2">통합교육 지원계획</td><td colspan="5">통합학급의 담임교사와 상담, 필요한 활동 보조</td></tr>
<tr><td colspan="5">학생과 보호자의 교육적 요구 전달을 위해 교과교사와 상담 및 지원(미술 활동 보조)</td></tr>
</table>

	활동 구분	활동 및 지원내용		일시
특수교육 관련서비스	방과후 활동	WII스포츠		2022.4.12.~2022.12.2.
	보조 인력	도움반, 월~금 수업 시간		2022.3.2.~2023.1.16.
	통학 지원	학기 중		2022.3.2.~2023.1.16.
	치료 지원	교육청 지원	음악치료(복지관)	매주 화요일
		보건복지부 지원	언어치료(복지관)	매주 목요일
도움반 평가계획	평가 준거	• 최소촉진전략에 따른 5단계 성취평가 준거		
	평가 방법	• 학교교육과정에 의한 성취평가 및 서술평가 • 학기 말에 일반학급에서 종합평가서를 작성하여 가정으로 발송		

1학기 개별화교육계획 시작일	2022. 3. 18.	1학기 개별화교육계획 종료일	2022. 7. 29.
2학기 개별화교육계획 시작일	2022. 9. 12.	2학기 개별화교육계획 종료일	2023. 1. 16.

표 I-6-12 개별화교육계획 상의 교육목표 예

1학기 (국어)과 개별화교육계획			
작성자	박승철	작성일	2022. 3. 17.
현행 수행수준	• 5문장 이하로 구성된 이야기를 듣고, '누가', '어디에서', '무엇'을 묻는 각각의 질문에 문장으로 답을 함 • 10개의 사진을 보고 2어절의 문장으로 씀		
연간목표	• 학교생활과 관련된 이야기를 듣고, 3회 이상 연속으로 이야기의 내용 중 세 가지를 기억하여 문장으로 각각 말하고 쓴다. 교육과정 관련 성취기준: 듣기·말하기 [9국01-01] 듣기·말하기는 의미 공유의 과정임을 이해하고 듣기·말하기 활동을 한다. [9국01-03] 목적에 맞게 질문을 준비하여 면담한다. 쓰기 [9국03-01] 쓰기는 주제, 목적, 독자, 매체 등을 고려한 문제 해결 과정임을 이해하고 글을 쓴다.		
1학기 목표	• 학교생활과 관련된 이야기를 듣고, 3회 이상 연속하여 내용에 맞는 사진 3개를 골라 문장으로 말하고 쓴다.		
2학기 목표	• 학교생활과 관련된 이야기를 듣고, 3회 이상 연속하여 제시된 단어를 넣어 이야기의 내용과 관련된 문장으로 만들어 말하고 쓴다.		

학기	교육내용	교육방법	평가계획		평가 결과
			평가준거	평가방법	
1	• 새 학기, 위생생활, 급식생활, 여름방학 등에 관련된 사진을 보고 이야기 나누기 • 이야기를 듣고 들은 내용 이야기해 보기 • 낱말, 문장 정확하게 받아쓰기	**교수·학습방법** • 전체집단교수 • 또래교수 • 최소촉진전략 **교수자료** • 단어카드 • 사진카드 • 문장카드 • 제재관련학습지	• 학교생활과 관련된 이야기(새 학기, 위생생활, 급식생활, 여름방학)를 듣고, 3회 이상 연속하여 내용에 맞는 사진 3개를 골라 문장으로 말하고 쓰는가?	• 관찰 • 누가기록	
2	• 운동회, 현장학습, 교실생활, 겨울방학 등에 관련된 이야기 나누기 • 내용 장면을 연상하며 듣기 • 이야기를 듣고 문장 만들기 • 흐름에서 벗어나지 않게 말하기 • 알맞은 낱말이나 문장 사용하기 • 낱말, 문장 정확하게 받아쓰기	**교수·학습방법** • 전체집단교수 • 또래교수 • 최소촉진전략 **교수자료** • 단어카드 • 문장카드 • 제재관련학습지	• 학교생활과 관련된 이야기(운동회, 현장학습, 교실생활, 겨울방학)를 듣고, 3회 이상 연속하여 제시된 단어를 넣어 이야기의 내용과 관련된 문장으로 말하고 쓰는가?	• 관찰 • 누가기록	

출처: 교육과학기술부(2008b)

평가 및 검토

각급 학교의 장은 학기마다 개별화교육계획에 따른 학생의 학업성취도 평가를 해야 한다. 특수교육대상자의 교육목표 달성 여부를 평가하고, 개별화교육계획에 기재한다. 평가를 시행하고 그 평가 결과를 활용하는 방법은 다음과 같다(교육과학기술부, 2008b; 교육부, 2015a).

- 개별화교육계획의 교육목표에 의거하여 개인별 성취기준에 따른 목표지향 평가를 실시한다.
- 교육목표와 내용 및 대상의 특성을 고려하여 관찰, 면담 및 조사, 포트폴리오 등 다양한 도구와 방법을 적용한다.
- 수시로 학습 과정에서 학습지도와 병행하여 실시하며, 평가 결과를 누가 기록하거나, 학습평가지를 이용한 개별평가를 자체적으로 실시한다.
- 성취결과는 수업의 질 개선자료 및 개별화교육계획 수립 시 기초 자료로 활용한다.
- 평가결과는 특수교육대상자의 발달에 대한 이해를 돕기 위하여 매 학기 보호자에게 통지한다.

통합교육에서의 교육과정 실제

개별화교육계획은 국가수준 교육과정에 근간을 두거나 특수교육대상자의 요구를 반영하여 작성한다. 중도·중복장애 학생의 경우는 교과 중심의 교육과정보다는 주로 생활기능 영역(자조기술, 기초자립기술 등)을 중심으로 차별화된 교육과정을 사용하여 개별화교육계획을 수립한다. 예를 들면 국어 및 사회교과에서 의사소통 및 상호작용을, 수학 및 과학교과에서 환경탐색 및 적응 영역을, 음악 및 미술교과에서 심리적 안정 및 지원 영역을, 선택교과에서 일상생활 기술을 교수할 수 있다. 이와 관련하여 공통교육과정을 보완한 개별화교육계획 예시와 생활기능 영역을 중심으로 한 차별화된 교육과정의 예시를 살펴보기로 한다.

공통교육과정을 보완한 개별화교육계획의 예

공통교육과정을 그대로 사용할 수 있는 학생이라도 수업상황에서 교수적 수정이 필요할 수 있다. 공통교육과정을 그대로 사용하기 어려운 경우에는 학생의 요구에 맞게 적합화하여 표 I-6-13과 같이 교육목표를 개발할 수 있다.

표 I-6-13 공통교육과정을 보완한 개별화교육계획의 예

연간 및 학기별 목표					
과목명	국어(공통교육과정)	작성자	박승철	작성일	2022. 3. 17.

현행 수행수준

- 5문장 이하의 이야기를 듣고 '누가' '언제' '어디에서' '무엇'을 묻는 말에 한 어절로 대답을 할 수 있다.
- 맞춤법이나 조사의 내용에는 오류가 있으나, 어절을 나열하여 사실이나 경험한 일을 쓸 수 있다.

구분	교육목표	교육내용	교육방법	평가		
				평가준거	평가방법	평가결과
연간 목표	• 교사가 제시하는 단어를 넣어 상황에 맞게 말한다. • 시를 운율에 맞추어 낭송한다. • 문제 상황에 대한 설명이나 이야기를 듣고, 자신의 의견과 이유를 각각 2어절 이상의 문장으로 말하거나 문장카드를 선택한다. • 시나 이야기를 듣고 내용에 관련된 그림이나 단어, 문장을 찾고, 일이 일어난 순서에 따라 장면 그림이나 문장을 순서대로 나열하여 뒤에 이어질 이야기 내용에 해당하는 그림을 찾는다.	–	또래교수 · 직접교수 · 최소촉진 전략	과제 수행 5회 중 4회 성공	관찰 및 수행평가	관찰 및 수행평가

구분	교육목표	교육내용	교육방법	평가		
				평가준거	평가방법	평가결과
1학기 목표	• 문제 상황에 대한 설명이나 이야기를 듣고, 자신의 의견과 이유를 각각 2어절 이상의 문장으로 말하거나 문장카드를 선택한다. • 시나 이야기를 듣고 내용에 관련된 그림이나 단어, 문장을 찾고, 일이 일어난 순서에 따라 장면 그림이나 문장을 순서대로 나열하여 뒤에 이어질 이야기 내용에 해당하는 그림을 찾는다.	학기별 교육계획 참고	또래교수 · 직접교수 · 최소촉진 전략	과제 수행 5회 중 4회 성공	관찰 및 수행평가	관찰 및 수행평가
2학기 목표	• 교사가 제시하는 단어를 넣어 상황에 맞게 말한다. • 시를 운율에 맞추어 낭송한다.	학기별 교육계획 참고	또래교수 · 직접교수 · 최소촉진 전략	과제 수행 5회 중 4회 성공	관찰 및 수행평가	관찰 및 수행평가

출처: 국립특수교육원(2008b)

생활기능 영역을 중심으로 작성한 개별화교육계획의 예

중도·중복장애 학생과 같이 학생의 개인차가 너무나 커서 기본교육과정 사용도 어렵다면 차별화된 교육과정을 개발할 필요가 있다. 이때 주로 생활기능 영역을 중심으로 교육과정을 개발한다. 학생의 현행 수행수준을 고려하여 일상생활 및 기초자립기술에 중점을 두어 표 I-6-14와 같이 교과영역에서 수립하고 시행할 수 있다(이미숙 등, 2019).

표 I-6-14 기초자립기술 습득에 중점을 둔 개별화교육계획의 예

교과(영역)		사회(일상생활지도-의복 착·탈의)		
현행 수행 수준		• 신체적 및 언어적 촉진을 받아 착탈의를 하고 있다. • 2cm 길이 정도의 큰 단추를 끼우고, 손잡이가 큰 지퍼를 올리고 내릴 수 있다. • 독립적으로 착·탈의할 때 시간이 많이 소요되고, 순서를 잘 몰라 지원이 필요하다.		
연간목표		장소에 따라 바르게 옷을 갈아입는다.		
2학기 목표		• 독립적으로 단추가 없는 티셔츠를 갈아입는다. • 수영활동 시간 10분 전에 알람을 듣고 관련 옷으로 갈아입는다. • 더러운 옷과 깨끗한 옷을 구분하고 옷이 더러워졌을 때 옷을 갈아입는다. • 모자 2종 이상, 손가락장갑과 같은 의복을 독립적으로 착·탈의한다.		
월별 목표	8~9월	• 등·하교 시 옷 갈아입기를 10분 이내에 한다. • 모자를 바르게 쓴다.	11월	• 더러워진 옷을 갈아입는다. • 벗은 옷의 뒤집힘을 확인한다.
	10월	• 수영하기 전에 수영복을 입는다. • 젖은 옷을 갈아입는다.	12~2월	• 장갑을 스스로 끼운다. • 날씨와 온도에 따라 옷을 바꿔 입는다.

월	교육내용	교육방법	평가계획		월별평가
			평가준거	평가방법	
8~9월	• 등·하교 시 10분 이내로 옷 갈아입기 • 모자 바르게 쓰기	• 교사중심의 모델링 수업 • 직접교수 • 최소촉진전략	5회 중 4회	관찰 및 빈도 측정	• 체육복 갈아입기를 10분 이내로 수행함(100%) • 모자를 5회 중 4회 이상 바르게 씀
10월	• 수영하기 전에 수영복 입기 • 젖은 옷 갈아입기	• 교사중심의 모델링 수업 • 직접교수 • 최소촉진전략	5회 중 4회	관찰 및 빈도 측정	• 수영하기 전 스스로 수영복 입기를 수행함(80%) • 젖은 옷 갈아입기를 5회 중 3회 정도의 성공률로 수행함
11월	• 더러워진 옷 갈아입기 • 벗은 옷의 뒤집힘을 확인하고 구분하기	• 교사중심의 모델링 수업 • 직접교수 • 최소촉진전략	5회 중 4회	관찰 및 빈도 측정	• 더러워진 옷 갈아입기를 수행함(80%) • 벗은 옷의 뒤집힘 확인을 5회 중 4회 이상의 성공률로 수행함
12월	• 장갑 스스로 끼기 • 날씨와 온도에 따라 옷 바꿔 입기	• 교사중심의 모델링 수업 • 직접교수 • 최소촉진전략	5회 중 4회	관찰 및 빈도 측정	• 스스로 손가락장갑 끼기를 수행함(60%) • 겨울철 옷 골라서 입기를 수행함(80%)

의뢰 전 중재(prereferral intervention)

특수교육 의뢰 이후 개별화교육까지 단계를 나타내 보면 표 I-6-15와 같다. 여기에 특수교육 의뢰 전 단계로 의뢰 전 중재가 있는데, 비형식적 절차이긴 하지만 특수교육에선 매우 중요하게 받아들여지고 있다. 학생이 보이는 학업적인 어려움을 초기에 해결하기 위한 일반적인 접근방법이 의뢰 전 중재이다. 의뢰 전 중재는 용어 그대로 형식적 절차인 특수교육에 의뢰하기 전에 학교에서 먼저 변화를 시도해보는 것이다. 어떤 학생이라도 특수교육 가능성이 있는지 의뢰를 고려해 볼 수는 있다. 하지만 의뢰하기 전에 일반교육에서 시도해 볼 수 있는 방법이 있는지 먼저 고려해보는 것이 중요하다. 많은 경우, 학생들은 짧은 기간 동안 학업 진전도가 지체될 수 있다. 이럴 때 그 원인은 일시적일 수 있고, 간단한 중재만으로도 교사가 원래 기대했던 수준에 도달할 수 있다. 약간의 의뢰 전 중재를 실행해 보는 것만으로도 교사는 의뢰라는 종합적인 평가에 필요한 시간과 비용 그리고 노력을 줄일 수 있는 것이다. 일반교사는 여러 가지 이유로 학생을 특수교육에 의뢰한다. 그중 가장 흔한 이유는 학생의 학업 문제, 읽기 문제, 그리고 부주의와 같은 문제행동이다(Cameron & Cook, 2013). 하지만, 의뢰를 하기 전에 교사는 교수 문제(instructional problem)를 해결하기 위해 여러 가지 전략을 시도할 수 있다. 이런 전략은 미리 시도되기 때문에 의뢰 전 중재라고 하는 것이다(Lewis, Wheeler, & Carter, 2017).

의뢰 전 중재에서 중요한 것은 우선 교수 문제가 무엇인지 파악하는 것이다. 교수 문제에 대해 정확히 기술할 수 있다면 이를 가지고 특수교사나 다른 전문가들로부터 자문을 받아 그 해결방안을 찾을 수 있다. 자문은 중재 목표, 교육내용이나 교육환경 그리고 교수적 수정 또는 행동지도 전략에 대한 것일 수 있다. 이를 장애가 의심되는 학생에게 일반학급에서 일반교사가 실시해보는 것이다. 이런 변화 시도에도 불구하고 학생의 학습이나 행동 상의 문제가 나아지지 않았을 때 특수교육에 의뢰한다. 이는 학생이 불필요하게 특수교육에 의뢰되는 사례 수를 줄여주게 된다.

이처럼 의뢰 전 중재는 교사에게 즉각적인 교수적 또는 행동적 중재에 있어서 도움을 주고, 비장애학생을 장애학생으로 판별할 오류를 줄일 수 있으며 불필요한 의뢰 수를 줄일 수 있다. 따라서 형식적 절차는 아니지만, 강력히 권고되고 있다(McNamara & Hollinger, 2003). 예를 들면, 미국의 경우엔 미국 장애인교육법(IDEA, 2004)에서 연방정부 지원예산의 15%까지를 의뢰 전 중재를 위해 사용할 수 있도록 규정하고 있는데, 이런 사실은 의뢰 전 중재가 예방적 중재로서 중요함을 강조하는 것이라고 볼 수 있다(Smith 등, 2006).

표 I-6-15 개별화교육 절차

의뢰 전 중재	장애가 의심되는 학생에게 실시
↓	
의뢰	학생 본인이나 보호자가 의뢰
↓	
진단·평가	특수교육지원센터에서 학생을 대상으로 진단·평가 실시
↓	
선정 및 교육배치	특수교육운영위원회에서 결정(보호자 의견 반영) • 특수교육대상자 선정 여부, 교육지원 내용 결정 • 교육배치 결정
↓	※교육배치 후 개별화교육지원팀 구성
자료수집	개별화교육지원팀이 장애학생의 교육적 요구를 파악하기 위해 자료 수집
↓	
개별화교육계획 수립	개별화교육지원팀이 수집한 자료에 기초하여 개별화교육계획 수립 • 특성에 적합한 교육과정과 특수교육 관련서비스 포함
↓	※개별화교육계획 서명 후 사본 배부하여 수립 완료
개별화교육계획 실시	개별화교육계획 시작일로부터 개별화교육계획을 실제 수업에 적용
↓	
개별화교육계획 평가 및 검토	개별화교육계획 종료일까지 평가결과 기록 및 보호자 통보

계열적 교육목표

현행 수행수준과 하위목표를 계열적으로 구조화한 것으로 각 하위목표의 학습순서가 정해져 있다. 각 하위목표는 정기적 평가 주기가 된다(예, 월별평가 등). 교육목표는 하위목표를 순서대로 완료했을 때 최종적으로 기대되는 행동이나 지식의 상태를 의미하고, 일반적으로 각 목표의 측정 단위는 같은 경향을 지닌다. 이에 대한 예는 다음과 같다(국립특수교육원, 2019).

교육목표: 학교 급식실에서 30분 이내에 혼자서 점심을 먹는다.
- 하위목표2: 학교 급식실에서 40분 이내에 혼자서 점심을 먹는다.
- 하위목표1: 학교 급식실에서 50분 이내에 혼자서 점심을 먹는다.

교육목표: 세 자릿수의 크기를 비교한다.
- 하위목표2: 두 자릿수의 크기를 비교한다.
- 하위목표1: 한 자릿수의 크기를 비교한다.

비계열적 교육목표

각 하위목표는 완료 순서가 중요하지 않고 여건에 따라 순서를 정해서 실행하거나 동시에 목표 관련 교육활동을 진행할 수 있다. 교육목표는 하위목표를 모두 합한 형태이고, 각 목표의 측정 단위는 서로 다를 수 있다. 이에 대한 예는 다음과 같다(국립특수교육원, 2019).

교육목표: 혼자서 시내버스를 이용한다.		
하위목표1 버스의 번호를 확인하고 승차한다.	하위목표2 버스 안에서 지켜야 할 예절을 지킨다.	하위목표3 스스로 내릴 곳에 내린다.
교육목표: 교실 내에 있는 다양한 사물의 이름을 읽고 쓴다.		
하위목표1 교실 안에서 볼 수 있는 비품의 이름을 읽고 쓴다.	하위목표2 교실 안에서 볼 수 있는 학용품의 이름을 읽고 쓴다.	하위목표3 교실 안에서 볼 수 있는 시설물의 이름을 읽고 쓴다.

직접교수(direct instruction)

학습자의 특성보다는 가르쳐야 할 교수의 내용에 초점을 맞추는 교수적 접근으로 특정 학업 영역의 기술을 성취하게 하는 목적을 지닌다. 인지 훈련이 아동 주도적 특성이 있는 것과는 달리 직접교수는 교사가 미리 준비한 교안에 따라 진행되는 교사 주도의 연습과 훈련을 중요시하는 방법이다. 따라서 직접교수의 성과는 교사가 어떤 교육과정과 교안으로 가르치는가에 의존하게 된다. 직접교수에서 많이 사용되는 교수방법은 과제분석으로, 가르쳐야 할 내용을 작은 단위로 나누어 가르치는 방법이다. 직접교수는 학습장애 아동의 학업성취를 위한 효과적인 방법의 하나로 입증되고 있으며, 비판적 사고나 삼단 논법 추론과 같은 좀 더 고차원적인 기술의 교수에도 효과적으로 사용되고 있다(이소현, 박은혜, 2020).

혼합적 교육목표

계열적 목표와 비계열적 목표를 동시에 적용하는 경우로, 계열적으로 수행해야 하는 과제와 동시에 수평적 학습이 가능한 학습내용에 해당한다. 이에 대한 예는 다음과 같다(국립특수교육원, 2019).

교육목표: 합이 9 이하인 덧셈을 한다.	
하위목표1 +와 =를 이용한 수식을 세운다.	하위목표4: 합이 7 이하인 덧셈을 한다. 하위목표3: 합이 5 이하인 덧셈을 한다. 하위목표2: 합이 3 이하인 덧셈을 한다.

Memo

7 통합교육을 위한 교육지원

학습 목표

1 통합교육을 위한 교육과정 모형을 이해할 수 있다.
2 교수적 수정의 이유와 방법을 설명할 수 있다.
3 통합교육 상황에서 협동학습과 또래교수의 이점을 이해할 수 있다.
4 수행사정과 평가방법 수정에 관해 설명할 수 있다.
5 통합교육을 위한 협력의 특징과 방법을 설명할 수 있다.

학급은 이질적 특성을 갖는 학생들로 구성되어 있다. 이런 학급에서 동일한 교수-학습 전략을 사용하는 것은 부적절하다. 다양한 학생들의 요구를 충족시키기 위해서는 수업상황에서 교수자료, 교수방법, 학생수행, 교수활동, 평가방법 등에 대해 차별화를 해야 한다. 이런 차별화 교수(differentiated instruction)는 기본적으로 장애학생을 위한 교수적 수정 방법과 일치한다(Friend & Bursuck, 2011).

통합교육에서 차별화 교수는 중다수준교육과정과 중첩교육과정에 기초한다. 이런 교육과정을 사용하면 학급의 모든 학생이 같은 교육과정 상의 수업활동에 참여하면서 자신에게 맞는 수준의 학습성과에 도달할 수 있게 될 것이다. 본 장에서는 통합교육 상황에서 사용할 수 있는 교육과정 모형과 수업상황에 적용할 수 있는 교수적 수정과 교수적 배치, 그리고 평가방법 수정에 대해 알아본다. 또한 이런 수업을 협력해 실행해야 하는 이유와 방법에 대해서도 살펴보도록 한다.

1 통합교육을 위한 교육과정

통합교육을 위한 교육과정은 그림 I-7-1에서 볼 수 있듯이 중다수준교육과정과 중첩교육과정 두 가지로 구성된다. 이 교육과정 모형을 사용하면 한 학급의 어떤 학생이라도 같은 교육과정 상의 수업활동에 참여하면서, 자신에게 맞는 수준의 학습성과를 달성할 수 있다. 이 모형에서 수업활동은 크게 두 가지로 구분되는데, 하나는 모든 학생이 함께 참여하는 공통 활동이고, 다른 하나는 중다수준교육과정이나 중첩교육과정 상에서 수준별 또는 개별 학습성과를 달성하기 위한 구분 활동이다. 중다수준교육과정에서 구분 활동은 학생에게 적절한 어떤 수준(학년 수준보다 낮은 수준, 학년수준, 학년 수준보다 높은 수준)으로부터 제공될 수 있는 학습성과를 달성하게 하는 것이고, 중첩교육과정에서 구분 활동(중도·중복장애 학생의 경우)은 장애학생만의 차별화된 교육과정 상의 학습성과를 달성하게 하는 것이다. 이때 중첩교육과정은 장애학생에게 기대되는 학습성과 수준이 학급 대부분의 학생과 비교해서 심각하게 낮을 때 사용한다. 하지만 중첩교육과정을 사용하기 전에 비장애학생들과 동일한 학습성과에 도달할 수 있는지를 먼저 고려해보는 것이 중요하다. 이것이 어렵다면 그 다음에 중다수준교육과정의 두 가지 수준(ML-S, ML-D)을 달성할 수 있는지를 살펴보고, 이게 만약 적용이 어렵다면 최종적으로 중첩교육과정을 사용하게 하는 것이다. 이런 절차는 중도·중복장애 학생을 과소평가하지 않게 하는 데 도움을 준다(Giangreco, Shogren, & Dymond, 2020).

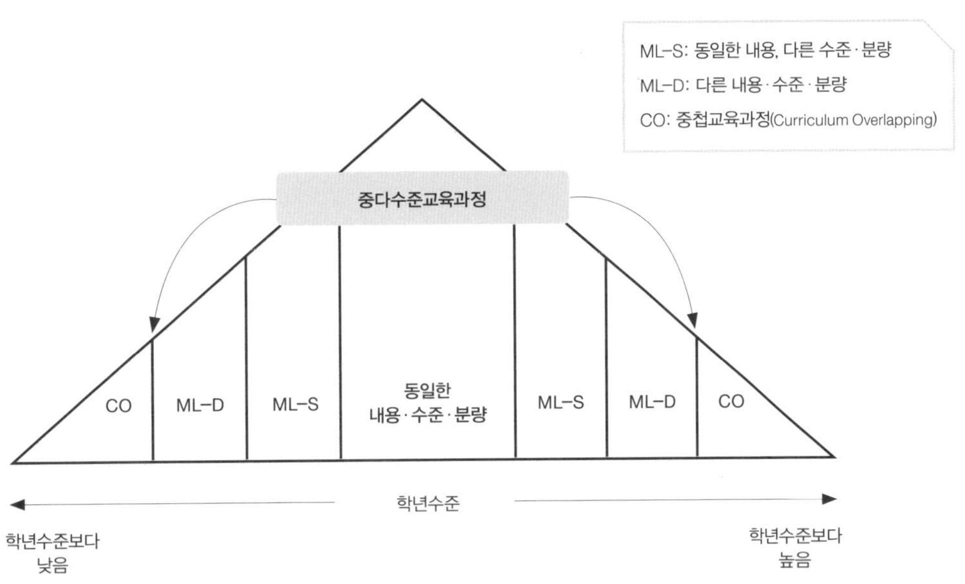

그림 I-7-1 통합교육을 위한 교육과정 모형 출처: Giangreco, Shogren, & Dymond(2020)을 수정

2 교수적 수정

교수적 수정(instructional adaptation)은 통합교육에서 매우 중요하다. 장애학생이 일반학급에서 의미 있는 수업 참여를 가능하게 하는 방법이기 때문이다. 교수적 수정의 분류는 학자마다 다양하지만 그중 통합교육 상황에서 모든 장애학생을 위해 일반교사가 사용해 볼 수 있는 교수적 수정으로 교수자료 수정, 교수방법 수정, 학생수행 수정, 교수활동 수정, 부분 참여(partial participation)를 들 수 있다(Mercer, 2002; 박승희, 1999). 이중 부분 참여는 교수적 수정 유형들에 공통으로 사용될 수 있는 핵심 원리이다.

교수자료 수정

같은 교수자료를 가지고 학급의 다양한 학생들을 가르치는 데는 한계가 있다. 특히 장애학생들은 다양한 원인으로 교수자료와의 상호작용에 어려움이 있을 수 있으므로 교수자료 수정이 필요하다. 이런 교수자료 수정으로 사용해 볼 수 있는 예는 다음과 같다(Mercer, 2002).

- **지시문을 단순·명료하게 바꿔준다.**
  지시문이 이해하기 어렵고 복잡한 구조의 문장으로 되어 있다면, 지시문을 알기 쉬운 문장으로 바꿔주고 하나의 지시문에 지시내용이 하나가 되게 한다.
- **적은 학습 분량으로 바꿔준다.**
  한 번에 많은 학습량을 주면 학습 의욕을 잃을 수 있으므로 학습 분량을 줄여주고 학습이 완료된 후에 다음 분량을 준다. 학습량 자체를 줄여 줄 수도 있다.
  ① 문제 중에 홀수 번 문제만 풀게 하거나, 표식을 해둔 몇 개의 문제만 풀게 한다.
  ② 한 번에 모든 문제를 주지 말고 한 문제를 풀면 다음 문제를 준다.
- **불필요한 자극을 제외하게 한다.**
  시각 자극에 주의가 쉽게 분산된다면 현재 수행하지 않는 부분을 종이로 가리거나 창(window)모양으로 오린 종이를 사용하여 현재 수행해야 할 부분만 보게 하여 집중할 수 있도록 한다.
- **중요 정보를 두드러지게 한다.**
  교과서를 보게 할 때는 중요 부분을 형광펜으로 칠해줌으로써 중요 정보를 찾는 데 어려움이 없게 한다.
- **문제집에 표시를 남기게 한다.**
  문제집 중 다 푼 해당 종이의 오른쪽 아래 끝을 대각선으로 자르거나 접어서 다음에 해야 할 페이지를 쉽게 찾을 수 있도록 한다.

- **추가 연습활동을 제공한다.**

  충분한 연습활동을 할 수 없는 자료라면 추가 자료를 제공하여 더 연습할 수 있도록 한다.

- **내용교과에 용어해설을 제공한다.**

  특히, 중등교육에서 내용교과의 용어들이 어려우므로 용어해설을 보게 하여 쉽게 이해할 수 있도록 한다.

- **읽기를 돕는 안내 정보를 제공한다.**

  로드맵(글의 순서에 따라 무엇이 적혀 있는지에 대한 설명과 질문)을 제공하여 학생이 관련 내용에 집중할 수 있도록 한다.

- **중요한 문항이나 항목임을 나타내는 단서를 제공한다.**

  별표 같은 표식을 사용하여 평가와 관련된, 중요한 질문 또는 활동임을 알려주면 시험을 치르거나 과제를 하는 동안 시간을 더욱 적절히 사용할 수 있도록 할 수 있다.

교수방법 수정

수업시간 내내 학생들을 집중하게 하기는 쉽지 않다. 교사는 학생들이 수업에 계속 집중할 수 있도록 학생들과 끊임없이 상호작용을 해야 한다. 특히, 장애학생이 수업활동에 참여할 수 있도록 적절한 교수방법을 사용한다면 다른 학생들 또한 수업에 더욱 집중할 수 있을 것이다. 다시 말해 장애학생을 위해 수업방법을 수정하면 다른 비장애학생들 특히, 학습에 어려움이 있는 학생들도 수업 참여에 도움을 받을 수 있다. 이런 교수방법 수정으로 사용해 볼 수 있는 예는 다음과 같다(Mercer, 2002).

- **지시를 몇 번 반복해준다.**

  장애학생이 지시를 따르기 어려운 경우, 지시 자체를 장애학생이 이해할 수 있도록 쉽게 바꾸고 몇 번 반복해준다.

  ① 지시에 여러 단계가 포함되어 있다면 단계마다 지시하도록 한다.

  ② 지시 단순화: 한 번에 단순한 한 지시를 하고 이와 함께 칠판에 적어준다.

- **반복되는 일상적인 수업방식을 유지한다.**

  반복되는 일상적인 수업방식을 장애학생이 알게 하고, 이렇게 되풀이되는 수업방식에서 기대되는 것을 스스로 할 수 있게 한다.

- **베껴 쓰게 하는 활동을 줄인다.**

  쓰기 유창성 향상이 목표가 아니라면 베껴 쓰지 않도록 하고, 모든 학생에게 인쇄물을 나눠준다.

- **단계적으로 알려준다.**

  새롭거나 어려운 정보는 한 번에 알려주지 말고 작은 여러 단계로 나누어 알려준다. 이처럼 부분에서 전체로 알려주면 사전 지식이 부족한 학생들도 도움을 받을 수 있다.

- **언어정보와 시각 정보를 함께 제시한다.**

  구두 설명과 함께 빔프로젝터를 사용하여 시각 정보를 제시한다.

- **칠판에 수업의 중요 내용이나 핵심어를 적어둔다.**

  설명에 앞서 새롭게 사용하는 용어나 핵심어를 칠판에 적어두거나 빔프로젝터로 화면에 제시해 둔다.

- **매일 복습을 강조한다.**

  이전 학습내용이나 수업내용을 매일 복습하게 함으로써 사전 지식으로 연결될 수 있도록 도와준다.

학생수행 수정

학생이 장애로 인해 수업 참여에 어려움이 있다는 것을 확인하면 그 학생에겐 특정 반응양식 대신 대체할 수 있는 반응양식을 허용할 수 있다. 이를 학생수행 수정이라고 하는데, 이런 학생수행 수정으로 사용해 볼 수 있는 예는 다음과 같다(Mercer, 2002).

- **반응양식 변경을 허용한다.**

  글쓰기가 어렵다면 제시된 선택지 중에 골라 밑줄을 긋거나 분류를 하거나 표시를 하게 한다. 글씨를 크게 쓰는 학생에게는 여유 공간이 많은 답지에 쓰게 하거나 작은 개인용 칠판이나 화이트보드에 답을 쓰게 한다.

- **필기를 대체할 수 있도록 강의노트 사본을 제공한다.**

  교사의 설명을 들으며 설명 내용을 필기하는 것이 어렵다면 강의노트 사본을 주어 필기를 대체하게 한다.

- **학습보조기기 사용을 허용한다.**

  학생이 읽을 수는 있지만 읽기 속도가 느리다는 것이 확인되면 스마트기기나 PC

에서 텍스트-음성 변환(text-to-speech) 기능을 사용하여 읽게 할 수 있다. 계산할 수는 있지만 계산 속도가 느리다는 것이 확인되면 계산기를 사용하게 할 수 있다.

- **추가 연습을 허용한다.**
  기술을 습득하거나 수업내용을 이해하기 위해 연습량이 더 필요할 수 있다. 이런 경우, 추가 연습을 허용하여 충분히 학습할 수 있도록 한다.
- **학습 시간을 융통적으로 사용하게 한다.**
  예를 들어, 쓰기 활동을 위해 추가 시간을 제공할 수 있다.
- **과제 대체물이나 과제 수정을 허용한다.**
  구두 발표 대신 과제를 하게 할 수 있고 반대로 과제 대신 구두 발표를 하게 할 수도 있다. 시험에서도 쓰는 것 대신 구두로 답하게 할 수 있다.

교수활동 수정

교수활동 수정은 수업에 완전히 참여하는 데 어려움이 있는 학생들에게 수업에서의 과제를 성공적으로 수행할 수 있도록 수정해주는 것이다. 이를 위해 각 학생의 특성을 고려하고 교수할 수업의 주제를 구체적인 활동들로 구조화하는 것이다. 이는 교육목표에 대해 교사의 기대 수준을 수정하는 것과 관련되어 있다. 하지만 기대 수준을 낮출 수 없고 반드시 해야 하는 과제라면 과제를 작은 단계로 나눠 수행하게 하면 된다. 교수활동 수정으로 사용해 볼 수 있는 예는 다음과 같다(Peterson & Hittie, 2003; 박승희, 1999; 이소현, 2020).

- **과제의 양을 줄여주기**
  학생에게 요구되는 과제의 양을 줄여준다. 예를 들어, 읽거나 써야 하는 쪽수를 줄이거나 제출해야 하는 과제의 수를 줄여준다.
- **과제를 쉽게 또는 구체적으로 수정해주기**
  같은 내용이지만 덜 복잡한 내용으로 과제 난도를 낮춰준다. 예를 들어, 오려 붙이기 대신 찢어 붙이게 한다.
- **과제를 활동 중심으로 수정해주기**
  과제를 학생이 할 수 있는 활동 중심으로 바꾸어 준다. 예를 들어, 소설을 읽고 연극을 한다면, 장애학생은 대본 만들기에 참여하지 않고 연극만 할 수 있게 한다.
- **과제를 작은 단계로 나눠주기**
  과제를 분석한 후 단계적으로 교수한다. 비장애학생이 쉽게 수행할 수 있는 과제라도 장애학생에게는 어렵고 복잡한 과제일 수 있다. 이런 경우 과제를 학습할 수 있도록 작은 단계로 나누고, 각 단계를 누적하여 습득하게 하면 목표로 하는 과제를 좀 더 쉽게 수행할 수 있다. 여기서 과제를 작은 단계로 세분화하는 것을 과제분석이라고 한다. 과제분석은 교사가 체계적이고 논리적인 학습과제의 순서로 장애학생들을 지도할 수 있도록 교수계획을 수립할 수 있고, 한 번에 학습하기 어려운 과제를 조금씩 단계별로 학습하게 하는 교수방법으로도 활용된다.

부분 참여

장애가 심하여 완전한 수업 참여가 어렵다면 부분 참여를 하게 한다. 부분 참여는 비장애학생에게 적절한 활동이나 과제가 장애학생에게도 적절하다는 점을 강조한다. 따라서 가능한 장애학생들도 비장애학생들처럼 참여할 수 있도록 지원해 주어야 함을 의미한다. 이런 측면에서 부분 참여는 완전한 능력을 갖추지 않았더라도 장애학생이 일반적인 학습활동에 부분적으로라도 참여하게 하는 것이다. 완전 참여가 불가능하다고 하면 대부분 교사가 단순히 수동적으로 관찰하게 하는데, 이런 조치는 긍정적인 상호작용의 기회를 제한해 버리고, 더욱 타인 의존적이게 한다. 부분적이지만 바람직한 활동에 참여하게 하는 것은 학생에게 매우 가치 있는 경험을 제공한다. 부분 참여를 지원하면서 참여의 기회를 확대 제공해주면 경험들이 점차 쌓이게 될 것이고, 학생은 독립적인 사회구성원이 될 가능성이 높아진다(Hamre-Nietupski 등, 1989).

이 원리는 어떤 사람이라도 대부분의 활동에 최소한 부분적으로라도 참여하게 할 수 있다는 사실에 기초한다. 부분 참여는 사실 지금까지 우리와 늘 함께해온 실천 원리이다. 어렸을 때부터 부모는 자녀가 집안일을 거들 수 있도록 하는데, 이때 처음부터 혼자서 맡은 일을 다 하기 어려우므로 맡은 일의 일부라도 수행하게 하는 것이다. 예를 들면, 빨래를 갤 때 어린아이가 실제 빨래를 갤 순 없으므로 양말의 짝이라도 맞춰놓게 하는 것이다. 이런 식으로 참여 기회를 제공한다면 아이가 참여할 기회는 점차 더욱 확대될 것이다. 장애학생에 대해 예를 들어보면, 찰흙으로 동물 만들기에서 뼈대는 교사가 미리 만들어 주고, 학생이 스스로 찰흙을 붙이도록 하여 작품을 완성하게 할 수 있다. 이처럼 부분 참여하게 하는 것은 활동에서 배제하지 않고 참여의 기회를 준다는 데 중요한 의미가 있다.

교사들은 장애학생들에 대해 '전부 아니면 전무(all or nothing)'라는 이분법적 사고방식을 가지고 있는데, 이 때문에 이 학생들을 일반학급에서 너무나 쉽게 분리해 버리고 있다. 부분 참여는 이런 이분법적 사고방식에 대한 구성적 대안이 된다(Doyle & Giangreco, 2013).

3 통합교육에서 교수적 배치

교수적 배치(instructional arrangement) 유형으로 대표적인 것이 협동학습(cooperative learning)이다. 일반적으로 협동학습에 참여하는 모든 학생은 모둠의 공동목표를 함께 달성하기 위해 상호의존성을 보이면서 대면 상호작용으로 과제를 수행한다. 이를 위해 학생들은 각자가 맡은 과제를 책임져야 하고, 질문하기나 칭찬하기와 같은 대인관계 기술을 사용해야 한다(Gillies, 2007). 협동학습이 성공적이기 위해서는 학생들에게 이와 같은 것들이 요구되기도 하지만 협동학습을 통해 길러지는 것이기도 하다. 따라서 협동학습은 다양한 특성이나 능력을 갖는 학생들이 한 모둠으로 구성되는 것이 바람직하다. 협동학습은 공동의 학업적, 사회적 목표를 달성하기 위해 협력하여 학습하는 것이므로 협동학습에서 개별 학생은 자신의 성공보다는 모둠의 성공을 더욱 중요시 한다(Johnson, Johnson, & Holubec, 1994). 이처럼 학생들은 협동학습에서 모둠의 성공을 위해 노력하기 때문에, 그 과정에서 장애학생에게 추가적인 관심과 도움을 주게 된다. 이는 협동학습이 학업성과 향상뿐만 아니라 장애학생과 비장애학생 간의 긍정적 관계, 그리고 상호작용을 촉진한다는 측면에서 이점이 있다. 이로 인해 협동학습은 통합교육을 위한 중요한 전략으로서 자주 거론되었다(Scruggs & Mastropieri, 1994). 여기에, 협동학습 활동을 잘 설계하고 실행한다면, 학생들을 능동적으로 참여하게 하고 성공을 위한 동기를 갖게 하면서 장애학생의 수업 참여를 높일 수 있게 된다. 이런 이유로 협동학습은 통합교육에서 매우 유용한 교수적 배치로 받아들여지고 있다(Maheady, Mallette, & Harper, 2006).

통합교육 상황에서 협동학습은 장애학생에 대한 고려사항이 포함된 다음과 같은 단계로 실시하는 것이 좋다(Gottlieb & Leyser, 1981).

- 교수목표를 결정한다.
- 교수목표 및 교수활동에 따라 모둠에 가장 적절한 인원수를 정한다.
- 모둠은 장애학생을 고려하여 이질적 특성의 학생들로 구성한다.
- 각 모둠에 포함된 모든 학생이 각자 적절한 역할을 수행할 수 있도록 활동을 구조화한다.
- 필요하다면 장애학생에게는 학생이 수행할 수 있도록 과제를 수정하여 제시한다.
- 각 모둠이 필요로 하는 적절한 교수자료를 제공한다.
- 모둠의 전체과제에 관해서 설명하고 과제를 통해서 도달해야 하는 공동목표를 제시한다.
- 모든 학생이 도와주기, 가르치기, 나누기 등의 기술을 사용할 수 있도록 훈련한다.
- 협동학습 활동 중 학생들 간의 상호작용을 관찰한다.

모둠에 장애학생이 포함되면, 그 모둠의 비장애학생들은 장애학생이 모둠의 성공에 방해가 될 것을 우려한다. 이에 대한 대책으로서 모든 모둠을 다양한 학생들로 구성하여 이질적 특성을 갖게 하거나, 장애학생에게는 교수적 수정을 통해 과제를 수행하게 할 수 있다. 예를 들어, 글쓰기 활동을 하게 한다면, 장애학생에게는 글자 목록을 제시하고 그 단어를 학습하게 할 수 있다. 이때 학습활동에 대한 평가는 장애학생이 활동을 통해 학습한 단어 수를 기준으로 하기보다, 활동을 하기 전과 후를 비교한 향상 정도를 기준으로 하는 것이 좋다. 또한 장애학생을 협동학습에 성공적으로 참여시키기 위해 사전에 필요한 기술을 준비시키거나 특별한 지원을 부가적으로 제공해줘야 할 수 있다. 특히 모둠활동에는 사회적 기술이나 특정 학업 관련 기술이 필요할 수 있으므로 교사의 사전 지도는 매우 중요하다. 비장애학생에게는 모둠 내의 장애학생을 교수하고 격려할 수 있도록 지도해야 한다(이소현, 박은혜, 2020; 한국통합교육학회, 2014).

협동학습에는 다양한 형태의 배치가 사용될 수 있다. 그리고 다양한 유형들의 과제가 사용될 수 있다. 협동학습으로 사용되고 있는 대표적인 유형에는 다음과 같은 것들이 있다(Slavin, 1991).

- 모둠성취분담모형(Student Team-Achievement Division: STAD)
- 팀보조개별학습(Team Assisted Individualization: TAI)
- 읽기·작문통합협동학습(Cooperative Integrated Reading and Composition: CIRC)
- 과제분담학습(Jigsaw)
- 집단조사(Group Investigation)

협동학습 외에 통합교육 상황에서 유용한 교수적 배치로 언급되는 것이 학급단위 또래교수(classwide peer tutoring: CWPT)이다. 학급단위 또래교수는 협동학습의 한 유형으로도 볼 수 있으며, 통합교육 상황에서 읽기, 수학, 사회교과 등에서 장애학생과 비장애학생 모두에게 효과적이라는 것이 지금까지 알려져 왔다(Maheady & Gard, 2010). 학급단위 또래교수는 교사가 훈련하고 감독한 학생과 이 튜터에 의해 지도받은 튜티로 구성된다(Maheady 등, 2003). 여기서 교사가 훈련하고 감독한다는 것은 교사가 또래교수 활동을 주의 깊게 구조화해야 함을 강조하고 있다. 다시 말해, 학생에게 교수를 떠넘기는 것을 의미하는 것이 아니라는 것이다(Hallahan, Kauffman, & Pullen, 2012). 튜터와 튜티 역할은 고정된 것이 아니라 번갈아 가며 바꿔줘야 한다. 학급단위 또래교수는 일반적으로 다음과 같은 단계에 따라 실행된다(Friend & Bursuck, 2011).

- 1주일 또는 2주일마다 튜터-튜티 쌍(pair)을 배정하고 바꾸어 준다.
- 각 튜터-튜티 쌍을 두 개의 학급 팀 중 하나에 배정한다.
- 또래교수하고 연습할 내용을 특정 단계별로 모든 학생에게 교수한다.
- 튜티를 바로 잡아주고 정반응에 대해 보상해주는 특정 전략을 모든 학생에게 교수한다.
- 각 튜터-튜티 쌍에게 그날의 과제를 준다.
- 튜터에게 점수를 기록하도록 한다(튜티가 정답을 맞혔을 때 해당 점수를 기록한다.)
- 승리한 팀을 알리고 전체 점수를 게시한다.
- 회기마다 튜터/튜티 역할을 바꾸거나, 각 회기 내에서 튜터/튜티 역할을 바꿀 수 있다.

일반적으로 또래교수를 계획하기 위해서는 몇 가지 단계가 있는데, 그 첫째가 튜터를 선정하는 것이다. 고성취학생과 저성취학생으로 튜터-튜티 쌍을 구성하기보다 두 학생 모두 고성취학생으로 구성한다. 그런 다음, 학습주제에 대한 이해가 가장 비슷한 다른 학생들을 짝으로 구성한다. 이런 구성은 고성취학생이 저성취학생에 대해 인내해야 하는 문제를 줄여주고 자신이 학습하지 못할 것에 대한 걱정을 덜 수 있게 한다. 둘째는 또래교수를 얼마나 자주 할 것인가를 결정하는 것이다. 또래교수에 할당되는 시간은 학생들의 요구나 또래교수 활동에 따라 달라진다. 많은 경우, 초등학교에서는 일주일에 2~4번 정도 각각 20분 또는 30분 동안 실시한다. 고등학교에서는 매일 한 수업시간 정도로 실시한다. 물론 학생들의 다른 교육프로그램을 방해할 정도로 해서는 안 된다. 셋째는 또래교수를 위한 내용과 진행방식을 선정하는 것이다. 효과적인 또래교수는 교사로부터 이미 배웠던 기술에 대한 연습을 할 수 있도록 하고, 튜터로서 수행방법을 알 수 있도록 돕는 표준적인 진행방식을 사용한다. 따라서 튜터에게 명시적인 지시가 주어질 수 있도록 또래교수 진행방식을 구조화해야 한다. 또래교수 진행방식 구조화는 예를 들어, 어휘 학습일 때 다음과 같이 진행하도록 튜터를 교수할 수 있다(Friend & Bursuck, 2011).

- 지난 시간에 배웠던 8개 단어를 복습함으로써 어휘 또래교수를 시작한다.
- 새로운 단어 하나를 보여준다.
- 반응을 기다린다.
- 정반응이나 오반응인지 기록한다.
- 정반응일 때 튜터는 칭찬한다.
- 오반응인 경우 오류를 정정해주며, 튜티가 수정된 반응을 반복하도록 한다.

이처럼 잘 정의된 과정을 사용하면 학생들은 또래교수 활동에 참여하는 것이 더욱 수월해진다. 넷째는 튜터를 훈련하는 것이다. 효과적으로 또래교수하기 위해서는 교수역할을 잘 할 수 있도록 튜터를 준비시켜야 한다. 튜터 훈련에는 또래교수 절차 제공, 튜터가 튜티의 학습을 따라가기 및 긍정적인 상호작용 기술 교수가 포함된다. 그리고 또래교수가 효과 없을 때를 대비하여 문제해결 기술을 포함할 수 있다.

4 통합교육에서 평가

통합교육에서 학생수행사정

학생수행에 대한 정보는 교사가 교수적 결정을 하는 데 도움을 준다. 수업하는 동안의 자료는 학생 진전도를 평가하고 낮은 수행에 대한 이유를 찾는 데 사용된다. 이런 정보는 교수적 수정을 해야 하는지를 결정하는 데 도움을 준다. 통합교육에서 학생의 수행정보를 수집할 때는 표준화된 검사도구보다 비형식적 사정이 더 유용하다. 학교 현장에서 사용할 수 있는 비형식적 사정 방법으로 교육과정중심사정(curriculum-based assessment: CBA)과 교육과정중심측정(curriculum-based measurement: CBM)이 있다. CBA는 수업에서 배워야 하는 것을 중심으로 학생의 수행수준을 측정하는 방법이다. 수업에서 사용한 교육과정이 교육 진전도를 측정하는 척도로 사용되는 것이다. CBA에서 학생의 수행은 시간에 따라 반복적으로 측정된다. 그 측정 결과를 가지고 교수 방향을 파악할 수 있다. CBA를 사용할 때 교사는 학급에서 가르치는 것을 중심으로 어떤 기술을 사정할지 선택한다. 이렇게 선택된 기술이므로 가르치는 것과 검사하는 것이 일치하게 되는 것이다. 이를 통해 학생이 교육과정에 접근하는 정도를 정확하게 측정할 수 있다(Friend & Bursuck, 2011; Lewis, Wheeler, & Carter, 2017).

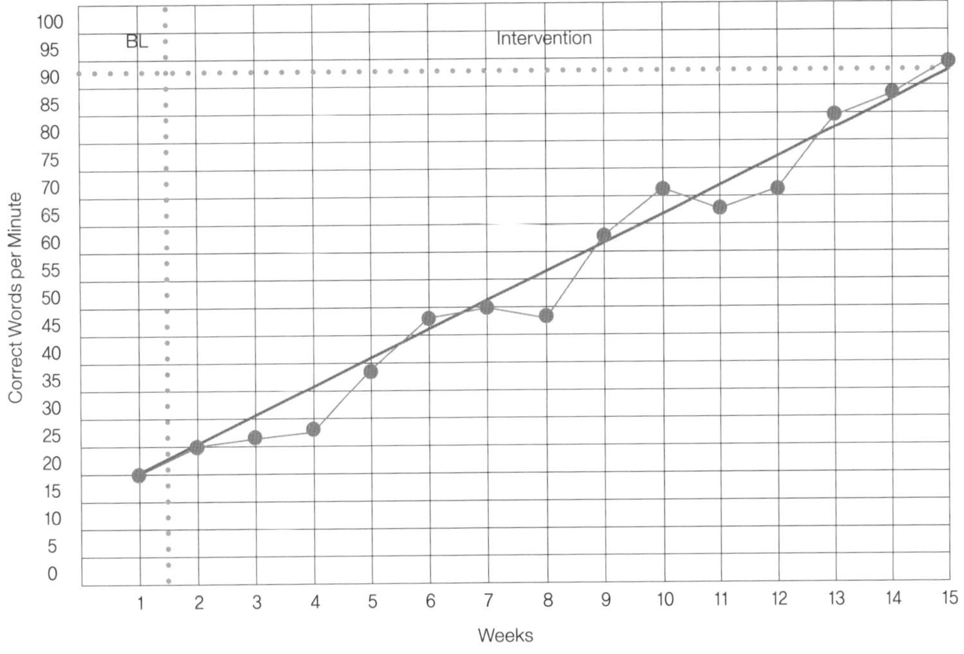

그림 I-7-2 읽기 유창성을 위한 교육과정중심측정의 예

CBM은 진전도 모니터링(progress monitoring)이라고도 하고, 학생의 학습 진전도와 사용하는 중재법의 효과성에 대해 자료에 기초하여 의사결정할 수 있도록 지속된 사정을 실시하는 것이다. 여기서 학습은 학생의 학업 성공을 위해 필요한 핵심기술 중 하나이다. CBM은 그림 I-7-2처럼 시간에 따라 학생의 수행정도를 여러 번 그리고 지속해서 측정해서 그래프로 나타내어진다. 이런 시각 정보를 사용하므로 CBM은 교육적 의사결정에 도움이 된다. CBM은 주로 읽기, 쓰기, 수학적 계산 등의 유창성 측정에 사용되고, 측정 단위로는 보통 분당 정확도가 사용된다(Heward, Alber-Morgan, & Konrad, 2016).

평가방법 수정

시험에 보편적 설계를 적용하면 학생의 수정 요구를 최소화할 수 있는 지원이 내재하게 된다. 따라서 평가방법 수정 이전에 시험에 보편적 설계를 적용하는 것이 중요하다. 보편적으로 설계된 시험에는 고려해야 할 중요한 요소가 있는데, 여기에는 접근 가능하고 비편향적인 문항, 단순·명료하고 직관적인 지시문과 절차, 읽기 쉽고 이해하기 쉬움, 최대 문자 가독성, 측정하고자 하는 것에 대한 정확한 정의가 포함된다(Lazarus 등, 2009).

장애학생의 장애유형이나 특성에 따라 시험에 대해 적합화가 필요할 수가 있다. 대표적으로 교육환경 조성, 시험시간 조정, 시험일정 조정, 시험지 또는 답안지 수정 및 대체, 다른 반응양식 허용, 기타 지원 등이 있다(Friend & Bursuck, 2011).

① 교육환경 조성

- 개별 조명을 제공한다.
- 학생에게 적절한 책상과 의자를 제공한다.
- 특별한 음향시설을 제공한다.
- 분리된 곳에서 소집단으로 시험을 치게 한다.
- 분리된 곳에서 개별적으로 시험을 치게 한다.
- 주의가 분산되지 않는 곳에서 시험을 치게 한다.

② 시험시간 조정

- 시험 종료 시간을 늦춰준다.
- 시험 도중에 쉬는 시간을 자주 가질 수 있도록 허용한다.
- 시험 일부에 대해서만 쉬는 시간을 자주 갖게 하고 나머지 시험에 대해서는 허용하지 않는다.

③ 시험일정 조정

- 몇 번의 연속된 시험에 대해 전체시간이 정해져 있는 경우, 시험 각각에 대해 시간을 정해준다.
- 시험의 부분 시험을 다른 순서대로 치를 수 있도록 허용한다.
- 시험을 그날의 다른 시간에 치를 수 있도록 허용한다.

④ 시험지 또는 답안지 수정 및 대체

- 녹음자료로 시험지를 대체해 준다.
- 문항 간 간격을 늘려주거나 쪽 당 또는 줄 당 문항 수를 줄여준다.
- 답안 작성란의 크기를 늘려준다.
- 한 줄에 하나의 완전한 문장만 들어가게끔 문단을 바꿔준다.
- 지시문의 주요 단어나 구를 두드러지게 표시해준다.
- 답안지에 단서(예를 들어, 화살표, 시험 종료 표시)를 제공한다.
- 시험지나 답안지가 움직이지 않도록 테이프나 자석으로 고정해준다.

⑤ 다른 반응양식 허용

- 구두 답변을 나중에 글로 옮길 수 있도록 녹음을 허용한다.
- 대필을 허용한다.

⑥ 기타

- 시험에 특별히 대비할 수 있도록 해준다.
- 시험에 초점을 맞출 수 있도록 정해진 촉진을 제공한다.
- 대체 사정한다.

국내에서는 학업성적관리 시행지침에 장애학생의 평가조정 규정을 마련하여 장애학생이 장애유형과 정도를 고려한 적절한 평가를 받을 수 있도록 지원하고 있다. 통합교육을 받는 장애학생에 대해서 일반학급에서는 다음과 같이 평가를 실시한다(교육부, 2015a).

- 학교 단위 및 국가수준 평가에 참여하는 것을 기본으로 한다.
- 일반학급에서의 평가는 비장애학생과 동일하게 평가하는 것을 원칙으로 하며, 일반학급의 교과 담당 교사가 평가한다.
- 장애학생의 성적은 전체 재적수에 포함하여 석차를 산출한다.
- 정기고사는 반드시 실시하되 기타 고사는 실시하지 않을 수 있다.
- 장애유형과 장애정도에 따라 평가조정이 필요한 학생에게 평가시간 연장, 평가방법 수정, 평가 장소 변경, 확대활자 제공, 특수교사의 지원 등 부분적 조정을 제공할 수 있다.
- 평가조정을 통해서도 평가 참여가 불가능한 장애학생의 경우에는 대안적 평가 등 다양한 방법을 적용할 수 있다.
- 지필평가 및 수행평가의 세부 기준안은 각 교과별 협의회와 학업성적관리위원회에서 결정한다.
- 정기고사를 실시할 수 없거나 기타 사유로 지필평가를 실시하지 못하는 학생은 교과별 협의회와 학업성적관리위원회에서 별도의 평가계획을 수립할 수 있다.
- 장애학생의 능력과 특성을 고려하여 평가 참여 및 평가조정은 학교학업성적관리규정에서 정하는 사항에 따라 시행한다.

국내에서는 학교별 학업성적관리규정에 장애학생이 적절한 평가를 받을 수 있도록 다음과 같이 평가조정 규정을 마련하여 시행하고 있다(학교생활기록 작성 및 관리지침, 2021).

① 장애학생의 장애유형과 정도에 따라 필요하면 별도의 평가장 설치·운영, 대독, 대필, 보조공학기기, 보조인력 지원 등 적절한 평가조정을 지원한다.

- 점자를 사용하는 시각장애 학생을 위해 점자 평가자료를 제공하고, 필요할 때 음성 평가자료를 지원하며, 시험시간을 매 교시 1.7배 연장한다. 또한 묵자(일반문자)를 사용하는 시각장애 학생을 위해 확대독서기(개인 지참 가능) 또는 확대/축소 평가자료(118%, 200%, 350% / A4 중 택1)를 제공하고, 시험시간을 매 교시 1.5배 연장한다.

- 지체장애 학생 중 뇌병변장애 학생을 위해 시험시간을 매 교시 1.5배 연장하고, 상지기능 장애로 평가 수행이 어려운 경우에는 대필을 지원한다.
- 보청기나 인공와우를 착용한 학생을 포함하여 청각장애 학생이 듣기평가에 참여하기 어려울 때 지필평가로 대체한다.

② 학생의 장애가 심하거나 그 밖의 사유로 추가적인 평가조정이 필요한 경우에는 학교 학업성적관리위원회 심의를 거쳐 평가시간 연장 등 필요한 지원사항을 결정할 수 있다.

5 통합교육에서의 협력

협력은 활동의 특성이나 목적이 아니라 교사들이 특정 과제나 활동을 어떻게 수행하는가를 나타내기 때문에 용어 사용 상에 혼란을 준다. 교사 간 협력에는 여러 가지 특징들(자발성, 공유된 목표, 주요 결정을 위해 책임감 공유, 성과에 대한 의무 공유, 자원 공유 등)이 있는데, 이 특징들의 공통점은 교사들이 공유한다는 것이고, 그 핵심에 교사들의 동등성이 있다(Cook & Friend, 1993).

교사들은 협력을 통해 현행 개별화교육계획을 향상시키고, 개별화교육계획 실시와 다른 전문가들과의 의사소통을 향상시킬 수 있다. 또한, 협력은 교사들의 고립감을 제거할 수 있고 학생에 대해 전문가팀의 책무성을 강화할 수 있다(Hamilton-Jones & Vail, 2013).

이런 협력의 이점에도 불구하고 협력 과정에는 수많은 방해요소가 존재하는데, 이들 방해요소를 제거하는 것이 협력에 필수적이다. 통합교육에서 협력을 방해하는 방해요소들은 다음 표 I-7-1과 같다(Karge, McClure, & Patton, 1995; Spandagou 등, 2020).

표 I-7-1 통합교육에서 협력 방해요소

개념적 방해요소	실천적 방해요소
• 통합교육 개념의 부재 • 통합교육 실행방법 모름 • 통합교육, 상대 교사에 대한 부정적 인식	• 협력 과정에 대한 교사의 태도 • 협력을 위한 시간이나 기회 부족(많은 학생 수) • 교사의 인성 • 의사소통 기술 부족 • 부족한 행정 지원 • 장애학생의 심한 장애 • 불분명한 역할 및 책임소재

통합교육에서 교사들은 자신의 역할과 책임에 대해 혼동이 있는데 이는 실천적 방해요소로 작용한다. 일반적으로 일반교사와 특수교사는 장애학생을 위해 개별화교육계획과 관련하여 요구되는 특정 지식과 기술을 가지고 있지만, 통합교육 상황에서 자신의 역할과 상대 교사의 역할을 정확히 알지는 못한다. 이 때문에 전문가팀이 교사의 역할을 이해하는 것이 필요하고, 일반교사와 특수교사 모두 학생 교육에 공동 책임이 있다고 이해하고 있어야 한다.

구성원 간 회의 시간이 부족하다는 것도 방해요소로 작용한다. 시간은 성공적인 협력의 주된 요소인데, 교사는 장애학생 외에도 가르쳐야 할 학생들이 많아 협력을 위한 시간이 충분하지 않다. 다음으로 효과적인 협력과 의사소통 기술 훈련이 부족하다는 것이다. 개별화교육계획 수립과 실시를 위해 전문가들이 협력해야 하는데 이때 효과적인 의사소통은 필수적이다. 이를 위해 교사는 협력과 문제해결에 대한 기술을 가지고 있어야 한다. 효과적인 협력을 위해 중요한 기술은 적극적으로 경청하기, 공감, 자기주장, 협상 등이다. 또한 보호자와 효과적으로 의사소통하는 것도 중요하다. 의사소통과 협력을 위한 기술 습득은 통합교육에서 우선시 되어야 한다(Montgomery & Mirenda, 2014).

개별화교육지원팀의 협력 유형

제대로 개별화교육계획을 수립하고 실시하기 위해서는 개별화교육지원팀의 전문가들이 장애학생을 위해 효과적으로 협력해야 한다. 어떤 유형으로 협력하든지 간에 각 전문가는 해당 분야에 대한 책임을 지고 이들이 서로 협력해야 한다는 것이 중요하다. 교육 현장에서 실시되고 있는 개별화교육지원팀의 협력 유형은 다음과 같다(Giangreco, York, & Rainforth, 1989; Heward, Alber-Morgan, & Konrad, 2016).

다학문적 팀(multidisciplinary team) 접근

여러 분야의 전문가들이 서로 독립적으로 활동한다. 각 전문가는 개별화교육계획 중 자신의 역할에 대해서만 수립하고 서비스를 제공하므로 학생을 다양한 특성이 있는 전인격체로 보기보다는 분야별로 학생의 한 특성만을 고려하기 쉽다. 이러한 다학문적 팀 접근은 '장애학생의 머리는 교사에게, 손은 작업치료사에게, 다리는 물리치료사에게 맡겨라'(Williamson, 1978)는 식으로 설명되기도 한다.

간학문적 팀(interdisciplinary team) 접근

개별화교육계획을 수립할 때 전문가들이 서로 만나서 정보를 교환하고 협력한다. 하지만 일반적으로 각 전문가는 개별화교육계획 중 자신의 분야에 관련된 서비스만을 제공할 책임이 있어 수립 이후에는 전문가들이 서로 협력하지 않는다는 문제가 있다.

초학문적 팀(transdisciplinary team) 접근

여러 분야의 전문가들이 함께 정보와 전문지식을 나누며 개별화교육계획을 수립한다. 그리고 수립 이후 실시할 때도 전문가들이 서로 정보를 교환하고 협력한다. 다학문적 팀이나 간학문적 팀의 전문가들은 각각 독립적으로 서비스를 제공하지만, 초학문적 팀은 통합된 형태로 제공하기 위해 역할을 나눈다. 이때 발생할 수 있는 서비스 분업화는 사례관리(case management) 계획을 수립하여 전문가들이 서로 의사소통할 수 있도록 함으로써 막을 수 있다(Woodruff & McGonigel, 1988).

협력교수

협력교수는 두 명의 교사가 한 학급의 학생들을 가르치는 교수방법이다. 협력교수에서 두 명의 교사는 수업계획, 차별화 교수, 평가, 학생지도 등에서 책임과 의무를 공유한다. 학급에 장애학생이 있는 경우 협력교수를 하면 학생을 통합학급에서 분리하지 않고도 차별화 교수와 지원을 제공할 수 있고, 분리할 때 발생할 수 있는 낙인도 막을 수 있다(Salend, 2016). 이 외에 한 명의 교사일 때보다 더 많은 도움과 지식을 모든 학생에게 제공할 수 있다는 이점이 있다. 이 외에 학생과 교사 각자에게 주어지는 이점을 정리하면 표 I-7-2와 같다.

표 I-7-2 협력교수의 이점

학생 이점	교사 이점
• 장애학생의 최소제한환경 배치가 유지될 수 있다. • 일반교육 교육과정에 대한 접근과 다양한 교수 대체가 가능하여 장애학생에 대해 더 높은 수준의 기대가 가능하고 그 기대를 충족시킬 수 있다. • 긍정적인 사회적 성과와 자아존중감을 향상시킨다. • 수업 참여가 높아지고 학습 과정에 포함될 수 있다. • 두 교사의 협력 방법, 의견 차이에 대한 해결방법에 대해 모델링을 제공받을 수 있다. • 모든 학생을 위한 현실적인 학급 공동체이다.	• 교사 만족감이 높아진다. • 교사로서 성장 가능성의 기회가 있다. • 교사의 고립감을 줄인다. • 일반교육과 특수교육 상호 간의 존중의 기회가 제공된다. • 일반교육과 특수교육의 전문성이 모이면서 창의적 교육 기회가 있다. • 명시적 교수에 대해 더 많은 시간이 주어진다. • 수업에 대해 공동 책임을 진다. • 학생들의 문제행동이 줄어든다.

출처: Louisiana Department of Education(2011)

협력교수는 매우 다양하지만 다음과 같이 교수-지원 모형, 스테이션 교수, 평행 교수, 대안 교수, 팀 교수가 일반적이다(Cook & Friend, 1993; Salend, 2016).

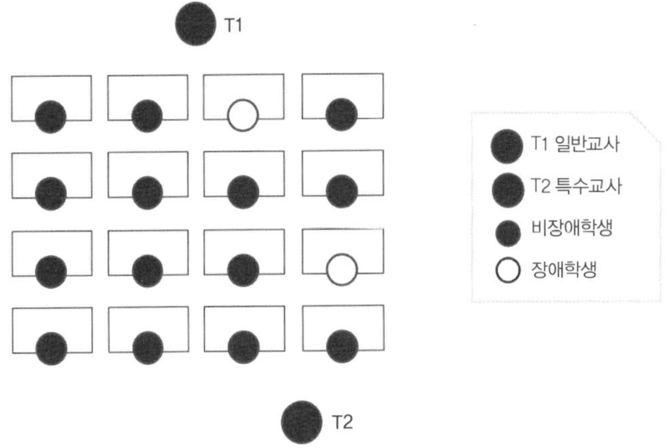

그림 Ⅰ-7-3 **교수–지원 모형**

교수–지원 모형(One teach, one observe/assist)

교수-지원 모형은 그림 Ⅰ-7-3처럼 두 명의 교사가 수업하는데, 이 중 한 교사(주로 일반교사)가 전체 학생들 대상으로 수업을 한다. 다른 교사는 수업 중에 학생에 대한 관찰 자료를 수집하거나 돌아다니면서 학생을 돕는다. 이 모형은 간단해서 수업 전 준비·계획 시간이 거의 필요 없고, 이질적 속성을 갖는 학생들이 있는 학급에서의 수업을 성공적이게 할 수 있다. 하지만, 한 교사만 계속 지원을 맡게 한다면 학생들은 교사로 대하지 않을 수도 있고, 별도 지원을 받는 학생에게 낙인이 발생할 수 있으니 교사의 역할이 고정되지 않도록 하는 것이 중요하다.

스테이션 교수(station teaching)

스테이션 교수는 그림 Ⅰ-7-4처럼 수업내용을 나누어 두 교사가 각각 책임을 지는 것이다. 이 모형에서 일부 학생들은 독립적 활동 스테이션에서 교사 없이 자신만의 과제물을 수행할 수도 있고 친구와 관련 과제를 수행할 수도 있다. 이 모형은 사전 준비·계획을 위해 충분한 시간이 필요하지만, 각자 맡은 수업내용에 대해서만 책임을 지므로 수업부담

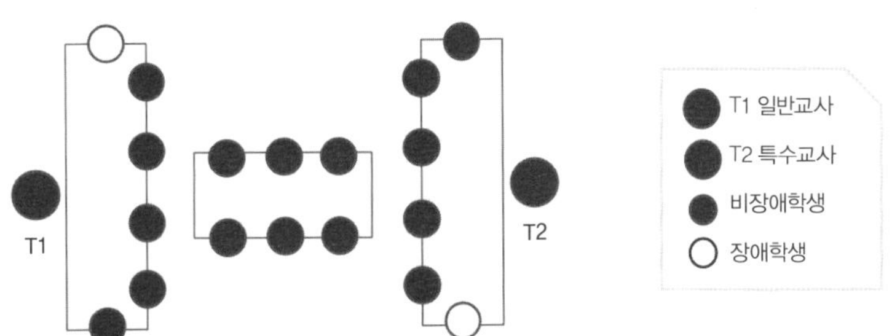

그림 Ⅰ-7-4 **스테이션 교수 모형**

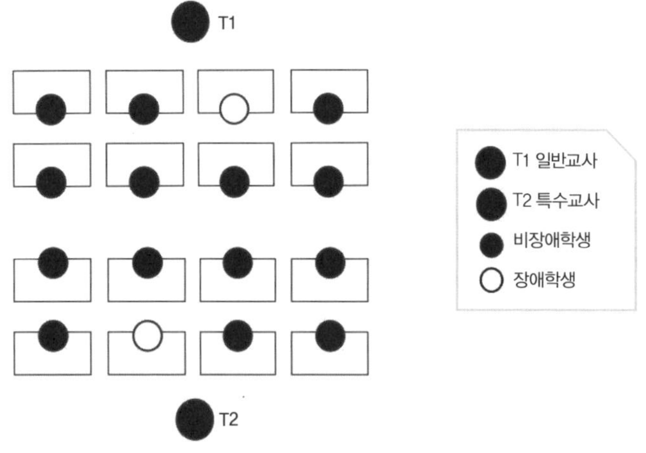

그림 I-7-5 평행 교수 모형

은 적다. 이 모형은 낮은 교사 대 학생 비율에서 장점이 있다. 하지만 수업이 매우 소란할 수 있고 수업 집중이 어려울 수 있다는 점을 유의해야 한다.

평행 교수(parallel teaching)

이 모형은 반복학습과 연습, 교사의 근접 관찰이 필요한 프로젝트, 시험 검토 등 낮은 교사 대 학생 비율이 필요한 수업에 사용된다. 평행 교수는 그림 I-7-5처럼 한 학급을 둘로 나누어 각 집단의 학생들에 대해 두 교사가 동일한 수업을 하게 된다. 학생들이 같은 수업을 받을 수 있도록 두 교사는 수업 전에 준비·계획하는데 충분한 시간을 가져야 한다. 이 모형도 스테이션 교수처럼 활동에 따라 수업이 매우 소란할 수 있고 수업 집중이 어려울 수 있다는 점을 유의해야 한다.

대안 교수(alternative teaching)

대안 교수는 그림 I-7-6에서 볼 수 있듯이 한 교사가 전체 학생을 대상으로 수업을 하는 동안, 다른 교사는 소집단으로 구성된 학생들에 대해 보충수업이나 심화수업을 한다. 이런 소집단(특히 보충수업을 받는 학생들)이 고정된다면 낙인이 발생할 수 있으므로 학급의 모든 학생이 이 소집단으로 구성되는 기회를 갖게 하는 것이 좋다.

팀 교수(team teaching)

팀 교수는 그림 I-7-7처럼 두 교사가 수업을 공유한다. 교사들은 토론을 번갈아 가며 주도할 수 있다. 한 교사가 칠판에 판서해서 따라 적게 하면서 다른 교사가 설명을 할 수도 있다. 두 교사가 역할극을 하거나 가상의 갈등 상황을 보여줄 수 있고, 적절한 발문 시범을 보여줄 수도 있다. 이 모형은 교사 간에 높은 수준의 상호 신뢰와 헌신이 필요하다.

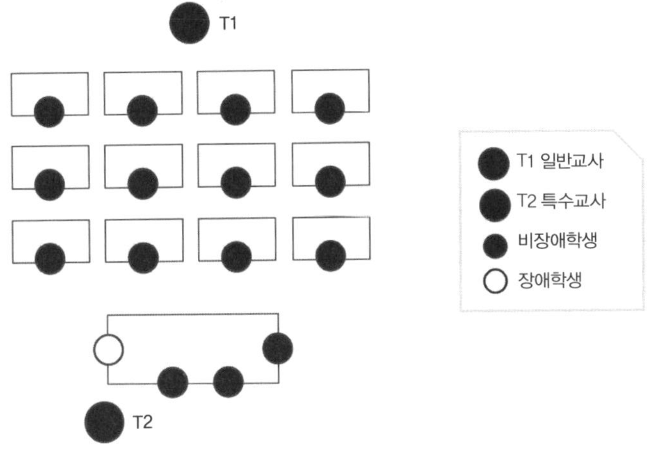

그림 I-7-6 **대안 교수 모형**

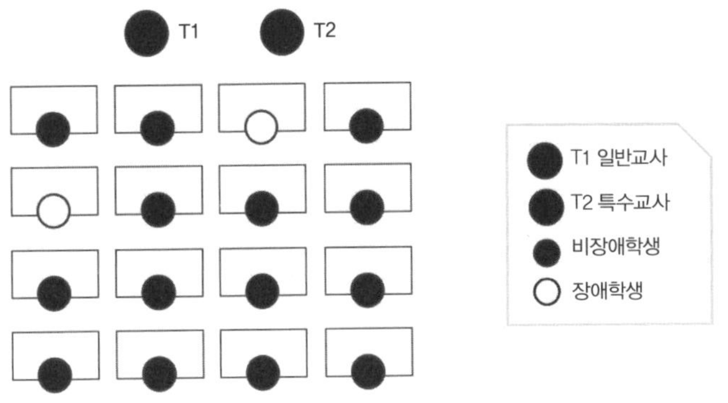

그림 I-7-7 **팀 교수 모형**

따라서 초임교사보다는 경력 있는 교사들에게 적합하고 다섯 가지 모형 중에서 가장 많은 사전 준비·계획 시간이 필요하다. 팀 교수는 대집단과 소집단으로 나뉘는 수업으로 잘못 실행되는 경우가 많다.

협력교수 모형별로 각각 장단점이 있는데 이를 정리해보면 표 I-7-3과 같다. 협력 교수를 통합교육 상황에서 사용한다면 이런 장단점을 고려하여 어떤 모형이 장애학생 지원에 효과적일지 결정할 필요가 있다.

표 I-7-3 협력교수 모형별 장단점

모형	장점	단점
교수-지원 모형	• 모든 수업에 사용 가능 • 개별적 직접 지도 가능 • 전체 학생들을 대상으로 수업하는 교사가 수업에 더 집중할 수 있음 • 사전 준비·계획에 필요한 시간이 다른 모형들에 비해 적게 요구됨	• 교수 역할이 고정되어 역할에 대한 불만족이 있을 수 있음 • 주로 특수교사가 개별지원을 하면 장애학생에게 낙인 발생 • 지원하는 교사가 보조원처럼 보이거나 학생들의 주의를 산만하게 할 수 있음 • 장애학생이 지원 교사에게 의존적으로 될 수 있음
스테이션 교수	• 교사 대 학생의 비율이 낮아 소집단에서 학생들은 보다 주의집중할 수 있음 • 각 교사는 수업활동 중 맡은 부분만 책임이 있어 수업부담을 줄일 수 있음 • 독립적 활동 스테이션에서 여러 유형의 학습 기회제공이 가능함	• 사전 준비·계획(두 활동의 연계성, 교수자료)에 상당한 시간이 필요함 • 활동유형에 따라 소음 및 문제행동이 발생할 수 있음 • 소음 관리와 전체 학생 활동을 감독하기가 어려움 • 독립적 활동 스테이션을 지켜봐야 함
평행 교수	• 교사 대 학생의 비율이 낮음 • 장애학생에게 별도의 교수전략을 사용할 수 있고 즉각적인 학업적 피드백을 줄 수 있음 • 학생이 이해했는지를 알 수 있는 학생 반응을 확인할 기회가 많아짐	• 적정한 설명의 난이도와 일정한 수업 진행 속도를 맞추기 위해 사전 준비·계획에 충분한 시간이 필요함 • 학급을 두 집단으로 나눌 때 동질적 특성을 갖게 한다면 낙인이 발생할 수 있음 • 수업활동에 따라 소음이 문제가 될 수 있음 • 학생들이 두 교사를 비교하고 한 교사의 지도를 선호할 수 있음
대안 교수	• 보충수업(예, 학습부진학생, 결석한 학생 대상)이나 심화 수업의 기회를 제공함 • 주 수업에 방해하지 않고 특별한 기술을 추가 교수할 수 있음 • 전체 학생들을 대상으로 수업하는 교사가 수업에 더욱 집중할 수 있음	• 교수 역할이 고정되면 역할에 대한 불만족이 있을 수 있음 • 보충수업을 받아야 하는 학생들만 소집단으로 고정적으로 구성한다면 이는 교실에서 분리된 학습 환경을 조성하는 것이 되고 낙인을 발생시킴 • 학생을 고립시킬 수 있음 • 다양한 학생들이 소집단으로 구성되는 기회를 주어야 함
팀 교수	• 수업의 모든 과정(사전 준비·계획, 수업, 행동 지도, 평가 등)에서 두 교사 모두 능동적인 역할을 함 • 학생들이 두 교사가 함께 수업을 책임지고 있다고 봄 • 두 교사가 역할극(role play)을 통해 다양한 관계를 설정하고 직접 시범을 보여 줄 수 있음	• 교사의 역할이 대집단과 소집단으로 고정될 가능성이 큼 • 서로 간에 편안하지 않거나 상대 교사의 교수 스타일이 맞지 않는다면 효과적으로 실행하기 어려움 • 사전 준비·계획에 다른 모형들에 비해 많은 시간이 필요함

출처: Louisiana Department of Education(2011), 이소현, 박은혜(2020)를 수정

협력적 자문

협력적 자문은 문제가 무엇인지 명확히 하고, 그 해결방안을 찾기 위한 전문가들 간의 상호 협의이다. 따라서 협력적 자문은 한 전문가가 혼자서 찾아낸 것보다 더 나은 결과를 보여준다(Idol, 1994; Pugach & Johnson, 1988). 다시 말해 협력적 자문으로 현존하는 전략보다는 질적으로 나은 결과를 도출할 수 있게 된다.

통합교육에서는 협력적 자문을 통해 일반교사가 학생의 행동과 학습 문제 예방, 행동과 학습 문제 교정, 그리고 중재법 조정에 도움을 받을 수 있다(West & Idol, 1990). 하지만 통합교육에서 협력적 자문이 제대로 실행되지 못하게 하는 장애물이 존재하는데, 여기에는 통합교육에서 협력 방해요소(표 I-7-1) 외에 표 I-7-4에 제시된 방해요소가 포함된다. 이런 장애물을 제거하고 자문받은 대로 실행한다면 표 I-7-4에 제시된 성과를 이룰 수 있다(Huefner, 1988; Karge, McClure, & Patton, 1995). 따라서 일반교사는 특수교사나 장애전문가로부터 협력적 자문을 받는 것에 대해 부담을 느끼지 말고 요청해야 한다. 여기서 주의할 점은 자문의 목적을 제대로 이해하는 것이다. 협력적 자문은 일반교사가 자문을 받아 일반학급에서 자문받은 대로 실행하기 위함이지, 자문해 주는 이에게 직접 해결해 달라고 요청하기 위함이 아니라는 것이다. 일반교사는 협력적 자문을 통해 장애학생을 포함한 모든 학생에 대해 스스로 교수적 수정, 행동지도, 사회적 수용 촉진을 할 수 있다.

표 I-7-4 협력적 자문의 방해요소와 성과

방해요소	성과
• 자문을 도움받는 것으로만 받아들인다. • 비현실적 기대 ① 자문을 모든 문제 해결 방법이라고 여긴다. ② 자문에만 의존함으로써 교사 본인이 훈련받는 것을 소홀히 한다. ③ 자문해주는 교사에게 부담을 떠넘긴다. • 담당 사례를 비효율적으로 관리한다.	• 일반교사가 특수교육, 장애분야에 대해 더욱더 이해할 수 있다. • 특수교육 의뢰 수가 감소한다. • 통합교육을 제대로 그리고 지속해서 실행할 수 있다. • 장애학생에 대한 낙인을 줄이고 장애학생을 또래로 받아들일 수 있도록 사회적 수용을 촉진할 수 있다. • 특수교육 기술을 실제 연습할 수 있다. • 학급 내 모든 학생에 대해 적절한 중재를 제공할 수 있다.

출처: Huefner(1988)을 수정

과제분석(task analysis)

하나의 과제를 그 구성요소로 나누어 분석하는 과정이다. 과제분석은 숙련된 작업자가 실제로 특정의 작업을 수행하는 것을 관찰하여 각 작업 단계를 순서에 따라 기록함으로써 이루어진다. 가르칠 하나의 행동을 단계별로 잘게 나누어 놓은 것(가령 10단계 20단계)으로서 교수목표들이 성취될 수 있도록 분석되어 있으면서도 계열화된 일련의 하위목표들로 구성된 교수전략을 말한다. 과제분석은 특정한 기술이나 과제에 대해 각 학생의 개별 기능 수준에 맞게 교사가 목표를 정확하게 설정하도록 도와줌으로써 효과적인 진단적 기능을 하며, 각 아동의 학습 속도에 맞게 계획될 수 있으므로 계열성 있는 연속적 교수를 하기 위한 기초를 제공해준다. 특수아동을 담당하고 있는 교사들은 읽기, 쓰기, 수학, 자조기술 영역 등에 상업적으로 나온 교재들이 과제분석되어 있어 유용하라더라도 각 장애아동의 요구에 맞추기 위해서는 과제분석이 필요하며, 과제의 특정 기술에 대한 분석도 필요하다. 또 효과적인 과제분석을 위해서는 그 영역에 대한 충분한 지식과 시간과 브레인스토밍(brain storming: 차례로 낸 아이디어 중 최선책을 결정하는 방법)이 요구된다. 과제분석에는 절차적 접근(procedural approach)과 위계적 접근(hierarchical approach) 그리고 이 두 접근을 결합한 방법이 있다. 절차적 접근은 특정한 행동이 특정 목적에 도달하기 위해 연속적으로 교수될 때 사용된다. 절차적 분석에 포함된 행동들은 서로 독립되어 있어 흔히 교체될 수 있는 것들이며, 접시 닦는 기술 등이 대표적 예이다. 즉 접시 닦는 것을 가르치기 위해 어떤 교사는 모든 접시를 닦은 후에 헹구게 할 수 있고 어떤 교사는 각 접시를 닦고 이용단계로 넘어가기 전에 헹구게 할 수 있다. 따라서 각 단계는 독립적이고 그것은 교사의 결정이나 학생의 요구에 따라 바뀔 수 있다. 위계적 접근은 선행 기술을 확실히 포함하고 있어 바람직한 목표 달성을 위해서는 반드시 위계적 순서를 따라 밟아 가야 하는 것을 뜻한다. 일반적으로 학업 기술들은 이 접근을 사용하게 되는데 일련의 단계의 각 기술은 이전의 기술 습득에 의존한다. 마지막으로 두 접근을 결합해서 사용하는 것으로 정신운동과 인지기술을 요구하는 행동을 가르칠 때 유용하다. 가령 버스를 타기와 같은 행동을 가르칠 때 이 접근을 사용한다. 과제분석을 계획하고 수행하기 위한 지침으로 ①주요 과제의 범위를 한정한다. ②관찰할 수 있는 용어로 하위과제를 사용한다. ③사용할 사람이 이해할 수 있는 수준의 용어를 사용한다. ④학습자가 하게 될 것이 무엇인지에 대한 과제를 기술한다. ⑤학습자보다는 과제에 역점을 두어 계획하는 것 등을 들 수 있다(이철수, 2013).

명시적 교수(explicit instruction)

명시적 교수는 학업기술을 가르치기 위해 구조화되는 체계적이며 효과적인 방법으로 교수 설계와 전달 절차 모두를 포함하고 있는 분명하고 직접적인 교수적 접근방법을 말한다. 명시적 교수는 일련의 지원 혹은 스캐폴딩(scaffolding)이 특징이기 때문에 학생들은 학습과정에서 새로운 기술을 배우기 위한 목적과 취지에 대한 명확한 설명과 교수목표의 분명한 진술과 시범, 그리고 독립적으로 성취할 때까지 피드백과 함께 지원된 연습을 통해 안내된다. 또한 작은 단계로 나뉘어 교수가 제공되며, 교수가 진행될 때 학생들의 이해도를 점검하고 학생들이 적극적이면서도 성공적으로 참여하는 것에 역점을 두는 체계적인 교수방법이다. 명시적 교수법에 포함된 중요한 요소들에는 16가지가 있다. 즉, 수업의 초점을 중요한 내용에 두기, 가르칠 기술을 논리적으로 위계화하기, 복잡한 기술과 전략들은 더 작은 교수 단위로 나누기, 구조화되어 있으면서 초점을 맞춘 수업을 디자인하기, 수업목표와 기대를 분명하게 진술하면서 수업 시작하기, 교수를 시작하기 전에 선행 기술과 지식을 검토하기, 단계마다 시범 보여주기, 간결하면서도 분명한 언어 사용하기, 개념이나 사실, 규칙을 가르칠 때 예(example)와 비예((non-example)를 적절하게 제공하기, 안내된 연습을 제공하기, 학생들에게 반응을 자주 요구하기, 학생의 수행을 자세히 모니터링하기, 즉각적인 확인과 교정적 피드백 제공하기, 활발한 속도로 수업 진행하기, 학생들이 지식을 조직하도록 도와주기, 분산되어 있으면서도 누적적인 연습을 하도록 하는 것들이다(국립특수교육원, 2018).

장애학생의 이해

시각장애

—

청각장애

—

지체장애

—

지적장애

—

자폐성장애

—

학습장애

—

정서·행동장애

—

의사소통장애

—

발달지체

—

건강장애

1 시각장애

학습 목표

1 시각장애 정의와 적격성 판정 기준을 이해할 수 있다.

2 시각장애 학생의 특성과 교육지원 방법을 설명할 수 있다.

시각장애의 출현율은 다른 장애유형에 비해 낮은 편이다. 출현율은 국가별로 큰 차이가 있는데 주된 결정 요인은 국가의 사회·경제적 수준과 의료시스템이다(Gilbert & Foster, 2001).

시각장애 학생에겐 보조공학이 특히 중요하다. 보조공학은 시각기능의 어려움을 보완하거나 시각을 대체하게 할 수 있어서 통합교육을 가능하게 하고, 성인이 되었을 때 독립적 사회참여를 가능하게 한다. 하지만 통합교육은 주로 저시력학생들이 받고, 맹학생들은 주로 특수학교에서 분리교육을 받는다(국립특수교육원, 2017a). 시각장애 학생들은 시각 손상의 유형과 정도에 따라 교육활동과 관련된 읽기, 근접 거리 내의 과제 수행, 독립적인 이동에서의 어려움이 달라지므로 교사는 시각 손상 유형에 따른 특성을 알고 있어야 한다.

1 시각장애의 개념

교육계에서는 시각장애를 맹과 저시력으로 구분하는데, 맹은 잔존시력이 있을 수 있으나 활용하기 어려워 청각이나 촉각을 사용해야 하는 상태를 말한다. 저시력은 교정 렌즈, 확대경, 망원경, 전자보조기기 등의 보조공학기기를 사용한다면 잔존시력을 최대한 활용하여 읽기나 근접 거리 내의 과제를 수행할 수 있는 상태에 있는 것이다(박순희, 2016). 이처럼 맹과 저시력으로 구분하는 것은 서로 다른 감각 사용으로 인해 교육방법이 다르기 때문이다. 표 II-1-1을 보면, 미국 장애인교육법(IDEA, 2004)에서는 맹과 저시력으로 구분하고 있음을 알 수 있다. 장애인 등에 대한 특수교육법 시행령(2021)에서는 명시적으로 구분하고 있지 않지만 사실상 이 둘로 구분하여 정의하고 있다.

장애인복지법 시행규칙(2021)에서는 표 II-1-1에서 볼 수 있듯이 의학적인 관점의 시력과 시야를 중심으로 시각장애를 구분하고 있다.

표 II-1-1 특수교육 관련 국내외 법에서의 시각장애 정의

<table>
<tr><th>관련 법/명칭</th><th colspan="2">정의 또는 기준</th></tr>
<tr><td>IDEA(2004)/
시각장애(맹 포함)</td><td colspan="2">교정한 후에도 교육적 성취에 불리함을 주는 시각 손상으로 저시력과 맹을 모두 포함함</td></tr>
<tr><td>장애인 등에 대한
특수교육법 시행령(2021)/
시각장애를 지닌
특수교육대상자</td><td colspan="2">시각계의 손상이 심하여 시각 기능을 전혀 이용하지 못하거나 보조공학기기의 지원을 받아야 시각적 과제를 수행할 수 있는 사람으로서 시각에 의한 학습이 곤란하여 특정의 광학기구·학습매체 등을 통하여 학습하거나 촉각 또는 청각을 학습의 주요 수단으로 사용하는 사람</td></tr>
<tr><td rowspan="3">장애인복지법
시행규칙(2021)/
시각장애인</td><td>현행</td><td>장애등급</td></tr>
<tr><td>중증a</td><td>• 제1급
좋은 눈의 시력(공인된 시력표에 의하여 측정한 것을 말하며, 굴절이상이 있는 사람에 대하여는 최대 교정시력을 기준으로 한다. 이하 같다)이 0.02 이하인 사람
• 제2급
좋은 눈의 시력이 0.04 이하인 사람
• 제3급
1. 좋은 눈의 시력이 0.06 이하인 사람
2. 두 눈의 시야가 각각 모든 방향에서 5도 이하로 남은 사람</td></tr>
<tr><td>경증b</td><td>• 제4급
1. 좋은 눈의 시력이 0.1 이하인 사람
2. 두 눈의 시야가 각각 모든 방향에서 10도 이하로 남은 사람
• 제5급
1. 좋은 눈의 시력이 0.2 이하인 사람
2. 두 눈의 시야가 각각 정상 시야의 50% 이상 감소한 사람
• 제6급
나쁜 눈의 시력이 0.02 이하인 사람</td></tr>
</table>

a 장애의 정도가 심한 장애인으로 판정; *b* 장애의 정도가 심하지 않은 장애인으로 판정

표 II-1-2에서 교육적 관점의 분류와 의학적 관점의 분류 사이의 관계를 확인할 수 있다.

표 II-1-2 시각장애 분류기준

시각장애 분류	기준
맹	좋은 쪽 눈의 교정시력이 0.05 미만이거나 시야가 20도 이하인 자, 또는 학습에 시각을 주된 수단으로 사용하지 못하고 촉각이나 청각을 주된 수단으로 사용하여 학습활동이나 일상생활에서 특별한 지원을 지속해서 요구하는 자
저시력	좋은 쪽 눈의 교정시력이 0.05 이상 0.3 이하인 자, 또는 저시력 기구(광학기구와 비광학기구), 시각적 환경이나 방법의 수정 및 개선을 통하여 시각적 과제를 학습할 수 있는 자

출처: 국립특수교육원(2001)

2 시각장애의 유형 및 진단

외부 환경을 보기 위해서는 일단 대상들로부터 반사된 빛이 안구로 들어와야 한다. 안구로 들어온 빛은 그림 II-1-1처럼 주요 굴절 표면인 각막, 동공, 수정체, 초자체를 통과하여 망막에 도달하게 된다. 이때 망막에 있는 시세포(광수용세포)에 의해 빛에너지가 전기신호로 바뀌게 된다. 변환된 전기신호는 시신경을 따라 대뇌 후두엽(시각피질)까지 전달됨으로써 볼 수 있게 된다. 시각장애는 이런 시각계에 어디라도 문제가 있다면 발생하게 된다(박순희, 2016).

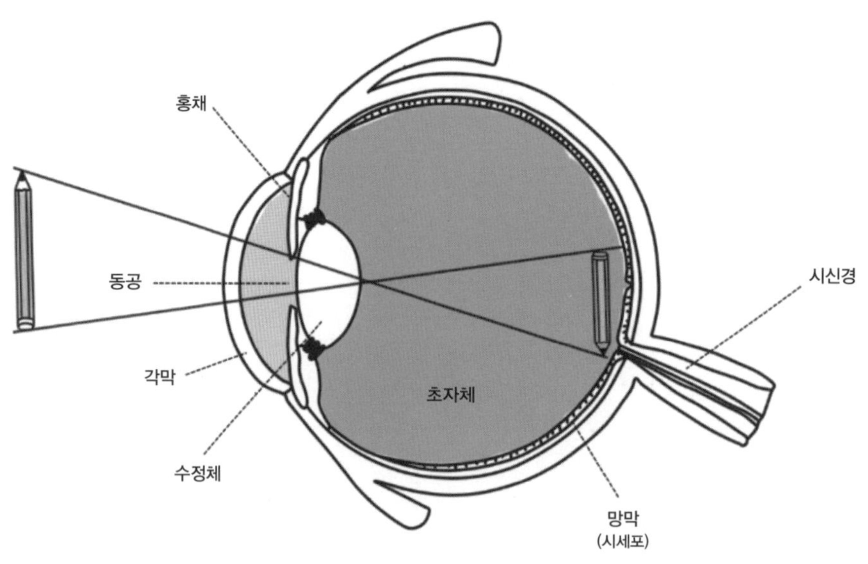

그림 II-1-1 눈의 구조

시각장애의 유형

교사는 시각장애를 발생시키는 의학적 진단에 대한 지식을 가지고 있어야 하는데, 이런 진단을 알고 있을 때 시각장애 학생이 실제 겪게 되는 어려움을 알 수 있기 때문이다. 시각 손상 유형을 살펴보면 표 II-1-3과 같다.

표 II-1-3 시각 손상 유형

구분	내용
굴절 이상	• 근시 초점이 망막에 맺히지 않고, 망막보다 앞에 맺힘으로써 일어난다. 가까운 물체를 명확히 볼 수 있으나 먼 거리에 있는 목표물은 희미하게 보인다. 근시는 수정체 조절로는 빛이 망막에 맺히지 못할 정도로 안구가 너무 길어져 먼 곳에서 오는 광선이 망막의 전방에 상을 맺는 경우다. • 원시 망막 뒤에 상이 맺혀서 가까운 물체는 희미하게 보이고 먼 물체는 뚜렷하게 보이는 상태다. 원시는 안구가 짧아 멀리 있는 물체라도 정확하게 상을 맺기 위해서는 수정체가 조절되어야 한다. 가까운 것을 볼 때는 수정체의 조절이 잘되지 않아 망막의 뒤에 상이 생긴다. • 난시 난시는 각막과 수정체의 표면이 매끄럽지 못할 때 망막에 맺힌 상이 흐려지거나 왜곡되는 현상을 말한다.
시신경 손상	• 녹내장 방수의 유출 장애로 인해 안압이 높아지면서 시신경이 시간에 따라 조금씩 눌리거나 혈액 공급이 원활하지 않아 발생한다. 시야가 좁아지거나 시력이 떨어지다가 최악의 경우 실명하게 된다. • 시신경위축 눈에서 뇌로 시각 정보를 전달하는 시신경의 변성을 말한다. 희미하거나 뿌옇게 보이고 시야도 좁아진다. 대비시켜 보거나 세부를 식별하는 데 어려움이 있다.
안근육 이상	• 사시 사시는 두 눈의 시축이 틀어져 있어 시선이 한 물체를 똑바로 향하지 못하는 것이다. 가능한 한 빨리 치료해야 시력 손상을 막을 수 있다. • 안구진탕증 안구가 규칙적이고 반복적이며 불수의적으로 움직이는 것으로 스트레스를 받으면 더 악화한다.
망막 손상	• 황반변성 황반이란 눈 망막의 중심부를 말한다. 새로운 혈관들이 망막 안으로 파고들어 와 황반 부위의 손상을 일으키는 질환이다. 황변이 변성되면 중심부 시력이 상실된다. • 당뇨망막병증 당뇨병은 몸에 필요한 충분한 인슐린이 만들어지지 않는 증상이다. 당뇨병이 진행되면서 모세혈관이 부풀어 올라 시력이 떨어진다. 심할 경우 비정상적인 신생혈관이 망막을 손상시키고 망막박리를 일으킨다.
기타	• 무홍채안 선천적인 홍채 이상으로 홍채가 전부 또는 거의 없어 홍채가 없는 부위에 시력 손상, 눈부심, 백내장이 수반된다. • 선천성 백내장 태어날 때부터 수정체가 혼탁해 있는 상태를 말한다.

출처: 박순희(2016) 수정 발췌

일반적으로 실명 시기에 따라 선천성 시각장애와 후천성 시각장애로 나누는데, 시각적 기억의 잔존여부로 기준을 삼는다. 3~5세 이후에 실명했다면 실명 이전에 시각적 기억이 남아 교육에 중요하게 활용될 수 있다(박순희, 2016).

시각장애는 아동의 발달에 지체를 초래한다. 따라서 가능한 조기에 발견하고 조기 교육하는 것이 중요하다. 영아는 출생 후 4개월 정도가 되면 직선으로 이동하는 물체를 따라 시선을 움직이고, 상대방과 지속해서 눈맞춤을 할 수 있다. 그러나 이 시기에 이것이 어렵다면 시각 손상을 의심해 볼 수 있다. 하지만 이렇게 장애가 의심된다고 해도 바로 시각장애로 진단되지 않는 경향이 있는데, 그 이유는 성장하면서 나아질 것이라고 여기거나 너무 어리면 손상 치료 및 예후를 지켜보고 추후 진단해보자는 의사의 권유를 받기 때문이다(국립특수교육원, 2017a).

시각검사

일반학급에서 교육받고 있는 학생 중에 표 II-1-4와 같은 시각 손상 징후를 보이는 학생이 있다면 별도의 시각검사를 받도록 해야 한다.

표 II-1-4 시각 손상 징후

학생의 외모	학생의 행동
• 사시가 있거나 눈의 초점이 맞지 않는다. • 눈언저리가 벌겋거나 눈꺼풀이 부어 있다. • 눈이 충혈되어 있거나 눈물이 가득하다. • 눈꺼풀에 다래끼나 감염이 잦다. • 컬러사진의 눈 부분에 일반적인 적색이나 아무 반사가 없는 대신 하얀 반사가 보인다. • 불수의적 안구 움직임을 보이거나 눈꺼풀이 축 늘어져 있다. **학생의 호소** • 눈이 가렵다, 뜨겁다, 또는 따끔하다고 한다. • 잘 안 보인다고 한다. • 가까이에서 시각적 과제를 할 때 어지러움, 두통, 구역질 등의 증상을 호소한다. • 희미하게 보인다거나 이중으로 보인다고 한다.	• 지나치게 눈을 비빈다. • 눈을 가늘게 뜨고 본다. • 한쪽 눈을 가리거나 감는다. • 책을 읽을 때 앞쪽으로 머리를 기울이거나 특이한 각도로 본다. • 책을 읽거나 근접 시각적 과제수행 시 어려움을 보인다. • 눈에 물건을 가까이 가져간다. • 눈 깜박임이 심하거나 근접 시각적 과제수행 시 짜증을 낸다. • 책을 읽을 때 눈이 아닌 머리를 움직인다. • 멀리 있는 것을 잘 보지 못한다. • 빛 반사나 밝은 빛을 싫어한다. • 판서 내용이나 책 내용을 옮겨 적는 데 어려움을 보인다.

출처: Lewis, Wheeler, & Carter(2017)

시각기능을 평가하는 일반적인 방법으로는 주관적 시각검사인 원거리 시력검사, 시야검사, 색각검사, 대비감도검사가 있다. 원거리 시력검사는 장애인복지법 상의 시각장애 정도(중증, 경증)와 저시력인 경우 사용할 광학기구의 배율을 알아낼 때 사용된다. 국내에서 시력 측정은 한글, 숫자, 그림, 란돌트고리(Landolt Ring) 등을 사용한 한천석 시시력표가 주

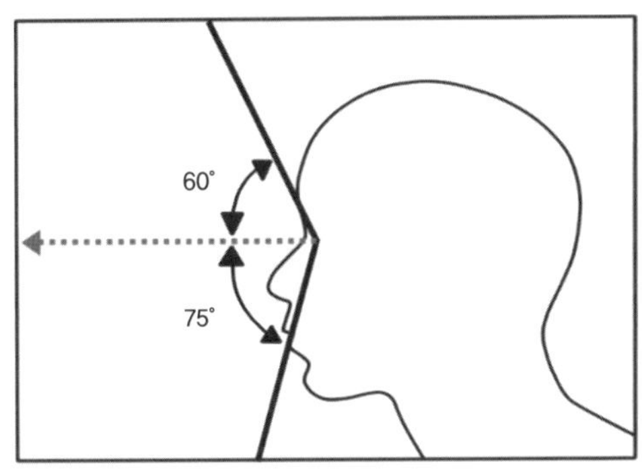

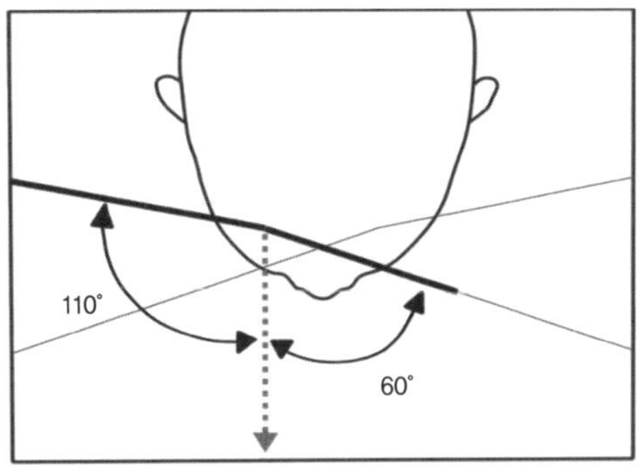

그림 II-1-2 **정상시야**(좌: 수직, 우: 수평)

로 사용된다. 시시력표로부터 5m 떨어진 곳에서 큰 시표에서 작은 시표로 읽게 하여 두 눈 각각에 대해 시력을 측정한다. 시야검사는 정면을 주시하고 있을 때 볼 수 있는 외계의 범위를 각도로 측정하는 것이다. 정상적인 시야는 그림 II-1-2에서와 같이 수직으로 약 135°, 수평으로 약 220°이다. 시야검사도 장애인복지법 상의 시각장애정도(중증이나 경증) 판정에 사용된다. 색각검사는 가시광선 중 파장의 차이에 따른 물체의 색채를 구별하여 인식하는 능력을 알아보는 것이다. 색각검사 결과 이상이 있다면 색각이상(색맹, 색약)이라고 한다. 대비감도검사는 서로 다른 대비를 갖는 대상을 얼마나 잘 구별하는가를 알아보는 것이다(임안수, 2005).

3 시각장애 학생의 특성

정안학생들은 환경과 상호작용을 통해 학습하는 데 어려움이 없으므로 일상생활에서 다양한 경험을 하고 학습할 수 있는 자연스러운 기회를 갖게 된다. 이때 시각이 이런 경험을 조직하고 연결하도록 하는데 만약, 시각기능에 제한이 있다면 이런 자연스러운 기회가 제한되고 환경에 관심을 두지 못함으로써 관찰과 모방에도 어려움이 있게 된다(Heward, Alber-Morgan, & Konrad, 2016).

시각장애 학생의 인지발달 특징을 피아제의 인지발달단계를 중심으로 살펴보면, 시각장애 학생들은 감각운동기부터 구체적 조작기까지는 정안학생에 비해 낮은 인지능력을 보이다가 형식적 조작기에 이르러서는 정안학생과 거의 같은 수준의 인지능력을 보인다(국립특수교육원, 2013).

시각장애 학생은 대상에 대한 개념 습득이 늦고 때론 개념을 잘못 받아들일 수 있다. 언어발달이 지체되며 사용하는 어휘 수는 많지만, 추상적 표현이 많고 구체적 의미를 모르며 어휘를 사용하는 경향이 있다.

시각장애가 심할수록 운동발달은 더욱 지체되는데, 시각기능의 제한이 그 직접적인 원인은 아니다. 움직이고자 하는 동기가 떨어져 운동경험에 제한이 있게 되고, 이로 인해 그만큼 운동발달이 지체되어 나타난다(Heward, 2006).

시각장애 학생들은 장애가 심할수록 다음과 같은 문제가 더욱 뚜렷해진다. 이런 문제들은 사회성을 떨어뜨리는 원인으로 작용하면서 사회적으로 고립될 가능성을 높이게 한다(Frame, 2000; 이소현, 2020).

- **사회적 상호성에서 어려움**

  사회적 상호작용을 시작하고 유지하는데 어려움을 보인다. 예를 들어, 주변에 누가 있는지, 함께 있던 사람이 떠났는지, 상대방이 누구에게 말하는지 알 수 없으므로 사회적 상호작용을 시작하고 유지하기 어렵다.

- **사회적 상호작용에 사용되는 비언어적 의사소통에서 어려움**

  ① 사회적 상호작용은 주로 미세한 사회적 단서인 눈맞춤, 표정, 몸짓 등에 기초하여 이루어지는데 이는 시각을 통해서만 확인할 수 있으므로 시각장애 학생들은 이런 비언어적 요소를 파악하는 데 제한이 있고, 파악할 수 있다고 해도 잘못 해석하는 경우가 발생한다.

  ② 관찰과 모방의 어려움으로 사회적 기술 수준이 낮아 비언어적 요소를 사용하는데도 어려움이 있다. 예를 들어, 대화 중 상대방 보기, 머리를 바로 하고 바른 자세로 말하기를 자연스럽게 습득하지 못해 별도로 교육을 받아야 하는 경우가 많다.

- **사회적 관계 형성·유지의 어려움**

  수동적 대인관계와 함께 낮은 사회적 기술은 사회적 관계에 악영향을 준다.

- **상동적 움직임**

  어떤 시각장애 학생은 결핍된 감각이나 사회적 자극을 보상받거나 과도한 자극을 조절하기 위해 몸이나 머리를 전후/좌우로 흔들기, 눈을 문지르거나 빛을 응시하기, 손이나 손가락을 흔드는 등의 상동적 움직임을 보인다.

4 교육적 접근

시각장애는 정보를 받아들이는 것과 보행에 어려움을 준다. 따라서 통합교육 상황에서는 이런 어려움을 극복할 수 있도록 시각장애 학생에게 보조공학기기, 교육환경 조성, 교수적 수정을 제공하여 학교생활과 수업 참여에 어려움이 없도록 해야 한다. 특히, 보행훈련을 통해 학생이 안전하고 효율적으로 보행할 수 있도록 지도할 필요가 있다.

시각장애 학생 교육에서 보조공학은 특히 중요하다. 보조공학은 저시력학생들에게 시각기능의 제한을 극복하게 할 수 있게 하고 맹학생들에게는 청각이나 촉각을 사용할 수 있도록 돕는다. 저시력학생들에게는 국어(묵자) 읽기와 쓰기를, 맹학생들에게는 점자 읽기와 쓰기를 교육한다. 이때 표 II-1-5의 예처럼 적절한 보조공학기기의 도움을 받을 수 있다. 보조공학은 기술 수준에 따라 로우테크(low tech), 미드테크(mid tech), 하이테크(high tech)로 구분된다. 로우테크는 일반적으로 훈련이 필요 없고 가격이 저렴하며 신뢰도가 높다는 특징이 있다. 반면에 하이테크는 훈련이 필요하고, 가격이 높으며 신뢰도가 낮다는 특징이 있다.

표 II-1-5 시각장애 학생을 위한 읽기 보조공학기기의 예

	저시력학생	맹학생
로우 테크	확대경 출처: maxpixel.freegreatpicture.com / CC0	점자책 출처: Gar Lunney(1958) / CC-BY-2.0
하이 테크	 확대독서기 이미지제공: 주식회사아이루페	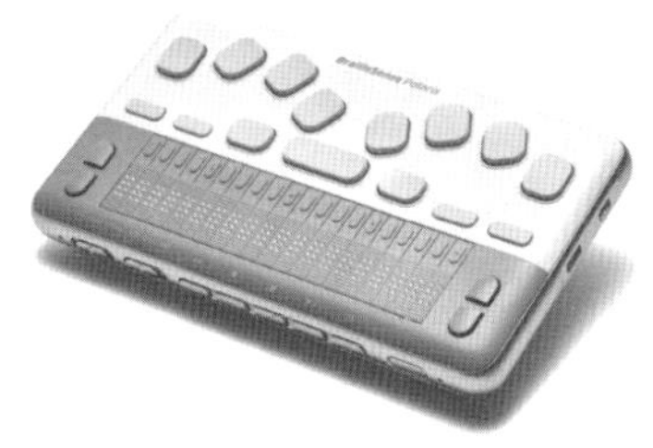 점자정보단말기 이미지제공: (주)셀바스헬스케어

통합교육을 위한 교육적 접근

시각장애 학생의 교실 내 자리는 교실 문과 칠판에 가까우면서, 교사의 말소리가 잘 들리는 곳이어야 한다. 또한 시각장애 학생들은 눈부심이 심하므로 이를 고려하여 창가 쪽이 아닌 자리로 배치하는 것이 좋다.

교실 내 소음은 최대한 줄여주어야 한다. 그리고 시각장애 학생들의 학습에서 가장 효과적인 것은 적절한 조명이므로, 개별 조명을 사용하게 해주는 것이 좋다. 또한, 시각장애 학생들은 장애물 발견이 어려우므로 이동 경로 상에 장애물이 있다면 미리 치워줘야 한다(박순희, 2016; Bennett, 1997). 그리고 학교 내에서 계단을 오르내릴 때 넘어질 수 있으므로 계단의 가장자리를 페인트나 테이프를 사용하여 대비를 높여 주는 것이 바람직하다.

통합교육 수업상황에서는 학생의 시각 손상 유형과 정도에 따라 자료를 수정하여 제시해야 한다. 여기에는 확대, 색 대비 강조, 산만한 시각 자극 감소, 선화(line drawing) 등의 교수적 수정이 포함될 수 있다.

수업 시 될 수 있으면 시각 정보를 최소화하고, 적절한 보조공학기기(확대경이나 망원경과 같은 광학기기, 확대 독서기, 소프트웨어 등)의 사용을 허용한다. 또한, 느린 읽기 속도를 고려하여 시간을 추가로 제공해야 한다. 그리고 수업 중 교실 내 이동을 허용하여 칠판이나 교사가 들고 설명하는 것 등을 가깝게 다가가서 볼 수 있도록 허용한다(Rosenthal & Williams, 2000). 방향감각에 혼란을 줄 수 있는 교실 자리변경은(예, 협동학습) 하지 않는 것이 좋다(Davis, 2003).

방향정위와 이동훈련

시각장애 학생들의 독립적 보행을 위해 필요한 것이 방향정위와 이동(orientation & mobility) 훈련이다. 방향정위는 현재 상황의 공간 정보를 파악하여 자신이 어디에 있는지 어디로 가야 하는지를 아는 것이고, 이동은 효율적이고 안전하게 다른 곳으로 움직이는 것이다. 시각장애는 둘 중 어느 하나에는 어려움을 준다(Hill & Snook-Hill, 1996). 시각장애 학생들은 안내 보행, 흰 지팡이 보행, 안내견 보행, 전자보행보조기기 보행 등을 사용하여 보행한다.

저시력학생 중에는 중심부 시력은 양호한 편이지만 주변부 또는 측면 시력이 부분적으로 손실된 학생들이 상당수 있다. 이처럼 주변부 시야가 손실되어 시야가 제한된 경우, 읽기나 근접 거리 내의 과제수행에는 큰 어려움이 없지만, 보행에서는 어려움을 겪게 된다. 이는 마치 구멍 뚫린 종이를 통해 보면서 걷는 것과 같은 시야 제한이 발생하기 때문인데 이렇게 시야 제한이 있는 경우 해결할 수 있는 가장 효과적인 방법은 흰 지팡이를 사용하게 하는 것이다.

란돌트고리(Landolt ring)

시력 측정에 쓰이는 시표(視標)의 하나로서 그림 Ⅱ-1-3처럼 C모양으로 되어 있다. 즉 고리의 일부에 잘린 데가 있어서 그 방향을 검출함으로써 시력을 결정한다. 잘린 곳의 폭을 시각(분)으로 나타내고, 그 역수를 시력으로 친다(고리의 폭은 외경의 1/5, 그리고 잘린 데의 폭도 외경의 1/5로 규정되어 있다(광용어 사전 편찬회, 2011).

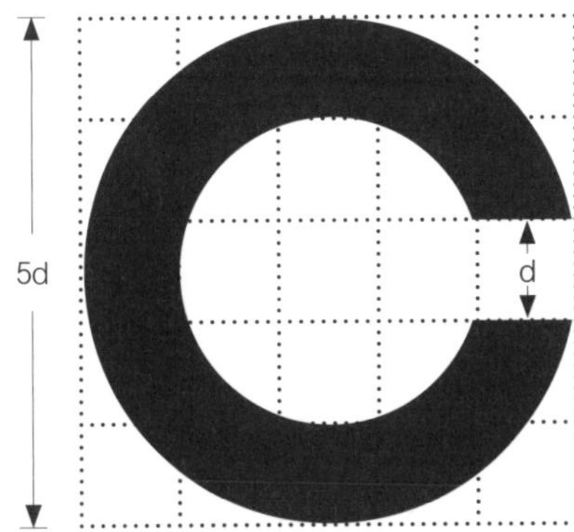

그림 Ⅱ-1-3 란돌트고리
출처: NielsKarschin(2016) / CC BY-SA 4.0

묵자(墨字)

인쇄된 일반문자이다. 점자(點字)와 대비되는 용어로 사용된다.

점자(點字; braille)

촉각을 이용해 읽고 쓸 수 있도록 다양한 점형(dot patterns)에 의미를 부여해 놓은 문자 상징체계다. 점자는 직사각형의 칸(cell)을 구성하는 점 여섯 개(가로 2개, 세로 3개)를 조합하여 만드는 63가지 점형으로 적는 문자이다. 한 칸을 구성하는 점의 번호는 왼쪽 위에서 아래로 각각 1점, 2점, 3점이며, 오른쪽 위에서 아래로 각각 4점, 5점, 6점이다. 점자는 세계 최초의 시각장애 특수학교인 프랑스 파리 맹학교의 교사였던 브라이유(L. Braille)가 고안하여 1829년에 발표하였고, 그가 세상을 떠나고 2년 뒤인 1854년에 프랑스에서 시각장애인을 위한 문자로 공인받았다. 우리나라에서 사용하는 점자는 1926년 조선총독부 산하 제생원 맹아부 교사였던 박두성 선생이 반포한 훈맹정음을 수정·보완한 것이다. 훈맹정음을 근간으로 하여 점자가 사용되었으나 시대 흐름에 따라 새로운 기호가 필요하였고, 일부 사람들은 각기 다른 점자를 만들어 사용하였기 때문에 1982년 문교부의 정책 연구로 한국점자 통일안이 마련되었다. 그 후 문화관광부에서는 한국점자 통일안을 보완해 1996년 한국 점자 규정을 제정하여 표준 한국 점자로 고시하였고, 2006년 이를 개정하여 개정 한국점자 규정을 고시하였다. 현재 우리나라에서 사용하는 점자는 2017년에 문화체육관광부가 고시한 2017년 개정 한국 점자 규정을 따르는 촉각 문자 체계이다.

2 청각장애

학습 목표

1 청각장애 정의와 적격성 판정 기준을 이해할 수 있다.

2 청각장애 학생의 특성과 교육지원 방법을 설명할 수 있다.

대부분의 의사소통은 소리신호에 의한 구어 형태로 이뤄진다. 통합교육을 받는 청각장애 학생들은 대부분 난청학생들이다. 이 학생들은 청각기능의 제한으로 일상적인 대화에 어려움이 있고, 일반적으로 진행되는 교사의 수업 설명을 알아듣기 어렵다.

약간의 난청이라도 있다면 언어발달은 모든 측면에서 지체될 수 있고, 이는 학생의 교육적 성취를 심각하게 떨어뜨리는 원인으로 작용할 수 있다. 따라서 청각장애 학생에 대한 교육은 언어발달 수준을 높이면서 읽기와 쓰기에 중점을 두고 지도해야 한다.

1 청각장애의 개념

교육계에서는 청각장애를 난청과 농으로 구분한다. 난청은 보청기와 같은 보조공학 기기를 사용하여 잔존청력을 최대한 활용해 의사소통할 수 있는 상태이고, 농은 잔존청력이 있더라도 의사소통에 활용이 어려워 시각을 주로 사용하여 의사소통하는 상태이다. 표 II-2-1에서 볼 수 있듯이, 미국 장애인교육법(IDEA, 2004)에서는 난청과 농에 대해 각각 청각장애와 농이라는 명칭을 사용하고 있다. 그리고 장애인 등에 대한 특수교육법 시행령(2021)에서는 난청과 농이라고 명시적으로 구분하고 있진 않지만 사실상 둘로 구분하고 있다. 그 기준은 언어적 의사소통 가능 여부이다.

장애인복지법 시행규칙(2021)에서는 표 II-2-1에서 볼 수 있듯이 생리학적인 관점에서 청각장애 정도를 분류하고 있다. 여기서 데시벨(dB)은 청취 수준(hearing level)에서의 데시벨 즉, dB HL이다. 이는 어떤 기준 소리크기에 대해 상대적인 소리크기를 나타내기 위해 사용되는 측정의 로그(logarithmic) 단위이다. dB HL을 위한 기준 소리크기는 0dB HL로서 청력이 정상인 청년들의 가청역치 평균 음압을 데시벨로 나타낸 것이다. 0dB HL은 그림 II-2-1과 같이 주파수에 따라 음압수준(sound pressure level)에서 데시벨 값이 달라지는 그래프로 나타내진다. 예를 들어, 125Hz과 1000Hz에서 0dB HL은 각각 약 45dB SPL과 7dB SPL이다(Valente, Fernandez, & Monroe, 2011).

표 II-2-1 특수교육 관련 국내외 법에서의 청각장애 정의

관련 법/명칭		정의 또는 기준
IDEA (2004)	농	청력 손실이 심하여 소리 증폭을 하더라도 청각을 통한 언어정보처리에 결함이 있고 교육적 성취에 불리함이 있음
	청각장애	'농'의 정의에 해당하진 않지만, 영구적이거나 변동적인 청력 손실이 있어 교육적 성취에 불리함이 있음
장애인 등에 대한 특수교육법 시행령(2021)/ 청각장애를 지닌 특수교육대상자		청력 손실이 심하여 보청기를 착용해도 청각을 통한 의사소통이 불가능 또는 곤란한 상태이거나 청력이 남아 있어도 보청기를 착용해야 청각을 통한 의사소통이 가능하여 청각에 의한 교육적 성취가 어려운 사람
장애인복지법 시행규칙(2021)/ 청각장애인 (청력장애인)	현행	장애등급
	중증[a]	• 제2급 두 귀의 청력을 각각 90데시벨(dB) 이상 잃은 사람(두 귀가 완전히 들리지 아니하는 사람) • 제3급 두 귀의 청력을 각각 80데시벨(dB) 이상 잃은 사람(귀에 입을 대고 큰 소리로 말을 하여도 듣지 못하는 사람)

장애인복지법 시행규칙(2021)/ 청각장애인 (청력장애인)	경증*b*	• 제4급 1. 두 귀의 청력을 각각 70데시벨(dB) 이상 잃은 사람(귀에 대고 말을 하여야 들을 수 있는 사람) 2. 두 귀에 들리는 보통 말소리의 최대의 명료도가 50퍼센트 이하인 사람 • 제5급 두 귀의 청력을 각각 60데시벨(dB) 이상 잃은 사람(40센티미터 이상의 거리에서 발성된 말소리를 듣지 못하는 사람) • 제6급 한 귀의 청력을 80데시벨(dB) 이상 잃고, 다른 귀의 청력을 40데시벨(dB) 이상 잃은 사람

a 장애의 정도가 심한 장애인으로 판정; *b* 장애의 정도가 심하지 않은 장애인으로 판정

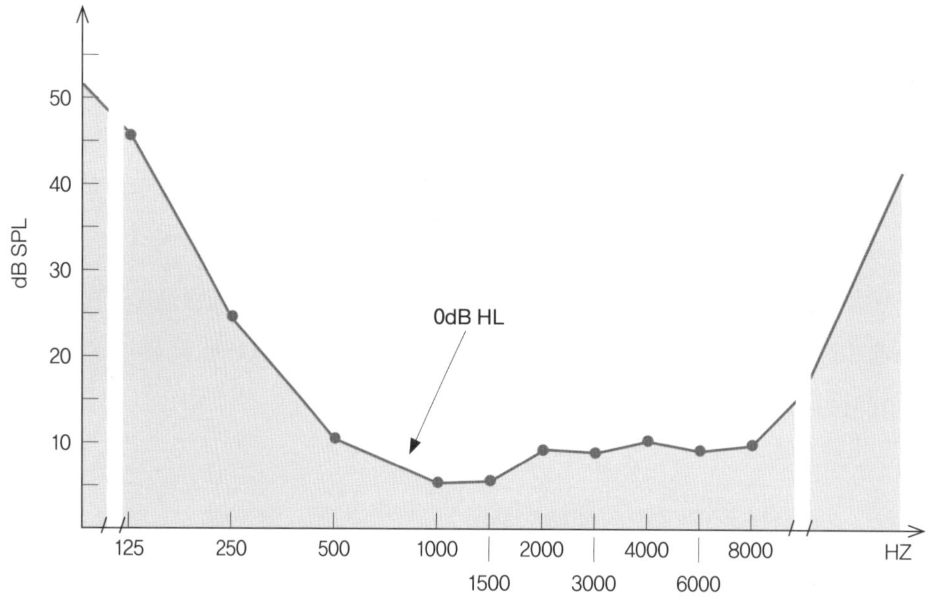

그림 II-2-1 주파수에 따른 0dB HL 출처: Roeser & Clark(2007)

표 II-2-2에서 교육적 관점의 분류와 생리학적 관점의 청각장애 분류 사이의 관계를 확인할 수 있다. 이 기준에 의하면 2~4급이 농이고, 5급과 6급이 난청이다.

표 II-2-2 청각장애 분류기준

분류	기준
농	보청기를 사용하거나 사용하지 않은 상태에서 귀만으로 말을 들어 이해할 수 없을 정도(보통 70dB 이상)로 청각장애가 있어 학습활동이나 일상생활에서 특별한 지원을 지속해서 요구하는 자
난청	보청기를 사용하거나 사용하지 않은 상태에서 귀만으로 말을 들어 이해하는 것이 불가능하지는 않으나 어려운 정도(보통 35~69dB)로 청각에 장애가 있어 학습활동이나 일상생활에서 특별한 지원을 요구하는 자

출처: 국립특수교육원(2001)

청력 손실 발생 시기가 언어발달에 결정적인 영향을 주므로 교육계에서는 언어 전 청력 손실과 언어 후 청력 손실로 구분한다. 언어 전 청력 손실은 언어를 습득하기 전에 장애가 발생한 것이고, 언어 후 청력 손실은 언어를 습득한 후에 장애가 발생하는 것이다. 선천적 청각장애 아동은 듣기의 기회를 얻지 못하여 출생 이후 언어발달의 모든 면에서 심각한 수준을 보인다. 반면에 청각장애 발생 시기가 늦을수록 언어발달에는 지장이 없게 된다(한국통합교육학회, 2014).

2 청각장애유형 및 진단

귀는 그림 II-2-2처럼 외이, 중이, 내이로 이루어져 있고, 청력과 평형기능을 담당한다. 외이와 중이에 의해 내이로 소리 진동이 전달되면 내이에서 소리 진동이 전기신호로 바뀌고 이 전기신호가 청신경을 따라 대뇌의 측두엽(청각피질)까지 도달하면 소리의 의미와 방향 등을 알 수 있게 된다. 이런 청각경로에 어디라도 손상이 있다면 청각장애가 발생할 수 있다.

외이는 외이개(귓바퀴)와 외이도로 이루어져 있다. 외이개는 소리를 모아주고 소리의 정확한 방향을 알아내는 데 도움을 준다. 외이도는 고막으로 한쪽이 막힌 일종의 공명관으로 말소리에 해당하는 주파수음을 자연스럽게 증폭시켜준다(한국청각언어장애교육학회, 2015).

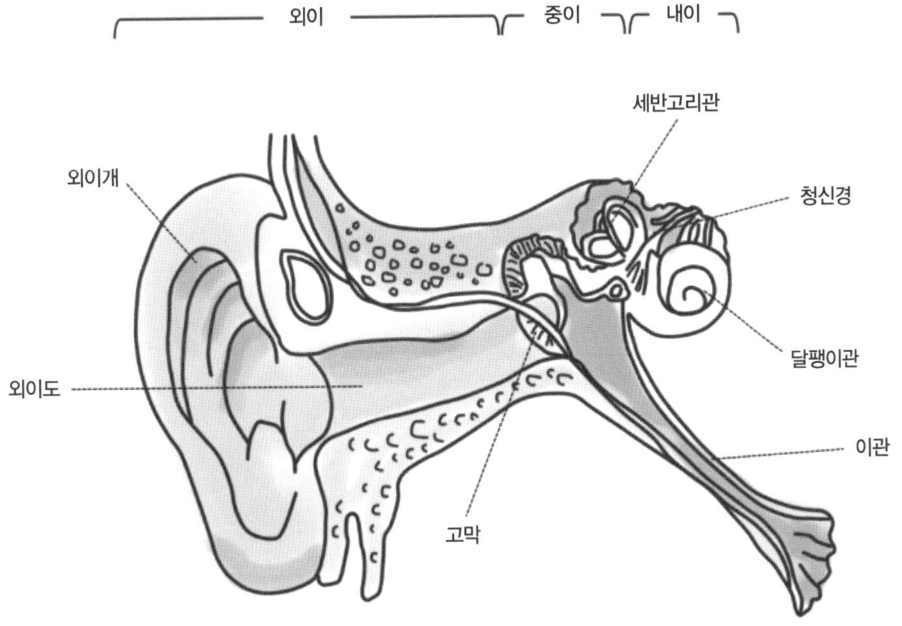

그림 II-2-2 귀의 구조

중이는 고막, 이소골, 이관으로 구성되어 있다. 고막은 외부로부터 내이를 보호하는 역할을 하고 소리 진동을 이소골로 전달한다. 이소골은 외부 충격음을 기계적으로 완충하는 역할을 하면서 내이를 보호하고 내이로 소리 진동을 전달한다. 이관은 고막의 양쪽 공기압력을 맞춰주고 이소골의 환기를 담당한다(권순우 등, 2020).

내이는 미로라고도 하며 림프액으로 채워져 있다. 내이는 달팽이관과 전정기관(세반고리관과 전정)으로 구성되어 있다. 내이로 들어온 소리 진동은 달팽이관 내의 유모세포로 전달되고, 이 유모세포에서 물리적인 진동이 전기신호로 변환된다. 이 전기신호가 청신경을 따라 대뇌 측두엽(청각피질)까지 전달된다. 세반고리관은 회전운동 시 신체 위치를 감지해주고, 전정은 신체 균형을 감지해주는 역할을 한다(한국청각언어장애교육학회, 2015).

청각장애의 유형

청력 손실의 원인으로는 선천성 손실, 물리적 손상, 질병, 노화 그리고 약물의 영향 등을 들 수 있다. 이러한 조건들이 외이, 중이, 내이에 영향을 주어 난청 또는 농을 초래하게 된다(Martin & Clark, 2012).

청각장애는 손상 부위에 따라 전음성, 감음신경성, 혼합성, 중추성 청각장애로 구분할 수 있다. 전음성 청각장애는 외이나 중이에 손상이 있는 경우로 일반적으로 청력 손실이 70dB을 넘지 않으며 외과적 수술이나 보청기로 소리를 증폭시켜주면 청력이 개선된다. 감음신경성 청각장애는 외이와 중이에는 손상이 없으나 내이나 청신경에 손상이 있는 경우로 청력 손실이 크다. 혼합성 청각장애는 전음성 부위와 감음신경성 부위 모두에 손상이 있는 경우이다. 중추성 청각장애는 대뇌 청각피질로 도달하는 과정에서의 손상이 있는 경우로 순음청력검사에서는 큰 문제를 보이지 않으나 청각신호의 정보처리 과정에서의 결함으로 인해 말소리를 종합하고 분석하여 이해하는 데 어려움을 보인다(고은, 2018).

선천적으로 청력 손실이 있지만 조기에 청각장애로 진단된다면 조기중재와 치료를 통해 의사소통 기술과 언어발달에 도움을 줄 수 있다. 하지만 많은 청각장애 유아들은 청력 손실이 발견되지 못한 채 방치되는 경우가 많다. 청각장애 유아들도 옹알이, 목 울림소리를 내지만 자신의 목소리를 듣지 못하므로 더는 소리를 내지 않게 된다. 부모는 이런 침묵이 문제라는 것을 모르고, 알더라도 그 원인이 청력 손실이라고 생각하지 않기 때문에 청력 이상 발견이 늦어지게 된다(Heward, Alber-Morgan, & Konrad, 2016; Meadow-Orlans 등, 1997).

일반학급에서 교육받고 있는 학생 중에서 표 II-2-3과 같은 청력 이상 징후를 보인다면 청각장애를 의심해 볼 수 있다. 이런 징후가 확인되면 청력검사를 받도록 해야 한다.

표 II-2-3 청력 이상 징후

<table>
<tr><th>학생의 외모/행동</th><th>학생의 반응</th></tr>
<tr><td>• 귀에서 진액이나 피가 나온다.
• 귀를 계속 잡아당긴다.
• 코가 아닌 입으로 숨을 쉰다.</td><td rowspan="3">• 한 번 부드럽게 부르면 말소리 방향으로 정확하게 돌아보지 못한다.
• 환경음에 반응을 보이지 않는다.
• 소리 반응은 있으나 소리 방향이 어디인지 알 수 없다
• 의사소통에 사용되는 단어 이해와 사용에 있어 발달이 일관되지 않는다.
• 듣기에 집중하지 못하는 것처럼 보인다.
• 지시를 잘 이해하지 못한다.</td></tr>
<tr><th>학생의 호소</th></tr>
<tr><td>• 잘 안 들린다고 한다.
• 피곤하다고 한다.</td></tr>
</table>

출처: Lewis, Wheeler, & Carter(2017)

청력검사

청력을 평가하는 일반적인 방법으로는 주관적 청력검사인 순음청력검사와 어음청력검사가 있다. 순음청력검사(기도청력검사)는 청력검사에서 기본검사로 사용되고, 어음청력검사는 언어의 명료도를 판정하거나 청력장애 부위를 알아내기 위한 보조 검사로 사용된다. 순음청력검사만으로 전음성 청각장애인지 감음신경성 청각장애인지 진단할 수 있지만, 감음신경성 청각장애 중에서도 장애 부위가 달팽이관인지 아니면 후미로인지 진단하는 것은 불가능하다. 이때 어음청력검사가 도움이 된다(이종담, 1996; 홍성아, 정명현, 이정학, 2002).

순음청력검사

순음청력검사는 두 귀 각각에 대해 순음(말소리와 관련된 특정 주파수 음)을 들려주고 피검사자가 확실히 들을 수 있는 최소 소리 크기, 즉 역치를 데시벨(dB)로 나타낸다. 소리가 달팽이관에 도달하는 경로는 크게 두가지가 있는데 외이와 중이를 통과하는 공기전도(기도)가 있고, 외이와 중이를 거치지 않고 두개골의 진동에 의해 달팽이관에 소리 진동이 도달하는 골전도(골도)가 있다. 보통 헤드폰을 사용한 청력검사를 기도청력검사라고 하고, 측두골의 유양돌기에 진동기를 놓고 수행하는 청력검사를 골도청력검사라고 한다(이규식 등, 2010).

어음청력검사

어음청력검사는 일상생활의 의사소통능력을 측정하는 것으로 실제 사용하는 어음의 이해측정, 의사소통장애에 대한 정보 제공, 치료의 선택과 치료성적의 평가, 보청기 착용 효과 판단 등을 위해 사용된다(홍성아, 정명현, 이정학, 2002). 어음청력검사에는 어음청취역치검사와 어음명료도검사가 있다. 어음청취역치검사는 순음청력검사의 신뢰도를 검증하고 어음명료도검사를 위한 기초 검사로 사용된다. 측정 방법은 청력검사기의 주파수를 1,000 Hz로 맞추어 놓고 이음절어를 제시하는데, 이 제시어 중 피검사자가 50%를 정확히 들을 수 있는 가장 작은 소리크기를 데시벨(dB)로 나타낸 것이다(윤지영, 이정학, 2015).

청각장애는 어음을 들을 수 있는 역치뿐만 아니라 일상생활 대화에서의 어음에 대한 이해 능력에 문제가 있을 때에도 발생할 수 있다. 후자의 경우 어음명료도검사를 통해 알아낼 수 있다. 어음명료도검사는 일음절어를 피검사자가 들을 수 있는 소리크기로 들려주고, 이 중 몇 개를 정확히 이해하는가(%)로 측정하는 검사이다(고은, 2018).

3 청각장애 학생의 특성

언어적 특성

청각장애 학생은 청력 손실로 인해 타인의 말소리뿐만 아니라 자신의 말소리도 제대로 듣지 못한다. 건청학생들은 어릴 때부터 다른 사람에게서 적절한 언어적 강화나 언어적 시범을 듣게 되는데, 청각장애 학생은 이런 자극을 받지 못하는 상황에 놓여왔기 때문에 언어발달이 더욱 지체될 수밖에 없다. 특히, 자신이 내는 소리에 대해서도 적절한 청각적 피드백을 받지 못하므로 말소리의 명료도는 낮게 나타난다. 청력 손실이 심할수록 명료도는 더욱 낮아져 상대방이 더욱 알아듣기 어렵게 된다. 언어발달 지체는 문자해독과 읽기 및 쓰기의 어려움까지 초래할 수 있다(한국청각언어장애교육학회, 2015).

농학생들의 약 40% 정도가 일차 언어로서 수어를 사용한다. 수어는 수화와 지화(지문자, 그림 II-2-3 참조)로 구성되는데 공간적 차원에서 표현하는 시각언어인 동시에 문법체계를 갖추고 있는 하나의 완전한 언어이다. 수어는 정확한 명칭이 아니고 한국수화언어 또는 한국수어가 바른 명칭이다. 이는 나라마다 수어가 다르므로 이처럼 구분하는 것이 옳다. 수어에서는 비수지 신호를 사용한다. 수어에서 비수지 신호는 표정이나 입 모양, 머리와 상체의 움직임 등과 같이 수화나 지화를 사용하는 것 외의 신호를 말하는 것으로 음성언어에서 강세, 고저 또는 장단에 의해 만들어지는 소리에 해당하는 표현을 나타내는 것이다. 수어 단어가 없거나 고유명사인 경우는 지화를 사용하기도 한다. 지화는 한글의 자음과 모음, 숫자 등을 손가락으로 나타내는 것이다(고은, 2018).

인지·학업적 특성

청각장애 학생의 지능검사 결과를 보면 언어성 검사 결과는 건청학생에 비해 심하게 낮지만, 일반적으로 동작성 검사 결과는 건청학생과 유사하게 나타난다. 결국 청각장애 학생들의 지능지수는 건청학생에 비해 다소 낮게 나오는데, 이는 언어나 의사소통 기술의 부적절한 발달 때문에 경험이 결여되어 있고, 주로 시각을 통해서 정보를 처리하고 인지적

그림 II-2-3 지문자

활동을 하기 때문이다(유은정 등, 2010; 한기원 등, 1997). 따라서 비언어성 지능검사도구를 사용한다면 건청학생과 거의 동등한 수준의 지능지수를 보이리라는 것이 일반적으로 받아들여지고 있다(김종현, 1998; 최성규, 허명진, 2012).

낮은 학업성취의 근본적인 원인은 청력 손실로 인해 낮아진 언어능력 때문이다. 읽기 수준은 초기 아동기에 도달한 언어발달 수준에 의해 결정되므로 언어발달이 지체된 청각장애 학생들은 건청학생들보다 낮은 읽기 수준을 보이게 된다. 따라서 청각장애 학생들은 언어 관련 교과에서 학업성취도가 심각하게 낮다. 또한 수학에서도 어려움이 있는 것으로 나타나는데, 이는 언어가 읽기뿐만 아니라 전반적인 교육적 성취에 영향을 주기 때문이다(이규식 등, 2010).

사회·정서적 특성

청각장애 학생들은 언어능력의 어려움으로 인해 자신을 표현하는데 제한된 경험을 갖는다. 또한, 청력 손실로 인해 다른 사람들이 말하는 것을 듣지 못하고, 상황에 적절한 자신의 감정을 말로 나타내지 못하는 경우가 많다. 청각장애 학생들은 건청학생들보다 타인의 정서적 측면을 정확하게 인지하지 못하고, 정서적인 어휘를 잘 이해하지 못한다. 정서적인 어휘를 이해하는 것과 개인적 적응과는 높은 상관관계가 있는데, 결국 의사소통이 어려우면 자신을 이해하기도 어렵게 된다(Goleman, 1995; Greenberg & Kusche, 1993).

농학생의 90% 정도는 건청부모에게서 태어난다. 그래서 이 학생들의 대부분은 건청인 문화를 먼저 접하게 되고, 청각장애학교에 입학해서야 비로소 농문화를 알게 된다. 농인들은 매우 강한 연대감을 형성하고 있으며 독특한 자신들의 사회문화를 형성하는데, 이것을 농문화라고 한다. 이런 농문화의 가장 중요한 특징은 한국수어를 사용한다는 것이다. 그 문화 속에서는 서로 의사소통에 어려움이 없으며, 그들만의 가치와 행동규범에 대해 긍정적 자부심을 갖게 된다. 이런 이유로 농인들은 그들을 장애인이라기보다는 문화적 소수자라고 여긴다(고은, 2018).

4 통합교육을 위한 교육지원

최근 기술의 급속한 발달로 보청기는 더욱 소형화되고 성능은 더욱 향상되었다. 이런 보청기는 청각장애를 극복할 수 있게 하는 대표적인 보조공학기기로 여겨지지만, 주로 전음성 청각장애에 대해서 청력을 개선해 준다는 한계가 있다. 인공와우는 선천적으로 유모세포가 거의 없게 태어난 아동에게 수술을 통해 청력을 갖게 하는 것이다. 이런 보청기나 인공와우를 될 수 있으면 어린 시기부터 사용하게 하거나 시술하게 한다면 청각장애 학생들의 언어발달은 촉진되고, 통합에서 어려움이 줄어들게 된다. 학교에서는 보청기나 인공와우를 사용하는 청각장애 학생에게 언어교과에서 듣기평가 대체시험을 허용하고, 체육교과에서 과한 신체활동을 피하게 해주는 등의 배려를 해주어야 한다.

교육환경 조성과 교수적 수정

청각장애 학생을 위해서는 교실 내 소음을 최대한 줄이고, 교사는 목소리를 크게 해주는 것이 좋다. 청각장애 학생의 자리는 되도록 교실 내 앞자리에 배치하여 교사의 입모양을 잘 확인할 수 있도록 해야 한다. 하지만 무조건 앞자리에만 앉히면 학급 전체의 분위기를 시각적으로 쉽게 파악할 수 없으므로, U자형 학급배치를 고려하여 학급 분위기를 파악하게 하면서 또래와의 상호작용 역시 원활하게 할 수 있도록 하는 것이 좋다. 또한, 청각장애 학생의 독화를 돕기 위해 조명상태가 적절한지 확인해야 하고, 교사를 포함한 교실 내 화자는 될 수 있는 대로 얼굴을 청각장애 학생 쪽을 향하게 하고 조금 더 다가가서 말을 하도록 해야 한다. 협동학습이나 또래교수와 같은 교수적 배치를 사용하는 것도 좋은 방법이다(한국청각언어장애교육학회, 2015).

청각장애 학생을 위한 통합교육 수업에서는 될 수 있으면 청각정보와 시각정보를 함께 제시한다. 시각정보 제시가 어려운 경우에는 학생이 독화를 잘 할 수 있도록 말을 해야 한다. 수업은 전시, 시범, 실험 및 시뮬레이션 등을 사용하여 실제로 경험할 수 있는 활동으로 구성하고, 중요한 내용은 반복해서 말해 주거나 간단하게 바꾸어 말해 주어야 한다. 비언어적 단서를 풍부하게 제공하고, 다른 학생의 질문이나 대답을 다시 말해 주는 등의 방법을 사용하는 것이 좋다(김영욱, 2007).

의사소통 지원

구화교육이란 청각장애 학생에게 언어를 가르쳐야 한다는 것이다. 직접적이고 매우 엄격한 말소리 교육을 하고 일반적인 구어발달을 강조하는 것이 구화교육이다. 보청기를 사용하여 청력을 최대한 개선해 주고, 부족한 부분은 청능훈련을 통해 보완한다. 청능훈련은 장애학생이 잔존청력을 활용할 수 있도록 구조화된 절차로 가르치는 것이다. 먼저 소리의 존재에 대하여 인식하게 하고, 다음 단계에서는 여러 가지 환경음을 변별하게 하며, 마지막으로 말소리를 변별하게 한다(Hallahan, Kauffman, & Pullen, 2012).

구화교육에서는 독화가 매우 중요하다. 독화는 화자의 입술 움직임을 보고 무슨 말을 하는지 알아내는 것이다. 독화를 하기 위해서는 입술의 빠른 움직임을 파악할 수 있는 예민한 시지각 능력이 필수다. 학생이 잘못 알아들었을 때는 한두 단어만을 반복하지 말고, 전체 문장을 다시 말해 주는 것이 도움이 된다. 또한 구화교육은 가능한 조기에 실시하는 것이 중요하다. 조기에 적절한 훈련을 받지 못한다면 잔존청력과 조음능력의 개발이 실제 활용 가능한 수준까지 도달하기가 어렵기 때문이다. 청각장애 학생의 독화를 돕는 방법으로 발음암시법(cued speech)이 있다. 발음암시법은 말을 할 때 음성언어의 시각적 단서를 함께 나타내주는 것으로 뺨 근처에 자음과 모음을 나타내는 수신호를 제시하여 독화만으로는 구별하기 어려운 음소들을 구분할 수 있도록 도와준다(한국청각언어장애교육학회, 2015).

총체적 의사소통 방법은 독화, 말하기, 듣기, 수화, 지화를 모두 함께 사용하게 하는 것이다. 유치원이나 초등학교 저학년 때는 구화교육에만 전념하는 경우가 많다. 그러나 이렇게 구화교육만을 했을 때는 청각과 말을 통해 주고받을 수 있는 정보가 한계가 있다는 문제가 있다. 구화교육을 조기에 실시한다면 구어능력이 높아질 수는 있으나 학년이 올라

갈수록 점차 습득해야 할 정보량이 많아지고 표현하고자 하는 내용도 복잡해지면서 구어만으로는 충분히 효과적으로 교육할 수 없게 된다. 이때부터 수어를 사용하기 시작하는 것이 일반적이다(Meadow-Orlans 등, 1997).

문자해독(decoding)

문자 기호를 지각하고 해독하여 이를 머릿속에 기억된 단어들과 일치시켜 그 의미를 파악하는 일이다. 한 단어의 의미를 이해하기 위해서는 문자 기호를 지각하고, 그것이 무엇인지를 기억 속에 등록된 단어들과 연결하게 해야 한다. 이때, 글자 하나가 아니라 여러 개의 글자를 지각하여 한 단어로 해독하게 되는 과정이 문자의 해독 과정이다. 우리가 흔히 '문자 지도'라고 하는 것은 문자를 인식하게 하는 과정을 말한다. 문자 해독에서의 첫 번째 문제는 문자해독 과정에서 음운론적 요소가 개입되느냐 하는 것이다. 문자를 처음 배우는 아동이나 초보자는 자주 소리 내어 읽는다. 그러나 능숙한 독자는 소리 내어 읽지 않으며, 소리 내어 읽거나 소리를 연상해야 단어의 의미에 다가설 수 있는 것은 아니다. 물론 몹시 어려운 단어의 경우에는 그 단어의 의미를 알기 위해 발음해 보아야 하는 때도 있다. 두 번째 문제는 단어해독의 단위가 무엇이냐 하는 것이다. 즉, 독자가 단어를 지각할 때 글자 한 자 한 자를 일일이 지각하는가, 혹은 한꺼번에 하는가의 문제이다. 세 번째 문제는 한 단어의 지각은 관련 단어의 문맥 속에서 지각될 때 더 빨리 지각된다는 것이다(구인환, 2006).

역치(threshold)

어떤 반응을 일으키는 데 필요한 최소한의 자극 강도이다. 이는 감각세포에 흥분을 일으킬 수 있는 최소의 자극 크기를 말한다. 역치는 세포의 종류에 따라 다르고 같은 세포일지라도 그 세포가 자극을 받는 상태에 따라서도 달라진다. 약한 자극에도 흥분하면 역치가 낮고, 강한 자극을 주어야 흥분하면 역치가 높다고 표현한다.

3 지체장애

학습 목표

1 지체장애 정의와 적격성 판정 기준을 이해할 수 있다.

2 뇌성마비 학생을 중심으로 지체장애 학생의 특성과 교육지원 방법을 설명할 수 있다.

지체장애는 어느 한 신체기관의 손상을 나타내는 장애유형이 아니고, 다양한 원인으로 인해 사지 움직임이나 체간지지에 어려움이 있는 상태를 나타낸다. 지체기능에 어려움에 있다는 것이 공통적 특징이긴 하지만, 그 어려움의 원인이 되는 의학적 진단에 따라 다양한 특성을 보인다.

국내에서 특수교육을 받는 지체장애 학생들의 상당수는 뇌성마비라는 진단명을 가지고 있는 뇌병변장애 학생들이다. 따라서 본 장에서는 뇌성마비를 중심으로 지체장애 개념과 특성을 살펴보도록 한다.

1 지체장애의 개념

지체장애는 2008년 이전 즉, 장애인 등에 대한 특수교육법 이전 법인 특수교육진흥법에서 지체부자유로 명명되었었다. 특수교육을 받는 지체장애 학생들은 지체기능 상의 어려움이 심하거나 이 외에 중복장애를 가지고 있어 교육적 성취에 어려움이 있는 학생들이다. 이 학생들이 주로 뇌성마비 학생들인데, 이들은 장애인복지법에서는 뇌병변장애로 판정되고, 특수교육에서는 지체장애로 교육을 받는다.

특수교육에서 지체장애는 장애인복지법 상의 지체장애와 뇌병변장애에 해당한다. 이는 다시 말하면 교육적 측면에서는 지체장애와 뇌병변장애를 구분할 필요가 없음을 의미한다.

특수교육 관련 국내외 법에서의 지체장애 정의는 표 II-3-1과 같다. IDEA(2004)에서는 다양한 원인으로 인한 정형외과적 손상이 교육적 성취에 불리함을 준다는 기준을 사용하여 정의하고 있다. 장애인 등에 대한 특수교육법 시행령(2021)에서는 다양한 원인으로 인해 개인 수준에서 나타나는 지체기능 상의 어려움이 교육적 성취에 불리함을 준다는 기준을 사용하고 있다. 그리고 장애인복지법 시행령(2021)에서 뇌병변장애 정의는 뇌의 기질적 병변이 보행이나 일상생활의 동작에 상당한 제약을 준다는 기준을 사용하고 있다. 특수교육을 받는 뇌성마비 학생들은 뇌병변장애인이므로 공통적으로 보행이나 일상생활 동작에 상당한 어려움이 있다.

표 II-3-1 특수교육 관련 국내외 법에서의 지체장애 정의

관련 법/명칭	정의
미국 장애인교육법(IDEA, 2004)/지체장애	교육적 성취에 불리함을 주는 심각한 정형외과적인 손상으로 선천적 기형, 질병에 의한 손상(예, 소아마비, 골결핵), 다른 원인에 의한 손상(예, 뇌성마비, 절단, 구축을 초래하는 골절이나 화상)을 포함함
장애인 등에 대한 특수교육법 시행령(2021)/지체장애를 지닌 특수교육대상자	기능·형태 상 장애를 가지고 있거나 몸통을 지탱하거나 팔다리의 움직임 등에 어려움을 겪는 신체적 조건이나 상태로 인해 교육적 성취에 어려움이 있는 사람
장애인복지법 시행규칙(2021)/뇌병변장애인	뇌성마비, 외상성 뇌손상, 뇌졸중 등 뇌의 기질적 병변으로 인하여 발생한 신체적 장애로 보행이나 일상생활의 동작 등에 상당한 제약을 받는 사람

2 지체장애의 유형

특수교육을 받는 지체장애 학생들의 주된 장애 원인은 다음과 같다(Fox, 2003).

- 근육운동을 조절하는 뇌 문제(예, 뇌성마비)
- 뇌에서 근육까지 정보를 전달하는 척수손상(예, 이분척추)
- 근육 자체의 문제(예, 근이영양증)

실제 국내에서 특수교육을 받는 지체장애 학생들은 뇌성마비가 가장 많고(66% 정도), 그 다음이 기타 원인, 근이영양증, 이분척추 순이다(국립특수교육원, 2017a).

뇌성마비

뇌성마비는 미성숙한 뇌의 손상으로 인해 신체적인 장애를 갖게 되는 정적(static)이고 비진행성의 뇌병변이다. 이러한 뇌병변은 사고나 질병에 의해 출산 전, 출산 시 그리고 출산 후 2세 이전인 초기 아동기에 발생한다. 뇌성마비 아동은 뇌손상으로 인해 자세 및 운동능력에 어려움을 보이며 이로 인해 특별한 요구를 보인다(Miller, 2005).

뇌성마비는 2세 이전에 뇌막염 등으로 인한 고열에 의해 주로 발생한다. 뇌성마비는 질병이 아니며 전염되지도 않고 비진행성이면서 차도도 없다. 하지만 손상된 뇌기능의 문제로 운동영역에 몇 가지 증세가 나타나고, 신체 각 영역의 변형은 자라면서 점점 진행하고 변화한다. 뇌손상으로 인해 운동기능이 마비되고 약해지며, 일상생활에서 필요한 조화로운 운동이 필요한 동작이 어렵게 된다. 근육의 경직성이 증가하여 뻣뻣해지고, 시간이 지나면서 근육은 짧아지며 이차적으로 관절의 변형이 발생한다. 여기에 감각기능 저하, 낮은 지능 및 정서적 문제, 발작 등 여러 가지 중추신경 기능에 이상이 동시에 발생할 수 있으며 이외에 언어장애 등이 수반될 수 있다(한국장애인개발원, 2008).

뇌성마비는 발작을 일으키는 원인이기도 한데, 지적장애가 중복되어 있다면 발작은 더욱 심해진다. 발작이 심한 경우는 뇌전증장애로 판정받게 되며, 뇌성마비 학생의 30~50% 정도가 발작하므로 교사는 이에 대한 대처 방법을 반드시 알고 있어야 한다(구본권, 2005).

뇌성마비는 운동 패턴에 따라 분류할 수 있는데, 대부분은 경직형이나 불수의 운동형이다. 경직형은 가장 흔한 뇌성마비 유형으로 전체 뇌성마비인들 중 75%가 이 유형에 해당한다. 이 유형은 그림 II-3-1에서와 같이 뇌병변 위치에 따라 해당 부위에서 근육이 뻣뻣해져서 잘 움직이지 못하는 특징을 보인다. 불수의 운동형은 무정위 운동형이라고도 하며, 전체 뇌성마비인들 중 15~20%가 이 유형에 해당한다. 불수의 운동형은 다른 유형에 비해

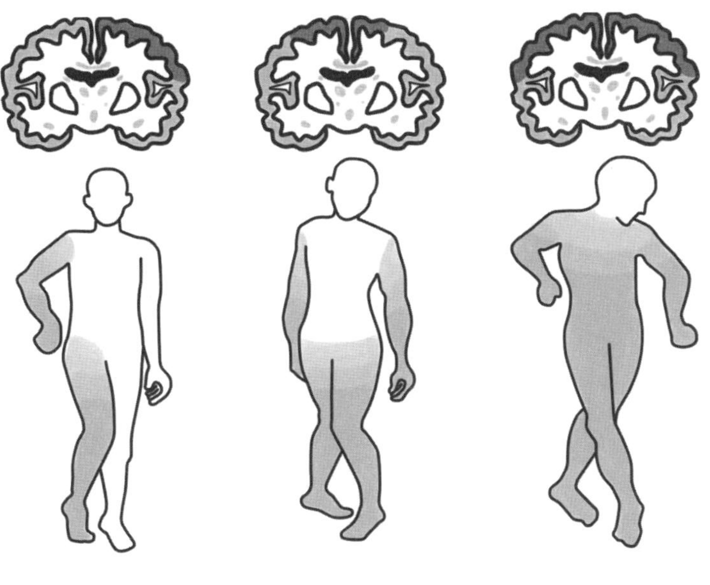
그림 II-3-1 경직형 뇌성마비

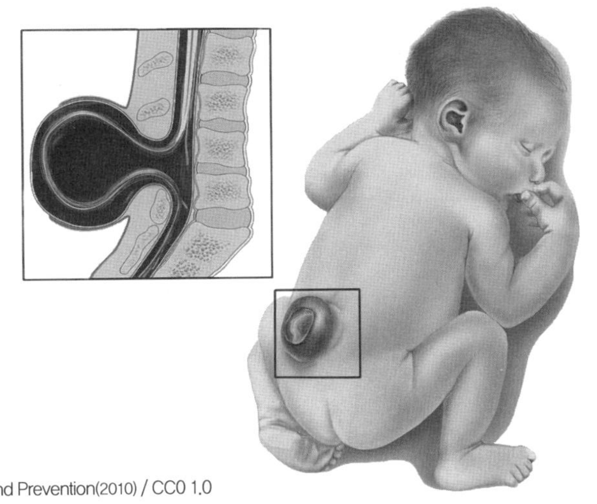
그림 II-3-2 이분척추
출처: Centers for Disease Control and Prevention(2010) / CC0 1.0

인지능력에 문제가 덜 한편이며 근육의 떨림이나 근긴장도가 수시로 변하여 팔, 손, 얼굴 근육 등에서 불수의적인 운동이 나타나는 것이 특징이다(박은혜, 김정연, 2010).

이분척추

이분척추(spina bifida)는 신경관(neural tube)이 완전히 발달하지 못해 닫히지 않는 일종의 기형이다. 이분척추 유형과 척추 병변의 위치(그림 II-3-2 참조)에 따라 신경학적 손상의 정도가 달라진다. 신경이 돌출되어 손상된 이분척추는 손상된 신경이 담당하는 신체 부위 하단에 마비를 발생시켜 주로 허리 밑이나 하지에 마비가 나타난다. 이분척추가 있는 학생은 마비가 있지만, 인지능력과 상지 사용 능력에는 어려움이 없으므로 일반학급에서 통합교육을 받는 데 문제가 없다(박은혜, 김정연, 2010).

그림 II-3-3 가우어 증후

근이영양증

근이영양증은 진행성으로 시간 경과에 따라 악화하는 유전병이다. 지속해서 근육 기능이 떨어져 심장이나 폐의 근육에까지 미치게 되면 사망하게 된다. 근이영양증이 있는 아동은 서 있거나 걷기가 힘들어져서 휠체어를 사용하게 된다. 특히 그림 II-3-3과 같은 가우어 증후(Gowers' sign)를 보이는데, 이는 앉아 있다가 일어설 때 독특한 자세를 취하는 것이다. 이 학생들은 시간이 지남에 따라 점점 더 쉽게 피로를 느끼게 된다. 따라서 교사는 학생의 질병 상태와 진전 속도에 따라 학교생활을 잘 할 수 있도록 배려해야 한다. 하지만 이 학생들에 대한 과보호는 타인 의존적이게 하고, 오히려 사회적으로 고립시키므로 지양해야 한다(Bowe, 2000). 이 학생들은 죽음에 대한 공포감 등의 문제로 인해 정서적으로 불안한 상태에 있으므로 어떤 내용을 어떻게 가르치는가보다는 심리적으로 돕는 것이 더 중요하다(박은혜, 김정연, 2010).

3 지체장애의 특성

운동발달 특성

두뇌에 여러 가지 소소한 정적인 손상 즉, 뇌병변이 모두 뇌성마비를 발생시키지는 않는다. 정적인 손상이 두뇌의 운동영역에 있었을 때 뇌성마비가 발생하게 된다. 뇌성마비 학생은 근육의 협응이 필요한 운동에서 비정상성을 나타낸다. 두뇌 운동영역의 손상 때문에 불수의적 근긴장도를 보이고, 조화로운 운동이 필요한 동작(예, 뛰기와 같은 특정 동작이나 보행 등)에 어려움이 있게 되는 것이다. 구축은 동작의 어려움을 더욱 심화시키는데, 특히 사지 사용에 심각한 어려움을 준다(Heller 등, 2009).

반사나 반응의 발달을 보면 뇌간이나 척수의 기능에 의해서 신생아라도 감각자극

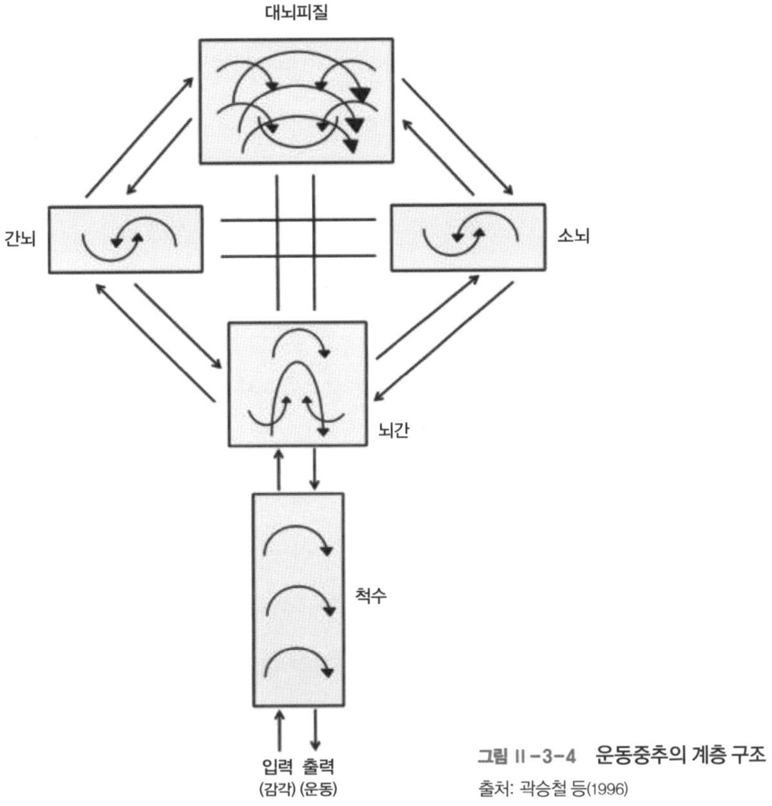

그림 II-3-4 운동중추의 계층 구조
출처: 곽승철 등(1996)

에 따른 의미 있는 운동을 할 수 있다(그림 II-3-4 참조). 이것을 원시반사라 하고 생명유지나 생존에 필요한 것도 되지만 후에 자세 유지에 필요한 운동발달도 된다. 이러한 것은 상위 중추가 발달함에 따라 통제가 되면서 나타나지 않게 된다(곽승철 등, 1996).

비정상적 운동과 함께 뇌성마비 학생은 지속적인 원시반사를 나타낸다. 원시반사는 생애 초기 몇 달 동안에 정상적으로 출현하며 생후 1년 이내에 수의적인 운동 패턴으로 통합되어야 한다. 뇌성마비의 경우에 상위 중추의 결함에 의해서 원시반사가 오랫동안 남아 있어 새로운 반사가 나타나지 않아 운동발달에 지장을 초래한다. 뇌성마비 학생은 이러한 원시반사가 지속되며 운동발달(앉기나 걷기와 같은 중요 단계) 단계에 지장이 있을 뿐만 아니라 다양한 자세로의 전환이나 유지가 어렵게 된다. 자세적 반응의 비정상성 또한 이러한 문제에 영향을 미친다(곽승철 등, 1996; Heller 등, 2009).

의사소통 특성

뇌성마비 학생의 불수의적 근긴장도와 원시반사는 조화로운 운동이 필요한 발화에도 영향을 준다. 이는 뇌성마비가 입과 목을 조절하는 구강운동에 영향을 주기 때문인데, 이로 인해 발화할 때 발음이 불분명하거나 조음이 어렵고 말의 유창성이 떨어진다. 어떤 경우는 매우 심각하여 구어가 결여될 수도 있다. 뇌성마비 학생은 초기 아동기에 발생한 뇌병변으로 인하여 약 65~70%가 다양한 언어장애를 수반하고 있다. 또한, 뇌성마비는 의사소통의 비언어적 요소에도 영향을 줄 수 있다. 표정이 일그러지고 고개 조절과 눈맞춤이 어려울 수 있는데, 이것은 상대방에게 오해를 불러일으킬 수 있다(Heller 등, 2009). 이런 문제들은 의사소통뿐만 아니라 타인과의 상호작용에도 부정적인 영향을 주고, 사회적 경험의 제한까지 발생시켜 언어발달 지체를 더욱 심화시킨다(구본권, 2005; Heller 등, 2009).

인지 · 학업적 특성

뇌성마비 학생 중 상당수가 지적장애를 수반하고 있으며, 최소 60% 정도라고 알려져 있다(Hoon & Toly, 2010). 그리고 약 40~60%의 뇌성마비 학생은 시지각에 문제가 있어서 학업에 큰 어려움이 있다. 이 외에 부주의성 ADHD나 학습에 심각한 어려움도 비장애학생보다 높게 나타난다(Hoon, 2005). 이런 어려움이 없다 하더라도 지체장애 학생 대부분이 움직임이나 자세에 어려움이 있고, 장기적인 물리치료와 반복되는 수술과 입원으로 인한 결석 때문에 학업성취도가 낮아질 수 있다(Best, Heller, Bigge. 2010).

사회 · 정서적 특성

지체장애 학생의 성격이나 자아개념은 비장애학생과 다르게 나타나는데, 지체장애 자체가 직접적 원인은 아니다. 성장하면서 경험하게 되는 장애로 인해 자아존중감과 자아개념이 낮게 형성되고, 이에 따라 정서발달도 부정적인 영향을 받는다. 그리고 지체장애 학생은 신체적으로 타인에게 늘 의존함으로써 수동적 태도를 보이게 된다. 이런 수동적 태도로 인해 소속, 성취, 결정과 관련하여 참여에 대한 욕구 불만과 사회적 소외에 대한 불안과 우울을 느끼게 된다. 또한 신체 변형이 있거나 침을 흘리거나 발작하거나 원시반사를 보이거나 특별한 보조공학기기를 사용하는 등의 모습을 보이기 때문에 이런 자신을 스스로 받아들이지 못하거나, 타인이 자신을 호감 있게 보지 않을 것으로 생각한다. 이로 인해 때론 우울, 공격성, 자기방어적 성격, 위축, 고집성 등과 같은 특성을 보이곤 한다. 이처럼 지체장애는 자신의 신체상에 대해 부정적이게 하고, 타인과의 사회적 관계에 부정적인 영향을 준다(Heller 등, 2008).

사회적 관계를 저해하는 또 다른 원인 중 하나로 상대방의 오해가 있다. 예를 들면, 중도의 경직형 뇌성마비 학생은 뭔가 원하는 것을 잡고 싶어 하지만, 비정상적 운동 때문에 오히려 목표물을 쳐서 넘어뜨릴 수 있다. 이때 학생이 말로 요구하거나 비의도적인 동작임을 설명할 수 없다면, 상대방이 무례함으로 받아들이게 된다. 따라서 주위 사람들은 학생의 이런 특성들을 이해하고 반응해 주어야 한다. 그랬을 때 뇌성마비 학생들은 스스로 장애를 수용하고, 사회적 상황에 잘 적응할 수 있게 된다(Heller 등, 2009).

4 통합교육에서의 교육적 접근

지체장애 학생을 위한 통합교육에서는 특히 바른 자세, 이동 그리고 의사소통에 대한 지원이 필요하다. 그리고 수업상황에서는 학생을 위한 교수적 수정이나 교수적 배치를 통해 수업활동 참여를 도와야 한다. 여기서 주의할 점은 지체장애 학생은 같은 활동이나 시험에 참여할 수 있더라도 비장애학생 보다 많은 시간을 제공할 필요가 있다는 것이다. 예를 들어 말하기, 읽기, 쓰기 속도가 느려서 시간을 더 제공해야 할 수도 있고, 이를 보완하거나 대체하기 위한 보조공학기기(예, 음성출력기기) 사용에서도 추가 시간을 제공할 필요가 있다. 특히, 뇌성마비 학생의 경우 비정상적인 근긴장도와 빈번한 원시반사로 인해 피로감을 보일 수 있으므로 이에 대해 교사는 학생을 유심히 살펴볼 필요가 있다. 그리고 학생이 피곤한 상태가 확인되면 충분히 쉴 수 있도록 배려해야 한다(박은혜, 김정연, 2010). 어떤 이유에서라도 수업활동에 완전한 참여가 어려운 경우에는 교수활동 수정이나 부분 참여를 사용하여 수업의 일정 부분이라도 참여할 수 있도록 해야 한다.

바른 자세 지원

바른 자세와 착석 그리고 일상생활의 필수 동작은 지체장애 학생에게 매우 중요한데, 바른 자세와 움직임이 근골격 발달을 촉진하기 때문이다. 학교에서는 특히 바른 자세를 유지할 수 있도록 하는 것이 지체장애 학생을 위한 교육지원의 핵심이 된다. 바른 자세는 교육적 측면 외에도 지체장애 학생이 타인에게 어떻게 인식되고 받아들여지는지에 영향을 주기 때문에 중요하다(Heward, Alber-Morgan, & Konrad, 2016).

바른 자세는 중력을 거스르지 않게 함으로써 더욱 쉽게 몸을 움직이게 하는 것이다. 움직임을 쉽게 한다는 것은 바른 자세 유지를 위해 의식적으로 에너지를 사용하지 않아도 된다는 것이며, 대칭성과 안정성 최적화를 의미한다(Fox, 2004),

대칭성은 신체를 정중선에 둠으로써 신체 양쪽을 균형 있게 유지하는 것이다. 많은 지체장애 학생들은 신체가 변형되는 경향이 있다. 이런 특성은 학생의 신체가 왼쪽이나 오른쪽으로 구부러질 때 알아볼 수 있다. 이는 장기적으로는 신체 변형을 발생시킬 뿐만 아니라 학습과 의사소통을 위한 최상의 자세가 불가능해질 수 있음을 의미한다. 안정성은 신체가 움직이지 않게 유지할 수 있는가이다. 신체가 안정적일수록 학생이 자세 유지를 위해 들이는 수고는 줄어들 것이다. 안정성 유지에 대한 주된 관점은 머리 움직임이다. 학습을 위해서는 우선 자신의 머리가 움직이지 않게 할 수 있어야 한다. 교사는 학생이 신체적으로 어떻게 앉는지 고려하고, 자세 지지에 적합한 보조공학기기를 사용할 수 있도록 고려해야 한다. 머리는 앞쪽으로 약간 기울어질 수는 있지만, 정중선에 맞게 똑바로 있어야 한다. 똑바로 앉기는 학생이 자세 유지하는 것을 돕는다. 이는 골반, 엉덩이, 어깨를 안정되게 하고 지지해 주어 신체가 정중선에 있을 수 있도록 하는 것을 의미한다. 지체장애 학생에게 신체 대칭성과 안정성을 지원하게 되면 다음과 같은 이점이 있다(Best, Reed, & Bigge, 2010).

- **대칭성 지원**
  ① 신체를 가지런히 하고 몸 중심부를 지지하게 할 수 있다.
  ② 압력을 고르게 분산시킬 수 있고 오랫동안 바르게 착석을 유지하는데 편안함을 준다.
  ③ 신체 변형을 감소시킬 수 있다.
- **안정성 지원**
  ① 상지 사용을 하게 할 수 있다.
  ② 신체적 안도감과 안전감을 촉진할 수 있다.

스스로 바른 자세가 어려운 지체장애 학생들에게는 자세 지지 보조공학기기를 사용하게 하여 대칭적이고 안정적인 최적의 자세를 취하게 할 수 있다. 이런 자세 지지 보조공학기기에는 휠체어도 포함된다. 휠체어는 지체장애 학생들에게 이동뿐만 아니라 바른 자세 지지를 제공해 줄 수 있다. 뇌성마비 학생의 경우 이런 자세 지지 보조공학기기가 불수의적 근긴장도와 원시반사를 최소화하고 대칭성과 안정성을 확보할 수 있게 한다. 이는 교육적 측면에서 다음과 같은 이점이 있다(박은혜, 김정연, 2010; Best, Heller, & Bigge, 2010; Fox, 2004).

- 신체를 바르게 유지하고 균형 있는 자세를 갖게 해주어 신체의 안정감을 높일 수 있다.
- 고정된 자세 습관으로 인해 발생하는 신체 변형과 이차적인 근육의 장애를 예방할 수 있다.
- 불안한 자세로 인한 시지각의 어려움, 심리적인 불안감과 두려움을 줄여 준다.
- 안정된 자세는 상지 사용 기능을 높여준다. 몸통과 하지의 안정된 자세는 학생의 머리, 팔, 손 사용 능력을 높여줌으로써 학업성취도 향상에 도움을 준다.

이동지원

지체장애 학생의 이동을 위한 대표적인 보조공학기기는 표 II-3-2와 같은 휠체어다. 학생에게 적합한 휠체어를 선정할 때는 사용 장소, 작동 방식(수동휠체어나 전동휠체어), 학생의 착석 및 자세 상태, 학생의 능력 상태(인지능력, 시청지각능력, 운동기능 상태, 의사소통능력 등), 교통수단 연계 등의 요인들을 고려해야 한다(Case-Smith & O'Brien, 2010; 박은혜, 김정연, 2010).

휠체어를 사용하는 학생을 위해서는 교육환경 조성이 중요하다. 예를 들면, 휠체어로 접근 가능한 책상을 구비해야 하고, 휠체어가 이동할 수 있는 통로를 확보해야 한다. 그리고 출입구에 가까운 자리에 배치하는 것이 좋다.

표 II-3-2 일반적인 휠체어

수동휠체어	전동휠체어

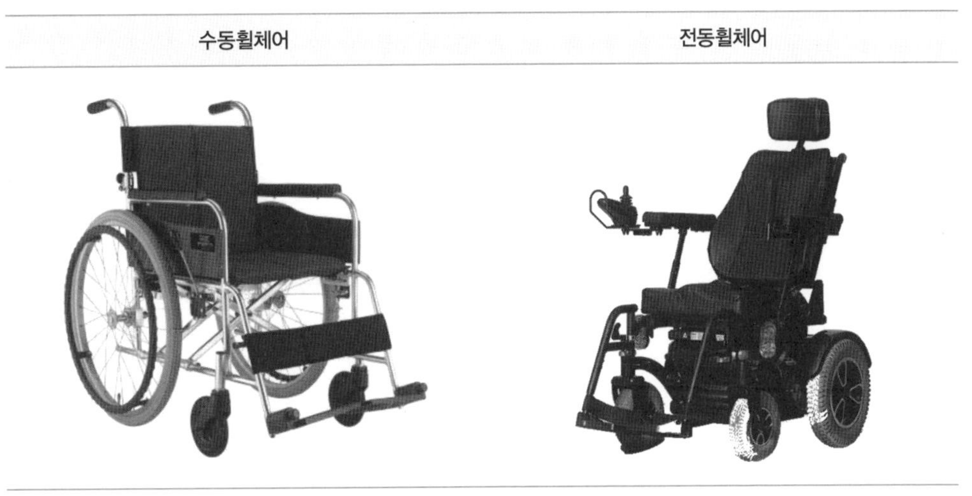

이미지제공: 미키코리아(주)

의사소통 지원

쓰기나 말하기가 어려운 중증의 지체장애 학생에게는 컴퓨터 입력을 통해 각각을 대체하게 할 수 있다. 컴퓨터 입력에 사용할 수 있는 기법으로는 수정된 키보드(또는 대체키보드)를 사용하는 직접 선택과 스위치를 사용하여 훑기(scanning)하는 간접 선택이 있다. 표 II-3-3과 같은 대체키보드를 사용하여 직접 선택하게 하면 일반키보드를 사용할 때보다 입력 오류를 줄일 수 있다. 간접 선택은 사람마다 소프트웨어가 순차적으로 하나씩 선택물을 시각적으로 또는 음성으로 나타내 줄 때 원하는 것을 표 II-3-3에서와 같은 스위치를 눌러 선택하는 것이다. 직접 선택이든지 간접 선택이든지 간에 손 사용이 어려운 학생이라면 신체 부위 중 어디라도 안정적인 움직임이 가능한 부위를 사용하게 하여 컴퓨터 입력을 하게 할 수 있다. 어떤 컴퓨터 입력 방식을 사용하더라도 그 입력 속도가 느리므로 이를 보완하기 위한 입력가속기법으로 단어예측프로그램을 사용하게 해야 한다(Heller 등, 2009).

표 Ⅱ-3-3 컴퓨터 입력에 사용되는 보조공학기기

직접 선택(대체키보드 사용)	간접 선택(스위치 사용)

이미지제공: 미키코리아(주)	이미지제공: 에듀카프

경련(convulsion)

몸 전체나 일부의 근육들이 개인 의지와는 관계없이 급격히 수축하거나 떠는 현상이다. 발작(seizure)과 동일한 의미로 사용되는 경우가 많다. 주로 대뇌의 비정상적인 전기 활동으로 발생한다. 일반적으로 경련이 일정 기간 지속해서 재발하는 경우를 뇌전증이라고 한다. 그러나 뇌전증을 의미할 때 경련보다는 대발작, 소발작 등으로 표현된다(국립특수교육원, 2018).

구축(contracture)

반복되지 않는 자극에 따라 근육이 지속해서 오그라든 상태를 의미한다.

근긴장도(muscle tone)

운동을 할 때 근육을 펴는 신장(伸長)과 오므라드는 수축에 대한 양과 정도이다. 우리 몸의 수의근(隨意筋)은 항상 어느 정도 긴장 상태에 있는데 이러한 긴장 상태는 어떤 자세나 움직임을 빠르게 할 수 있도록 한다. 즉, 근긴장도는 신체가 어떤 자세를 취하고 유지할 수 있도록 하며 근긴장도의 변화는 움직임을 가능하게 한다. 예를 들어, 이를 닦기 위하여 팔을 굽힐 때 팔 앞쪽의 이두근(二頭筋)은 수축하며(근긴장도가 높아짐) 동시에 팔의 바깥쪽 삼두근(三頭筋)은 늘어나 신장하게(근긴장도가 줄어듦) 된다. 어떤 동작을 시작하여 마무리할 때까지는 많은 근육을 사용하게 되는데, 그 움직임을 부드럽고 자연스럽게 하려고 움직임과 관련되는 모든 근육의 근긴장도는 반드시 균형을 이루게 된다. 특정 움직임에 관여하는 근육들 각각에 대하여 뇌는 근 긴장을 균형 있게 조정하는 역할을 한다. 따라서 뇌병변 등에 의하여 사지에 장애가 있는 사람은 비정상적으로 낮거나(hypotonia) 높은(hypertonia) 근긴장도를 갖게 된다. 치매 현상을 보이는 사람들은 과도한 근 긴장의 한 유형인 근육긴장병증(paratonia)을 보이기도 한다. 뇌성마비인의 불수의적 움직임도 비정상적인 근긴장도와 관련이 있다(국립특수교육원, 2018).

기질적 병변(organic lesion)

관찰할 수 있고 측정 가능한 병변이 있는 상태를 의미한다.

병변(lesion)

질병으로 인한 변화가 있었음을 의미한다.

원시반사(primitive reflex)

임신기에서 출생 후까지 중추신경계 발달 과정에서 척수와 뇌간의 조절로 나타나는 반사이다. 정상 발달의 경우 중추신경계의 성숙에 따라 생후 2~6개월 후에는 소실되며, 평형반응을 관장하는 대뇌피질이 성숙함에 따라 5세가 될 때까지 수정되고 억제되거나 없어진다. 뇌성마비 아동은 뇌손상으로 생후 6개월 이후에도 원시반사가 지속해서 남아 여러 자세 이상을 초래한다(국립특수교육원, 2018).

4 지적장애

학습 목표

1 지적장애 정의와 적격성 판정 기준을 이해할 수 있다.

2 지적장애 학생의 특성과 교육지원 방법을 설명할 수 있다.

국내 특수교육을 받는 장애학생들 중 절반 정도가 지적장애 학생이다. 지적장애 학생들은 분리교육을 받기도 하지만 그보다 많은 수(대략 두 배 정도)의 학생들이 통합교육을 받고 있다. 이처럼 많은 지적장애 학생들이 통합교육을 받고 있으므로 교사는 지적장애 개념과 특성을 기본적으로 알고 있어야 한다.

1 지적장애의 개념과 분류

교육계에서의 대표적인 법인 미국 장애인교육법(IDEA, 2004)과 장애인 등에 대한 특수교육법(2020)에서는 지적장애를 표 II-4-1과 같이 정의하고 있다. 두 정의 모두 지적기능의 제한, 적응행동의 제한 그리고 발달기에 발생이라는 세 가지 기준을 포함하고 있다. 이 세 가지 기준은 미국 지적 및 발달장애협회(American Association on Intellectual and Developmental Disabilities: AAIDD)가 제시한 것이다. 이 협회가 지금까지 지적장애 개념과 분류에 대해 주도하고 있다고 해도 과언이 아니다. 실제 지적장애 관련 연구자들 대부분 이 협회가 제시하는 기준을 인용하고 있다(백은희, 2020).

표 II-4-1 특수교육 관련 국내외 법에서의 지적장애 정의

관련 법/명칭	정의 또는 기준
미국 장애인교육법 (IDEA, 2004)/ 지적장애	적응행동의 결함과 동시에 나타나는 심각한 평균 이하의 지적기능으로 발달 시기에 나타나며 교육적 성취에 불리함을 줌. '지적장애'라는 용어는 이전에 '정신지체'로 사용되었음
장애인 등에 대한 특수교육법 시행령(2021)/ 지적장애를 지닌 특수교육대상자	지적기능과 적응행동 상의 어려움이 함께 존재하여 교육적 성취에 어려움이 있는 사람

AAIDD(2021)에 의하면 지적장애는 다음과 같이 정의된다.

> 지적장애는 지적기능과 적응행동의 두 가지에 심각한 제한이 있는 것이 특징인 장애로 일상적인 사회적 기술과 실제적 기술에 어려움을 준다. 이 장애는 22세 전에 발생한다.

이 정의에서는 지적기능의 제한, 적응행동의 제한, 발달기에 발생이라는 세 가지 기준을 제시하고 있다.

지적기능의 제한

지적기능은 지능이라고도 하고 학습, 추론, 문제해결 등과 같은 일반적 정신 능력을 의미한다. 지능의 정의는 학자마다 다른데, 대표적인 지능학자 웩슬러(Wechsler, 1944)는 다음과 같이 정의하였다.

개인이 목적적으로 행동하고, 합리적으로 사고하며, 환경에 효과적으로 대처할 수 있는 총체적이거나 포괄적인 능력

대부분의 지능 정의에 공통으로 사용되는 요소가 있는데 그것은 변화하는 환경에 대처할 수 있는 능력, 다시 말해 적응적(adaptive) 능력이다.

이런 지능을 측정하기 위해 지능검사도구를 사용하는데, 검사도구 결과에서 지적기능의 제한에 대한 기준은 평균에서 심각하게 낮은 지능지수를 보일 때이다. 이때 사용되는 기준은 통상적으로 평균에서 -2·표준편차로 정해지고 있다. 따라서 표준화된 지능검사 결과가 70 이하이면 지적기능에 제한이 있다고 본다. 하지만 지능검사도구는 지능을 측정하는 데 한계가 있으므로 지능검사 결과만 가지고 지적기능의 제한을 판정하지는 않는다. 피검사자를 관찰하고 보호자와 면담한 자료를 종합적으로 사용하여 판정해야 한다.

적응행동의 제한

적응행동은 일상생활에서 수행되고 현재까지 학습되어 온 표 II-4-2에 제시된 것과 같은 개념적, 사회적 그리고 실제적 기술들의 집합이다. 적응행동의 특징은 다음과 같다(Schalock, Luckasson, & Tassé, 2021).

- 적응행동은 연령에 따라 발달하고 그 복잡성이 증가한다.
- 적응행동은 연령에 대한 기대와 특정 상황의 요구와 관련되어 있다.
- 적응행동은 최대 수행이 아니라 가정, 학교, 직장 그리고 여가에서 개인의 일반적인 수행에 기초하여 사정된다.
- 또래에게 일반적인 지역사회 환경을 기준으로 사정된다.

적응행동은 삶의 변화와 환경적 요구에 대처할 수 있는 능력을 포함한다(백은희, 2020; Leland, 1978). 따라서 적응행동에는 사회적 맥락이 중요하다. 이는 상황과 문화적 요소가 개인행동에 중요한 영향을 준다는 것을 의미한다. 따라서 적응행동은 연령과 문화에 따라 달라지며, 적응행동 수준은 삶의 질에 대한 강력한 가늠자가 된다(McDonnell 등, 1993).

표 II-4-2 적응행동기술

분류	관련 기술
개념적 기술	언어와 문해, 금전·시간·수 개념, 자기지시
사회적 기술	대인기술, 사회적 책임감, 자긍심, 속기 쉬움, 순진성(즉, 경계심), 사회적 문제해결, 규칙 따르는 능력과 법률준수 능력, 희생되는 것을 피하는 능력
실제적 기술	일상생활 활동(개인 관리), 직업기술, 금전 사용, 안전, 건강관리, 여행/대중교통 이용, 일정/반복되는 일상, 전화기 사용

출처: American Association on Intellectual and Developmental Disabilities (2021)

적응행동의 제한을 문제행동이나 부적응행동과 동일하게 보는 경향이 있는데 사실 개념적으로 다르다. 일반적으로 적응행동의 제한과 부적응행동은 상관관계가 낮지만, 지적장애가 심할수록 상관관계가 높아진다(Harrison, 1987). 그리고 심한 문제행동이 있다고 해서 적응행동의 제한을 반드시 의미하지는 않는다(Borthwick-Duffy, 2007). 사회적으로 부적절한 행동에 의사소통기능(예, 자신의 욕구 전달)이 있다면 문제행동으로 접근해야 한다. 지적장애 학생들은 환경의 보편적 요구를 알지 못하거나, 알고 있다고 해도 적절히 반응하는 방법을 모르기 때문에 부적절한 반응을 보이는 것이다. 이러한 부적절한 반응이 적응행동의 제한이다. 따라서 적응행동의 제한으로 나타나는 행동 중 우리에게 문제행동으로 보이는 행동은 비장애학생들이 보이는 무례함이나 폭력, 불복종 같은 문제행동과는 다르다(Snell 등, 2009).

대부분의 표준화된 적응행동 검사도구들은 표 II-4-2와 같은 적응행동의 세 가지 영역(개념적 기술, 사회적 기술, 실제적 기술)에 대해 측정을 한다. 이런 검사도구를 사용하여 적응행동의 제한을 판정할 때 주의할 점은 이 검사도구를 사용한 결과만 가지고 판정해서는 안 된다는 것이다. 어떤 검사도구라도 제한성이 있으므로 검사 결과뿐만 아니라 학생에 대한 관찰 자료나 보호자와의 면담자료, 관련 기록 등도 함께 종합적으로 사용하여 검토한 후에 판정해야 한다. 또한 적응행동은 고정된 것이 아니라 살아가는 환경이나 시기에 따라 달라질 수 있고, 학생이 속한 사회와 또래를 기준으로 해서도 달라질 수 있음을 고려해야 한다(송준만 등, 2018).

발달기에 발생

발생연령은 지적장애 진단의 세 번째 기준이다. 이 기준이 중요한 이유는 발달장애로서 지적장애가 발생하거나 발달장애로서 지적장애가 먼저 분명해야 하기 때문이다. 지적장애 기준으로 임신기 포함 발달기에 시작되어야 한다는 합의가 있지만, 발달기의 끝이 언제인가에 대해서는 일치된 바가 없다(Schalock, Luckasson, & Tassé, 2021).

지적장애 분류

AAIDD의 전신인 미국 정신지체협회(American Association on Mental Retardation: AAMR)에서는 1973년부터 지적장애를 장애정도에 따라 경도(mild), 중등도(moderate), 중도(severe), 최중도(profound)로 분류하였다(Grossman, 1973). 이후 1992년부터는 이런 분류체계 대신에 표 II-4-3과 같이 지원 강도에 따라 분류하고 있다(Luckasson 등, 1992). 현재 이 두 분류 모두 사용되고 있지만, 지원 강도에 따른 분류를 사용하는 것이 바람직하다.

표 II-4-3 지원의 강도에 따른 지적장애 분류

분류	지원 수준
간헐적 지원 (Intermittent)	필요할 때 지원하는 것으로 일시적인 것(지원이 항상 필요한 건 아님)이거나 단기적인 것(실직이나 심각한 의료적 위험 등 일생에서의 전환기에 제공되는 지원)이 특징이다.
제한적 지원 (Limited)	시간제한은 있으나 간헐적 속성은 없다. 정해진 시간 동안 일관되게 지원되는 것이 특징이다. 이보다 높은 수준의 지원보다는 적은 인력과 적은 비용이 제공된다(예, 시간제한이 있는 고용훈련, 사회로 나가기 전 학교에서의 전환교육).
확장적 지원 (Extensive)	최소한 학교, 가정 등의 특정 환경에서 정기적으로(예를 들어, 매일) 지원이 제공되고, 시간제한이 없다(예, 직장에서 장기직무 지원, 장기 가정생활 지원).
전반적 지원 (Pervasive)	여러 환경에 걸쳐 변함없는 고강도 지원이 제공된다. 평생 지원이 지속될 수도 있다. 일반적으로 제한적 지원, 확장적 지원에 비해 많은 인력이나 비용이 제공된다.

출처: American Association on Mental Retardation(2002)

국내 장애인복지법에서는 표 II-4-4에서 볼 수 있듯이 1급, 2급, 3급 세 개로 분류했다가 최근 장애등급을 폐지하면서 모두 중증으로 판정하고 있다.

표 II-4-4 장애인복지법에서의 지적장애 분류

현행	장애등급
장애의 정도가 심한 장애인 (중증)	• 제1급: 지능지수가 35 미만인 사람으로서 일상생활과 사회생활에 적응하는 것이 현저하게 곤란하여 평생 다른 사람의 보호가 필요한 사람 • 제2급: 지능지수가 35 이상 50 미만인 사람으로서 일상생활의 단순한 행동을 훈련할 수 있고, 어느 정도의 감독과 도움을 받으면 복잡하지 아니하고 특수기술이 필요하지 아니한 직업을 가질 수 있는 사람 • 제3급: 지능지수가 50 이상 70 이하인 사람으로서 교육을 통한 사회적·직업적 재활이 가능한 사람

출처: 장애인복지법 시행규칙 (2021)

2 지적장애 진단을 위한 검사

지적장애를 판별하기 위해서는 발달기의 아동에 대해 지적장애 판별 기준의 두 가지 즉 지적기능의 제한과 적응행동의 제한을 살펴봐야 한다. 각각에 대한 검사로 지능검사도구와 적응행동 검사도구를 사용하는데, 이들 검사도구에는 제한성이 있으므로 검사 결과만을 가지고 판별해서는 안 된다.

지능검사

지적장애 판별 기준 중 하나인 지적기능의 제한을 확인하기 위해 지능검사도구를 사용한다. 지능검사 결과를 해석할 때는 다음과 같은 사항을 유의해야 한다(Hallahan, Kauffman, & Pullen, 2012).

- 지능검사 결과는 검사도구에 따라 달라질 수 있다.
- 지능검사도구에는 문화적으로 불리한 문항들이 존재하므로 언어와 문화가 다른 피검사자에 대한 검사 결과를 해석할 때는 주의를 요한다.
- 피검사자가 어릴수록 지능검사도구의 타당도는 낮으므로 유아에 대해서는 검사 결과를 실제 지능 수준으로 확신해서는 안 된다.
- 지능검사 결과 자체가 개인의 운명을 결정하는 것으로 받아들여서는 안 된다.

적응행동검사

적응행동검사를 실시하여 적응행동 수준을 측정할 때는 적응행동 개념의 다양성으로 인해서 실질적으로 적응행동 측정이 쉽지 않다는 점을 주의해야 한다(Grossman, 1973). 적응행동은 개념정의, 평가방법, 적응행동의 역할 및 지능과의 관계에 있어서 아직 일치된 견해가 없다(Nihira, 1969). 상당히 많은 부분에 있어서 적응행동과 지능은 일치하는 것처럼 보이지만 다음과 같은 이유로 지능검사 결과와 적응행동검사 결과 간에 상관관계는 완벽하지 않다(Grossman, 1983).

- 적응행동 검사도구는 현재의 기능수준을 측정하지만 지능검사도구는 잠재능력의 최고치를 알고자 고안된 것이다.
- 적응행동 검사도구는 다양한 일상생활 영역을 검사하지만, 지능검사는 언어와 추론 능력에 중점을 둔다.

- 적응행동에 대한 자료는 피검사자에 대한 관찰과 보호자와의 면담 등을 통해서 주로 수집되지만, 지능검사는 통제된 검사 상황에서 표준화된 방식으로 개별 실시한다.

3 지적장애 학생의 특성

인지 · 학업적 특성

학교에서 지적장애 학생은 일반적으로 또래학생에 비해 학업적 진보가 느리다. 주의집중에 어려움이 있어서 유의미한 정보가 있는 곳에 주의를 기울이지 못하고 부적절한 곳에 주의를 기울이기 쉽다. 주의집중 할 수 있더라도 주의집중 시간이 짧다는 문제가 있다. 단기기억은 또래에 비해 심각한 어려움이 있지만, 장기기억은 큰 어려움은 없다고 알려져 있다. 지적장애 학생들도 한 번 기억된 정보는 또래들처럼 오래 지속되지만, 장기기억에서 인출하는 데 어려움이 있다(이소현, 박은혜, 2020).

관찰과 모방을 통한 학습이 어려우므로 일상생활에서 자연스럽게 습득하는 기술들이 부족하거나 결여되어 있다. 따라서 학교에서 이런 기술들을 별도로 교수해야 할 수도 있다. 특수교육에서는 지적장애 학생들의 단기기억 문제에 집중하고, 그 방안으로서 반복학습과 시연전략을 활용할 수 있도록 한다(백은희, 2020).

사회 · 심리적 특성

지적장애 학생의 낮은 사회적 기술 수준은 비장애학생과 구분되는 특성 중 하나다. 사회적 기술이 결여되어 있으므로 다른 사람, 특히 또래와 관계를 형성하고 유지하는 데 어려움이 있다. 게다가 사회적 단서에 주의를 기울이지 못하고, 중요 장면을 기억하지 못하여 사회적 어려움은 더 심해진다. 이런 문제들은 사회참여 제한이라는 또 다른 장애를 겪게 하고, 자연스럽게 사회성을 발달시킬 기회를 제한시켜 사회적 기술 습득이 더욱 어렵게 된다(나운환, 이민규, 정명현, 2002).

지적장애 학생들은 언어를 사용한 의사소통에도 어려움이 있어 사회적으로 부적절한 방식으로 의사소통하려는 시도가 잦다. 이런 문제행동은 타인과의 상호작용을 어렵게 하고, 사회적 기술 결함과 함께 지적장애 학생을 사회적으로 고립시키는 원인으로 작용한다(Strain 등, 1983).

지적장애 학생들은 학교뿐만 아니라 가정이나 지역사회에서도 잦은 실패를 경험한다. 이렇게 누적된 실패의 경험은 외부지향성(outer directedness)을 갖게 하는데, 외부지향성은 외적인 단서에 의존해서 행동하거나 자신의 능력을 믿지 못하여 다른 사람의 도움에 기대려는 경향을 의미한다(이소현, 박은혜, 2020). 또한, 잦은 실패는 외적 통제소재(external locus of control)를 초래한다. 통제소재는 자신의 환경에 대한 통제를 스스로 인식하는 것을 나타내는 것으로 이런 인식은 내적 통제소재(자신의 행위가 자신의 운명에 주된 영향력을 발휘한다고 믿는 것)와 외적 통제소재(자신의 영향력 밖에 있는 환경적 요소가 자신의 운명을 통제한다고 믿는 것)로 나눌 수 있다. 실패가 거듭될수록 더 높은 외적 통제소재를 야기하고, 이는 결국 학습과 학교에 대한 동기 부족을 초래한다. 높은 외적 통제소재로 인해 결국 노력을 하지 않게 되는데, 이를 학습된 무기력(learned helplessness)이라고 한다(Bender, 2008).

4 통합교육을 위한 교육지원

행동지원

적응행동의 특징 중 하나는 적절한 훈련을 반복하면 수정할 수 있다는 것이다(Leland, 1978). 표 II-4-2의 적응행동기술 모두가 중요하지만, 그 중의 개인 관리가 가장 우선시되는데, 이유는 독립적인 생활에 필수기술이 자조(self-help)기술이기 때문이다. 자조기술 습득 후에는 학생에게 중요하다고 판단되는 다른 기술들에 대해 훈련한다. 특히, 사회적 기술에 대한 훈련이 중요한데, 적절한 사회적 기술이 사회적 관계 형성과 유지에 중요할 뿐만 아니라 사회적 지원을 받는 데도 중요하고 나아가 일자리를 얻고 유지하는 데도 중요하기 때문이다(백은희, 2020).

지적장애 학생은 비장애학생들보다 문제행동을 더 많이 보이는 경향이 있다. 지적장애 학생의 문제행동은 스스로 판단하여 도움을 요청할 수 있는 의사소통의 어려움과 관계가 있다. 비판적인 수용이나 자기통제에 어려움을 보이고 파괴적 행동, 과잉행동, 산만함 등 특정 영역에서의 문제를 보이기도 한다. 일반적으로 지적장애 정도가 심할수록 또래와 비교해서 문제행동을 보일 가능성이 크다. 지적장애 학생의 문제행동을 개선하기 위한 중재법으로 긍정적 행동지원(positive behavior support)이 제안되고 있는데, 자세한 행동지원 방법은 부록(행동지원)을 참조하기 바란다.

학습지원

통합교육 수업상황에서는 교수적 수정과 교수적 배치를 사용하여 지적장애 학생들의 수업 참여를 돕는 것이 중요하다. 어떤 이유에서라도 수업에 완전한 참여가 어렵다라고 한다면 교수활동 수정이나 부분 참여를 통해서 수업의 일정 부분이라도 참여하도록 해야 한다. 이 중 지적장애 학생을 위한 교수활동 수정, 부분 참여와 교수적 배치 활용의 예는 다음과 같다.

- **교수활동 수정**
  ① 과제 난도 낮춰주기(예, 오려 붙이기 대신 찢어 붙이게 한다.)
  ② 과제분석에 따른 단계적 교수하기(예, 물감으로 색칠하기를 팔레트에 물감 짜기, 붓에 물 묻히기, 붓에 물감 묻히기, 농도를 조절하며 색칠하기로 나누어 교수한다.)
  ③ 과제의 양을 줄여주기
  ④ 과제를 활동 중심으로 수정해주기(예, 소설을 읽고 연극을 한다면, 장애학생은 대본 만들기에 참여하지 않고 연극만 할 수 있게 한다.)
- **부분 참여와 교수적 배치 활용**
  ① 생물수업 시간에 심장모형 조립 활동에 큰 부품만 조립하게 하기
  ② 협동학습을 통해 미술수업 시간에 공동작품에 참여하게 하기

부적응행동(maladjustment behaviors)

사회생활이나 대인관계에서 적응하지 못할 때 자신의 욕구를 충족하려 사회규범을 무시하고 보이는 일탈행동을 말한다. 즉 사람이 자기가 처해 있는 환경과 조화하지 못하는 상태로, 적응을 못 하거나 일반적인 기준에서 벗어난 행동을 말하며, 이상행동(abnormal behavior), 이상심리(abnormal psychology), 적응장애(adjustment disorder)라고도 한다. 부적응행동은 적응행동(adaptive behavior)과는 다르게 극단적이며 유별나고 기이하다는 의미에서 일탈(deviance)되어 있고, 자기 자신을 불쾌하고 불편하게 한다는 점에서 고통(distressing)을 받으며, 일상을 생산적인 방향으로 영위하기 어렵게 한다는 점에서 역기능적(dysfunctional)이고, 자신이나 타인에게 위험(dangerous)할 수 있는 행동을 하기도 한다(국립특수교육원, 2018).

5 자폐성장애

학습 목표

1 자폐성장애 정의와 적격성 판정 기준을 이해할 수 있다.

2 자폐성장애 학생의 특성과 교육지원 방법을 설명할 수 있다.

장애인 등에 대한 특수교육법의 이전 법인 특수교육진흥법에서는 자폐성장애가 정서장애에 포함되어 있었다. 특수교육진흥법이 전면 개정되면서 2008년에 장애인 등에 대한 특수교육법이 시행되었는데, 이때부터 정서장애가 정서·행동장애로 명칭이 변경되었고, 자폐성장애가 별도 장애유형으로 분리되었다. 이때부터 비로소 자폐성장애 학생들에 대해 전문적이고 체계적인 교육서비스를 제공할 수 있는 근거가 마련되었다.

1 자폐성장애의 개념

자폐성장애 학생들은 자폐적 행동 특성을 보이면서 서로 다른 수준의 언어 혹은 인지발달수준을 나타낸다. 따라서 자폐는 명확하게 구분할 수 있는 증상이라기보다는 자폐적 성향(autistic propensity)의 연속선 상에 나타나는 것으로 받아들여지고 있다. 이런 의미에서 자폐스펙트럼장애(autism spectrum disorder)라는 용어가 등장했다(Klin, Volkmar, & Spamrow, 2000). 이후로 자폐스펙트럼장애에 대한 특징을 찾고자 하는 노력은 어떤 한 개인의 특징이 아니라 일반화시킬 수 있는 개념을 정립하려는 측면에서 이뤄져 왔다. 그 결과 자폐스펙트럼장애를 갖는 학생들에게는 사회적 의사소통, 사회적 상호작용, 관심과 활동, 세 가지 측면에서 보편적 특징이 있음을 알게 되었다(Heflin & Alaimo, 2007).

교육계에서 자폐성장애는 미국 정신의학회(American Psychiatric Association: APA)에서 발간한 DSM-5의 자폐스펙트럼장애 진단기준에 기초하여 표 II-5-1과 같이 정의되어 있다. 표 II-5-2에서 볼 수 있듯이 DSM-5에서 자폐스펙트럼장애는 사회적 의사소통, 사회적 상호작용, 관심과 활동 측면에서 진단된다. A항에서 사회적 의사소통과 사회적 상호작용을 B항에서 관심과 활동을 다룬다.

자폐성장애는 전반적 발달장애(pervasive developmental disorder)로 분류되기도 한다. 실제 장애인복지법에서 자폐성장애는 WHO의 ICD-10(International Classification of Diseases, 10th Version; World Health Organisation, 1993)의 전반성발달장애 진단기준에 기초하여 정의되어 있다. 장애인복지법 시행규칙에서는 자폐성장애 분류에 지능지수를 사용하는데, 이는 중증장애의 경우와 마찬가지로 지능의 문제임을 나타내기보다는 학생이 학업적으로 사회적으로 얼마나 성장할 것인가를 예측하는 상대적 척도로 보는 것이 적절하다(Hallahan, Kauffman, & Pullen, 2012).

표 II-5-1 국내외 법에서의 자폐성장애 정의

관련 법/명칭	정의 또는 기준
미국 장애인교육법 (IDEA, 2004)/ 자폐	① 언어적·비언어적 의사소통과 사회적 상호작용에 심각한 영향을 주는 발달장애로, 일반적으로 3세 이전에 뚜렷하게 나타나며 교육적 성취에 불리함을 줌. 자폐와 함께 종종 나타나는 기타 특성에는 반복적인 활동과 상동적인 움직임에 몰두, 환경 변화나 반복되는 일상에서의 변화에 대한 저항, 감각 경험에 대한 특이한 반응이 있음 ② 교육적 성취에 불리함을 주는 주된 원인이 아동이 정서장애를 갖고 있기 때문이라면 자폐가 아님 ③ 3세 이후에 자폐의 특성이 분명한 아동도 ①의 기준을 만족한다면 자폐가 있는 것으로 판별될 수 있음

장애인 등에 대한 특수교육법 시행령(2021)/ 자폐성장애를 지닌 특수교육대상자	사회적 상호작용과 의사소통에 결함이 있고, 제한적이고 반복적인 관심과 활동을 보임으로써 교육적 성취 및 일상생활 적응에 도움이 필요한 사람
장애인복지법 시행령(2021)/ 자폐성장애인	소아기 자폐증, 비전형적 자폐증에 따른 언어·신체표현·자기조절·사회적응 기능 및 능력의 장애로 인하여 일상생활이나 사회생활에 상당한 제약을 받아 다른 사람의 도움이 필요한 사람

	현행	**장애등급**
장애인복지법 시행규칙(2021)/ 자폐성장애인	중증*a*	• 제1급 ICD-10의 진단기준에 따른 전반성발달장애(자폐증)로 정상 발달의 단계가 나타나지 아니하고, 지능지수가 70 이하이며, 기능 및 능력 장애로 인하여 주위의 전적인 도움이 없이는 일상생활을 해나가는 것이 거의 불가능한 사람 • 제2급 ICD-10의 진단기준에 따른 전반성발달장애(자폐증)로 정상 발달의 단계가 나타나지 아니하고, 지능지수가 70 이하이며, 기능 및 능력 장애로 인하여 주위의 많은 도움이 없으면 일상생활을 해나가기 어려운 사람 • 제3급 제2급과 같은 특징을 가지고 있으나 지능지수가 71 이상이며, 기능 및 능력 장애로 인하여 일상생활 혹은 사회생활을 해나가기 위하여 간헐적으로 도움이 필요한 사람

a 장애의 정도가 심한 장애인으로 판정

또한, 국내법에서 자폐성장애인은 도움이 필요한 사람으로 규정하고 있는데 이는 자폐성장애가 장애정도와 무관하게 다른 사람의 도움이 필요한 장애임을 나타내고 있다.

표 II-5-2 DSM-5의 자폐스펙트럼장애 진단기준

A 다양한 맥락에서 사회적 의사소통과 사회적 상호작용의 지속적인 결함

- 이는 이전부터 또는 현재 다음 항목들이 모두 나타났을 때이다(각 항목의 예는 이해를 돕기 위한 것으로 반드시 나타나야 하는 것은 아님).

1. 사회 및 정서적 상호성에서의 결함(예를 들어, 비정상적인 사회적 접근과 주고받는 일반적인 대화의 실패부터, 관심·정서·애정 등을 다른 사람과 공유하는 데 있어서의 제한까지 또는 사회적 상호작용을 시작 및 반응하는 데 있어서의 어려움까지)
2. 사회적 상호작용을 위해 사용하는 비언어적 의사소통 행동에서의 결함(예를 들어, 언어·비언어적 의사소통을 통합적으로 사용하는 데 있어서의 어려움부터, 눈맞춤과 몸짓에서의 비정상성 또는 몸짓의 이해와 사용의 결함까지 또는 표정과 비언어적 의사소통에서의 전반적 결함까지)
3. 사회적 관계를 형성 및 유지하고 이해하는 데에서의 결함(예를 들어, 다양한 사회적 상황에 행동을 통제하는 데 있어서의 어려움부터 상상놀이를 공유하거나 친구 사귀는 데 어려움까지 또는 또래에 대한 무관심까지)

B 제한적이고 반복적인 행동, 관심, 활동

- 이는 이전부터 또는 현재 다음 항목들 중 두 가지 이상이 나타났을 때이다(각 항목의 예는 이해를 돕기 위한 것으로 반드시 나타나야 하는 것은 아님).

1. 상동적이거나 반복적인 운동 동작, 사물 사용, 또는 구어(예를 들어, 단순한 상동적 운동, 장난감을 길게 줄 세우기나 물건 흔들기, 반향어, 특이한 어구 사용 등)

2. 동일성에 대한 고집, 판에 박힌 일과에 대한 완강한 집착, 언어 또는 비언어 행동의 의례적 패턴(예를 들어, 작은 변화에도 과도하게 불안해함, 전이의 어려움, 경직된 사고 패턴, 판에 박힌 인사하기, 동일한 반복되는 일상 요구 또는 동일한 음식 섭취 요구 등)
3. 정도나 초점이 비정상적인 매우 제한적이고 한정된 관심(예를 들어, 색다른 대상에 대한 강한 애착이나 심취, 지나치게 한정되어 있거나 집요하게 반복되는 관심 등)
4. 감각자극에 대한 둔감 혹은 민감함 또는 환경의 감각적 측면에서 특이한 관심(예를 들어, 고통 또는 온도에 대한 분명한 무감각, 특정 소리나 감각에 대한 혐오 반응, 대상을 과도하게 냄새 맡거나 과도하게 만짐, 빛이나 움직임에 대해 시각적으로 매료됨 등)

C **증후가 발달 초기에 나타나야 한다.**
- 그러나 사회적 요구가 제한된 능력을 초과할 때까지는 증후가 명확하지 않을 수도 있다. 또는 이후 시기에 학습된 전략으로 인해 증후가 가려질 수도 있다.

D **증후가 사회적, 직업적 또는 현재 기능의 다른 중요한 영역에서 임상적으로 중요한 장애를 발생시킨다.**

E **이러한 장애가 지적장애나 전반적 발달지체로 더욱 더 잘 설명되어서는 안 된다.**
- 지적장애와 자폐스펙트럼장애는 자주 함께 발생한다. 자폐스펙트럼장애와 지적장애로 동시에 진단되려면 사회적 의사소통이 기대되는 일반적인 발달 수준보다 낮아야만 한다.

출처: American Psychiatric Association(2013)

DSM-5의 자폐스펙트럼장애 진단기준을 충족하기 위해서는 학생이 A항 조건(A항의 세 가지 항목을 모두 보여야 함)과 B항 조건(B항의 네 가지 항목 중 두 가지 이상을 보여야 함) 모두를 만족해야 한다. A항 조건만 만족한다면 자폐성장애가 아닌 사회적 의사소통장애로 판정된다. 그리고 자폐스펙트럼장애의 정도는 사회적 의사소통장애와 제한적이고 반복적인 행동 패턴에 따라 결정된다(American Psychiatric Association, 2013).

2 자폐성장애 학생의 특성

자폐성장애 학생들은 자폐스펙트럼장애를 갖고 있고, 이 장애가 교육적 성취에 불리함을 주는 상태에 있다. 자폐성장애 학생들은 세 가지 측면, 즉 사회적 상호작용, 사회적 의사소통, 관심과 활동에서 다음과 같은 특성을 보인다.

사회적 상호작용과 의사소통 특성

자폐성장애 학생들은 상대방의 반응을 해석하려 하지 않고, 사회적 반응을 보이지도 않아 사회적 상호작용에서 결함을 보인다. 상대방의 마음을 이해하지 못하고 상대방의 처지에서 생각하지 못하며 감정이입 또한 되지 않는다. 이는 상대방이 관심 두지 않는 불분명한 주제에 대해 계속 말하는 이유 중 하나이다. 또한, 다른 사람과의 눈 맞춤을 피하고, 얼굴에 관심을 보이지 않으며 공동 주의집중도 할 수 없다. 공동 주의집중 결함은 자폐성장애 학생들이 타인을 관찰해서 학습하지 못하는 이유 중 하나이다(Heward, Alber-Morgan, & Konrad, 2016).

사람보다는 오히려 특정 사물에 더 관심을 보이고, 사물도 전체보다는 특정 부분을 더 선호한다. 이런 이유로 상대방의 비언어적 단서도 알아채기 어려워 심지어 부모가 안아 주려 해도 반응을 보이지 않게 된다. 이러한 특성은 부모와의 애착 형성이나 또래와의 관계 형성의 실패 원인으로 작용하게 된다(Heward, 2006; 권순우 등, 2020).

많은 자폐성장애 학생들이 구어가 결여되어 있다. 구어 사용이 가능하더라도 대부분의 자폐성장애 학생들은 사용 어휘가 제한되어 있고, 말을 할 때 그 의미를 이해하지 못한 상태에서 반향어(즉각 반향어 또는 지연 반향어)의 형태로 말을 한다(Prizant, 1987). 이런 구어 사용은 또래로부터 소외당하는 원인이 된다. 또한, 사용하는 어휘 수준과 비교해서 언어 이해 능력에 큰 어려움이 있다. 특히, 관용어, 추상적 개념, 그리고 농담, 강조 등과 같은 비유적 표현 등의 이해에 큰 어려움을 보인다. 그리고 상황에 맞지 않는 말을 하고, 대화에 필요한 기술 등의 사용에서 어려움을 보인다. 이는 언어를 이용한 사회적 상호작용의 암묵적 규칙을 이해하지 못하고, 말을 통해 기능적 혹은 사회적 상호작용에 필요한 의사소통을 시도하지 않기 때문이다. 이외에도 말을 할 때 또래와 다른 일탈적인 말의 강세, 높낮이, 리듬 패턴을 보인다(Lord & Paul, 1997; Shriberg 등, 2001; Tager-Flusberg, 1993).

관심과 활동 특성

자폐성장애 학생들은 제한적이고 반복적인 행동, 관심, 활동을 나타낸다. 상동적 움직임이나 반향어를 사용하고, 용도에 맞지 않게 사물을 사용하기도 한다. 이 외에 환경이나 사물에 대해 동일성을 고집하기도 한다. 자폐성장애 학생들은 종종 지나친 정서·행동 반응을 보이곤 하는데, 이는 동일성을 고집하고 갑작스러운 환경 변화에 대처를 못 하는 특성 때문이다. 예를 들어, 낯선 상황에 놓이게 되면 극도로 불안해하고 공포감에 휩싸이거나, 자해행동, 공격적 행동 때로는 극도의 위축까지 보이기도 한다(한국통합교육학회, 2014). 또한, 화장실 변기 물 내리는 소리처럼 정도나 초점이 일반적이지 않은 매우 제한되고 한정된 것에 관심을 보이기도 한다. 그리고 어떤 자폐성장애 학생들은 보통의 감각자극에 대해 특이하고 과도하게 민감하거나 과도하게 둔감한 반응을 보이기도 한다. 전자의 경우 특정 자극에 대해 혐오반응을 보이고, 후자의 경우 자해행동과 같은 행동을 보인다.

3 통합교육을 위한 교수적 지원

자폐성장애 학생을 통합교육하기 위해서는 일반적으로 고려하는 교수적 수정 외에 추가 인력지원이 필요할 수도 있다. 자폐성장애 학생들은 다른 장애유형의 학생들과 달리 동일성과 반복성에 대한 고집으로 인해 문제행동 발생 가능성이 높으므로 이를 최소화하기 위해 교육환경의 고정화가 중요하다. 교육환경의 고정화는 교실 내 책상 배치부터 학생들의 일과와 교수적 배치까지 해당된다(한국통합교육학회, 2014).

직접적 지원

자폐성장애 학생들을 위한 교수법으로 널리 사용되어 오고 있는 것 중 하나가 비연속 개별시도 훈련(Discrete trial training: DTT)이다. DTT는 지금까지 자폐성장애 학생들에게 사회적 기술, 언어, 학업기술을 교수하는 데 있어 매우 효과적이라고 알려져 있다. DTT에서 개별시도는 주의집중, 자극제시, 학생반응, 피드백, 시행 간 간격 다섯 단계로 구성되어 있다. 이런 개별시도는 학생이 확실히 학습할 때까지 반복된다. 개별시도의 피드백 과정에서 촉진전략(최소촉진전략이나 최대-최소촉진전략)을 사용할 수 있다(Foran-Conn 등, 2021).

의사소통 지원

많은 자폐성장애 학생들은 구어가 결여되어 있다. 이 학생들은 시각적 자극 처리에 있어서 강점을 보이므로 의사소통 촉진에 주로 시각적 촉진을 사용한다. 보완대체의사소통(augmentative alternative communication: AAC) 체계에서도 이런 점을 이용하여 학생들의 의사소통 발달을 촉진할 수 있다. AAC 체계는 용어가 의미하는 것처럼 기존의 의사소통 형태를 보완하거나 대체하는 것이다. AAC 체계는 도구를 사용하지 않는 AAC(unaided AAC) 체계와 도구를 사용하는 AAC(aided AAC) 체계로 나뉘는데, 전자의 예로는 몸짓이나 수어를 그리고 후자의 예로는 그림교환의사소통체계(picture exchange communication system: PECS)와 음성출력기기(speech generating device: SGD)를 들 수 있다(Heflin & Alaimo, 2007; Mirenda & Schuler, 1988).

PECS는 학생이 선호하는 사물이나 행위에 대한 그림 또는 사진을 교환함으로써 의사소통을 시작할 수 있게 하는 교수방법이기도 하다. 이 중재법은 구어가 결여된 학생들의 의사소통 자발성을 높이는 방법으로 지금까지 널리 사용되어 왔다. SGD는 상징이나 그림으로 된 입력 버튼을 사용하게 할 수 있어 자폐성장애 학생들에게 적합한 AAC이다. 특히 다른 AAC와 차별점이 있는데 그것은 상대방이 누구라도 알아들을 수 있는 구어를 출력하므로 다른 사람의 주의를 쉽게 끌 수 있고, 상대방도 장애학생의 의사소통 시도를 쉽게 알아차릴 수 있다는 것이다(Heflin & Alaimo, 2007; Lewis, Wheeler, & Carter, 2017).

사회성 기술 중재

사회적 상황 이야기는 자폐성장애 학생들이 직면하게 될 사회적 상황을 이야기나 문장으로 지도하여 미리 알게 하고, 그런 상황에서의 상대방의 입장까지 이해할 수 있도록 하는 전략이다. 문제행동을 수정하는 데 중점을 두고 있진 않지만 인지중심접근으로서 학생의 불안감을 낮춰주고 행동을 개선시켜주는 효과가 있다(Gray, 2004).

모델링은 대표적인 인지중재방법이다. 모델링은 일반적으로 관찰학습과 대리효과를 사용한다. 학습자는 모델의 행동에 집중을 하거나 기억전략을 사용하여 새롭게 학습한 적응행동을 유지할 수 있다. 모델링을 사용한 인지중재 방법 중 효과적인 방법으로 비디오 모델링을 들 수 있다. 이 중 비디오 자기 모델링은 비디오를 통해 자기 자신의 모습을 모델링하게 하는 관찰을 통한 교수방법이다. 부적절한 사회적 행동을 감소시키거나 적절한 사회적 행동을 증가시키며 또는 두 가지를 모두 가능하게 하는 형태로 장애학생의 문제행동 중재로 효과적이다. 문제행동과 양립할 수 없는 사회적으로 바람직한 대체행동을 비디오를 통해 쉽게 교수할 수 있고, 또한 문제행동이 발생하기 전에 예방적 중재로도 활용할 수 있다(김정규, 강병호, 정해동, 2004).

공동 주의집중(공동관심; joint attention)

어떤 사물이나 사건에 대한 인식을 공유하기 위해 상대방과 해당 사물이나 사건 사이에서 주의(attention)를 끌어 관심을 공유하는 능력을 의미한다. 모든 의사소통은 적어도 두 명 이상이 상호 이해를 달성하고자 서로 협력하는 것으로 사회적 특성을 갖고 있다. 상대방과 함께 무엇인가에 주의를 기울이는 것은 자신의 경험을 공유하기 위해 상대방의 주의를 끌 수 있어야 하며, 반대로 상대방이 자신의 관심을 끌고자 하는 경우 상대방이 보는 방향과 대상을 따라 자신의 관심을 옮길 수 있어야 한다. 이처럼 공동 주의집중은 사회적 관계 형성, 상호작용 시작과 유지에서 매우 중요한 능력이다(방명애 등, 2018).

보완대체의사소통(augmentative and alternative communication: AAC)

다양한 원인으로 말하기나 쓰기에 어려움을 느끼는 이들의 의사소통 능력을 향상하고 사고의 확장을 도우려고 사용하는 여러 가지 의사소통 유형을 말한다. 발성은 가능하나 발음이 부정확한 사람에게 표정, 몸짓, 컴퓨터 등과 같은 보조도구(방법)를 활용하는 방법을 알려주거나, 전혀 발성되지 않는 사람에게 그림이나 글자 등의 상징을 사용하여 의사소통을 돕는 방법 등을 포함한다. 의사소통을 지원함으로써 소통 능력을 향상하도록 개인의 의사소통에 사용되는 상징(symbol), 보조도구(aids), 전략(strategies), 기법(techniques) 등에 총체적으로 접근하는 방법이다. 상징은 실제 사물, 제스처, 수화, 사진, 그림, 표의문자, 낱말, 점자 등을 말하며, 보조도구는 메시지를 전달하거나 받는 데 사용되는 의사소통 책, 의사소통판, 음성출력기기 등을 의미한다. 전략은 의사소통 기술을 키우는 효과적인 방법을 말하며, 기법은 의사소통 도구나 상징을 이용하여 의사를 표현하는 방법으로 직접 선택, 눈 응시, 스캐닝 등을 말한다(국립특수교육원, 2018).

전반적 발달장애(pervasive developmental disorders)

전반성발달장애, 광범위 발달장애라고도 한다. DSM-4에서는 자폐성장애, 아스퍼거장애, 레트장애, 소아기 붕괴성(헬러 증후군) 장애 등이 전반적 발달장애의 하위 유형으로 분류됐었다. 2013년에 발간된 DSM-5에서는 신경발달장애(Neurodevelopmental Disorders)라는 포괄적인 용어 내에 자폐스펙트럼장애를 포함하고 있으며, 자폐스펙트럼장애 내에 다섯 가지 스펙트럼장애의 특성이 기술되어 있다. 이들은 사회성, 의사소통, 인지, 행동 문제를 보이고, 이 장애가 있는 아동 대부분은 성인기에 독립적인 생활을 하지 못한다. 자폐성장애와 아스퍼거장애는 태어나면서부터 나타나지만, 소아기 붕괴성 장애는 취학 이전에 비교적 정상적인 발달을 하다가 발생한다. 일반적으로 다섯 가지 유형, 즉 자폐성장애, 아스퍼거장애, 레트장애, 소아기붕괴성장애, 달리 세분되지 않는 전반적 발달장애로 나뉘는데, 이전에는 DSM-4에서 사용된 전반적 발달장애로 불리다가 2000년대부터 학자들 사이에서 자폐스펙트럼장애가 보편적으로 사용되고 있다. 이 중 자폐성장애, 아스퍼거장애, 소아기붕괴성장애, 불특정 전반적 발달장애는 증상의 심각도만 다를 뿐 연속선상에 존재하는 하나의 장애를 나타내는 것이라는 연구 결과들을 반영하여 DSM-5(2013)에서는 자폐스펙트럼장애로 통합되었으며, 레트장애는 진단학적으로는 신경장애로 구분하여야 한다는 주장으로 인해 DSM-5의 자폐스펙트럼장애 영역에서 삭제되었다(김춘경, 2016).

즉각 반향어(immediate echolalia)

들은 것을 즉시 반복하는 것으로 예를 들면, '이름이 뭐니?'하고 물었을 경우 그 질문에 대답하기보다는 바로 '이름이 뭐니?'하고 반향하는 것이다.

지연 반향어(delayed echolalia)

들었던 말을 일정 시간이 지난 이후에 반복하는 것으로, 예를 들면 영화나 텔레비전 프로그램에서 들었던 말들을 시간이 지난 후 반향하는 것이다.

Memo

6 학습장애

학습 목표

1 학습장애 정의와 적격성 판정 기준을 이해할 수 있다.

2 학습장애 학생의 특성과 교육지원 방법을 설명할 수 있다.

학습장애는 특수교육에서의 장애유형 중에서도 비교적 최근에서야 구분되고 명명된 장애유형이다. 심각한 학습문제를 보이긴 했으나 장애가 없는 것처럼 보였기 때문에 장애로 알려지지 않은 것이다. 학습장애가 교육적으로 인정된 이후에도 다른 장애유형과 달리 학습에 어려움을 초래하는 원인이 분명하지 않고 그 특성이 다양하므로 정의를 내리기는 여전히 쉽지 않다. 이로 인해 학습장애 정의는 매우 다양하다. 지역마다 정의가 다를 수 있고, 사용하는 판정 기준과 검사도구도 다를 수 있다. 결국 학습장애는 지역에 따라 출현율이 달라지는데, 실제 미국의 경우 학습장애는 특수교육대상자의 절반 정도가 학습장애에 해당할 만큼 출현율이 높은 장애유형이다. 하지만 우리나라의 경우 학습장애 출현율은 청각장애 출현율보다도 낮게 나타나고 있다.

1 학습장애의 개념

학습장애라는 용어(Kirk, 1962)는 1962년에 처음 사용되었다. 학습장애라는 명칭이 사용되기 전에는 뇌손상, 미세뇌기능장애 등과 같은 다양한 용어로 명명되었다. 국내외 특수교육 관련 법에서 사용하는 학습장애 정의는 표 II-6-1과 같다.

표 II-6-1 국내외 특수교육 관련 법에서의 학습장애 정의

관련 법/명칭	정의
미국 장애인교육법 (IDEA, 2004)/ 특정학습장애	① 언어(즉, 말이나 글)를 이해하기나 사용하는데 포함되는 기본심리과정에 있어서의 한 가지 이상의 장애를 의미하는 것으로, 듣기, 생각하기, 말하기, 읽기, 쓰기, 철자, 또는 수학적 계산의 불완전한 능력으로 나타남. 지각장애, 뇌손상, 미세뇌기능장애, 난독증, 발달적 실어증 같은 상태를 포함함 ② 시각, 청각, 운동기능 상의 장애, 지적장애, 정서장애, 환경적·문화적·경제적 불이익이 주요 원인이 되어 학습문제를 보이는 경우는 포함되지 않음
장애인 등에 대한 특수교육법 시행령(2021)/ 학습장애를 지닌 특수교육대상자	개인의 내적 요인으로 인하여 듣기, 말하기, 주의집중, 지각, 기억, 문제 해결 등의 학습기능이나 읽기, 쓰기, 수학 등 학업 성취 영역에서 현저하게 어려움이 있는 사람

학습장애와 유사한 개념으로 학습지진과 학습부진이 있다. 학습에 심각한 어려움을 보인다는 공통점이 있지만, 학습장애와 달리 분명한 원인이 있다. 학습지진과 학습부진은 다음과 같이 구분할 수 있다(국립특수교육원, 2018).

- **학습지진학생**(slow learner)
  지적장애 수준의 지적 능력은 아니지만, 낮은 지적기능으로 인해 학습에 어려움을 보이는 학생을 말한다. 느린 학습자 또는 경계선 지적기능(borderline intellectual functioning) 학생이라고도 한다. 일반적으로 표준화된 지능검사 결과 지능지수(IQ)가 70~85에 속하는 학생들이다. 이런 학생 중에 특히 70 에 가까운 지적 능력을 보이는 학생들은 일반교육도 특수교육도 제대로 받지 못하는 경우가 많다.
- **학습부진학생**(underachiever or students with underachievement)
  학업성취 수준이 학습 가능성과 비교해 기대에 미치지 못하는 학생이다. 즉, 지능이 보통 수준이면서 정서적 또는 사회·환경적 요인으로 인해 학업성취도가 낮은 학생이다. 교육 현장에서는 학습부진을 학습장애로 혼동하는 경우가 많다.

학습장애 준거

표 II-6-1의 정의를 포함하여 지금까지의 학습장애 정의들에는 주로 사용되어 온 공통적인 준거 세 가지가 있는데, 다음과 같은 기본심리과정 준거와 배제 준거 그리고 불일치 준거이다.

기본심리과정 준거

초기 학습장애 정의에 영향을 준 가설로 학습의 어려움은 지각, 주의집중, 감각통합(대부분 시각과 청각에 의해 받아들인 정보를 결합하는 능력), 언어 혹은 인지에서의 문제가 원인이라는 것이다. 이런 기본심리과정 상의 결함이 많은 정의에서 사용되어 왔다. 하지만 이 준거의 가장 큰 문제는 기본심리과정이 무엇이고 어떻게 측정해야 하는지에 대한 일치된 합의가 없다는 것이다(Shaw 등, 1995).

미국 장애인교육법(IDEA, 2004)의 정의에서는 기본심리과정이라고 명시하면서 이 준거를 사용하고 있다. 장애인 등에 대한 특수교육법 시행령(2021)의 정의에서는 '학습기능의 현저한 어려움'을 언급하며 이 준거를 사용하고 있다.

배제 준거

대부분 학습장애 정의에서 공통으로 사용되는 것이 배제 준거이다. 배제 준거는 다른 장애 상태나 개인의 외적인 문제가 학습문제의 일차적 원인이라면 학습장애가 아니라는 것이다. 이에 따라 지적장애, 시각장애, 청각장애, 지체장애, 정서·행동장애, 언어장애, 자폐성장애, 사회적·경제적·문화적 차이나 불이익 등에 의해 학습의 어려움이 있는 경우는 배제된다(Speech & Shekitka, 2002). 미국 장애인교육법(IDEA, 2004)의 정의에 이 배제 준거가 사용되고 있다.

배제 준거는 다른 장애유형의 조건과 학습장애 정의를 연결해 준다. 다시 말해, 다른 장애유형의 판정 기준이 달라지면 학습장애 정의도 영향을 받게 된다는 것이다(Bender, 2008).

능력-성취 간 불일치 준거

기본적으로 학습장애는 기대되는 학업성취 수준과 실제 학업성취 수준 간의 불일치(차이 정도)가 있다는 가정에 기초하고 있다. 이런 기준을 능력-성취 간 불일치 준거라고 하는데, 최근까지도 주된 학습장애 판정 모형으로 사용되어 왔다. 불일치 결정은 크게 두 가지 방법이 있는데, 첫 번째는 특정 생활연령에 해당하는 학생의 잠재능력은 동일하다고 보고 학년수준 차이로 결정하는 방법이 있다. 다시 말해 지능과 무관하게 특정 생활연령의 학생이라면 기대되는 학년수준은 같다고 보고 이를 실제 보이는 학년수준과의 차이로 결정하는 것이다. 두 번째는 지적인 잠재능력으로부터 기대되는 학업성취 수준과 실제 학업성취 수준 간의 차이로 결정하는 방법이다. 잠재능력은 지능검사 결과를 사용하고 실제 학업성취 수준은 표준화된 학업성취도검사 결과를 사용한다(김동일 등, 2019; 김애화 등, 2016). 장애인 등에 대한 특수교육법 시행령(2021)의 정의에서는 '학업 성취 영역에서 현저하게 어려움'을 언급하며 이 준거를 포함하고 있지만 어떤 불일치 결정 방법을 사용하는지 그리고 그 불일치 기준은 무엇인지를 구체적으로 제시하고 있지는 않다.

학습장애 분류

학습장애는 발생 시기에 따라 발달적 학습장애와 학업적 학습장애로 구분할 수 있다. 발달적 학습장애는 학령기 전에 발생하는 기본심리과정상의 결함으로 학업 성취에 필요한 선행기술이면서 학습과 관련된 기본적인 영역인 주의집중, 기억, 지각, 사고 및 구어에서 현저한 어려움을 보이는 경우이다. 학업적 학습장애는 학령기부터 발생하는 것으로 학교에서 환경 측면에서 문제가 없었음에도 불구하고 읽기, 쓰기, 수학적 계산 등의 학업 영역에서 기대 학업 성취 수준과 비교해 실제 학업성취 수준이 심각하게 낮아진 경우이다 (Kirk & Chalfant, 1984).

신경 관련 학문 분야를 중심으로 뇌 연구가 활발해지면서 학습장애를 뇌의 기능을 중심으로 언어적 학습장애와 비언어적 학습장애로 구분하기도 한다. 언어적 학습장애는 말하기, 듣기, 읽기 및 쓰기 네 가지 중 어느 하나라도 심각한 문제를 갖는 상태를 말한다. 비언어적 학습장애는 언어에는 큰 어려움이 없으나 공간지각 능력, 수학적 이해, 공간에서의 사물들 관계를 결정하는 능력, 시각, 지각, 조직화 능력에 어려움을 보이고 특히, 비언어적인 사회적 단서 파악이 어렵고 이로 인해 다양한 정서적인 문제를 보인다(Bender, Rosencrans, & Crane, 1999; Robinson, Menchetti, & Torgesen, 2002).

2 학습장애 판별

능력-성취 간 불일치 모형

능력-성취 간 불일치 준거에서 기술한 바대로 능력-성취 간 불일치를 결정하는 방법은 실제 학년과 학년수준 차이로 결정할 수 있고, 지능검사 결과와 표준화된 학업성취도검사 결과의 차이로 결정할 수 있다. 실제 학년과 학년수준 차이로 결정하는 방법은 계산이 용이하여 학습장애 판별에 쉽게 사용될 수 있다는 장점이 있지만 다음과 같은 단점이 있다(김애화 등, 2016).

- 학생의 지능과 무관하게 학생의 생활연령에 근거하여 기대되는 학년수준을 산출하기 때문에 지능이 낮은 학생이 학습장애로 과잉 판별된다.
- 학년수준이라는 개념 자체가 모호하고, 학년규준 및 연령규준 점수를 등간척도처럼 사용하는 문제점(학년에 따른 다른 의미의 편차 값)을 지니고 있다. 예를 들어, 한 학년에서의 2학년 차이는 다른 학년에서의 2학년 차이와는 다른 의미를 지닌다.
- 검사도구마다 학년규준 점수나 연령규준 점수의 의미가 다르므로 학년규준 및 연령규준 점수를 사용함으로써 발생하는 측정 문제가 있다.

지능검사 결과와 표준화된 학업성취도검사 결과의 차이로 결정할 때에는 지능검사와 학업성취도검사 간에 상관관계가 완벽하지 않고, 두 검사 모두 피검사자의 언어능력에 의해 영향을 받기 때문에 이론적으로나 실제적으로도 문제가 있다(김동일, 홍성두, 2005; 이대식, 2001; 허승준, 2005).

어떤 불일치 결정 방법을 사용하더라도 능력-성취 간 불일치 모형은 공통적인 심각한 문제가 있는데, 불일치 모형에 의한 학습장애 진단 결과가 일관되지 못하다는 것과 심각한 불일치를 보일 때까지 학업 실패를 기다려야 한다는 윤리적 문제가 있다는 것이다.

중재반응모형

능력-성취 간 불일치 모형은 학생이 학업에서 실패할 때까지 기다린다는 문제가 있어 학습장애를 판별하기 위한 대안적인 방법으로 중재반응모형(response to intervention: RTI)이 모색되었다. 중재반응모형은 근거기반(evidence-based) 중재를 한 후 학생의 반응 여부에 따라 학습장애 적격성을 판정하는 것이다. 여기서 근거기반 중재라는 것은 엄격한 연구 방법을 사용한 연구를 통해 학생의 학업성취도를 높인다는 것이 입증된 중재이다. 다시 말해 과학적 절차에 따른 연구 결과, 학습 향상 효과성이 입증된 중재를 의미한다(Salend, 2016).

이 모형은 총 세 단계로 단계가 올라갈수록 더욱 집중적인 중재를 시행한다. 단계마다 학생의 중재반응을 사정할 때는 교육과정중심측정을 사용한다. 1단계에서는 일반교사가 학급의 전체 학생들을 대상으로 중재를 실시한다. 이에 대해 반응을 보이지 않는 몇몇 학생들이 있다면 이들 학생을 2단계로 옮긴다. 2단계에서는 이 학생들을 소집단으로 구성하고 체계적이고 집중적인 중재를 10~15주 정도 실시하게 된다. 이 중재에 대해서도 반응을 보이지 않는 학생이 있다면 3단계로 옮긴다. 3단계는 특수교육에 의뢰하는 것으로 진단·평가를 실시한 후 특수교육대상자로 선정되면 학습장애로 특수교육을 받게 하는 것이다(Bender, 2008).

학교에서의 학습장애 임상적 진단

일반학급에서 교육받고 있는 학생 중에서 표 II-6-2처럼 학습 상에 어려움을 보인다면 학습장애를 의심해 볼 수 있다.

표 II-6-2 학습장애를 의심할 수 있는 학습 상의 어려움

영역	학생의 수행수준
읽기	• 같은 모양이나 글자를 정확하게 구별하지 못한다. • 자·모음을 거꾸로 쓰거나 글자를 거꾸로 쓰는 경우가 많다. • 글을 읽을 때 자주 빼먹거나 틀리게 읽는다. • 글을 읽을 때 비슷한 글자를 혼동하여 읽는다. • 책을 읽는 속도가 느리다. • 책을 읽은 후 책의 내용을 모른다.
쓰기	• 글씨를 알아보기 힘들게 쓴다. • 글을 쓸 때 또래에 비해 간단한 문장만을 쓴다. • 글씨를 쓰는 속도가 매우 느리다. • 읽기에 비해 쓰기가 많이 뒤떨어진다. • 받아쓰기를 거의 하지 못한다.
수학적 계산	• 수에 대한 개념 습득이 어렵다. • 단위에 대한 개념 습득이 어렵다. • 간단한 연산에서 자주 틀린다. • 간단한 연산이라도 실생활에 적용하지 못한다. • 수학에서 응용문제를 이해하지 못한다.

출처: 충청남도교육청(2006)

여기서 주의할 점은 학습부진과 학습장애는 학교 현장에서 구별하기가 쉽지 않다는 것이다. 학습부진과 학습장애는 표 II-6-3과 같은 차이점이 있으므로 학교에서 3개월 이상 학생에 대해 관찰하고, 중재반응모형을 통해 개별 지원한 결과를 사용하여 학습부진이 아님을 확인한 후 특수교육에 의뢰해야 한다.

표 II-6-3 학습부진과 학습장애의 차이

구분	학습장애	학습부진
공통점	• 정상적인 지능을 가진다. • 또래와 비교해 학업성취도가 낮다. • 학업적인 문제 외에도 행동이나 생활면에 여러 가지 문제를 보인다. • 자신감이 결여되어 있고 열등감이 있다. • 학습의 지체를 방치하게 되면 청소년기에 정서적인 불안을 나타낸다.	

차이점	• 읽기장애가 많다(80~90%). • 학습과정에서 학습에 방해를 주고 있는 기능장애(읽기, 쓰기, 수학 등)가 있다. • 지각(시지각/청지각)장애를 보이는 경우가 많다.	• 대부분의 교과에서 전반적으로 학업성취도가 낮다. • 학습방법 상의 문제일 수 있다(산만함, 주의력결핍, 게으름 등)
원인	• 미세한 뇌기능 상의 문제	• 개개인의 학습수행 태도나 학습방법의 문제
지도 방법	• 특수교육지원	• 동기유발의 강화 • 잘못된 학습방법 교정 • 집중력 강화

출처: 충청남도교육청(2006)

국내 학습장애 선정 절차

학습장애 선정도 일반적인 특수교육 의뢰 이후의 절차를 따른다. 국내에서 학습장애 선정의 예(서울특별시교육청, 2021)를 살펴보면, 표 II-6-4에서 볼 수 있듯이 중재반응모형이라는 판별모형과 배제 준거를 사용하고 있음을 알 수 있다.

표 II-6-4 학습장애 선정을 위한 배제 준거와 판별모형

배제 준거	판별모형
다문화, 급격한 환경 및 정서적 변화에 의한 학습 의욕 상실, 정신질환, ADHD, 지적장애	중재반응모형 사용: 학습경험 부족에 의한 학습부진을 배제하기 위해 3개월 이상의 지도 및 관찰 후 개선 여부 확인(개선될 시 학습장애 아님)

출처: 서울특별시교육청(2021) 발췌 후 수정

특수교육지원센터에서는 표 II-6-5에 나타나 있는 것처럼 기초학습평가 및 종합심리검사(full battery) 결과와 함께 교사가 3개월 이상 학생에 대해 관찰하고, 개별 지도한 결과(중재반응)를 사용하여 종합적으로 진단·평가한다.

표 II-6-5 학습장애 선정을 위한 진단·평가와 심사 절차

특수교육지원센터			특수교육운영위원회
상담	진단·평가		심사
• 학교생활의 어려움을 구체적으로 확인 • 과거 검사 이력 확인 • 3개월 이상 학생에 대한 관찰 및 개별지도 확인(중재반응모형 사용) • 배제 준거 적용	• 기초학습평가 • 종합심리검사(full battery)와 학습장애 관련 검사 및 세밀한 관찰을 협력기관에 의뢰 • 배제 준거에 해당할 경우 학습장애 외 다른 장애유형 검사 실시	→	다음 결과를 사용하여 특수교육운영위원회에서 심사 • 학습장애 진단·검사 결과 • 학습장애 의심소견 확인(검사 결과보고서의 전문가 소견) • 배제 준거 적용, 중재반응모형 사용 결과

출처: 서울특별시교육청(2021) 발췌 후 수정

특수교육운영위원회에서는 특수교육지원센터의 진단·평가 결과와 배제 준거 및 중재반응 모형 사용 결과를 함께 심의하여 학습장애 선정 여부를 결정한다.

3 학습장애 학생의 특성

학업·인지적 특성

학습장애는 크게 읽기장애, 쓰기장애, 수학장애가 있으며, 이들 유형은 중복된 경우가 많다.

학습장애 학생의 약 80%가 읽기장애를 보인다(Shapiro, Church, & Lewis, 2002). 읽기장애 학생들은 읽기의 세 가지, 문자해독(decoding), 유창성, 이해에서 어려움을 보인다(Hallahan 등, 2005). 문자해독은 활자를 구어로 변환할 수 있는 능력이고, 음운인식과 음소인식 능력에 영향을 받는다. 음운인식은 말이 단어, 음절, 음소와 같이 소리의 작은 부분으로 이루어짐을 이해하는 것이다. 이 중 음소인식은 특히나 중요한데, 단어의 의미가 음소들에 의해 결정되기 때문이다. 예를 들어, '문'은 /ㅁ/—/ㅜ/—/ㄴ/이라는 세 개의 음소로 구성되어 있음을 알아야 한다. 음소인식을 제대로 할 수 있을 때 활자를 정확히 구어로 변환할 수 있게 된다(Hallahan, Kauffman, & Pullen, 2012).

문자해독에 어려움이 있는 학생들은 유창성에도 문제를 보인다. 읽기 유창성은 쉽고 순조롭게 읽을 수 있는 능력을 말한다. 읽기 속도와 함께 적절한 표현력을 보이면서 읽는 능력이 읽기 유창성의 요소다. 읽기 유창성의 문제는 읽기 이해에 어려움을 지닌 학생들의 주된 원인이다. 읽기 이해는 읽은 내용으로부터 의미를 파악하는 능력을 말한다. 다시 말해, 너무 느리게 읽거나 자주 끊어지는 방식으로 읽기 때문에 자료를 이해하는 데 어려움이 있게 되는 것이다. 이외에도 줄을 건너뛰는 등의 문제로 인해 독해능력은 심각하게 낮아진다(Good, Simmons, & Kame'enui, 2001).

학습장애 학생은 글씨 쓰기, 철자 쓰기, 작문의 영역에서 하나 혹은 그 이상의 어려움을 보인다(Hallahan 등, 2005). 글씨 쓰기는 말 그대로 글자나 단어, 문장을 보고 따라 쓰는 것을 말한다. 글씨 쓰기에서는 글씨 모양, 띄어쓰기, 크기, 연결성, 기울기, 위치 등에 중점을 둔다. 철자 쓰기는 흔히 받아쓰기라고 하는 것으로 글씨 쓰기와 달리 정확한 음의 분별 능력과 정확한 표기 규칙도 알고 있어야 한다. 예를 들면 두음법칙, 경음화, 자음동화 등과 같은 규칙을 알아야 한다(이대식 등, 2018). 이런 쓰기에 어려움이 있는 학습장애 학생들은 매우 느리게 쓰거나 크게 쓰며, 읽을 수 없게 쓴다.

학습장애 학생은 이런 쓰기의 기술적인 영역 외에도 창의적인 영역인 작문에서도 흔히 어려움을 보인다(Graham & Harris, 2011). 작문은 주어진 주제에 맞게 단어를 조합하여 구나 절, 문장 그리고 논리적으로 의미 있게 연결된 여러 문단을 작성하는 것이다. 작문하기 위해서는 글씨 쓰기뿐만 아니라 사고력, 논리력, 추리력, 표현력 등 여러 가지 고차원적인 사고력이 필요하다. 또한 맞춤법, 구두점, 띄어쓰기 등 세부적인 쓰기 규칙에 관한 이해와 기술도 필요하다. 이런 작문에서의 어려움을 보이는 학습장애 학생들은 또래보다 단순한 문장 구조를 사용하고, 몇 개 안 되는 단어를 사용하며, 구조화되지 못한 문단을 써낸다(Hallahan 등, 2005; 이대식 등, 2018). 읽기 문제와 쓰기 문제 간에는 연관성이 있다고 알려졌지만 쓰기 문제가 있는데, 읽기 문제를 보이지 않는 학생도 있다.

수학장애는 읽기장애와 거의 비슷하거나 읽기장애 다음으로 높게 나타난다. 수 세기, 연산기호, 자릿수 맞추기, 받아 내림이나 받아 올림 등의 수학 개념의 습득에 어려움을 보인다. 이로 인해 사칙연산의 속도와 정확성이 또래와 비교해 현저히 낮다. 이외에도 양, 순서, 대소, 부피, 집합 등에 대한 이해도도 낮다. 수학장애 학생들의 대부분은 읽기에도 문제를 함께 보인다(한국통합교육학회, 2014).

학습장애 학생 중에는 한두 과목에서만 문제를 보이는 경우도 있지만, 대부분은 전 과목에 걸쳐 학업성취에 어려움을 보인다.

학습장애 학생들의 지능수준은 일반적으로 평균보다 낮지만, 그 지능수준에 비해서도 인지과정이나 기억 능력 등에 심각한 어려움을 보인다. 이 학생들의 공통적인 특징은 단기기억에 큰 어려움을 보인다는 것이다. 이 문제를 보완해 주기 위해서는 기억술, 조직화나 시연과 같은 전략을 알려주고 사용하게 해야 한다. 상당수의 학습장애 학생들은 주의집중에도 문제를 보이는데, 이런 경우 기억력 문제는 더욱 심해진다. 주의집중 문제는 주의가 쉽게 산만해지고 특히 선택적 주의집중이 어렵다는 것이다. 게다가 비장애학생들보다 상황 의존적이고 충동적인데, 이런 충동성도 낮은 학업성취를 초래하는 원인이 된다(Bender, 2008).

사회 · 정서적 특성

학습장애 학생들은 학업에서 잦은 실패를 보이는데, 이는 학업 상황에서 낮은 자아개념과 낮은 자기효능감을 갖게 한다. 또한, 실패가 거듭될수록 외적 통제소재는 더욱 높아지는데 이는 결국 학습된 무기력으로 이어지게 한다. 이외에도 이런 특성과 함께 주위 사람들에게 낮은 기대 수준을 갖게 하는데 이러한 특성들이 다시 학업 실패로 이어지게 하면서 결국 악순환에 빠지게 된다(김동일 등, 2019).

학습장애 학생들은 사회적으로 미숙한 모습(예를 들어, 사회적 상황에서 부적절한 언어사용, 사회적 단서에 대한 둔감성, 타인의 감정과 정서를 잘못 해석, 자신의 사회적 위치에 대해 정확히 인식하지 못함, 사회적 상황에 적응능력의 부족 등)을 보임으로써 또래들과의 관계 형성·유지에 어려움을 보이고 사회적 수용성이 낮은 경향을 보인다(Bender, 2008; Bryan & Bryan, 1983; 김자경, 2002).

학습장애 학생들은 정서적으로도 미숙한 모습을 보이고 자신의 행동에 대해 반성적 사고를 하지 않으며 충동적이다. 또한, 전반적으로 인내심이 부족하고 쉽게 좌절하고 흥분하는 경향을 보인다(김동일 등, 2015; 한국통합교육학회, 2014).

4 통합교육을 위한 교육지원

전술한 학업·인지적 특성으로 인해 학습장애 학생들은 수업 참여와 학습에 어려움이 있다. 이를 돕기 위해 교수적 수정을 하고 적절한 학습전략을 가르쳐야 한다. 통합교육 상황에서 사용해 볼 수 있는 몇 가지 방법을 소개하면 다음과 같다(이소연, 박은혜, 2020; Lerner & Johns, 2014).

- 개념을 알려줄 때는 직접적이고 명확하게 교수하여 이해할 수 있도록 한다. 그리고 지식과 기술을 다양한 상황에서 적용해 볼 수 있도록 한다.
- 수업에 학생의 사전 지식을 활용한다. 수업내용을 학생의 사전 지식과 관련된 것으로 선정한다면 학생은 수업에 더욱 집중할 수 있을 것이다. 또한 수업자료를 학생이 알고 있는 주제로 구성한다면 학생은 수업자료에서 더 많은 것을 학습할 수 있고, 자료를 더욱 쉽게 이해할 수 있다.
- 반복학습할 수 있도록 기회를 제공한다. 그리고 교사는 반복되는 학습에서 학생에 대해 구체적으로 피드백을 제공한다. 이를 통해 실패와 성공의 이유를 정확히 알게 하여 다음 시도에도 성공할 수 있도록 도울 수 있다. 또한, 시도할 때마다 진전도를 학생 스스로 점검하게 하는 것도 학습 성공 가능성을 높이는 데 도움을 줄 수 있다.
- 자기교수, 조직전략, 기억술과 같은 학습전략을 교수한다. 자기질문을 통해 스스로 질문을 함으로써 자신의 학습과 행동을 조절할 수 있다. 또한 조직전략은 선행조직자(학습할 내용의 요점을 미리 알려주고 학생이 정리)와 그래픽조직자(주요 내용과 하위 내용의 관계, 학습내용 비교 및 대조, 원인과 결과 연결)를 사용하게 할 수 있다.
- 학생의 잠재능력을 최대한 발휘할 수 있도록 적절한 기대수준을 보이되 성과뿐만 아니라 노력에 대해서도 기대하고 있음을 분명히 보여준다.
- 자유롭게 질문할 수 있도록 환경을 조성한다. 수업내용에서 벗어난 질문이라도

나무라지 않고 수업내용과 연결해 답을 해준다. 이런 허용적인 분위기는 학생의 수업 참여를 유도하고 수업에 집중할 수 있게 한다. 또한, 질문은 이해를 도와주므로 자신만의 질문을 하는 학생이 더 효과적으로 학습할 수 있다. 따라서 교사는 답변 후 학생이 이해하는지 반응을 살피고 이해되지 않는 부분이 있다고 하면 후속 질문을 하도록 한다. 이런 태도를 보인다면 학생은 질문에 대해 더욱 숙고하고 반성적이게 될 것이다.

학습지도

대부분의 학습장애 학생이 읽기에 어려움을 보이므로 학년이 올라갈수록 거의 전 과목에서 학업성취도가 낮아진다. 따라서 읽기 기술은 저학년 때부터 지도하는 것이 필수이다. 이때 쓰기 기술도 함께 교수하면 그 효과가 더 높아지므로 쓰기 지도와 병행하는 것이 좋다. 읽기와 쓰기에 대한 지도 방법의 예로 다음과 같은 방법들을 들 수 있다(충청남도 교육청, 2006).

- 과제수행 중 스스로 언어적 통제를 하며 행동으로 나타낼 수 있도록 자기질문, 자기강화를 사용하는 자기교수를 하게 한다.
- 자신의 행동을 돌아보면서 자기평가와 자기기록을 하는 자기모니터링을 사용하게 한다. 이를 통해 진전도를 스스로 확인하게 한다.
- 다감각적 방법을 사용하게 한다.
- 학생이 경험했던 일이나 주제를 선택하여 기록한 것을 읽도록 한다.
- 글씨가 적게 들어가 있는 그림책이나 같은 어구가 반복되는 책을 선정하여 책 읽기의 첫 단계로 제시한다.
- 언제나 교사가 보는 데서 글씨를 쓰도록 한다.
- 쓰기 전에 쓸 글자를 말하게 한다.
- 학생이 어려워하는 글자에 대해 목록을 만들어서 스스로 점검할 수 있도록 한다.
- 바른 글자 모델을 학생 가까이에 두게 하고 언제라도 볼 수 있게 한다.
- 바르게 쓴 글자 형태를 반복해서 연습시키지 않는다.
- 잘 쓴 글씨는 게시판에 제시하고 강화한다.

수학적 계산능력은 수학 교과뿐만 아니라 일상생활에서도 필수적이다. 연산을 지도할 때는 구체물을 가르고 모으는 활동을 하며 덧셈, 뺄셈의 개념을 익히도록 한다.

1~5까지 수지도가 되면 처음부터 5개 단위의 수 막대를 사용하는 것이 받아 올림이나 받아 내림을 지도할 때 효과적이다. 곱셈은 같은 숫자를 거듭 더할 때 가장 빠른 방법이라는 것을 학생이 인지할 수 있어야 곱셈을 학습하는데 동기유발이 된다. 처음 곱셈을 지도할 때는 띄어 세기를 익히게 하는 것이 유용하다. 곱셈을 지도할 때는 암기 위주의 방법보다는 다음과 같은 방법으로 기초원리를 이해하게 한 뒤 암기할 수 있도록 지도한다(충청남도교육청, 2006).

- 0은 어느 수를 곱해도 0이 된다는 사실을 지도한다.
- 1은 어느 수와 곱해도 항상 곱하는 수 자신이 된다는 사실을 지도한다.
- 2는 어느 수와 곱해도 항상 배가 된다는 사실을 지도한다.
- 각각의 수를 거듭 곱셈하여 기억의 단서를 만든다.
- 9의 배수를 익히는 보수법이나 손가락법과 같은 것을 가르쳐서 암기에 대한 부담을 줄여준다.

평가방법 수정

학생이 학습을 어느 정도 성취했는지는 평가를 통해 알 수 있다. 그러나 비장애학생들에게 사용하는 평가방법을 그대로 장애학생에게 적용하면 학생의 능력과 학습의 수행수준을 제대로 측정하기 어려울 수 있다. 통합교육을 받는 교과에 대해서는 개별화교육지원팀의 결정에 따라 평가방법을 수정해 줄 수 있는데, 몇 가지 평가방법 수정의 예를 들면 다음과 같다(충청남도교육청, 2006).

- 읽기장애가 있는 학생에게는 별도의 장소에서 시험을 치르게 하고, 시험 시 교사가 시험지의 지문을 읽어준다.
- 평가문항을 학생에게 맞게 별도 제작한다. 이때 특수교사의 도움을 받을 수 있다.
- 쓰기장애가 있는 학생은 별도의 장소에서 시험을 치르게 하고 교사가 학생이 말하는 답을 써준다.
- 수학장애가 있는 학생에게는 수학적 계산능력 자체를 측정하는 시험이 아닌 경우 계산기 사용을 허용할 수 있다.
- 학습의 과정을 알 수 있는 포트폴리오 형식의 평가방법을 택한다.

기억술(mnemonics)

기억술은 특정 정보의 보유를 돕기 위한 능력으로 핵심어나 페그워드 같은 다양한 방법들이 사용된다. 학습장애 학생에게 기억술을 습득하게 하면 그렇지 못했을 때보다 더 오래 정보를 보유할 수 있고, 학습동기, 학습효과, 학습의지가 향상된다는 이점이 있다(Hallahan, Kauffman, & Pullen, 2012).

기초학습평가

서울특별시교육청의 기초학력지원시스템(https://s-basic.sen.go.kr/pt/ index.do)의 기초학력 진단-보정 시스템 중 기초학습평가(기초국어튼튼, 기초수학튼튼)이다.

음소인식(phonemic awareness)

말이 음소로 구성되어 있음을 알고 음소를 조합, 분류, 조작하는 능력이다. 예를 들어 한국어 '돈'은 /ㄷ/-/ㅗ/-/ㄴ/이라는 3개의 음소로 구성되어 있다. 이 단어에서 한 개의 음소가 바뀌어도 의미도 달라지는데 이는 단어의 의미가 음소들에 의해 결정되기 때문이다. 한 단어에 있는 특정한 음소의 차례는 그 단어를 음성언어의 다른 모든 단어와 구별되게 해준다. 음소들을 합성, 분리, 변별, 분절할 수 있다면 음소인식 능력이 있는 것이다. 음소인식력은 읽기장애와 관련이 깊은 것으로 알려져 있다(국립특수교육원, 2018).

음운인식(phonological awareness)

문장이나 낱말은 음절이나 음소(말소리)와 같이 더 작은 단위로 나누어질 수 있다는 것을 지각하며, 말소리를 조작할 수 있는 능력이다. 예를 들어, '국어책'이라는 단어의 경우 음절 수준에서는 '국', '어', '책'이라는 세 부분으로, 음소 수준에서는 'ㄱ' 'ㅜ' 'ㄱ' 'ㅇ' 'ㅓ' 'ㅊ' 'ㅐ' 'ㄱ' 이라는 구성요인으로 분석해 내고, 이것을 하나로 결합하여 '국어책'이라는 단어를 말할 수 있는 것을 말한다. 이때 단어를 구성하는 소리를 분석해 내는 능력을 음운 분절(phoneme segmentation) 능력이라고 하며, 분석된 소리를 하나로 결합하는 것을 음성 혼성(sound blending) 능력이라고 한다. 아동이 가지고 있는 음운인식 능력은 이후 문자해독과 관련한 읽기 능력과 밀접한 관련이 있다고 알려져 있는데, 이는 구어를 문어로 표현해 주는 기호체계인 자모(字母)의 기능에 대해 이해하는데 중요한 역할을 수행하기 때문이다. 다시 말해, 아동이 학습을 통하여 획득하는 자모와 음소의 대응관계에 대한 지식, 그리고 이들 자모를 결합하여 하나의 소리 단위로 만들어 낼 수 있는 능력은 문자해독과 관련한 중요한 기초적 읽기 능력이 된다(김춘경 등, 2016).

자기효능감(self-efficacy)

특정한 문제를 자신의 능력으로 성공적으로 해결할 수 있다는 자기 자신에 대한 신념이나 기대감이다. 높은 자기효능감은 과제에 대한 집중과 지속성을 통하여 성취 수준을 높일 수 있다. 그 결과 긍정적인 자아상(self-image)을 형성하는 데 도움이 된다(국립특수교육원, 2018).

자아개념(self-concept)

개인이 가지고 있는 자신에 대한 견해, 주어진 시간에 자기 자신에 대하여 가지고 있는 생각을 의미하며, 이를 긍정적 개념과 부정적 개념으로 크게 나눌 수 있다. 그러나 긍정과 부정의 유목(類目)으로 양분될 수 있는 성질의 개념은 아니며, 긍정과 부정의 양극을 연결하는 연속성(連續性)을 상정할 수 있는 개념이다. '나는 어떤 사람인가?', '나의 능력은 어느 정도인가?', '나는 지금 어떤 처지에 있는가?' 등의 질문에 대하여 스스로 자신에게 답을 제시하는 것이 자아개념이므로 자아개념 속에 포함되는 요소는 자기 자신의 능력에 대한 견해만이 아니라, 성격·태도·느낌 등을 모두 포괄한다. 이와 같은 자아개념은 학교에서 학업성취나 적응상태에 밀접하게 관련되어 있으므로 교육에서 중요하게 다루어야 할 개념이다. 학교에서 적응을 제대로 못 하고 있거나 학업성적이 개인의 잠재적 능력 수준에 미치고 있지 못한 학생들은 대개 부정적인 자아개념을 형성하고 있으며, 비교적 성공적인 학교생활을 하는 학생들은 대개 긍정적인 자아개념을 형성하고 있다는 것이 밝혀져 있다(서울대학교교육연구소, 1995).

종합심리검사(full battery)

아동, 청소년, 성인의 현재 마음 상태를 알아보기 위한 전체적인 심리검사 방법을 모아놓은 것을 말하며 여기에는 웩슬러 지능검사, 다면적인성검사, 문장완성검사, 그림검사, 벤더게슈탈트검사, 투사검사, 동적가족화검사 등이 있다.

7 정서·행동장애

학습 목표

1 정서·행동장애 정의와 적격성 판정 기준을 이해할 수 있다.

2 정서·행동장애 학생의 특성과 교육지원 방법을 설명할 수 있다.

어느 학급이나 부적절한 행동을 보이는 학생은 있다. 흔히 문제행동이라고 하는 행동을 보이는 학생 중에 정서·행동장애 학생이 포함되어 있을 수 있다. 정서·행동장애 학생들은 드러나는 행동만 보이는 것이 아니라 위축이나 미숙함, 우울증처럼 내면화된 행동을 보이기도 한다. 이런 지나친 정서·행동반응을 보이지 않을 때는 겉으로는 심신이 건강하게 보이지만, 학교에서 다양한 내면화된 또는 외현화된 행동을 보임으로써 또래와 교사와의 관계 형성 및 유지에 큰 어려움이 있고, 학습에도 심각한 어려움이 있을 수 있다(Heward, Alber-Morgan, & Konrad, 2016).

1 정서·행동장애의 개념

정서·행동장애는 지적장애나 뇌성마비와 같이 지속해서 나타나는 장애가 아니다. 이 학생들이 보이는 지나친 정서·행동반응은 항상 나타나는 것이 아니라 가끔 나타나거나 때로는 특정 상황에서만 나타난다. 예를 들어, 집 밖에 있거나 가족에게서 떨어져 있을 때만 보이는 경우도 있다(Hallahan, Kauffman, & Pullen, 2012).

또래나 교사에게 부적절한 행동을 보이는 학생들에는 정서·행동장애 학생만 있는 것이 아니라 비장애학생도 있다. 비장애학생이라고 여겨지는 학생이라도 지속해서 문제행동을 보이는 학생이라면 정서·행동장애 학생일 가능성이 있다. 하지만 부적절한 행동이 얼마나 자주, 얼마나 심하게 그리고 얼마나 오랫동안 보여야 그 행동으로 인해 장애가 있다고 간주할 수 있는지는 그 기준이 명확하지 않다. 이 때문에 정서·행동장애는 명확히 정의하기 어렵다(Heward, 2006).

표 II-7-1 국내외 특수교육 관련 법, 협회에서의 정서·행동장애 정의

관련 법·협회/명칭	정의
미국 장애인교육법 (IDEA, 2004)/ 정서장애	① 다음의 특성 중 하나 이상을 장기간 현저하게 나타냄으로써 교육적 성취에 불리함을 주는 상태 A. 지적·감각적·건강 상의 이유로 설명할 수 없는 학습 상의 어려움을 보임 B. 또래나 교사와의 대인관계를 형성하거나 유지하는데 어려움을 보임 C. 일반적인 상황에서 부적절한 행동이나 감정을 보임 D. 전반적인 불행감이나 우울증을 보임 E. 학교나 개인 문제에 관련된 신체적인 통증이나 공포를 나타냄 ② 조현병을 포함함, 사회적 부적응을 보이는 아동은 ①에 해당하지 않는 한 포함되지 않음
장애인 등에 대한 특수교육법 시행령(2021)/ 정서·행동장애를 지닌 특수교육대상자	장기간에 걸쳐 다음 각 목의 어느 하나에 해당하여, 특별한 교육적 조치가 필요한 사람 가. 지적·감각적·건강상의 이유로 설명할 수 없는 학습 상의 어려움을 지닌 사람 나. 또래나 교사와의 대인관계에 어려움이 있어 학습에 어려움을 겪는 사람 다. 일반적인 상황에서 부적절한 행동이나 감정을 나타내어 학습에 어려움이 있는 사람 라. 전반적인 불행감이나 우울증을 나타내어 학습에 어려움이 있는 사람 마. 학교나 개인 문제에 관련된 신체적인 통증이나 공포를 나타내어 학습에 어려움이 있는 사람
미국 행동장애아 협회(2000)/ 정서·행동장애	① 학교 프로그램에서 정서나 행동반응이 적절한 연령, 문화 또는 인종적 규준들과 비교해 너무 달라 학업적, 사회적, 직업적, 개인적 기술을 포함한 교육적 성취에 불리함을 준다. A. 환경 내의 스트레스 사건에 대한 반응이 지나치게 나타난다. B. 서로 다른 두 환경에서 일관되게 나타나고, 적어도 이들 중 하나는 학교와 관련된다. C. 일반교육에서의 직접적인 중재에 반응하지 않거나, 아동이 일반교육 중재로는 불충분한 상태에 있다. ② 정서·행동장애는 다른 장애들과 함께 동시에 나타날 수 있다. ③ 정서·행동장애는 ①에 기술된 것처럼 교육적 성취에 불리함을 주는 조현병, 불안장애, 품행장애 또는 적응장애를 지닌 아동이나 청소년을 포함할 수 있다.

교육계에서는 정서·행동장애에 대해 표 II-7-1과 같이 정의하고 있다. 다섯 가지 특성 중 한 가지 이상을 보이고, 이것이 교육적 성취에 불리함을 준다면 정서·행동장애로 판정한다.

내면화된 행동

정서·행동장애 학생들은 위축, 우울증, 미숙함을 보이는데 이에 대해서는 간과하는 경향이 있다. 이런 문제는 학교에서도 영향을 주지만, 성인기의 정신건강까지 영향을 준다는 데 심각성이 있다. 극심한 위축, 우울증, 미숙함은 또래와 만족스러운 관계를 형성하고 유지하는데 큰 지장을 준다. 이런 학생들은 일상에서의 요구와 압박감을 이겨내는 것을 힘들어하고, 특히 학교에서 이런 걱정과 불안이 커진다. 내향적인 학생들이 가장 고통을 많이 겪는 곳이 학교이기도 하다(Masia 등, 2001). 행동심리학에서는 이런 위축과 우울증을 사회학습의 실패라고 본다. 위축된 행동과 미숙함이 부적절한 환경에서 기인한다고 보는 것이다. 예를 들어 지나치게 제한하는 부모의 규율과 적절한 사회적 반응을 위한 처벌, 사회적 기능을 학습하고 연습할 기회 부족, 부적절한 행동 모델 등이 포함된다. 미숙하거나 위축된 학생들은 적절한 행동을 배우고 실행할 기회들을 제공해줄 때 부족한 부분들을 채울 수 있다. 교사는 적절한 행동에 대한 모델을 보여주고, 학생이 향상된 행동을 보여주면 즉각 보상해주어야 한다(Kauffman & Landrum, 2009).

내면화된 행동에서 특히 심각한 문제가 되는 것이 우울증이다. 우울증이 있는 학생들은 슬프고 외롭고 무관심한 태도를 보인다. 자존감이 낮고 죄책감이 강하며 비관론에 빠져 있다. 또한, 과제와 사회적 경험을 기피하고, 신체적 통증을 호소하며 때론 불면증의 문제를 보인다. 우울증으로 인해 때로 학교에 대해 극도의 두려움이나 거부감을 보이고, 자살을 시도하기도 한다. 그리고 우울증은 종종 품행장애와 함께 나타난다(Hallahan, Kauffman, & Pullen, 2012).

외현화된 행동

정서·행동장애 학생들에게 가장 흔한 문제가 자리이탈, 교사 무시하기, 때리기, 싸움 걸기, 괴롭히기, 소리 지르기, 불복종, 울화, 물건 파괴, 강탈과 같은 부적절한 행동이다. 이 중 교사에게 가장 큰 어려움을 주는 것은 불복종(noncompliance)이다. 이런 행동들은 비장애학생들도 보일 수는 있지만 흔하지 않고 그렇게 충동적이지도 않다. 정서·행동장애 학생들은 자주 심각한 수준으로 예상치 못한 순간에 이런 행동을 한다. 이때 자신을 걱정하는 또래나 교사의 좋은 의도를 긍정적으로 받아들이지도 않고, 빠르게 반응을 보이지도 않는다. 이런 품행장애와 반항성장애와 관련된 행동들은 학교 적응의 실패를 초래하므로 학교에서 학생의 요구를 적절하게 지원해 주는 것이 무엇보다 중요하다(Heward, Alber-Morgan, & Konrad, 2016).

2 정서·행동장애 판정

일반학급에서 교육받고 있는 학생 중에서 표 II-7-2와 같은 지나친 정서·행동반응의 징후를 보인다면 정서·행동장애를 의심해 볼 수 있다. 이런 징후가 확인되면 의뢰 전 중재나 특수교육 의뢰와 관련하여 특수교사나 특수교육지원센터의 도움을 받도록 해야 한다.

표 II-7-2 정서·행동장애의 징후

부적절한 행동	• 다른 사람을 욕하거나 놀리거나 괴롭힌다. • 가만히 있지 못하고 지나치게 많이 움직인다. • 자기 행동의 결과를 생각하지 못한다. • 거짓말을 하거나 남의 물건을 몰래 빼앗는다. • 다른 사람의 활동을 방해한다. • 자주 화를 낸다. • 성인의 요구나 규칙을 무시하거나 거부한다. • 다른 사람에게 앙심을 품거나 복수한다. • 사람이나 동물을 공격한다. • 물건을 부수거나 망가뜨린다. • 가출이나 무단결석을 한다. • 외설스러운 언어를 사용하거나, 성적으로 부적절한 행동을 한다.
우울	• 기쁨이나 재미를 잘 느끼지 못한다. • 이전에 즐기던 활동에 관심이 없다. • 늘 슬퍼하고 잘 웃지 않는다. • 자신을 스스로 부정적으로 평가한다(예, 자신이 부족하고 쓸모없다고 느낀다). • 과도한 죄책감, 무력감, 절망감을 보이거나 비난에 민감한 반응을 보인다. • 학교에 와서 한마디도 하지 않고 갈 때가 있다. • 만성적 피로, 낮은 에너지 수준을 보인다. • 보통 아이들보다 잠을 적게 또는 많이 잔다. • 식욕, 체중의 급격한 변화를 보인다(영유아의 경우 체중이 발달 속도에 맞게 늘지 않는다). • 평소에 아무렇지도 않던 일들을 귀찮아한다. • 미래에 대해 비관적이다.
대인관계 문제	• 다른 사람과 말다툼을 자주 한다. • 또래들과 잘 어울리지 못한다. • 친구가 매우 적거나 전혀 없다. • 단체활동을 잘하지 못한다. • 자신의 기분을 제대로 표현하지 못한다. • 우호적이고 사교적으로 말하는 행동 기술이 부족하다.

불안, 위축	• 매우 예민하다. • 지나치게 겁이 많거나 걱정을 많이 한다. • 불안으로 인해 몸을 갑자기 움직이거나 움찔거린다(예, 눈 깜박임, 안면 씰룩거림). • 특정 행동을 되풀이한다(예, 손톱 물어뜯기, 줄 맞추기, 숫자 세기 등). • 청결, 정돈에 대해 지나치게 신경 쓴다. • 술을 마시거나 약물을 한다. • 의학적으로 밝혀진 원인 없이 나타나는 신체적 문제가 있다(예, 두통, 복통, 눈의 이상 등).
기타	• 인터넷이나 게임을 지나치게 많이 한다. • 음란물, 폭력물을 많이 접한다. • 실제로 존재하지 않는 것을 보거나 듣는다.

출처: 교육부(2017d)

정서·행동장애 선정도 일반적인 특수교육 의뢰 이후의 절차를 따른다. 선정기준은 검사 결과를 기반으로 하되 학생이 학교에서 보이는 정서·행동 상의 문제의 빈도와 강도, 지속시간 등을 함께 고려한다. 국내에서 정서·행동장애 선정의 예(서울특별시교육청, 2021)를 보면 표 II-7-3과 같은 필수요인과 고려요인(대상자로 선정하는 것을 보류할 수 있는 요인)을 사용하고 있다.

표 II-7-3 정서·행동장애 선정을 위한 필수요인과 고려요인

필수요인	고려요인
• 적응문제와 학습문제가 동시에 존재하여 특수교육(학교 내) 및 관련서비스 희망 • 대상자(학생)의 특수교육대상자 선정 희망	• 문제행동 지속 기간이 3개월 이하 • ADHD 진단 후 약물치료 기간이 6개월 이하 • 문제행동에 대한 개별치료 기간이 6개월 이하 • 우울증, 양극성장애, 조현병 등 정신장애가 동반될 때 의학적 치료가 우선

출처: 서울특별시교육청(2021) 발췌 후 수정

특수교육지원센터에서는 표 II-7-4에 나타나 있는 것처럼 종합심리검사(full battery), CBCL 때에 따라서는 TRF 결과와 함께 교사가 제공한 자료(학생의 학교생활에 대해 관찰하고 상담한 내용, 학생의 정서·행동상의 어려움이 드러나 있는 에피소드 등)를 사용하여 종합적으로 진단·평가한다.

특수교육운영위원회에서는 특수교육지원센터의 진단·평가 결과와 필수요인 및 고려요인을 함께 심의하여 정서·행동장애 선정 여부를 결정한다.

표 II-7-4 정서·행동장애 선정을 위한 진단·평가와 심사 절차

특수교육지원센터			특수교육운영위원회
상담	진단·평가		심사
• 학교생활의 어려움을 구체적으로 확인 • 필수요인 및 고려요인 확인 • CBCL 검사 실시(보호자): 기준 충족 확인	• 정서검사가 포함된 종합심리검사(full battery)를 전문기관에 의뢰 • 종합심리검사와 보호자가 작성한 CBCL 결과가 불일치할 때 담임교사에게 TRF 검사 의뢰 • 검사 결과 종합적 판단	→	다음 결과를 사용하여 특수교육운영위원회 심사 • 진단·평가 결과보고서 • 필수요인 및 고려요인

출처: 서울특별시교육청(2021) 발췌 후 수정

3 정서·행동장애 학생의 특성

인지·학업적 특성

정서·행동장애 학생들의 지능검사 결과는 평균 약 90 정도로 나타난다. 이는 이 학생들의 지능의 문제라기보다 지능검사도구 자체가 지능을 완벽히 측정할 수 없고 정서·행동장애가 학생이 최대한으로 능력을 발휘하는 데 방해요인으로 작용한 결과로 보는 것이 적절하다. 다시 말해, 지능검사 결과가 낮게 나오는 것은 정서·행동장애가 학생의 과제수행 능력, 학업성취도, 사회적 기술에 어느 정도 영향을 주는지를 알려준다(Kauffman & Landrum, 2009).

사회·정서적 특성

정서·행동장애 학생들은 자신을 도와줄 수 있는 사람들과 만족스러운 사회·정서적인 관계를 갖지 못한다. 관계를 피하고 관계를 유지한다고 해도 대체로 비행청소년과의 관계일 가능성이 높다(Landrum, 2011).

정서·행동장애 학생 중 일부는 내면화된 성향을 보인다. 다른 사람의 친밀한 접근에 대해 이 학생들은 대개 그들을 두려워하거나 관심을 보이지 않는다. 친구가 되려는 학생이 스스로 포기할 때까지 계속 거부하는데, 이와 같은 사회적 태도는 상대방의 관계 형성 의지를 떨어뜨리게 한다. 어떤 정서·행동장애 학생들은 외현화된 성향을 보인다. 다른 사람이 다가오려고 하면 적대적이고 공격적인 행동을 보인다. 또한, 폭력적이고 파괴적이며 무책임하고, 싸우려 들고, 짜증을 잘 내고, 질투하고, 반항하는 모습이 보인다. 그리고 심지어 이런 행동들이 예측 불가능하기까지 하다. 이런 성향으로 인해 사람들은 이 학생들을 회피한다. 게다가 이런 학생들은 늘 사람들과 싸우는데, 어떤 누구라도 이런 싸움에 관여

하기 싫어서 이 학생들을 더더욱 회피하게 된다. 이런 문제들로 인해 대부분 사람들은 꼭 필요한 경우가 아니면 정서·행동장애 학생들과 함께하려 하지 않는다. 게다가 이렇게 거절된 경험이 있는 학생들은 타인들에게 수용될 수 있는 행동이 무엇인지 알지 못한다. 결국 정서·행동장애 학생들은 사회적으로 소외되고 고립되기 쉬우며 교육적, 사회적 기술을 배우는 기회마저 제한될 수 있다(Hallahan, Kauffman, & Pullen, 2012).

4 통합교육을 위한 교육지원

통합교육 상황에서 정서·행동장애 학생은 행동적 특성이 두드러지므로 이 학생들에 대한 교육은 학업성취도 향상보다는 행동중재에 집중되는 경향이 있다. 하지만 이 학생들에 대해서도 균형 있는 교육이 중요하다. 행동중재 뿐만 아니라 사회적 기술과 교과에 대해서도 함께 적절히 교육한다면 부적절한 행동도 감소될 수 있고, 학업성취 또한 향상될 수 있다. 정서·행동장애 학생들에게 사용하는 행동중재 방법은 부적절한 행동을 보이는 비장애학생 그리고 다른 장애유형의 장애학생들에게도 사용할 수 있다(Kostewicz & Kubina, 2008).

체계적인 행동중재를 위해서는 교수목표를 정해야 하는데 여기에는 부적절한 행동의 감소, 적절한 행동의 증가, 새로운 행동의 학습 이 세 가지가 있다. 이런 행동중재 목표를 달성하기 위한 예를 들어보면, 학생이 공격성을 보이는 경우 공격성을 감소시키기 위해 공격적이지 않은 행동을 제시하고 학습하게 한다. 이 과정에서 학생이 비공격적인 역할극을 하게 하거나 리허설을 하도록 도와주고 비공격적 행동을 강화해주며, 공격성을 통해 학생이 원하는 결과를 얻지 못하도록 막는다. 만약 공격성에 대해 처벌을 할 경우 교사는 최대한 비공격적인 반응(예를 들어, 때리거나 소리 지르는 것이 아닌 타임아웃을 하거나 짧은 시간 동안 혼자 있게 한다)을 보여야 한다(Kauffman 등, 2011).

최근에는 정서·행동장애 학생을 효과적으로 행동중재하기 위해 기능적 진단 절차가 강조되고 있다. 기능적 행동사정은 학생의 행동에 어떤 기능이 있는가에 대해 정보를 수집하는 것이다. 이를 통해 중재를 더욱 적절하게 계획하고 실행할 수 있다(Lane, Kalberg, & Shepcaro, 2009).

정서·행동장애 학생은 통합환경에서 또래의 행동을 모방하고 학습할 수 있으므로 또래에게 행동에 주의하도록 사전에 지도하는 것도 필요하다. 또한 가정에서도 일관된 중재를 시행할 수 있도록 가족지원을 하는 것도 바람직하다(이소현, 박은혜, 2020).

행동지원

학생의 문제행동 중재에서 가장 중요한 것은 예방이다. 예방 측면에서 모든 학생에게 보편적인 문제행동 예방 중재방법으로서 긍정적 행동지원을 제공한다. 하지만 정서·행동장애 학생들에게는 개별화된 긍정적 행동지원이 필요하다. 이런 지원에 사용되는 대표적인 모형이 예방-교수-강화(Prevent-Teach-Reinforce: PTR)이다. 이 모형은 예방에 초점을 맞추면서 사회적으로 적절한 교체행동을 교수하고 강화하는 중재방법이다. PTR은 용어가 의미하는 것처럼 문제행동을 발생시키는 요소를 예방하고(Prevent), 교체행동을 교수하며(Teach), 적절한 행동을 강화(Reinforce)하는 전략이다. PTR은 다음과 같이 세 부분으로 나누어 지도한다(Dunlap 등, 2010).

예방전략

문제행동이 발생할 가능성이 가장 큰 시간, 특정 활동, 특정 사람, 특정 상황, 학교 환경 등에 대해 표 II-7-5와 같이 예방적 중재를 시행하는 것이다.

표 II-7-5 PTR의 예방전략

선택제공	• 학생에게 둘 이상의 선택사항을 제공하고 선택할 기회를 제공 • 지시가 주어질 때 문제행동이 발생했던 활동이나 과제에 대한 학생의 참여도를 높이는 데 사용
전이 지원	• 다음 활동으로 넘어가는 것, 장소 이동, 새로운 사람과의 만남과 같은 전이가 일어나기 전에 단서를 제공 • 단서는 시각, 청각, 움직임 또는 이들의 조합 모두 가능 • 변화를 예측할 수 있게 함으로써 문제행동을 예방
환경적 지원	• 현재 환경에서 일어나는 일, 하루의 일과 등을 이해할 수 있게 하는 시각이나 청각 자극을 사용 • 구체물, 사진, 단어카드 모두 가능
교육과정 수정	• 교수적 수정과 교수활동 수정을 통해 문제행동을 예방
교사 관심	• 학생에게 긍정적 관심 표현 • 교사와 과제에 긍정적 감정을 연결해 문제행동 예방
교실 관리	• 명확한 기대 행동이 있고 이를 일관되게 지도하여 강화함으로써 문제행동을 예방
비유관 강화 증가	• 문제행동의 기능과 무관하게 교사가 관심을 제공하거나 선호활동 접근 및 과제회피를 허용 • 부적절한 행동을 하는 중만 아니라면 바람직한 행동인지의 여부를 떠나 당연한 행동이어도 강화 제공
배경사건 수정	• 문제행동 발생 직전은 아니지만, 그전에 발생한 사건으로 문제행동 발생에 간접적으로 영향을 주는 사건인 배경사건(예, 버스를 놓침, 지각, 형제나 부모와 다툼)을 수정
친사회적 행동 기회(또래 지원)	• 또래에게 문제행동을 보이는 학생의 친사회적 행동을 끌어낼 기술을 지도
또래모델링/또래강화	• 적절한 행동을 한 또래를 칭찬하거나 강화물을 제공하여 문제행동을 보이는 학생이 행동의 시범을 보게 하는 것

출처: 교육부(2017d)

교수전략

또래나 교사의 관심 얻기, 물건 얻기, 활동 전이, 과제나 사람 회피 등 문제행동의 기능을 파악하고, 학생이 배울 수 있는 사회적 기술, 문제해결 기술, 의사소통기술 등을 표 II-7-6과 같이 교수하는 것이다.

표 II-7-6 PTR의 교수전략

교체 행동 지도	동일 기능	• 문제행동과 동일한 기능을 가진 바람직한 행동을 지도
	양립 불가	• 문제행동과 동시에 할 수 없는 바람직한 행동을 지도
특정 학업기술		• 학생의 활동 참여를 증진하기 위해 읽기, 쓰기, 수학 등의 기초 기술을 지도
문제해결전략		• 학습과제를 성공적으로 완수하거나 사회적 상황에서 성공적으로 행동하도록 지도
일반적 대처 전략		• 대인 간 어려움, 자기통제, 학업과제 시의 좌절 등에 대처할 수 있는 일반적 전략을 지도
특정 사회적 기술		• 사회적 기술을 새롭게 지도하거나 이미 아는 기술을 더 잘 사용할 수 있게 지도
교사순응행동		• 학교나 교실에서 잘 지내기 위한 행동을 지도
학업기술		• 여러 과목의 공부를 잘하게 도와주는 전략 지도
자기관리		• 학생 스스로 자신의 행동을 점검, 강화하도록 지도
독립적 반응		• 타인의 도움 없이 질문에 답하도록 지도
참여 시간 증진		• 학생이 학업적, 사회적 환경에 참여하는 시간을 늘려가도록 지도

출처: 교육부(2017d)

강화전략

문제행동으로 얻었던 결과가 무엇인지 평가하고 학생이 칭찬받기를 좋아하는지, 칭찬받을 환경은 마련되었는지, 문제행동에 대한 교정적 피드백을 받을 수 있는지, 보상으로 사용될 수 있는 활동이 무엇인지 등을 평가하여 표 II-7-7과 같이 문제행동 강화를 중지시키고 교체행동을 강화해준다.

표 II-7-7 PTR의 강화전략

교체행동 강화	• 동일한 기능의 적절한 행동 또는 물리적으로 양립 불가능한 바람직한 행동을 할 때 즉각적으로 강화
문제행동에 대한 강화 중지	• 자신과 타인을 위험에 빠뜨리는 행동이 아니라면 예를 들어, 관심 끌기 기능의 행동에 대해 교사가 반응을 보이지 않음
집단강화	• 또래의 관심이 주요 강화가 되는 학생에게 적절함 • 개별 학생의 행동 개선을 목표로 할 경우, 의존적 집단강화를 사용하되 대상 학생이 목표를 달성하지 못하여 전체 학생이 강화를 받지 못하면 대상 학생이 비난을 받을 수 있으므로 적절한 시점에 교사가 목표 달성을 촉진할 전략을 사용할 수 있어야 함

출처: 교육부(2017d)

학습지원

정서·행동장애 학생들의 경우 행동지원에만 집중하게 되어 학습지원에는 소홀한 경향이 있다. 물론, 문제행동이 학생의 학습 기회를 제한시키고 이것이 다시 수업에서 문제행동을 일으키므로, 행동시원에 집중하는 것이 급선무라 할 수 있다. 하지만 효과적인 학습지원이 있다면 문제행동은 더욱 감소하므로 학습지원도 행동지원 못지않게 중요하다(Lane 등, 2011).

학습준비 능력에 어려움이 있는 정서·행동장애 학생은 수업에 주의를 집중하지 못하거나 지속해서 과제를 수행하지 못하고, 과제를 조직화하지 못하며 과제에 대해 적절한 반응을 보이지 못한다. 따라서 학습준비 능력의 중요한 세 가지 구성요소인 주의집중력, 조직력, 반응의 정확도를 위한 지도가 필요하다. 우선 주의집중 향상을 위해 다음과 같은 방법을 사용할 수 있다(Prater, 2007; 충청남도교육청, 2006).

- **주의집중을 위한 신호 사용**

  수업 시작을 알리는 특정 신호를 정해 놓고 주의집중이 필요할 때마다 사용한다.
- **좌석 배치**

  눈맞춤이 가능한 자리 배치(반원 또는 U자형 배치)를 사용하고, 신체적 접근성을 위해 교사와 가까운 곳에 좌석을 배치한다.
- **수업 진행**

  이미 배운 것과 새롭게 배워야 하는 내용에 시간 배분을 하여 수업을 속도감 있고 활기차게 진행한다.
- **지속적인 점검**

  수업에 대한 이해, 집중, 교재 난이도 등에 대해 지속해서 점검한다.
- **강화**

  학생이 바람직하게 주의집중하면 즉각적인 관심이나 강화물을 제시한다.
- **수업 진행의 다양화**

  다양한 유형의 질문을 하고 억양을 다양하게 조절하며 여러 제스처를 사용한다. 또한 다양한 수업 보조자료를 사용한다.
- **교재의 단순화**

  교재를 단순화하여 필요한 정보만을 제공한다.

그리고 조직력 향상을 위해 다음과 같은 방법을 사용할 수 있다(충청남도교육청, 2006).

- **시간분배**
  각각의 수업 시간을 작은 단위로 나눈 시간표를 만들어 각 단위의 시간마다 완수해야 할 활동의 목록을 만든다.
- **교재정리**
  책상을 정리하는 방법과 필기 등의 방법을 가르친다.
- **과제전달**
  과제나 학급 활동을 전달할 때는 구두와 문자로 동시에 전달한다.
- **과제난이도 조절**
  단순한 과제부터 점차 복잡한 과제를 하게 한다.
- **질문하기**
  교사의 과제나 지시에 대하여 적절한 질문을 하는 방법을 연습시킨다.
- **협동학습**
  모둠의 모든 학생이 각자 자신의 과제를 기준에 맞게 완수하면 모둠 전체가 보상을 받도록 한다.

정서·행동장애 학생은 충동성으로 인해 질문에 너무 성급하게 답하는 등 부정확한 반응을 보이는 경우가 많다. 학생의 반응 정확도를 높이기 위해서 아래와 같은 방법으로 지도할 수 있다(충청남도교육청, 2006).

- **교정연습**
  여러 가지 유형의 실수가 포함된 문장을 사용해서 어떻게 교정하는지 연습시킨다.
- **적절한 교재**
  적절하게 고안된 교재를 사용하여 성취감을 느끼게 한다.
- **시험연습**
  시험을 치르는 방법을 미리 연습시킨다.
- **생각하기**
  대답하기 전에 먼저 주의 깊게 생각하게 한다.
- **반응대가**
  반응대가를 사용하여 학생이 실수하였을 때 휴식시간 등 학생에게 가치 있는 것을 감소시켜 실수를 줄이게 한다.
- **또래교수**
  정확한 반응을 연습하도록 또래교수를 사용한다.

CBCL(Child Behavior Checklist for Ages 6–18: 아동·청소년 행동평가척도 부모용)

CBCL은 대표적인 정서·행동장애 검사도구인 ASEBA 행동평가 체계의 하위 검사도구 중 하나이다. ASEBA는 표 II–7–8에서 볼 수 있듯이 부모용(CBCL), 교사용(TRF), 청소년 자기보고용(YSR) 등 여러 버전의 하위 검사도구 모음이다. 국내에서 표준화를 거치면서 앞에 K를 붙여 K–CBCL이라고 표기하기도 한다. 교육 현장에서는 ASEBA와 CBCL이라는 용어를 혼용하기도 한다(교육부, 2017d).

표 II–7–8 ASEBA(Achenbach System of Empirically Based Assessment) 행동평가 체계

검사연령	만 6~18세의 아동 및 청소년
응답자	• 부모용(CBCL 6–18, Child Behavior Checklist for Ages 6~18): 부모 혹은 함께 생활하는 어른 • 교사용(TRF, Teacher's Report Form): 학생을 담당하거나 잘 알고 있는 교사 • 청소년 자기보고용(YSR, Youth Self Report): 만 11~18세의 청소년 본인
검사방법	아동·청소년의 정서·행동 특성이 각 문항에 해당하는지를 3점 척도로 평정함
검사내용	아동·청소년의 정서·행동 특성이 불안/우울, 위축/우울, 신체증상, 사회적 미성숙, 사고문제, 주의집중문제, 규칙위반, 공격행동 및 기타문제 영역에서 임상범위에 해당하는지 알 수 있음
비고	아동·청소년 행동평가척도의 부모용인 CBCL(한국판이라는 의미로 K–CBCL이라고도 함)은 특수교육대상자 진단·검사로 사용됨

TRF(Teacher's Report Form: 아동·청소년 행동평가척도 교사용)

TRF는 대표적인 정서·행동장애 검사도구인 ASEBA 행동평가 체계(표 II–7–8 참조)의 하위 검사도구 중 하나이다. 6~18세 아동 및 청소년을 담당하거나 잘 알고 있는 교사가 시행하는 행동평가척도로 문제행동, 내면화, 외현화 점수 결과가 임상 범주에 있는 학생과 DSM–5 진단기준에 부합하는 학생을 대상으로 우선 시행한다(교육부, 2017d).

교체행동(replacement behavior)

대체행동(alternative behavior)의 한 유형으로 문제행동과 동일한 기능을 가진 사회적으로 적절한 행동을 의미한다. 때로는 문제행동과 기능이 같지 않더라도 학생에게 지도해야 할 바람직한 기술(예, 기다리기)도 있는데 이와 같이 대체행동은 교체행동뿐만 아니라 문제행동을 대신하여 지도할 모든 유형의 바람직한 행동을 의미한다(교육부, 2017d).

반응대가(response cost)

소거가 정적 강화가 주어지지 않는 것이라면, 반응대가는 이미 보유하고 있던 정적 강화를 박탈한다는 차이가 있다. 타임아웃은 정적 강화가 적은 곳에 일정 시간 격리시키는 데 반해, 반응대가에는 시간이라는 요소가 관련되어 있지 않으면서 반응대가가 실행되는 동안 대개 강화의 조건에 변화가 없다는 차이가 있다. 반응대가의 예로는 숙제를 저녁 9시까지 끝내지 못하면 9시부터 1시간 동안 주어지던 인터넷 사용을 못 하게 되는 것을 들 수 있다. 반응대가는 행동을 억제하는 효과나 속도 측면에서 행동을 감소시키는 데 효과적인 방법이다(김춘경 등, 2016).

반항성장애(oppositional defiant disorder)

반항성장애는 적대적 반항장애라고도 한다. 나이에 적합하지 않은 거부, 적대감, 시비조의 행동 양상이 최소한 6개월 이상 지속되는 파괴적 행동장애(disruptive behavior disorders)의 한 유형이다. 반항성장애는 뚜렷하게 반항적이고, 불복종적이고, 도발적인 행동을 하지만, 규칙을 어기거나 타인의 권리를 침해하는 반사회적 행동이나 공격적인 행동은 두드러지게 나타나지 않는다. 반항적인 행동은 발달기에 흔한 것이기 때문에 그것이 정상 발달과정 상에서 나타난 것인지 혹은 반항성장애의 초기 증상인지 신중히 판단해야 한다. 반항성장애 아동의 행동 특징은 다음과 같다(국립특수교육원, 2018).

- 자주 심하게 화를 낸다.
- 자주 어른들과 논쟁한다.
- 자주 적극적으로 어른의 요구나 규칙을 무시하거나 거절한다.
- 자주 고의로 타인을 괴롭힌다.
- 자주 자신의 실수나 잘못된 행동을 남의 탓으로 돌린다.
- 자주 타인에 의해 기분이 상하거나 쉽게 신경질을 낸다.
- 자주 화내고 원망한다.
- 자주 악의에 차 있거나 앙심을 품는다.

불안장애(anxiety disorder)

증상은 신경과민, 긴장감, 피로감, 잦은 소변, 빠른 맥박, 현기증, 호흡곤란, 땀, 손발 떨림, 걱정, 근심, 불면증, 주의집중 곤란, 경계심 등이다. 일반적으로 위험하거나 위협적인 상황에서는 긴장하고 조심스러워지고 두려운 느낌이 들다가 이러한 상황에서 벗어나면 긴장이 완화되고 안도하게 되는데, 이처럼 위험하거나 위협적인 상황에서 불안을 느끼는 것은 자연스러운 것이다. 그러나 대상이나 상황이 주는 위험 또는 위협이 없는데도 불안을 느끼거나 대상이나 상황이 주는 위험 또는 위협보다 더 과도하게 느끼고 오랫동안 불안을 느낀다면 불안장애로 진단될 수 있다. 정신역동적 접근에서는 불안을 신경증(neurosis)이라는 개념으로 설명하고 있고, DSM-2에서도 이 이론에 근거하여 신경증으로 명명하였다. 이후 DSM-4에 따르면, 불안장애는 범불안장애(generalized anxiety disorder), 공포증(phobia), 공황장애(panic disorder), 강박장애(obsessive-compulsive disorder), 외상 후 스트레스 장애(posttraumatic disorder), 급성 스트레스 장애(acute stress disorder)로 구분하고 있다. DSM-5에서는 이전부터 논란이 되어 온 강박장애와 외상 후 스트레스 장애를 불안장애의 하위요인에서 제외시켜서 독립된 질병 체계로 소개하고 있으며, 유아기·아동기·청소년기에 보통 처음 진단되는 장애로 분류되었던 분리불안장애와 선택적 함묵증을 새롭게 불안장애에 포함시켰다. 결론적으로 DSM-5에서는 불안장애에 분리불안장애, 선택적 함묵증,

특정공포증, 사회불안장애(사회공포증), 공황장애, 광장공포증, 범불안장애가 포함되었다. 불안장애 증상을 완화하거나 감소시키기 위해 정신분석적 접근은 불안을 일으키는 무의식적 동기와 원인에 대해 통찰을 하도록 도움을 준다. 행동주의적 접근은 학습원리를 적용하여 불안반응을 강화한 외부자극이나 조건 등을 수정하여 불안반응을 감소시키는 것을 강조한다. 이때 사용하는 기법으로 노출 치료(exposure therapy), 체계적 둔감(systematic desensitization), 내폭치료(implosion therapy), 실제 상황 노출법(in vivo therapy), 모델링(modeling) 등이 있다. 인지주의적 접근은 개인의 생각이나 사고방식이 불안을 촉발시키는 것으로 보고 바람직한 행동을 위한 사고방식이나 인지 양식을 갖도록 해 준다. 이를 위한 기법에는 인지재구성(cognitive reconstruction), 사고 중지(thought stopping), 인지적 암송(cognitive rehearsal) 등이 있다. 최근에는 인지주의와 행동주의를 통합한 인지행동적 접근이 활성화되어 있다. 생리학적 접근에서는 항불안제, 항우울제와 같은 약물을 처방하여 불안을 완화시킨다(김춘경 등, 2016).

적응장애(adjustment disorder)

부적응행동(maladjustment behaviors)이라고도 한다.

조현병(schizophrenia)

정신분열병이 부정적 편견을 가져오기 때문에 조현병(調絃病)이라고 한다. 조현병은 사고체계와 감정반응의 전반적인 장애로 인해 통합적인 정상 사고를 하지 못하는 일종의 만성 사고장애다. 일반적인 증상으로 외부현실을 제대로 인식하지 못하여 부조화된 환각, 망상, 환영, 환청 등을 경험하고 대인관계에서 지나친 긴장감 혹은 타인의 시각에 대한 무관심, 기이한 행동을 보인다. 이로 인해 사회활동과 가족관계를 악화시키는 대표적인 정신질환이다. 주요 원인으로는 신경전달물질의 균형 이상, 대뇌의 구조 및 기능 이상, 유전적 소인, 비이상적인 신경증식, 환경적·사회문화적인 요인 등으로 알려져 있다. 크레플린은 처음으로 조현병을 하나의 독립적인 장애로 기술한 연구자다. 그는 이 질환이 회복되지 못할 것이라고 믿었으나 그가 연구한 127 사례 중 16 사례는 완전히 회복하였다. 그리고 지금과 달리 환자의 개인 생활사와 성격 등의 심리적 측면과 질환의 과거력 등에는 관심을 두지 않고 현미경과 시험관을 이용하여 질병을 객관적으로 연구하고자 하였다. 그는 조현병이 청소년기에 발병되기 때문에 조발성 치매라 하였고, 인지기능이 퇴화하는 기질적 장애로 보았다(김춘경 등, 2016).

타임아웃(time-out)

문제를 일으키는 자극 또는 강화물을 얻을 기회로부터 제외하는 것이다. 정적 강화의 접근을 일정 시간 차단함으로써 바람직하지 못한 행동을 하지 못 하게 하는 행동수정의 한 형태이다. 타임아웃은 배제 타임아웃과 비배제 타임아웃이 있다. 배제 타임아웃(exclusion time-out)은 학생이 문제행동을 한 직후부터 잠깐 물리적으로 강화제를 받을 수 있는 환경에서 배제되는 것이다. 그러한 목적을 위해 흔히 별도의 타임아웃 공간에 두거나, 생각하는 의자에 앉히거나 하는 방법을 쓰기도 한다. 타임아웃 공간은 강화가 될 만한 것이 없어야 한다. 타임아웃 공간에 격리되는 시간은 길지 않아야 하는데, 목적과 수단이 전도되지 않는 윤리적인 측면과 실제적인 측면을 고려하여 격리 시간을 결정하여야 한다. 타임아웃이 효과적으로 되기 위해서는 타임아웃 이전의 환경(time-in environment)에 타임아웃 환경보다 질적·양적으로 우세한 강화제가 반드시 있어야 한다. 평상시 환경에 대한 강화가 별로 없었다면 타임아웃의 방법은 효과가 작거나 나타나지 않을 수도 있다. 이전 환경이 즐겁지 않았을 때 학생이 오히려 배제되는 것이 즐거워할 수도 있기 때문이다. 비배제 타임아웃(non-exclusion time-out)은 학생이 문제행동을 하였을 때 그 환경에서 물리적으로 이동하지는 않지만, 강화제를 받을 수 있는 기회를 얻지 못하는 것이다. 자주 사용되는 비배제 타임아웃의 형태는 타임아웃 리본 모델의 사용이다. 예를 들어, 교실 내에서 모든 학생이 장식물(리본, 배지 등)을 착용하고 있다가 말썽을 일으키는 학생은 잠시 장식물을 제거하게 하고, 이를 착용하지 않았을 때는 학급 내 활동에 참여하지 못하고, 교사의 관심도 받지 못하도록 하는 방법이다(국립특수교육원, 2018).

품행장애(conduct disorder)

대부분의 아동은 가끔 규칙을 어기고 잘못된 행동을 한다. 그러나 지속해서 극단적인 증오나 적대감을 보인다면 적대적 반항장애나 품행장애 진단에 부합하게 된다. 적대적 반항장애를 가진 아동은 종종 논쟁적이고 화를 내고 불안정하고 어떤 경우에는 적개심을 나타내기도 한다. 예를 들면, 반복적으로 어른과 논쟁하고, 어른이 지키라고 하는 규율을 무시하고, 다른 사람을 고의로 화나게 하며, 화를 많이 내고 증오심을 보인다. 적대적 반항장애보다 더 심각한 문제를 보이고 반복적으로 다른 사람의 기본 권리를 침해하는 품행장애 아동은 신체적 폭력이나 위협, 재산파괴, 사기나 도둑질, 심각한 법 위반과 같은 폭력적이고 무책임한 행동을 반복적으로 보인다. 신체적 폭력으로는 동물을 학대하는 것, 다른 사람에게 돌이나 방망이 등의 무기로 신체적 상해를 입히는 것, 위협하고 협박하는 깡패 행동, 빈번한 육체적 싸움, 강간이나 성폭행과 같이 다른 사람에게 성적 행위를 강요하는 것 등이다. 재산파괴는 다른 사람의 재산을 고의로 손상을 입히는 것인데, 다른 사람의 집이나 재산에 불을 지르거나 학교의 기물을 부수고, 자동차에 흠집을 내는 행동 등이다. 사기나 도둑질은 자신의 이득을 위하여 거짓말을 자주 하거나 약속을 지키지 않고 다른 사람의 물건을 훔치는 것 등이 포함된다. 특히, 이 장애를 지닌 아동이나 청소년은 학교나 가정의 규칙을 지키지 않으려 한다. 예를 들면, 귀가 시간을 지키지 않거나 가출을 하고, 혹은 학교에서 무단결석이 빈번하다. DSM-5에 따르면, 이 장애는 발병되는 연령에 따라 두 가지 유형으로 구분하고 있다. 즉, 10세 이전에 진단기준 중 1개 항목이 진단될 때는 소아기 발병형이라 하고 10세 이전에 어떠한 진단기준도 드러내지 않았을 때 청소년기 발병형이라 한다. 이 같은 행동이 18세 이후 성인기에도 계속 나타날 때에는 반사회적 성격장애의 범주로 분류한다. 또한 문제행동의 심각한 정도에 따라 가벼운 정도, 중간 정도, 심각한 정도로 분류한다. 가벼운 정도는 거짓말을 하거나 무단결석, 밤늦은 귀가와 같이 다른 사람에게 해를 입히는 정도가 적은 것을 말한다. 중간 정도는 기물 파손, 피해자와 대면하지 않은 상황에서 도둑질하는 것과 같이 다른 사람에게 약간의 피해를 주는 것을 말한다. 심각한 정도는 성적 강요, 잔혹한 신체 손상, 무기 사용, 강도와 같이 다른 사람에게 심각한 상해를 입히는 것을 말한다. 이러한 행동들은 대인관계 형성, 학업 수행, 직업활동 등의 기능에 손상을 가져온다. 다른 사람의 감정을 알아차리지 못하고 공감능력이 부족하여 대인관계가 원만하지 않으며 적대적이고 냉담하면서 공격적으로 행동한다. 좌절에 대한 인내력이 부족하여 학업이나 직업생활에 실패하는 탓에 알코올이나 약물에 대한 위험성이 높다. 또한 이 장애를 지닌 청소년은 평균 이하의 지능을 가지고 있어 학업 수행과 언어이해, 언어표현, 언어사용 등에 어려움을 겪고 학습장애나 의사소통장애를 동반할 수도 있으며 주의력결핍 및 과잉행동장애를 보이는 경우가 흔하다(김춘경 등, 2016).

8 의사소통장애

학습 목표

1 의사소통장애 정의와 적격성 판정 기준을 이해할 수 있다.

2 의사소통장애 학생의 특성과 교육지원 방법을 설명할 수 있다.

다른 사람들과 의사소통을 하지 못한다는 것은 이 사회에서 살아갈 수 없을 정도의 심각한 문제를 초래한다. 듣기와 읽기를 통해 정보를 받아들이지 못하거나, 제 생각을 말로 표현하지 못하는 학생들은 학교를 포함한 모든 환경에서 어려움을 겪을 수밖에 없다. 의사소통장애는 개인의 학습과 능력 계발뿐만 아니라 타인과 만족스러운 관계를 형성하고 유지하는데도 어려움을 준다. 의사소통장애 중에서도 언어장애가 특히 특수교육에서 주된 관심사인데, 이는 의사소통에서 더 심각한 문제를 초래할 뿐만 아니라 이런 문제가 다른 장애유형(청각장애, 지적장애, 자폐성장애, 학습장애 등)의 많은 장애학생들에게 수반장애(2차 언어장애)로 나타나기 때문이다.

1 의사소통장애의 개념

의사소통장애는 언어나 말의 의사소통 기능에 문제가 발생하는 것을 말한다. 다시 말해 언어장애나 말장애를 의미한다. 언어치료 분야의 초창기에는 의사소통장애와 관련하여 주로 말에 중점을 두었으나 특수교육의 발전과 함께 주된 관심사가 언어로 옮겨 갔다. 의사소통에서는 말보다 언어 문제가 더 심각한 결과를 초래한다고 인식하게 된 것이다(이소현, 박은혜, 2020).

국내외 특수교육 관련 법에서는 의사소통장애에 대해 표 II-8-1과 같이 말장애와 언어장애로 구분하여 정의하고 있다. 여기서 말장애는 언어치료사들을 중심으로 협력하여 중재하게 된다.

표 II-8-1 국내외 특수교육 관련 법에서의 의사소통장애 정의

관련 법/명칭	정의 또는 기준	
미국 장애인교육법 (IDEA, 2004)/ 말 또는 언어장애	조음장애, 말더듬, 음성장애, 언어장애 등의 의사소통장애가 있어 교육적 성취에 불리함이 있는 상태를 의미한다.	
장애인 등에 대한 특수교육법 시행령(2021)/ 의사소통장애를 지닌 특수교육대상자	다음 각 목의 어느 하나에 해당하여 특별한 교육적 조치가 필요한 사람 가. 언어의 수용 및 표현 능력이 인지능력에 비하여 현저하게 부족한 사람 나. 조음능력이 현저히 부족하여 의사소통이 어려운 사람 다. 말 유창성이 현저히 부족하여 의사소통이 어려운 사람 라. 기능적 음성장애가 있어 의사소통이 어려운 사람	
장애인복지법 시행규칙(2021)/ 언어장애	**현행**	**장애등급**
	중증[a]	• 제3급 음성기능이나 언어기능을 잃은 사람
	경증[b]	• 제4급 음성·언어만으로는 의사소통하기 곤란할 정도로 음성기능이나 언어기능에 현저한 장애가 있는 사람

a 장애의 정도가 심한 장애인으로 판정; *b* 장애의 정도가 심하지 않은 장애인으로 판정

말장애

말장애(speech disorder)는 말소리의 발성, 흐름, 음성에서의 손상을 의미하는 것으로 다음과 같이 조음장애, 유창성장애, 음성장애로 구분된다(유은영, 조윤경, 2020; American Speech-Language-Hearing Association, 1993).

조음장애

조음장애는 말의 이해를 방해하는 생략, 첨가, 왜곡, 대치로 특징지어지는 말소리의 비전형적인 산출을 의미한다. 예를 들어, '이모', '물'을 '모', '무'라고 발음하거나(생략), '형', '콩'을 '형아', '콩아'라고 발음하거나(첨가), '할아버지', '할머니'를 '하비', '할미'라고 발음하거나(왜곡), '상어'를 '땅어' 또는 '탕어'라고 발음하는(대치) 등의 오류를 들 수 있다. 이러한 말소리 산출에서의 어려움은 말을 하는 데 필요한 골격이나 근육 또는 신경근육상의 해부학적이거나 생리학적인 문제로 인해 나타나기도 하고, 뇌성마비나 청각장애와 같은 기타 요인에 의하여 나타나기도 한다.

유창성장애

유창성장애는 비전형적인 속도, 리듬 또는 음절, 어절, 단어, 구절의 반복으로 특징지어지는 말하기 흐름의 방해를 의미한다. 말더듬이 가장 흔하다. 말더듬은 과도한 긴장, 힘들여 애쓰는 행동, 이차적인 버릇이 함께 나타날 수 있다. 일차적인 버릇으로 말을 반복하거나 오래 끌거나 중간에 막힘 등을 보인다. 이와 동시에 말더듬는 것을 다루거나 피하기 위해 이차적인 버릇으로 눈 깜빡이기, 입 벌리기, 입술 다물기, 쉬운 단어로 대체하기, 삽입음 넣기 등을 보인다. 속화도 유창성장애에 포함되는데, 말의 속도가 너무 빠르고 음을 추가하거나 잘못 발음함으로써 말을 이해하기 힘든 경우이다.

음성장애

음성장애는 자신의 연령이나 성별에 부적절하게, 음성의 질, 높이, 크기, 공명, 지속시간에 있어서 비정상적인 음성산출이나 결여를 보이는 상태를 의미한다. 음성장애는 성대 결함으로 인하여 목소리의 질, 높낮이, 크기에서의 변형으로 나타나는 발성장애와 발성 시 코와 입 사이를 폐쇄하지 못해서 나타나는 공명장애를 포함한다. 발성장애 대부분은 성대 움직임이 바뀌기 때문에 나타난다. 이로 인해 숨 새는 소리, 거친 소리, 목쉰 소리, 음도 결함과 크기 문제 같은 다양한 양상을 보이게 된다. 가끔 성대 움직임이 바뀌어 성대에 구조적 변화가 발생하기도 한다. 흔하지는 않지만, 후두구조 변화가 없는데도 음성장애가 나타날 수 있다. 이에 대해 추정해 볼 수 있는 원인으로는 신체기관 같은 생리적 원인 또는 음성기관의 과도한 사용 같은 습관을 들 수 있다. 공명장애에서 공명이란 구강 안의 구조물을 통해 소리가 지나가면서 수정·변화되는 것을 말한다. 성대의 아래와 위에 있는 공명구조는 후두에서 나온 소리를 수정한다. 여러 가지 요소가 공명에 영향을 주지만 공명장애는 주로 구강구조와 비강구조 그리고 이로 인한 공명자질에 중점을 둔다. 다시 말해 공명장애는 바람직한 공명의 결여, 불충분한 공명, 혹은 부적절한 공명과 관련되어 있으며 이때 공명은 구강과 비강 모두가 해당한다(Hedge, 1995).

언어장애

학교 현장에서 교사들은 학생과 사회적 상호작용을 하고, 의사소통 기술을 촉진해야 한다. 이때 학생은 적절한 언어발달 수준을 갖추고 있어야 한다. 언어발달은 학생의 신체성장, 인지발달, 사회화와 관련되어 있는데, 많은 장애학생들은 언어발달이 지체되어 있어 교육적 성취에도 부정적 영향이 있다. 단순히 언어발달이 지체되는 것과 언어장애는 초기 단계에서는 서로 비슷해 보이지만, 점차 다른 양상을 보인다(Owens 등, 2010).

언어장애는 수용언어나 표현언어에 심각한 결함(수용언어장애나 표현언어장애)을 보이는 발달적 언어장애이며, 동시에 언어발달 상의 지체를 보인다. 이로 인해 다음과 같은 언어의 형태(음운론, 형태론, 구문론), 언어의 내용(의미론), 언어의 의사소통기능(화용론)에 있어서 결함이 있다(고은, 2018; American Speech-Language-Hearing Association, 1993).

- 음운론(phonology): 언어의 소리체계와 소리의 합성을 규정하는 규칙
- 형태론(morphology): 단어의 구조와 단어 형태의 구성을 규정하는 체계
- 구문론(syntax): 문장을 만들기 위한 단어의 순서와 조합 및 문장 내에서의 요소 간의 관계
- 의미론(semantics): 단어와 문장의 의미를 규정하는 체계
- 화용론(pragmatics): 기능적이고 사회적으로 적절한 의사소통을 위해서 이상의 언어 요소들을 조합하는 체계

언어장애는 1차 언어장애로서 단순언어장애(specific language impairment)와 2차 언어장애로 구분되기도 한다. 단순언어장애는 원인을 확인할 수 없는 언어장애로 감각적·신경학적·정서적·인지적 문제를 전혀 가지고 있지 않으면서 언어발달에만 문제를 보이는 경우이다. 2차 언어장애는 청각장애, 지적장애, 자폐성장애, 학습장애 등의 수반장애로 나타나는 경우이다. 이 외에 언어장애는 일반적인 언어발달과 비교함으로써 다음과 같이 분류되기도 한다(이소현, 박은혜, 2020; Naremore, 1980).

- 구어의 결여: 3세가 될 때까지 언어를 이해하거나 자발적으로 사용하지 않는 경우이다.
- 질적으로 다른 언어: 특정 발달단계에서 또래와 비교할 때 언어가 다르다. 의사소통을 위한 의미와 유용성이 거의 없거나 전혀 없다. 자폐성장애 학생들이 보이는 반향어, 사회적 상황에 맞지 않는 의미 없는 말 등이 여기에 해당한다.
- 지체된 언어발달: 언어발달이 일반적인 단계를 거치기는 하지만 또래들에 비하여 심각하게 지체된다.
- 중단된 언어발달: 언어발달이 문제없이 진행되었으나 질병, 사고 및 기타 손상에 의하여 중단되고 언어장애가 나타난 경우로, 실어증을 예로 들 수 있다.

2 의사소통장애 학생의 특성

일반적으로 단순언어장애를 포함하여 말 또는 언어에 문제를 보이는 학생들은 지능검사 결과나 학업성취도 결과에서 평균보다 낮은 점수를 보인다. 이는 대부분의 검사도구가 피검사자의 언어능력에 영향을 받기 때문이다. 따라서 이러한 검사 결과를 가지고 의사소통장애 학생의 실제 지능이 낮다고 단언할 수는 없다.

의사소통장애를 갖는 학생들은 학업에서 핵심기술인 단어인지, 독해, 수학적 계산 등에서 어려움을 보이므로 언어 관련 교과뿐만 아니라 사실상 모든 교과에서 학습에 어려움을 보이게 된다. 그리고 타인이 말하는 것을 이해하지 못하거나 제 생각을 언어로 표현하는데 문제를 보이므로 타인으로부터 소외되거나 열등감을 경험하게 되어 불안감이나 좌절감, 분노를 경험하게 되며 때로는 적대감이나 위축 행동까지 보인다(충청남도교육청, 2006).

3 통합교육에서 교육지원

의사소통장애 학생들은 말이나 언어에 어려움이 있지만, 일반교육 교육과정에 참여하는 데 대체로 어려움이 없다. 의사소통장애 학생에 대한 중재에서는 언어치료사가 주된 역할을 맡기 때문에 일반교사는 이를 협력적으로 도우면 된다. 이 과정에서 교사가 특히 신경 써야 할 부분은 일반학급에서 말이나 언어 기술을 사용해 볼 수 있는 허용적 환경 제공, 그리고 사회적 수용 두 가지이다. 이 중 허용적 환경 조성은 사회적 수용을 위한 기초로서 그 중요성이 있다. 이런 환경 조성을 위한 몇 가지 방법을 제시하면 다음과 같다(Lewis, Wheeler, & Carter, 2017).

- 말장애 학생이 말할 때는 교사가 주의집중해서 들어야 하며, 또래학생들도 집중해서 듣고 있는지 확인해야 한다.
- 교사나 또래학생들은 말에 오류가 있더라도 이를 잘못했다고 해서는 안 된다. 대신 교사는 학생이 하려던 말을 정확히 시범을 보여준다.
- 교사는 학생의 말 오류에 대하여 신경 쓰지 않아야 한다. 잘못된 발음이나 유창성의 문제에 신경을 쓰지 않고 넘어가고, 말하고자 하는 내용에 신경을 쓰고 있다는 것을 보여준다면 또래학생들도 교사를 따라 할 것이다. 특히 유창성장애(말더듬) 학생의 경우 오류를 상대방이 신경을 쓰면 말더듬이 더욱 심해진다.
- 또래학생들이 말 오류에 대하여 웃거나 놀리지 않도록 해야 한다. 이를 학급 규칙으로 정할 수도 있고, 장애를 가상적으로 체험하게 해서 장애학생 입장을 이해하게 하는 것도 좋은 방법이다.
- 학생에게 발음하기 어려운 말이 있는 경우 그런 말을 해야 하는 상황에 놓이지 않게 한다. 그리고 교사는 이 학생이 어떤 활동에 참여할 수 있는지도 함께 고려한다.
- 의사소통에 어려움이 있는 학생 중에는 말하는 속도가 매우 느리고, 말하기 힘들어하는 경우가 많다. 보조공학기기를 사용하는 학생도 의사소통하는 데 시간이 오래 걸릴 수 있다. 이를 위해 교사나 또래학생은 인내심을 가지고 기다려주는 것이 필요하다.

허용적인 환경이 아니라면 의사소통장애 학생들은 의사소통의 어려움으로 인해 사회적 상황을 불안해하고 피하려 한다. 따라서 자연스럽게 사회적 상호작용과 의사소통을 촉진할 수 있는 교육환경을 조성하는 것도 중요하다. 이를 위해 협동학습이나 또래교수와 같은 교수적 배치를 사용하여 자연스러운 상호작용 기회를 얻게 하는 것이 좋다. 또한 다음과 같은 상황을 제공한다면 학생의 의사소통 자발성을 높이고, 자연스럽게 중재의 기회를 가질 수 있다(Kaiser & Grim, 2006).

- 흥미 있는 상황 제공: 사물이나 활동에 흥미가 있을 때 학생은 의사소통하려 한다.
- 학생이 원하는 것을 손에 닿지 않는 곳에 두기: 원하는 물건이 손에 닿지 않을 때 학생은 의사소통하려 한다.
- 부적절한 상황을 연출하기: 예를 들어, 수업에 필요한 자료가 자신에게 주어지지 않으면 의사소통하려 한다.
- 선택의 기회 주기: 학생들은 선택해야 하는 상황에서 의사소통하려고 한다.
- 도움이 필요한 상황 조성하기: 예를 들어, 수업자료를 다루거나 조작할 때 스스로 하지 못한다면 도움을 요청할 것이다.
- 예기치 못한 상황 연출하기: 학생이 예상하지 못한 일이 일어났을 때 의사소통하려 한다.

의사소통장애 학생 중에는 어휘발달 수준이 낮아 수업에서 사용하는 단어들에 익숙하지 않고 수업내용을 이해하지 못하는 학생들이 있다. 이런 학생들을 위해 수용어휘와 표현어휘를 높일 수 있도록 도움을 주어야 하는데, 통합교육 상황에서 도움을 줄 수 있는 몇 가지를 제안해 보면 다음과 같다(Lewis, Wheeler, & Carter, 2017).

- 학생이 이해하지 못하는 단어에 대하여 질문하도록 지도한다.
- 조사나 동사 등의 단어는 단어만으로는 의미를 가르치기 어려우므로 그 의미를 행동으로 보여준다.
- 각 단어에 대해 정의와 설명을 해주면서 동시에 예시를 보여주며 가르친다.
- 단어의 의미를 나타내는 다양한 예시(예를 들어, 배에 대해 '배를 먹는다'와 '배를 탄다'처럼)를 제공한다.
- 모든 교과목 시간에 어휘 교수를 포함한다.
- 잘 모르는 단어가 나왔을 때 사전(또는 그림 사전)을 사용하도록 한다.
- 학생이 배우는 새로운 단어를 학교 일과 시간에 실제 사용해 볼 기회를 제공한다.
- 학생의 의사소통 시도를 격려하고 진심으로 지원하면서 학생의 의사소통을 강화한다.

수용언어장애(receptive language disorders)

상대의 말을 듣고 이해하는 능력이 손상된 언어장애이다. 청각 자극을 받아 분석하는 좌측 측두엽 베르니케(Wernicke) 영역의 손상으로 발생한다(국립특수교육원, 2018).

실어증(aphasia)

말과 글을 이해하지 못하는 경우가 많으며 이해뿐 아니라 자신이 표현한 글마저도 그 의미가 맞지 않거나 철자법이 틀린 경우가 많다. 흔히 뇌손상 후 증세가 나타나고 일반적으로 언어가 완성되는 5~6세 이후에 발생하는 후천적 장애다. 생물학적으로는 언어를 담당하는 근육 자체에는 문제가 없지만 언어중추 상 문제로 발생한다고 알려져 있다. 그중에서도 뇌혈관장애로 일어나는 중풍이 가장 큰 원인으로 밝혀져 있고, 그 외 뇌부상, 뇌종양, 뇌감염 등도 원인이 될 수 있다. 실어증의 증상에 따라 브로카 실어증(Broca's aphasia), 베르니케 실어증(Wernicke's aphasia), 전반 실어증(global aphasia) 등으로 구분한다. 브로카 실어증은 좌반구의 전두엽 아래쪽 뒷부분(브로카 영역)의 손상에서 기인하는 것으로 알려져 있으며, 말이 유창하지 못하고 따라 말하는 데 어려움이 있으며 문법도 잘 맞지 않지만, 청각적 언어 이해 능력은 상대적으로 좋은 편이다. 또한 쓰기 능력이 손상되는 경우가 많다. 베르니케 실어증은 좌반구 측두엽의 위쪽 뒷부분(베르니케 영역)의 손상 때문으로 알려져 있으며, 발음과 억양 측면에서는 말이 유창하고 조음장애가 거의 없다. 문법도 규칙에 맞게 사용하는 편이지만 의미가 잘 통하지 않는 문제가 있다. 또한 몸짓 등 행동을 사용한 의사소통은 잘하는 데 비해 청각적인 처리가 필요한 말은 이해하지 못하는 경우가 많으며 시각장애를 보이는 경우가 있다. 전반 실어증은 좌반구의 언어산출 및 언어 이해를 담당하는 영역 모두에 손상이 있을 때 나타난다. 언어의 전 영역에 손상이 있으므로 자발적인 언어 이해가 힘들고 유창하지 않으며 따라 말하기, 읽기, 쓰기 모두에서 어려움을 보인다. 실어증 증상의 개선을 위해서는 일시적인 언어장애를 제외하고는 조기에 시작하여 상당 기간 치료를 받아야 하며, 무엇보다 현재 환자의 주변 환경에서 효율적인 의사소통을 할 수 있도록 하는 것이 가장 중요하다. 예를 들어, 증상이 심각하다면 발성 치료부터 시작하고 단순 단어 나열이 가능하다면 문장을 만들어내는 연습 치료부터 시작하는 것이다(이철수, 2013).

표현언어장애(expressive language disorder)

출생 전, 출생 시, 출생 후에 발생할 수 있고, 발생 원인은 대뇌 손상, 감염, 유전적 문제, 조산 등 다양하다. 어휘가 제한되고, 문법 능력이 떨어지며, 종종 언어적 기억력이 제한되기도 한다. 읽기와 쓰기에서도 어려움을 나타낼 수 있다. 언어발달 지체, 음성장애, 실어증, 조음음운장애, 말더듬이 나타날 수 있고, 청각장애, 뇌성마비, 지체장애, 지적장애, 정서·행동장애, 자폐성장애 모두 표현언어장애를 가질 수 있다. 표현언어장애 아동은 또래에 비해 어휘의 수가 제한적이고, 음이나 단어의 순서를 혼동하며, 시제나 복수형을 부적절하게 사용한다. 이들은 수용언어에서 문제를 가질 수도 있고 그렇지 않을 수도 있다. 가령, 6을 보여주면서 물었을 때 잔돈 6개는 셀 수 있지만, 숫자 6이라고 말을 못 할 수도 있다. 이 경우 아동은 표현언어에는 어려움이 있지만, 수용언어에는 문제가 없다고 볼 수 있다(김춘경 등, 2016).

9 발달지체

학습 목표

1 발달지체의 정의와 적격성 판정 기준을 이해할 수 있다.

2 발달지체 영유아의 특성과 교육지원 방법을 설명할 수 있다.

영유아 시기는 급속한 성장과 발달이 이루어지는 때로 생애주기 발달단계 중 가장 중요한 시기이다. 이 시기에 발달 상의 지체나 장애가 발견된다면 다음 발달단계에 악영향을 주므로 발달에 지체가 있는지 조기발견해서 여러 중재를 제공하고 유아의 잠재적인 발달을 촉진할 필요가 있다(이소현, 2007). 발달지체는 유아의 생활연령에 기대되는 것보다 낮은 수준의 발달 정도를 보이는 것을 의미하는 것으로 원래 장애유형에 속하지 않는다. 미국의 경우 영유아에게 장애유형으로 표찰을 붙이는 것은 법으로 금지하고 있으며 실제, 특정 장애유형 명칭으로 진단되지 않더라도 발달 상의 지체를 설명하는 기준만 충족하면 특수교육을 받을 수 있도록 하고 있다(IDEA, 2004). 그러나 국내에서는 발달지체가 장애유형으로 구분되므로 표찰에 의한 낙인이 발생할 수 있다. 발달지체 유아 중에는 적절한 교육 및 의료적 중재를 받아 발달 상에 지체를 보이지 않기도 하므로 취학 전 유아에 대해서는 장애로 특정 짓기보다 발달에 지체가 있다는 의미로서 발달지체를 사용하는 것이 적절하다.

1 발달지체의 개념

발달지체는 생활연령에 기대되는 발달수준보다 발달이 늦어지는 상태를 지칭하는 것이다. 말 그대로 장애유형이 아닌 상태지만 특수교육서비스를 제공하기 위해 국내에서는 장애유형으로 규정하고 있다. 이렇게 발달지체라는 장애유형을 별도로 정해두면 표찰의 문제에도 불구하고 다음과 같은 이점이 있다(이소현, 2020).

- 모든 유아에 대해서 발달지체 개념을 적용하여 발달상태를 파악하게 되므로 유아의 발달에 적합한 환경에 배치할 수 있도록 촉진한다.
- 유아의 능력과 요구에 맞는 서비스를 제공할 수 있다.
- 장애아동과 관련된 서비스보다는 통합교육을 추구하게 된다.
- 발달지체를 장애로 받아들이게 함으로써 조기중재에 대한 필요성을 일깨워준다.

장애인 등에 대한 특수교육법에서 '등'이 표기된 이유 중 하나가 바로 발달지체 때문이기도 하다. 특수교육에서의 국내외 발달지체 관련 정의는 표 II-9-1과 같다.

표 II-9-1 국내외 특수교육법에서의 발달지체 관련 정의

관련 법/명칭	정의
미국 장애인교육법 (IDEA, 2004)/ 장애영아	① 다음과 같은 이유로 조기중재 서비스가 필요한 만 3세 미만의 아동을 의미한다. A. 적절한 진단도구와 절차를 통해 발달영역(신체발달, 인지발달, 의사소통발달, 사회·정서적 발달, 적응발달) 중 한 가지 이상의 영역에서 지체를 겪고 있음이 측정됨 B. 발달지체를 초래할 가능성이 큰 신체적·정신적 상태를 지닌 것으로 진단된 아동 ② 장애 위험 영아를 포함할 수도 있다. ③ 이 법에 따라서 적격성이 인정되거나 관련 기관에서 이미 서비스를 받은 장애아동 또는 이들에게 적절한 프로그램을 제공할 유치원이나 학교 입학이 인정된 아동이다.
미국 장애인교육법 (IDEA, 2004)/ 장애아동	각 주와 지역교육청(Local Education Agency: LEA)의 재량에 따라 다음을 포함할 수 있다. ① 일반적으로 지적장애, 청각장애(농 포함), 말/언어장애, 시각장애(맹 포함), 심각한 정서장애, 지체장애, 자폐, 외상성 뇌손상, 기타 건강장애, 특정학습장애, 농-맹, 또는 중복장애를 가지고 있는 아동이나 이런 장애로 인해 특수교육과 관련서비스를 필요로 하는 아동을 의미한다. ② 발달지체를 겪고 있는 3~9세 아동을 의미한다. A. 3~9세 아동(3~5세를 포함하여 이 연령 범위 내 어떤 범위도 해당함)이 발달영역(신체발달, 인지발달, 의사소통발달, 사회·정서적 발달, 적응발달) 중 한 가지 이상의 영역에서 지체를 겪고 있음을 적절한 진단도구와 절차를 통해 측정할 수 있음 B. 또는 그러한 이유로 인해서 특수교육 및 관련서비스를 필요로 하는 아동
장애인 등에 대한 특수교육법 시행령(2021)/ 발달지체	신체, 인지, 의사소통, 사회·정서, 적응행동 중 하나 이상의 발달이 또래에 비하여 현저하게 지체되어 특별한 교육적 조치가 필요한 영아 및 9세 미만의 아동

미국 장애인교육법(IDEA, 2004)에서는 0~9세의 아동이 장애 판정을 받지 않았더라도 적절한 진단도구와 절차를 통해 발달이 지체되었음을 측정할 수 있다면 특수교육을 받을 수 있도록 하고 있다. 이는 별도의 장애명칭을 부여하지 않음으로써 영유아가 장애가 심하더라도 통합이 중요함을 강조한 것이다. 다시 말해 표찰로 인한 낙인을 방지하고, 일반교육 교육과정이나 사회로부터 분리되는 것을 막는 데 중점을 둔 것이다. 이 정의는 0~9세까지의 아동이 다음과 같은 세 가지 조건 중 하나라도 만족한다면 특수교육에 적격성을 갖추고 있음을 나타내고 있다.

① 0~9세까지의 아동이 특수교육을 받는 학령기 학생들의 장애유형 중 하나에 해당하는 장애를 가지고 있는 것이 분명하다.
② '①'이 있어 특수교육과 관련서비스가 필요하다.
③ '①'이 없더라도 5가지 발달영역(신체, 인지, 의사소통, 사회·정서, 적응) 중 하나 이상에 지체가 있음을 적절한 진단도구와 절차를 통해 측정할 수 있다.

장애인 등에 대한 특수교육법 시행령(2021)에서도 IDEA(2004) 정의의 5가지 발달영역을 사용하고 있다. 하지만 '현저하게 지체되어'라는 기준은 실제 적격성 판정 기준으로 사용하기에 모호함을 주고 있다.

2 발달지체의 진단

국내에서는 법적인 용어로 발달지체라는 명칭을 사용하고는 있으나 구체적인 적격성 판정 기준을 제시하지 않고 있다. 따라서 발달지체를 판정하기 위해서는 먼저 어느 정도의 지체가 발달지체에 속할 것인지에 대한 기준 규명이 필요하다. 미국의 경우 적절한 진단도구와 절차를 사용하여 다섯 가지 발달영역(신체발달, 인지발달, 의사소통발달, 사회·정서적 발달, 적응발달)에 대해 다음과 같은 결정방법을 사용한다(이소현, 2020).

- 아동의 생활연령과 실제 수행수준과의 차이를 연령의 백분율(%)로 나타냄
- 자신의 생활연령보다 몇 개월이나 지체되었는지를 지체 연령으로 나타냄
- 표준화된 도구의 표준편차로 지체의 정도를 나타냄

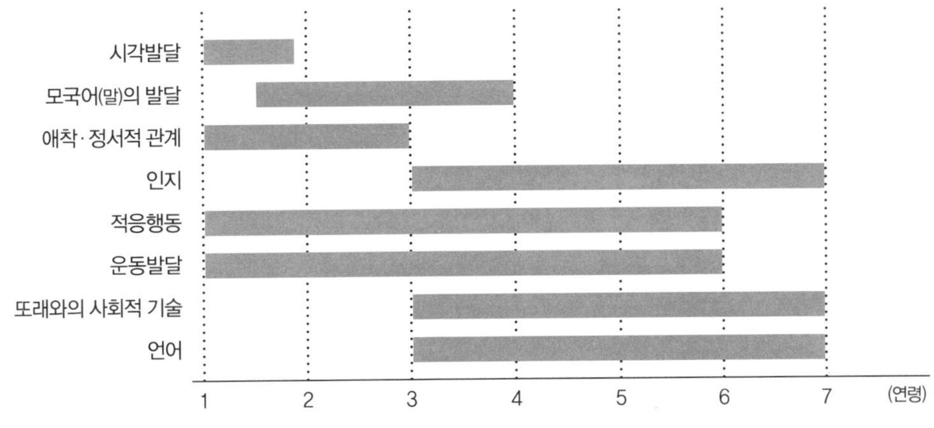

그림 II-9-1 주요 발달영역별 발달 시기 출처: 국립특수교육원(2016)

하지만 이런 방법을 사용하여 발달지체 정도를 결정하는 것은 부적절하다는 문제제기가 있었다. 가장 큰 이유 중 하나는 검사도구가 아동의 발달수준을 제대로 측정해 내지 못한다는 것이다. 이에 따라 IDEA(2004)에서는 전문가팀에 의한 임상적 의견(clinical opinion)을 중요한 결정방법으로 규정하고 있고, 현재 이를 사용한 주가 늘어나고 있다(이소현, 2020).

영유아기에는 유아의 발달이 순조롭게 이루어지고 있는지를 살펴보는 것이 중요하다. 발달은 전 영역에 걸쳐 이루어지지만, 그림 II-9-1처럼 시기별로 발달이 이루어지는 주된 영역이 다르므로 영역별로 주요 발달시기에 적절한 발달이 이루어질 수 있도록 도움을 주어야 한다.

영유아에게서 발달지체를 의심할 수 있는 행동이나 특성들을 나타내 보면 표 II-9-2와 같다. 이런 특성을 보인다면 될 수 있으면 이른 시일에 선별검사를 받게 하는 것이 좋다.

표 II-9-2 발달지체를 의심할 수 있는 행동이나 발달 특성

행동 및 발달 특성	의심장애
• 이름 부르는 소리, 말소리, 음악, 장난감 소리에 반응하지 않음 • 교사의 말을 모방하기 어려워하고 비슷하게 모방하지만 소리가 다름 • 자주 다시 묻는 모습을 보임 • 목소리를 크게 해야 반응을 보임 • 손짓이나 몸짓을 함께 하지 않으면 지시를 알아듣기 어려워함	청각장애
• 눈을 자주 문지르거나 비빔 • 장난감이나 교재를 가까이 들여다봄 • 눈을 가늘게 뜨거나 찡그리기도 하고 눈이 아프다고 호소하기도 함 • 눈을 가까이 쓰는 작업 후에 머리가 아프다고 말하거나 짜증을 냄	시각장애

행동 및 발달 특성	의심장애
• 언어이해 및 표현, 대·소근육 사용, 일상생활기술 등이 전반적으로 또래보다 지체되어 있음 • 새로운 지식을 학습하는 속도가 느림 • 집중해야 할 때 무엇에 집중해야 하는지 잘 모르거나 집중시간이 짧음 • 배운 내용을 잘 기억하지 못하고 배운 내용을 수업 장면 외의 모든 상황으로 적용하거나(예, 다리가 넷이면 모두 강아지라고 함) 다른 상황으로 적용하는 것(예, 수업 중 사진에서 본 강아지만 강아지라고 함)이 어려움 • 일상에서 경험한 것을 연령에 맞게 논리적으로 표현하지 못함	지적장애
• 언어를 이해하는 속도가 느림 • 30개월이 지나서도 두 단어 이상의 어절(예, 이거 싫어)을 말하지 않음 • 자신의 욕구를 적절한 말이나 몸짓으로 표현하기 어려워함 • 말을 많이 사용하는 역할놀이에 참여하는 것을 어려워함	의사소통장애
• 집중시간이 또래의 평균보다 현저히 짧음 • 동일한 활동을 지속하기 어려움 • 규칙을 알고 있어도 충동적으로 위반하는 경우가 많음 • 읽기와 수학적 사고를 위한 준비기술이 없거나 습득하기 어려움 • 단체상황에 적합한 사회적 기술이 부족함	학습장애
• 공격적인 말이나 행동을 자주 보임(예, 친구 때리기, 소리 지르기) • 교사의 지시에 순응하지 않는 행동이 많음 • 또래나 교사의 말에 쉽게 울고 토라지며 단체활동 참여를 어려워함 • 수업 중 멍하게 있기도 하고 불분명한 이유로 자주 아프다고 함 • 친구와의 놀이에 쉽게 참여하지 못함	정서· 행동장애
• 친구나 교사와의 눈 맞춤이 되지 않고 이름을 불러도 잘 반응하지 않음 • 자신의 요구를 위해 자발적으로 말을 사용하지 않고, 사용할 때에도 자신의 요구 또는 좋아하는 주제에 한정됨 • 친구와의 놀이보다는 혼자만의 놀이에 몰두하거나 자신만의 방식으로 놀이하는 경향이 있음(예, 장난감 옆으로 길게 나열하기) • 자랑하거나 보여주기 등의 사회적인 행동을 보이지 않음 • 청각, 시각, 미각, 촉각, 후각 등 감각 영역에서 민감한 반응을 보이거나 지나치게 둔감한 반응을 보임 • 상황에 맞지 않는 불필요한 동작을 반복함(예, 손 펄럭이기 등)	자폐성 장애

출처: 인천광역시교육청(2017)

선별검사 결과 장애가 있다고 판정되면 특수교육에 의뢰할 수 있다. 발달지체를 선정하는 절차는 일반적인 특수교육 의뢰 이후의 절차를 따른다. 국내에서 발달지체 선정의 예(서울특별시교육청, 2021)를 살펴보면, 4개월부터 시작하여 만 6세까지 7회의 건강검진을 실시하여 선별검사를 하고 있고, 표 II-9-3과 같은 실시방법 즉, 지체 연령에 의한 결정방법을 사용하고 있다.

표 II-9-3 발달지체 선정을 위한 진단·평가 시 유의점

조산아의 발달연령 결과 분석	실시 상 유의점
• 생활연령: 출생 후 지금까지의 연령 • 교정연령: 발달평가 시 사용하는 연령 (생활연령-빨리 태어난 주 수) ㉦ 출생 후 18개월 3일, 빨리 태어난 주 1개월 2주일 → 생활연령: 18개월, 교정연령: 16개월 2주(18개월-6주) ※ 영유아 건강검진 주기: 7회(4개월, 9개월, 만 2세, 만 3세, 만 4세, 만 5세, 만6세)	1. 다음처럼 생활연령에 따라 구분하여 발달지체 진단 • 18개월 미만: 발달연령 6개월 지체 • 18개월 이상: 발달연령 12개월 지체 – K-TABS: 비전형 발달영역 확인 2. 보호자 상담 및 관찰 내용과 발달검사 결과 간 차이 비교(체크리스트 다시 확인) 3. 교사 상담: 유치원, 어린이집에서의 생활

출처: 서울특별시교육청(2021) 발췌 후 수정

특수교육지원센터에서는 표 II-9-4에 나타나 있는 것처럼, 진단·평가를 실시한다. 이때 보호자 상담 및 관찰 자료를 포함시켜 결과를 도출한다. 그리고 특수교육운영위원회에서 특수교육지원센터의 진단·평가 결과를 사용하여 발달지체 선정 여부를 결정한다.

표 II-9-4 발달지체 선정을 위한 진단·평가와 심사 절차

특수교육지원센터			특수교육운영위원회
상담	진단·평가		심사
보호자 상담 및 영유아 관찰 • 일상생활 및 놀이 관찰 평가 • 가족정보, 육아정보, 의료 및 치료정보, 가족력 등	① 진단·평가 시행 • 영아: K-DII, K-TABS • 유아: K-DIP, K-TABS ② 상담내용과 관찰내용이 불일치할 때 협력기관 의뢰	→	다음 결과를 사용하여 특수교육운영위원회 심사 • 진단·평가 결과보고서

출처: 서울특별시교육청(2021) 발췌 후 수정

3 통합교육을 위한 교육지원

발달지체 유아는 다양한 영역에서 지체가 있을 수 있다. 따라서 발달지체 유아를 지도하는 교사는 유아의 발달에 대해서 잘 이해하고, 유아가 규준으로부터의 이탈이 어느 정도인지를 파악할 수 있어야 하며, 유아의 개별적인 요구에 대해서 가장 적절한 중재를 제공할 수 있어야 한다.

발달영역별 교수지원

유아의 발달영역은 운동발달(대근육 운동기술, 소근육 운동기술), 인지발달(주의집중, 문제해결, 추론, 개념학습, 개념적용), 의사소통발달(표현언어, 수용언어), 사회·정서 발달(자기조절, 감정표현, 상호작용, 공감 및 관계), 적응행동발달(자조기술, 위생, 안전)로 구분될 수 있다. 따라서 이런 발달영역의 하위기술에서 지체된 기술이 있다면 중재를 제공할 수 있도록 해야 한다. 통합교육 상황에서 발달지체 유아에게 사용해 볼 수 있는 발달영역별 교수방법으로 다음과 같은 것들이 있다(조윤경, 김수진, 2014).

운동발달 영역의 지도

영유아가 활동 참여에 관심 두지 않을 때는 일단 신체적 촉진(예, 잡아 주기 등)을 통해 수행하게 하고 관심을 보이면 조금씩 도움을 줄여나가는 최대-최소촉진전략을 사용할 수 있다. 처음에는 다소 의도적이고 강제적이더라도 이를 계속 반복 시행하다 보면 영유아의 움직임이 활발해지고 점점 활동 참여에 자발적이고 적극적이게 된다. 특히, 뇌병변장애가 있거나 대근육 발달에 문제가 있는 유아인 경우, 전문가의 진단을 거쳐 물리치료를 조기에 병행하면서 교육하는 것이 바람직하다. 대근육 운동에는 문제가 없지만, 눈-손 협응능력에 어려움이 있는 유아인 경우, 다양한 조작활동을 통해 이 능력을 향상시킬 수 있다. 예를 들어 다양한 위치의 점 잇기, 한 손으로 큰 동그라미 그리기, 양손으로 동시에 동그라미 그리기, 세모·네모 등의 간단한 형태 그리기 등을 하게 한다.

인지발달 영역의 지도

발달지체 유아는 학습 속도가 느리고 단순한 개념을 배우는 데도 상당한 시간과 도움이 필요하므로 기대 수준을 다소 낮추어 주어야 한다. 추상적 개념을 가르칠 때는 다감각을 사용할 수 있도록 시각적 이미지나 음악을 함께 제공해주는 것이 바람직하다. 또한, 기능적 학업기술에는 주제별 학습(예를 들어, 교통수단 주제로서 교통수단을 배우고 직접 타보는 기초기술 지도)과 기능적 활동(예를 들어, 기초적인 읽기를 배운 후 건물의 간판 읽기, 일과 시간표 보기) 두 가지가 있는데, 주제와 관련된 기초기술을 연습할 기회를 제공하거나, 읽기, 쓰기, 셈하기 등의 학업기술을 각각 가르친 후 배운 것을 실생활에 적용할 수 있도록 연습기회를 제공하는 것이 좋다.

의사소통발달 영역의 지도

발달지체 유아 대부분이 언어발달에 지체가 있으므로 교육활동과 함께 영유아의 놀이나 행동에 대해 옆에서 언어적 자극을 제공해주어야 한다. 예를 들어, 격려한다거나 일상생활에 관련된 인사, 이름, 음식, 동물들을 넣어 대화 등을 하며 언어적인 표현을 지도

하고 자주 상호작용하도록 한다. 가능하면 유아와 관련된 주제, 또는 유아가 흥미를 보이는 주제를 선정하고, 쉽게 접근할 수 있는 언어학습이 될 수 있도록 상황을 고려하여 지도하면 효과적이다.

사회발달 영역의 지도

발달지체 유아는 여러 요인에 의해서 사회적 기술이 부족하므로, 교사가 의도적으로 또래와 짝을 지어 사회적 상호작용을 유도하거나 또래들의 수용을 격려하고 지지해 줄 수 있도록 해야 한다. 더불어 모방을 통해 사회성 기술을 자연스럽게 습득할 기회를 제공해야 한다.

적응행동발달 영역의 지도

적응행동기술 중 가장 핵심기술은 개인관리기술이라고도 하는 자조기술이다. 이 자조기술 중 신변처리 기술을 가르칠 때는 영유아가 협조할 수 있도록 자연적인 시간과 기술을 선택해야 한다. 이때 교사가 유치원에서 지도하는 방법을 일관되게 가정에서도 사용할 수 있도록 부모와 협력하는 것이 중요하다. 때로는 신변처리 기술에 대해 자연스럽게 필요성을 높이기 위해 교사는 유치원의 시간표를 조정하거나 부모와 협의하여 가정에서 규칙적인 생활을 하게 할 수도 있다. 예를 들어, 식사기술을 교수하기 위한 계획을 수립할 때는 급식시간이 아니라 수업시간에 여러 차례의 적은 양의 음식을 제공하여 지도할 수 있다. 이때 중요한 것은 가능하면 유아 스스로 할 수 있도록 유도하고, 거듭되는 실패로 인해서 학습된 무기력에 빠지지 않게끔 적시에 도움을 주어야 한다.

통합교육을 위한 교수지원 전략

통합교육에서는 활동이 실제 진행되는 상황이나 유아의 활동 참여 정도와 반응 정도에 따라 적절히 교수지원을 해야 한다. 사회적 맥락과 환경에 따라 또는 교사와 유아 간의 관계에 따라 유아는 다른 반응을 보일 수 있다. 따라서 이를 고려하여 교사는 유연하게 교수적 수정, 교수활동 수정 등을 고려해야 한다. 교사는 유아가 활동 참여 동기나 자신감을 잃지 않도록 지속해서 격려해주면서 동시에 유아의 다양성과 개별성, 그리고 자율성을 존중해주어야 한다. 이를 위해 통합교육 수업상황에서 교사가 사용할 수 있는 교수지원 전략으로 표 II-9-5와 같은 예를 들 수 있다.

표 Ⅱ-9-5 통합교육에서 장애영유아를 위한 교수지원 전략

교수지원 전략	전략의 예
유아주도 따르기	유아가 관심을 보이거나 선택한 활동으로 시작하기
원하는 행동을 모델촉진	유아에게 필요한 목표를 파악한 후, 유아가 원하는 행동에 대한 모델촉진을 제공하거나 그 행동을 수행하는 또래에게 관심을 보여주기
최소촉진전략	다음의 촉진 중 유아에게 필요한 최소한의 촉진만을 제공 • 언어적 촉진: 유아가 행동을 수행하도록 돕는 말을 함 • 몸짓촉진: 유아들이 무엇을 하는지에 대한 정보를 제공하는 손, 팔의 움직임과 이외 다른 움직임을 의미함 • 모델촉진: 요구되는 행동을 직접 보여줌 • 부분적 신체적 촉진: 부분적으로 신체적 촉진을 제공하여 유아의 움직임을 안내 • 완전 신체적 촉진: 신체적으로 유아의 움직임을 안내
이질적 모둠 구성	다양한 발달수준의 유아를 모둠으로 구성하기
과제완수 시간 배정	유아들이 스스로 혹은 가능한 최소한의 촉진으로 과제를 완수할 수 있는 충분한 시간을 제공
말의 난도 낮추기	• 유아들과 상호작용할 때, 교사가 사용하는 말의 난도를 유아가 이해할 정도로 낮춤. 단, 유아적 용어나 말투를 사용해서는 안 됨 • 발달수준에 맞게 사물이나 사건의 특징 묘사하기
언어자극 제공	① 어휘와 개념 발달시키기 • 혼잣말하기: 자신에게 소리를 내어 말하기, 무엇을 보고, 듣고, 하고, 느끼는지 이야기하기, 유아의 일과 안의 활동, 물체, 사건을 묘사하기(예, '저녁을 먹기 위해 씻으러 가야겠다.') • 평행발화: 유아가 보고, 듣고, 수행하고, 느끼는가에 초점을 맞추어 이야기하기(예, '수현이가 민우랑 나눠 쓰고 있네.') • 반복과 중복 사용하기(예, '다섯 개의 사과가 있네, 하나, 둘, 셋, 넷, 다섯… 다섯 개의 사과를 세어 볼래?') • 인과관계를 이해할 수 있도록 말해주기(예, '노란색에 빨간색을 섞으니까 색깔이 주황색으로 변했네.') ② 문장구조 발달시키기 • 확장: 유아가 말하는 것을 확장하여 말하기(예, 유아가 자신의 겉옷을 입은 후 '바깥에'라고 말하면 교사는 '바깥에 나가고 싶니?'라고 확장하기) • 유아가 말하는 것보다 약간 길고 조금 더 복잡한 문장 만들기(예, 유아가 '수현이 공?'이라고 하면 '그래, 그건 수현이 공이야.'라고 대답하기) • 복잡한 문장구조 시범 보이기(예, '점심을 먹은 후에 우리는 밖에 나갈 거야.')
선택 제공	• 선택을 제공하는 것은 유아로부터 언어적 반응을 촉진할 수 있음 • 제한적인 선택 제공: 유아의 자율성을 존중하면서도 지나치게 무리한 책임을 지지 않도록 함(예, 영유아가 신발을 신지 않으려고 한다면, '노란 운동화를 신을까? 아니면 검정 운동화를 신을까?'하고 2~3개 중에 선택하도록 함. 신발을 신는 것은 정해진 것이고, 다만 어떤 신발을 신을지에 대해서 선택할 수 있도록 함)
요구/모델 과정 사용	유아가 반응하지 않거나 부분적으로만 반응하면, 교사는 목표를 한 단어나 구로 강조하면서 언어로 반응하는 모델촉진을 제공
망각전략 사용	• 일상적으로 친숙한 것 중 하나를 생략하거나 필요한 장비나 재료를 일부러 제공하지 않음 • 빠진 부분이 무엇인지 생각해보거나 말할 수 있도록 질문하고(예, '연필이 어디 있지?'), 찾아보는 과정을 통해 다른 문제해결 행동에 참여할 기회를 제공
눈에 보이지만 닿지 않는 상황 조성	활동을 완성할 때 필수적이거나 필요한 물건을 유아가 볼 수 있지만 닿지 않도록 함. 유아들은 이를 손에 넣기 위해서 언어와 문제해결 기술을 사용하게 됨

출처: Bricker(2002)

통합교육에서 행동지원 전략

유아는 특정 상황에 어떻게 반응해야 할지 몰라서 부적절한 행동을 보일 때가 있다. 이런 경우, 상황에 맞는 행동에 대해 미리 알려주어 유치원에서 요구되는 행동을 유아가 스스로 할 수 있도록 해야 한다. 이때 유아가 교사에 대해 갖는 신뢰가 중요하므로 긍정적 행동에 대한 보상으로 약속한 것이 있다면 잊지 말고 반드시 일관되게 지켜야 한다(인천광역시교육청, 2017).

우선 교실을 시각적으로 잘 정돈하고, 잘 계획되고 예측이 가능한 물리적 환경을 구성하는 것이 중요하다. 통합교육 상황에서 유아를 훈육해야 한다면 5:1 규칙(긍정적 상호작용 빈도와 부정적 상호작용 빈도에 대한 매직 비율)을 사용하는 것이 좋은데, 이를 위해 교사는 한 번 훈육할 때마다 다섯 번의 긍정적인 상호작용을 하도록 한다. 유아의 부적절한 행동에 대한 훈육은 주로 해서는 안 되는 행동에 대한 정보만을 제공하므로 이보다는 적절한 행동을 보였을 때 언어적 칭찬이나 관심을 주어 바람직한 행동을 강화해야 한다. 유아가 바람직한 행동을 하는 것을 보았을 때는 즉각적으로 칭찬하고 이에 대해 교사가 말로 구체적으로 피드백을 주어야 한다. 규칙을 정할 때는 우선 바람직한 행동 목록을 정리하고 분명한 규칙과 절차를 일관되게 시행하며, 유아에게 기대하는 행동을 긍정적인 용어로 짧고 구체적으로 표현해 준다. 예를 들어 '안 돼'보다는 어떠한 행동을 해야 하는지 정확하게 전달해야 한다. 규칙은 5개 이하의 규칙 수를 사용하는 것이 좋으며 될 수 있으면 다양한 상황에 적용 가능한 일반적인 것을 규칙으로 정해야 한다. 이때 중요한 것은 유아의 연령과 발달수준에 적합한 규칙이어야 한다는 것이다(곽현주 등, 2019).

K–DII(영아발달검사; Korean–Development Inventory for Infants)

6개월~30개월 미만의 영아에 대한 발달검사도구

K–DIP(유아발달검사; Korean–Development Inventory for Preschoolers)

30개월~70개월의 유아에 대한 발달검사도구

K–TABS(기질 및 비전형 행동 척도; Korean Temperament and Atypical Behavior Scale)

K–TABS는 12개월에서 72개월(만 6세) 사이의 영유아 또는 이와 같은 연령 범위에서 발달적 기능을 한다고 판단되는 만 6세 이상의 아동을 대상으로 실시하는 규준참조형 발달평가 척도로서, 문제가 되는 역기능적 행동은 4개 영역의 50개 문항으로 구성되어 있다(김정미, 조윤경, 2013).

Memo

10 건강장애

학습 목표

1 건강장애 정의와 적격성 판정 기준을 이해할 수 있다.
2 건강장애 학생의 특성과 교육지원 방법을 설명할 수 있다.

일반학급에는 호흡기장애나 심장병, 백혈병과 같은 질병으로 인해 3개월 이상 장기입원 또는 치료가 필요한 학생이 있을 수 있다. 이런 학생 중 학교생활이 어렵다고 인정되는 학생들은 건강장애로 판정받아 학업 연속성에 대한 우려를 덜고 학교에서와 같은 교육지원을 받을 수 있다. 건강장애는 선천적 또는 후천적인 원인 등이 복합적으로 발생하기 때문에 특정 질환의 원인을 파악하기보다는 건강장애 학생이 학업 상에 불이익을 받지 않도록 하는 것이 중요하다. 건강장애 학생은 대부분 일반학급 배치이므로 일반교사가 교육지원과 관리를 주로 담당해야 하고 특히 출석관리 등 학적관리에 신경을 써야 한다.

1 건강장애의 개념

국내외 교육계에서의 건강장애 관련 정의는 표 II-10-1과 같다.

표 II-10-1 국내외 특수교육 관련 법에서의 건강장애 정의

관련 법/명칭	정의 또는 기준
미국 장애인교육법(IDEA, 2004)/ 기타 건강장애	기타 건강장애는 제한된 기운, 활력, 또는 각성도(환경자극에 대해 고조된 각성도를 포함)로 인해 교육환경에 대해 제한된 각성도를 보이는 상태이다. ① 천식, 주의력결핍장애 또는 주의력결핍 과잉행동장애, 당뇨, 뇌전증, 심장질환, 혈우병, 납중독, 백혈병, 신장염, 류머티스열, 겸상적혈구빈혈증, 투렛장애 등의 만성 또는 급성 건강 문제로 인함 ② 교육적 성취에 불리함을 줌
장애인 등에 대한 특수교육법 시행령(2021)/ 건강장애를 지닌 특수교육대상자	만성질환으로 인하여 3개월 이상의 장기입원 또는 통원치료 등 계속된 의료적 지원이 필요하여 학교생활 및 학업 수행에 어려움이 있는 사람

미국 장애인교육법(IDEA, 2004)에서의 기타 건강장애 정의는 학교에서 교육을 받을 수 없을 정도의 각성도를 보여 교육적 성취에 불리함이 있는 상태임을 나타내고 있다. 이 정의에서 제한된 기운은 학교에서 일반적인 과제를 수행하지 못함을 그리고 제한된 활력은 한 활동을 견뎌 내지 못하거나 활동 내내 노력을 유지하지 못함을 의미한다. 제한된 각성도는 환경 자극에 대해 고조된 각성도를 포함하는 것으로 주의를 집중하고 이를 유지하지 못함, 그리고 조직화하고 주의를 기울이지 못함, 환경 자극에 우선순위를 매기지 못함을 의미한다(Colorado State Board of Education, 2020). 이 중 제한된 각성도는 주의력결핍과 밀접한 관계가 있으므로 주의력결핍장애(attention deficit disorder: ADD)와 주의력결핍 과잉행동장애(attention deficit hyperactivity disorder: ADHD)가 이 기타 건강장애에 포함되어 있다. 주의력결핍장애는 부주의성(inattentive) ADHD라고도 한다.

장애인 등에 대한 특수교육법 시행령(2021)에서의 건강장애 정의는 장애유형 10가지 중 건강장애를 제외한 장애유형 9가지 어디에도 해당하지 않지만, 만성질환이 있어 장기간 학교생활이나 학업 수행에 어려움이 있을 때 판정된다. 여기서 장기간 학교생활이 불가능한 경우는 의료적 처치가 급선무일 때 또는 학교생활이 불가능한 건강상태인 경우 등이 포함된다. 이런 상태에 있는 학생들에게 교육환경을 달리할 수 있도록 허용해주는 것이다.

두 법의 정의에는 만성질환이 건강장애의 원인이라는 공통점이 있다. 하지만 판정 조건에서는 차이가 있다. IDEA(2004)에서는 교육환경에 대해 제한된 각성도를 보이는 것을 중심으로 건강장애를 정의하고 있고, 국내에서는 학교에 나와 교육받을 수 없음을 중심으로 정의하고 있다. 이에 따라 국내에서는 소아당뇨, 아토피, 악성빈혈, ADHD 등은 만성 질환으로 관리가 필요하나 학교에 정상적으로 출석할 수 있다면 건강장애로 선정하지 않고 있다(장혜란, 2010). 특히 교육적 성취에 불리함을 판정조건으로 제시하였는가는 두 법 사이에서 볼 수 있는 큰 차이점이다.

2 건강장애의 유형 및 판정

장애인 등에 대한 특수교육법(2020)에는 건강장애의 하위 유형이 제시되어 있지 않다. 국내에서 건강장애는 3개월 이상의 치료를 해야 하는 만성질환이라면 모두 해당할 수 있다.

IDEA(2004)에서는 기타 건강장애에 여러 가지 질환을 제시하고 있는데, 그중 잘 알려진 것이 ADHD이다. 국내에서 ADHD는 건강장애로 판정되지 않고 정서·행동장애로 판정될 수 있다. ADHD에 대한 진단기준은 DSM-5에서 제시하고 있는 기준(표 II-10-2)이 대표적이다. ADHD는 부주의성 ADHD와 과잉행동과 충동성 ADHD로 구분되는데, 표 II-10-2의 1호(부주의)에 해당하는 9가지 증상 중 6가지 이상이 6개월 이상 지속된다면 부주의성 ADHD로, 2호(과잉행동과 충동성)에 해당하는 9가지 증상 중 6가지 이상이 6개월 이상 지속된다면 과잉행동과 충동성 ADHD로 판정된다.

표 II-10-2 DSM-5의 주의력결핍 과잉행동장애의 진단기준

A 개인의 기능이나 발달을 저해하는 부주의 및 과잉행동과 충동성의 지속적 패턴이 나타나며, 다음 1호와 2호 중 하나 이상에 해당해야 한다.

1. 부주의(inattention): 다음 증상 가운데 6가지 이상의 증상이 6개월 이상 발달수준에 맞지 않으며, 사회적·학업적·직업적 활동에 직접적으로 부정적인 영향을 미친다(참고, 증상은 반항행동, 저항, 적대성 또는 과제나 수업의 이해 실패가 단독으로 나타나지 않음. 청년과 성인(17세 이상)에게는 5가지 이상의 증상이 나타나야 함).
   a. 종종 세심한 주의를 기울이지 못하거나 학업, 직업 또는 다른 활동에서 부주의한 실수를 저지른다(예, 세부적인 면을 간과하거나 놓침, 일을 정확하게 하지 못함).
   b. 종종 일을 하거나 놀이를 할 때 지속해서 주의집중할 수 없다(예, 수업, 대화 또는 오랜 시간 동안 독서 중 초점 유지가 어려움).
   c. 종종 다른 사람이 직접 말할 때 경청하지 않는 것처럼 보인다(예, 분명한 방해요인이 없을 때도 마음이 딴 데에 있는 것 같음).
   d. 종종 지시를 완수하지 못하고, 학업, 잡일, 작업장에서 임무를 수행하지 못한다(예, 과제를 시작하지만 금방 초점을 잃어버리거나 주의가 분산됨).
   e. 종종 과제와 활동을 체계화하지 못한다(예, 계열적인 과제를 잘 다루지 못함, 자료와 소유물을 잘 정돈하지 못함, 일을 체계적으로 하지 못함, 시간 관리를 잘하지 못함, 기한을 맞추지 못함).
   f. 종종 지속적인 정신적 노력을 해야 하는 과제를 피하고 싫어하며 거부한다(예, 학업 또는 과제, 청년이나 성인의 경우에는 보고서 준비, 문서 작성, 장문의 논문 검토).

g. 종종 과제나 활동을 하는 데 필요한 물건들을 잃어버린다(예, 학습자료, 연필, 책, 도구, 지갑, 열쇠, 서류, 안경, 휴대전화).
h. 종종 외부자극(청년이나 성인의 경우 관련 없는 생각을 포함)으로 쉽게 주의가 분산된다.
i. 종종 일상적인 활동을 잊어버린다(예, 잡일 하기, 청년과 성인의 경우에는 전화 회신하기, 비용 지급하기, 약속 지키기).

2. 과잉행동과 충동성(Hyperactivity–impulsivity): 다음 증상 가운데 6가지 이상의 증상이 6개월 이상 발달 수준에 맞지 않으며, 사회적·학업적·직업적 활동에 직접적으로 부정적인 영향을 준다(참고, 증상은 반항행동, 저항, 적대성 또는 과제나 수업의 이해 실패가 단독으로 나타나지 않음. 청년과 성인(17세 이상)에게는 5가지 이상의 증상이 나타나야 함).
a. 종종 손발을 가만히 두지 못하거나 의자에 앉아서도 몸을 움직인다.
b. 종종 앉아 있도록 요구되는 교실이나 다른 상황에서 자리를 이탈한다(예, 자리에 앉아 있도록 요구되는 교실, 사무실이나 작업장 또는 기타 상황에서 제자리를 이탈함).
c. 종종 부적절한 상황에서 지나치게 뛰어다니거나 기어오른다(청소년 또는 성인에게서는 주관적인 좌불안석으로 제한될 수 있음).
d. 종종 조용히 여가활동에 참여하거나 놀지 못한다.
e. 종종 끊임없이 활동하거나 마치 모터에 의해 작동되는 것처럼 행동한다(예, 식당이나 모임에서 오랫동안 조용히 있지 못하거나 불편해함, 다른 사람들에게 가만히 있지 못한다거나 따라잡기 어렵다고 인식될 수 있음).
f. 종종 지나치게 수다스럽게 말한다.
g. 종종 질문이 끝나기도 전에 성급히 대답한다(예, 다른 사람의 말을 가로채서 말함, 대화할 때 차례를 기다리지 못함).
h. 종종 차례를 기다리지 못한다(예, 줄을 서서 기다릴 때).
i. 종종 다른 사람의 활동을 방해하고 간섭한다(예, 대화, 게임 또는 활동을 참견함, 부탁하거나 허락받지 않고 타인의 물건을 사용함, 청년이나 성인의 경우에는 타인이 하는 일에 함부로 끼어들거나 떠맡으려 함).

B **몇 가지의 부주의나 과잉행동과 충동성 증상이 12세 이전에 나타난다.**

C **몇 가지의 부주의나 과잉행동과 충동성 증상이 2가지 이상의 상황에서 나타난다**(예, 가정, 학교 또는 작업장에서, 친구나 친척과의 관계에서, 다른 활동에서).

D **이러한 증상이 사회적·학업적·직업적 기능을 방해하거나 그 질을 저하한다는 명백한 증거가 있다.**

E **이러한 증상이 조현병이나 다른 정신증적 장애의 과정 중에만 나타나는 것이 아니며, 다른 정신장애에 의해 더 잘 설명되지 않는다**(예, 기분장애, 불안장애, 해리성장애, 인격장애, 약물중독이나 금단).

출처: National Center for Biotechnology Information(2016)

건강장애의 경우 다른 장애유형의 특수교육대상자와는 달리 진단 구분이 명확하게 제시되지 않는다. 따라서 장애학생의 선별 기준은 장애인 등에 대한 특수교육법 시행령에서 정의하고 있는 기준을 따르되, 구체적으로는 학습 상의 문제, 일상생활상의 문제라는 3개 영역으로 구분하고 있는 표 II-10-3과 같은 기준을 사용할 수 있다(한국특수교육학회, 2008).

표 II-10-3 건강장애 선별 기준

구분	선별 기준
손상	• 심장병, 신장병(염), 간질환으로 3개월 이상의 장기입원 또는 통원치료 등 계속된 의료적 지원이 필요하여 학교생활·학업 수행 등에 있어서 교육지원을 지속해서 받아야 한다. • 기타 소아암, AIDS 등 만성질환으로 장기입원 또는 통원치료와 같은 계속된 의료적 지원이 필요하여 학교생활·학업 수행 등에 있어서 교육지원을 지속해서 받아야 한다.
학습 문제	• 감기 등 잔병이 많고 회복이 느려 수업결손이 많다. • 건강 상의 문제로 체육 시간이나 야외 학습활동 등에 참여가 제한적이다. • 건강 상의 문제로 결석 일수가 많다. • 의사로부터 운동 시간 또는 활동량 등에 대한 제약 소견을 받고 있다.
일상 생활 문제	• 질병으로 인하여 장기간에 걸쳐 약물을 복용하고 있다. • 장기간에 걸쳐 입원하고 있거나 요양 중이다. • 오래 걸을 수 없으며 활동 후 쉽게 피로를 느낀다. • 산소호흡기 또는 음식물 주입 튜브 등에 의존하여 일상생활을 영위하고 있다.

출처: 한국특수교육학회(2008)

국내에서 건강장애는 진단명에 따라 선정되는 것이 아니라 개별 학생의 의료적 진단 및 교육적 진단에 따라 선정된다. 건강장애라는 장애유형은 다음과 같은 목적을 가지고 있다(교육부, 2015a).

- 만성질환 치료로 인해 학업을 중단하고 있는 건강장애 학생들의 학습권 보장
- 개별화된 학습지원, 심리·정서적 지원 등을 통해 학교생활 적응력 신장
- 건강장애 학생들의 학교 복귀 지원

표 II-10-4 건강장애 선정을 위한 기준 및 참고사항

기준 및 참고사항	용어설명
1. 건강장애 학생이 아닌 경우 • 정신질환, 정서·행동장애, 아토피, 뇌전증 등 • 만성질환으로 관리가 필요하나 출석이 가능, 특수교육 지원이 요구되지 않는 경우 2. 요보호학생과 구분 필요 3. 연중 수시 입교 가능 4. 우선입교: 출석 일수 부족 시 신청 가능 ※ 학교급이 달라질 때는 반드시 재선정	1. 건강장애 학생: 만성질환으로 인하여 3개월 이상의 장기입원 또는 통원치료 등 계속된 의료적 지원이 필요하여 학교생활 및 학업 수행에 어려움이 있는 사람 2. 요보호학생: 화상 및 사고 등 심각한 외상적 부상으로 3개월 이상의 치료로 장기결석이 예상되는 학생 3. 꿀맛무지개학교: 건강장애·요보호학생의 학습권(학습결손 방지, 출석 일수 확보) 보장을 위한 출석인정 원격수업시스템 • 대상: 초·중·고 건강장애·요보호학생 • 소속 학교 출석과 꿀맛무지개학교 온라인 학습병행 가능

출처: 서울특별시교육청(2021) 발췌 후 수정

표 II-10-5 건강지체 선정을 위한 진단·평가와 심사 절차

특수교육지원센터		특수교육운영위원회
담당교사 및 보호자 상담(유선) 실시		심사
① 담당교사(담임, 특수교사) • 만성질환으로 3개월 이상 장기입원(통원치료) 사실 확인 • 지속적인 의료지원이 필요한지 확인 • 학교생활·학업 수행에 어려움이 있는지 확인 ② 보호자 상담 • 진단서 및 만성질환으로 인한 학교생활·학업 수행에 어려움이 있는지 확인	→	다음 결과를 사용하여 특수교육운영위원회에서 심사 • 진단·평가 결과보고서 • 요보호학생과 구별 확인

출처: 서울특별시교육청(2021) 발췌 후 수정

건강장애 선정도 일반적인 특수교육 의뢰 이후의 절차를 따른다. 국내에서 건강장애 선정의 예(서울특별시교육청, 2021)를 보면, 표 II-10-4와 같은 기준과 참고사항을 사용하고 있음을 알 수 있다.

특수교육지원센터에서는 표 II-10-5에 제시된 것처럼 담당교사 및 보호자와 전화상담을 하고 3개월 이상 장기입원이나 통원치료가 필요한지 그리고 학교생활과 학업 수행에 어려움이 있는지를 확인하여 그 내용을 진단·평가 결과로 작성한다.

특수교육운영위원회에서는 특수교육지원센터의 진단·평가 결과와 요보호학생과 구별되는지를 함께 심의하여 건강장애 선정 여부를 결정한다.

건강장애로 선정된 학생들은 원격수업(화상강의시스템)이나 병원학교에 입교한다. 국내에서 일반학교가 아닌 원격수업이나 병원학교에 입교하여 수업을 받을 수 있는 학생들은 건강장애 학생, 특수교육대상자(건강장애 외), 요보호학생 세 가지 유형의 학생들이다. 이 중 특수교육대상자(건강장애 외)는 특수교육대상자로 기존에 선정되어 있었으나 만성질환으

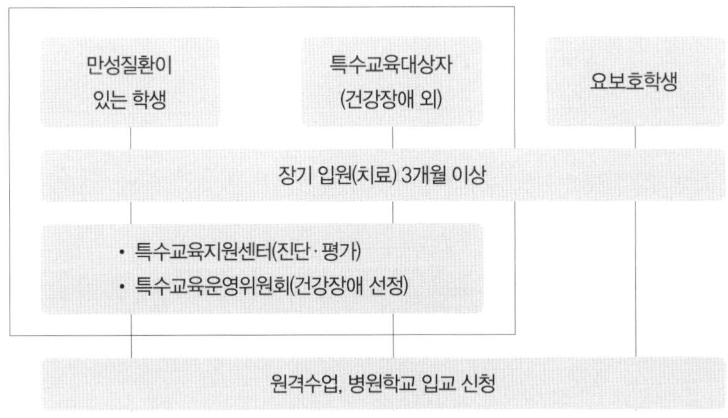

그림 II-10-1 원격수업이나 병원학교에 입교 신청을 위한 절차

출처: 부산광역시교육청(2019)을 수정

로 3개월 이상의 장기입원 또는 통원치료 등 계속된 의료적 지원이 필요하여 학교생활 및 학업 수행에 어려움이 있는 학생이다. 이 세 유형의 학생들은 그림 II-10-1과 같은 절차에 따라 원격수업이나 병원학교에 입교 신청할 수 있다(부산광역시교육청, 2019).

4 통합교육을 위한 교육지원

건강장애 학생들은 건강 상의 문제로 대부분 장기간 치료를 받으므로 교육적 성취에 상당한 불리함이 있고, 사회·정서적 문제까지 부차적으로 발생할 수 있다.

건강장애 학생들은 만성질환으로 인해 학업 수행에 어려움이 있어 인지능력의 저하와 함께 낮은 학업동기를 보인다. 따라서 그들이 가진 능력에 비해 그리고 또래에 비해 낮은 학업성취도를 보인다. 이 학생들은 또래들보다 두려움과 우울함을 더 경험하고 있고 치료과정에서 약물복용으로 기분이 저하되고 두려움이나 슬픔 등의 정서적 변화가 있다. 또한 만성질환으로 신체기능이 떨어지거나 신체활동이 제한되어 체육수업, 방과후 활동, 현장학습 등과 같은 학교활동 참여에 어려움을 겪기도 한다(강영심 등, 2010; 김은주, 2008).

일반적 교육지원

건강장애 학생이 학교생활에 잘 적응하게 하기 위해서는 교육의 기회를 지속해서 제공하고, 학업성취와 함께 건강상의 문제로 인한 심리·정서적인 지원을 제공해야 한다. 등교가 가능한 건강장애 학생은 학생의 질환 상태를 고려하여 체육활동이나 기타 활동을 할 때 대안 활동과 같은 특별한 교육지원이 필요하다.

건강장애 학생을 위한 교육지원으로서 일반교사가 고려할 사항은 다음과 같은 것들이 있다(Heller, 1999).

- 학생의 건강 관련 특이사항(예, 발작, 호흡곤란, 투약 시간, 투약으로 인한 부작용 등)에 대한 정보와 비상 연락처 정보를 보호자에게서 미리 받아 보건교사와 협력하여 응급상황을 조치할 수 있어야 한다.
- 학생이 통증이나 피로감의 문제를 보일 수 있으므로 쉬는 시간을 제공하면 더 나은 학업 수행을 도울 수 있다. 예를 들어, 교실 한쪽 공간에 편안하게 앉을 수 있는 의자나 누워서 쉴 수 있도록 간이침대 등을 구비해 두는 것이 좋다.
- 학생이 특별실로 이동할 때 건강 상의 이유(소아류머티즘 관절염, 골형성부전증 등)로 인

해 일찍 이동을 시작해야 제시간에 도착할 수 있다면 미리 출발하게 할 수 있다. 또는 급식 순서를 기다리는 데 어려움이 있는 경우 또래의 도움을 받게 하여 이동 편의를 제공할 수도 있다.

- 적절한 자세잡기는 학생의 움직임을 최대화할 수 있으므로 특수 의자나 휠체어를 제공해야 할 수도 있다. 또한, 일반 의자를 사용하게 할 때는 다리 길이가 짧아 바닥에 발이 닿지 않으면 불편함을 느낄 수 있다. 이럴 때는 책이나 상자 등으로 발이 닿게 하여 안정감을 줘야 한다.
- 학생이 자신의 책상 위의 물건이나 자료에 접근하기 위해 몸을 움직이는 것이 어려울 수 있다. 이럴 때는 책상 높이와 기울기를 조절하거나 자료를 고정해 주는 것이 좋다.
- 장기간 병원 치료로 인하여 학교에 결석이 많으므로 학습진도를 상세히 안내해야 하고, 무엇보다 수업활동에 참여를 격려해야 하며, 교수적 수정이나 교수활동 수정(예를 들어, 학습내용 수준 낮추기, 양 줄이기, 과제를 작은 단위로 나누어 제시하기 등), 대안적인 점수체계 등을 통해 학습을 잘해나가도록 도와야 한다.
- 건강 상태로 인해 또래와 어울리지 못할 때 소외감을 느낄 수 있다. 학생은 건강할 때는 생각지도 못했던 건강 상의 문제를 경험하면 많은 혼란을 겪기도 하는데, 이를 잘 극복할 수 있도록 교사가 지지하고 격려해 주어야 한다. 예를 들면, 학교에 등교하지 못할 때 병원학교 혹은 가정을 방문하여 학교생활에 대한 소식을 전달해주고, 또래와 함께 상호작용할 기회를 자주 마련하여 또래관계를 유지하도록 지원할 수 있다.

국내 건강장애 학생을 위한 교육지원

건강장애 학생들은 원격수업이나 병원학교에 입교하여 수업을 받게 된다. 하지만 성적 및 평가는 소속 학교 학업성적관리위원회의 결정에 따른다. 건강장애 학생들은 다음과 같이 병원학교나 원격수업(화상강의시스템)을 이용하여 수업을 받으면 출석으로 인정받는다(학교생활기록 작성 및 관리지침, 2021).

- 병원학교는 3개월 이상 병원입원 또는 장기요양 등으로 인한 장기결석으로 유급이 예상되는 건강장애 학생이 공부하는 병원 내에 설치된 특수학급을 말한다. 병원학교 현황: 총 33개(서울 9, 부산 3, 대구 4, 인천 1, 광주 1, 대전 1, 울산 1, 경기 2, 강원 1, 충북 1, 충남 3, 전북 1, 전남 2, 경남 2, 제주 1)
- 원격수업은 3개월 이상 병원입원 또는 장기요양 등으로 인한 장기결석으로 유급이 예상되는 건강장애 학생이 공부하는 방송·정보통신매체이용교육을 말한다. 총 3개(한국교육개발원, 꿀맛무지개학교, 꿈사랑학교)가 운영 중이다.
- 장애인 등에 대한 특수교육법 시행령(2021) 제10조(특수교육대상자의 선정 기준) 및 교육부의 연간 '특수교육운영계획'에 따라 건강장애 학생의 병원학교 수업 참여 및 교육계획 기간 내에 이수한 원격수업은 출석으로 인정한다.

병원학교는 순회교육의 파견학급에 해당한다. 전국 병원학교 홈페이지를 통하여 병원학교를 안내하고 있고, 관련 자료 등을 탑재하고 활용케 하고 있다. 원격수업(화상강의시스템)은 한국교육개발원, 꿀맛무지개학교, 꿈사랑학교를 통해 수업을 받는 것이다.

병원학교 및 원격수업 등 방송·정보통신매체를 이용하여 수업을 받는 건강장애 학생의 학적관리 및 출석 일수, 교과 성적, 비교과 영역의 인정 여부는 표 II-10-6과 같다.

표 II-10-6 건강장애 학생을 위한 학적관리 및 출석 일수, 교과 성적, 비교과 영역의 인정 여부

구분	학적	출석 일수	교과 성적	비교과 영역	비고
건강장애 학생	위탁학생관리 (출결상황만)	인정	미인정	인정	병원학교·화상 강의시스템

건강장애 학생들처럼 병원학교, 화상강의 등 학교 이외의 장소에서 교육을 받는 학생들에 대한 학적관리에 대한 사항은 표 II-10-7에 제시되어 있다.

표 II-10-7 병원학교, 화상강의 등 학교 이외의 장소에서의 수강학생 처리

종류	• 건강장애 학생 및 요보호학생의 병원학교, 화상강의
학적사항	• 소속 학교(학생의 학적이 있는 학교)에 학적을 둠 • 재학생과 동일하게 관리함
출결상황	• 출결은 반드시 확인해야 하며, 출결은 소속 학교와 병원학교 및 원격수업 등 방송·정보통신매체를 이용하는 위탁 교의 수업일수 및 출결내용을 합산하여 처리함 • 소속교의 출결과 병원학교 및 원격수업 출결을 합산하여 처리함 • 평가 기간 등 소속교의 등교일은 소속교에서 출결처리 함

성적 **(지필평가/수행평가)**	• 소속 학교 학업성적관리규정에 따라 성적을 처리함 • 평가(수행평가, 지필평가)는 평가 당일 소속 학교에 출석함을 원칙으로 하며, 부득이한 경우 소속 학교 학업성적관리위원회의 결정에 따름 • 소속 학교 평가에 응시함(소속 학교 성적산출에 포함) • 소속 학교 평가 미응시의 경우 질병결석으로 처리함
각종 비교과 영역	• 병원학교, 원격수업기관의 자료를 그대로 인정함
교육정보 시스템	• 위탁학생으로 등록하여 처리함

출처: 교육부(2021b), 학교생활기록 작성 및 관리지침(2021)

기분장애(mood disorder)

우울장애와 양극성 장애(조울증)를 포함하는 감정과 정서에 대한 장애이다. DSM-4에서 사용되었으며, 그 이전에는 정동장애(affective disorder)라는 용어가 사용되었다. 기분장애의 하위 유형 중 가장 대표적이라고 할 수 있는 우울장애는 남자보다 여자에게 더 많이 나타나며, 우울장애가 심할 경우 자살의 위험성이 높아진다. 우울장애의 특징으로는 정서의 변화(예, 쉽게 울고, 유머에 반응하지 않으며, 이전에 좋아하던 활동에 관심을 잃음), 동기의 저하(예, 사회적 위축, 학습 성취나 삶에 대한 의지 상실), 인지적 문제(예, 자기비하, 과도한 죄책감, 절망감), 신체적 증상(예, 극심한 피로감, 불면 또는 과다수면, 식욕과 체중의 변화) 등을 들 수 있다. 우울장애를 생물학적인 것으로 보는 학자들은 세로토닌(serotonin) 같은 신경전달물질의 부족이나 유전으로 인해 우울장애가 발생한다고 보지만, 인지주의 학자들은 부정적인 귀인, 인지적 오류와 왜곡, 낮은 자존감, 절망감 등이 우울장애의 원인이라고 주장한다. 행동주의 모델에서는 다른 사람과의 사회적 상호 작용에서 긍정적 강화를 받지 못하여 우울함이 발생한다고 본다. 우울장애의 치료에 관한 연구는 아직 초기 단계이나 일반적으로 약물치료, 심리치료, 학교 중심의 중재 등이 제시되고 있다(국립특수교육원, 2018).

병원학교

장기입원이나 지속적인 통원치료로 학교에서 교육을 받기 어려운 학생들을 위해 병원 안에 설치된 파견학급 형태의 학교이다. 필요한 의료적 지원을 제공하는 한편 학업의 연속성을 유지해 학습 결손을 막는다.

인격장애(personality disorder)

자기 자신과 외부 환경을 지각하고 관계를 형성하여 유지하는 행동이나 사고 패턴이 경직되어 있어 대인관계나 직업활동에서 지속적인 고통이나 어려움을 나타낸다. 이 장애를 지닌 사람은 가족이나 주변인이 자신의 행동에 대한 불쾌한 느낌을 보고해도 자신의 행동이 부적응적이라는 생각을 하지 않는다. 때로는 사회적 관계나 상황에서 주관적 고통을 호소하기도 한다. 시간이 지나가거나 상황에 따라서도 잘 변하지 않는 특성을 보이고 있다(김춘경 등, 2016).

투렛장애(Tourette's disorder)

토레트병이라고도 한다. 안면 경련, 사지의 갑작스러운 경련, 과도한 행동 폭발적인 기질, 음란한 말에 의한 희생으로 나타나는 증상. 비록, 이 병이 오랫동안 발병하고 통제하기 힘든 것이지만, 그 증상은 2~3세의 유아기에 발생하는 경향이 있으며 아동기 동안 악화하고 아동기 말기에는 약화한다. 성인기에는 증상이 자연스럽게 완화되거나 소멸하고 약으로 억제되기도 한다. 이 병은 또 질레트 드라토레트 병(Gilles de la Tourette's disease)과 복합틱장애(multiple tic disorder)로 잘 알려져 있다(이철수, 2013).

해리성장애(dissociative disorders)

기억, 의식, 정체감의 상실과 같이 정상적인 의식 기능이 변화되거나 혹은 일시적인 장애를 나타내는 경우다. 전형적으로 스트레스 경험 및 그에 수반된 불안과 관련된다. 적응장애, 외상 후 스트레스 장애, 해리성장애 등은 모두 스트레스가 주요 원인으로 인식되고 있지만, 이 세 가지 장애에 따라 스트레스에 대한 반응양상은 상이하다. 유사한 상황이 서로 다른 소인과 취약성을 지닌 개인에게는 아주 다른 반응을 유발할 수도 있다. 해리성장애가 있는 사람은 스트레스로 야기된 불안과 갈등을 피하고자 다양하고 극적인 방법을 채택한다. 고통스러운 경험을 지워 버리기 위해 갑작스럽고 일시적인 의식의 변화가 나타난다. 종종 비현실감, 소원감, 그리고 이인감을 포함하고, 때로는 자기정체감의 상실과 변화를 나타낸다. 또 중요한 개인적 사건을 회상하지 못하거나 자신의 정체감을 일시적으로 망각하여 전혀 새로운 사람으로 행동하기도 한다. 심지어 자신의 주변 환경으로부터 멀리 떨어진 외딴곳에서 방황하다가 발견되기도 한다. 해리반응은 다른 기능과 통합되는 어떤 정신기능이 서로 구분된 방식으로 혹은 자동적인 방식으로 작용하는 일련의 과정으로서, 보통 의식적인 자각이나 기억회상의 영역 밖에서 작동한다. 사고, 감정, 행동 상의 변화가 나타나며, 그로 인해 새로운 정보를 정상적으로 혹은 논리적으로 다른 정보와 연결하거나 통합하지 못한다. 해리성장애는 점진적으로 혹은 갑작스럽게 나타날 수 있으며, 지속 기간도 일시적이거나 만성적일 수 있다. 해리성장애의 원인에 대한 이론적 견해는 다양하다. 정신분석이론에서는 해리성장애를 외상적 경험에 대한 방어기제로 해석한다. 바람직하지 않은 사건이나 자기의 일부가 전반적으로 억압된 결과다. 성격 전체를 의식으로부터 분리함으로써 극심한 외상 경험을 억압하고, 그 결과 건망증이나 둔주가 나타날 수 있다. 행동주의적 관점에서는 해리현상이 스트레스 사건과 그에 대한 기억으로부터 개인을 보호해 주는 회피반응의 기능을 한다고 본다(김춘경 등, 2016).

부록

행동지원

—

특수교육 관련 법과 서비스

1 행동지원

일반적으로 교사들은 장애학생의 장애유형이나 정도보다도 문제행동을 더 큰 교수 문제로 인식하고 있다. 교사 관점에서 이러한 문제행동은 지도과정에서 교직 전문성에 의문을 품게 하거나 힘들게 하는 원인이 되며, 장애학생 입장에서는 사회적 소외와 고립의 원인이 된다. 문제로 인식되는 수준은 그 행동이 학생 자신이나 타인의 학교생활 및 일상생활에 부정적인 영향을 미칠 정도를 의미한다(김동일 등, 2019).

문제행동은 그 용어 자체가 장애학생을 자칫 문제로 보게 하는 편향성을 내포하고 있으므로 도전행동이나 행동 상의 문제 등으로 불리기도 한다. 문제행동에서 중요한 것은 그 행동을 문제로만 볼 것이 아니라 행동에 의사소통 의도나 기능이 있다는 것으로 이해하는 것이다.

본 장에서는 이런 문제행동 중재로 효과적인 일반적인 지원방법을 다루고자 한다. 이런 방법을 사용하면 장애학생뿐만 아니라 비장애학생들이 보이는 문제행동도 지도할 수 있다. 이를 통해 교사는 학생들의 수업 참여를 높이고 최적의 교육환경을 유지하며 관리할 수 있게 될 것이다.

1 행동지원의 중요성

학생의 바람직한 성장을 위해서는 발달단계와 장애특성을 고려한 체계적인 지원이 필요하다(강창욱 등, 2020). 이러한 지원은 장애학생이 사회에 나가 독립된 인간으로서 갖추어야 할 능력을 함양하도록 하는 데 중요한 역할을 하게 된다.

지원이 필요한 행동상의 문제는 장애학생 뿐만 아니라 비장애학생에게도 나타나지만, 행동문제가 과도하게 나타나거나 6개월 이상 지속이 되면 특수교육에 의뢰하여 정서·행동장애와 같은 장애로 특수교육을 받게 할 수 있다. 실제 현장에서 보고된 행동문제를 분석해 보면 표 부록-1에 제시된 것처럼 구체적인 행동문제로 분류할 수 있다. 통합학급에 있는 교사들은 이 중 가장 빈번하게 나타나는 부적절한 행동으로 주의산만과 충동행동을 꼽고 있고, 가장 대처하기 어려운 행동문제로는 공격적 행동과 심한 불순응 행동을 들고 있다(이대식, 김수연, 2008).

표 부록-1 문제행동 유형과 예시

문제행동 유형	예시
자기자극 및 자해행동	• 자신의 감각기관 자극 • 자신의 신체 상해
공격적, 파괴적, 폭력적 언행	• 또래 혹은 교사에게 언어적 혹은 신체적 폭력 행사 • 분노를 조절하지 못하여 물건 부숨
주의산만, 과잉행동, 충동행동	• 공부하거나 놀이를 할 때 지속해서 주의집중을 못 함 • 수업 중 지나치게 뛰어다님 • 차례를 기다리지 못함
위축행동, 강박행동	• 자기 의사를 또래에게 적절하게 표현하지 못함 • 강박적 문 잠금을 점검
수업 방해 행동	• 수업 중 자리이탈 • 소란 피움 등
심한 불순응	• 자기 고집 피움 • 지시 따르지 않음
기타 행동장애	• 섭식장애 • 도벽 • 약물복용

출처: 이대식, 김수연(2008)

대부분의 교사는 이러한 부적절한 행동문제에 대해 학생이 문제일 뿐, 자신의 행동 중재방법에는 문제없다고 생각한다(Sugai & Horner, 2006). 하지만 교사의 잘못된 중재에 의해서도 학생의 행동이 부적절하게 나타날 수 있다는 것을 유의할 필요가 있다. 실제로 교사는 학급을 통제하는 위치에 있으므로 교사의 행동에 따라 학생의 행동도 달라질 수 있다. 따라서 장애학생의 문제행동을 효과적으로 다룰 수 있는 능력은 특수교사뿐만 아니라 일반교사에게도 매우 중요한 지도능력이 된다(이대식 등, 2018).

2 지원이 필요한 행동의 기능

교사는 학생의 행동에 대해 철학적으로 이해할 필요가 있다. 즉, 지원이 있어야 하는 행동에는 그 안에 어떤 목적이 내재되어 있다는 것이다. 예를 들어, 학생의 자해행동, 공격·파괴·폭력적 행동, 수업방해 행동 등이 이런 행동을 못 하게 하는 사람으로부터 관심을 받기 위한 것일 수도 있다. 또는, 자신의 요구를 적절히 표현하지 못해서일 수도 있다. 따라서 부적절한 행동의 원인을 파악하는 것이 행동중재에 기본이 된다. 행동에 대한 정확한 원인 파악은 문제행동을 감소시키고 중재방법 계획에도 도움을 준다.

과거에는 행동문제가 학생의 내적인 요인에 의한 것으로 보았지만, 1980년대에 들어서면서부터 여러 외부 환경이 학생의 행동에 영향을 미친다는 것과 그런 행동에 의사소통의 기능이 있는 것으로 받아들이고 있다(김동일 등, 2019). 이러한 행동 상의 문제는 일시적일 수도 있지만, 지속적으로 나타나기도 하며, 그런 경우 문제행동이 어떤 기능을 해 왔다고 추측해 볼 수 있다. 다시 말해 부적절하지만 학생이 그 행동을 통해서 자신의 특정한 목적을 꾸준히 달성하고자 했다는 것이다. 이런 행동의 기능을 파악한다면 그 학생을 이해할 수 있는 단서로 활용할 수 있다. 문제행동은 교사나 다른 사람들에게 전달하고자 하는 의사소통적인 목적을 지니고 있으므로 이러한 행동의 기능을 이해한다면 학생이 바람직하게 성장할 수 있도록 교육환경을 조성해줄 수 있고, 교사와 학생 간의 관계 개선을 통해 긍정적인 학교 분위기를 만들 수도 있다(이대식 등, 2018). 일반적으로 문제행동이 가진 주된 기능은 표 부록-2에 제시되어 있다. 지원이 필요한 행동의 기능을 이해한다는 것은 교육환경 내 변인들을 이해한다는 것과 같은 의미이다. 만약 그 행동이 언제, 어디서, 누구와 함께 어떤 조건에서 발생했는지 또는 발생하지 않았는지를 구별해 낸다면 문제행동의 목적을 더욱 쉽게 이해할 수 있을 것이다. 이에 교사는 학생이 보이는 행동의 목적이 원하는 것을 얻는 것(예, 물건 얻기), 회피하는 것(예, 어려운 과제 피하기), 관심 끌기(예, 교사가 자신을 보게 하기), 자기자극(예, 손 흔들기, 눈 누르기) 등 어떤 것인지를 찾을 수 있도록 해야 한다(강영심 등, 2019).

표 부록-2 문제행동의 기능

문제행동		내용
의사 소통 기능	관심 끌기	교사와 함께 있을 때는 과제수행을 잘하다가 교사가 다른 곳으로 이동하거나 다른 학생을 도와줄 때 문제행동이 일어난다.
	회피하기	과제활동지를 하도록 요구할 때 문제행동이 일어난다.
	원하는 것 얻기	음식 얻기를 원할 때, 좋아하는 활동을 중단하거나 끝났을 때 문제행동이 일어난다.
감각 기능	자기통제	반복적으로 손을 흔들기, 손가락을 문지르기, 몸을 흔들기, 물건 돌리기 등은 대개 자기자극이다. 또는, 자신의 에너지를 조절하는 방법일 수도 있다.
	놀이	반복적으로 물건을 돌리거나 손을 흔드는 것이 단순히 놀이일 수 있다.

출처: 강영심 등(2019)

행동 상의 문제가 발생했을 때 그 기능을 평가하고, 평가결과에 근거하여 행동을 줄이기 위한 중재를 시행하게 된다. 이때 문제행동의 기능평가를 위해서는 교사 혼자 하기보다는 전문가와의 협력을 해야 하는데 그 이유는 다음과 같다.

- 기능을 정확히 파악하는 것이 행동지원에서 가장 중요하다. 기능을 제대로 파악하지 못한 채로 행동지원 목표를 설정하고 중재를 실시한다면 오히려 문제행동을 악화시킬 수 있다.
- 문제행동의 기능은 하나가 아니라 여러 가지일 수 있다. 여러 가지 기능일 경우 교사 혼자서는 그 기능들을 파악하기 어렵고, 기능 하나에만 맞춰진 중재를 시행할 가능성이 커 중재효과가 미미할 수 있다.
- 같은 행동이라 하더라도 학생과 상황에 따라 그 기능이 달라질 수 있다. 교사는 학생을 잘 알고 있다는 자신감이나 학생에 대한 편향성에 가려서 그 기능을 알아채지 못할 가능성이 있다. 따라서 전문가와 협력하여 그 기능을 파악한다면 객관적인 입장에서 행동의 기능을 그 학생과 상황에 맞춰 파악할 수 있게 된다.

3 긍정적 행동지원

학생이 행동 상에 문제를 보이면 교사들은 그 행동을 제거하는 데에만 집중하는 경향이 있다. 그러나 이는 행동문제가 발생하고 난 후에 사후 관리하는 것이므로 결코 교육적이지 못하다. 행동문제는 발생하지 않도록 하는 것이 발생 후 대처하는 것보다 더 중요하다. 따라서 행동지원은 예방적 차원에서 학교 단위나 학급 단위에서 모든 학생을 대상으로 중재를 실시하고 관리해야 한다. 이와 함께 바람직한 행동을 촉진할 수 있는 교육환경을 조성해 두는 것도 예방적 중재의 한 방법으로서 매우 중요하다.

모든 학생에 대해 중재를 시행해야 하는 이유는 외현화된 행동에 대해 예방적 중재를 실시해야 하는 것도 있지만 내면화된 문제를 보이는 학생들에 대한 중재도 필요하기 때문이다. 내면화된 문제를 보이는 학생들은 겉으로 보기에 문제가 없어 보이는데, 실제로는 위축, 우울증, 미숙함 등의 문제로 인해 외현화된 행동을 보이는 학생들처럼 또래와의 관계 형성이나 유지에 어려움을 보이고 사회적으로 소외될 가능성이 높다. 따라서 모든 학생에 대해 예방적 측면에서 행동지원 중재를 하기 위해서는 내면화된 행동도 행동지원에 포함해야 한다.

행동지원에서는 부적절한 행동 제거보다는 사회적으로 적절한 행동으로 대체하는 방법이 권고된다. 특정 의사소통기능을 위해 사용했던 부적절한 행동 대신에 같은 기능이지만 사회적으로 적절한 행동으로 바꾸는 것이 바람직하다는 것이다. 이런 지원 방법을 긍정적 행동지원이라고 하는 데 바람직한 행동으로의 변화를 촉진하고 성취할 수 있도록 하는 것이 이 중재의 핵심이다.

어느 학교, 어느 학급이나 행동지원이 필요한 학생이 있기 마련이다. 다시 말해 최소한 학급 단위에서는 행동문제가 보편적 현상이다. 이는 행동지원이 장애학생만을 위해 필요한 것이 아니라 사실상 모든 학생을 위해 필요하다는 것을 나타낸다. 학교에서 행동문제가 보편적 현상이라는 것은 학생에게 원인이 있을 수도 있지만, 학교에도 문제의 원인이 있을 수 있음을 의미한다. 이런 측면에서 긍정적 행동지원에서는 학생들의 행동과 관련하여 효과적인 교육환경을 조성하기 위한 노력까지 포함하고 있다. 다시 말해 학교, 가족, 그리고 지역사회와 연계하는 체계성까지 포함한다. 따라서 모든 학생을 대상으로 생활의 다양한 영역에서 성과를 향상할 수 있는 교육환경을 조성하고 유지하는 것에 가치를 두고, 이를 통하여 행동문제를 감소시키고 바람직한 행동을 더욱 기능적으로 향상할 수 있도록 하는 것이 긍정적 행동지원이다. 지금까지 학교의 노력과 반성 없이 학생에게 처벌만 해왔던 관행에서 벗어나 행동문제가 발생하기 전에 학생을 둘러싼 모든 환경을 개선함으로써 사전예방과 체계적 방법을 제공하는 것이 특징이라 할 수 있다(Sugai 등, 1999).

문제행동의 기능평가

일반적으로 교사는 행동문제에 대한 기능평가를 소홀히 하는 경향이 있다. 정확한 기능평가를 수행하기 위해서 투입할 수 있는 시간이 현실적으로 많지 않기 때문이다. 하지만 제대로 기능평가를 하지 않고 행동 상의 문제를 중재한다면 중재의 효과가 아예 없거나 오히려 문제행동을 악화시킬 수 있다. 긍정적 행동지원에서는 기능평가가 우선이다. 문제행동의 원인을 제대로 파악했을 때 행동중재의 효과는 높아질 것이다.

행동 상의 지원은 문제행동이 언제, 왜, 어떤 상황에서 발생했는지를 알아내는 것으로부터 시작한다. 기능평가는 교사와의 면접, 교실 내의 상황 관찰, 평정척도 사용 등의 방법을 이용하여 행동문제를 일으키는 선행사건과 행동을 유지하는 후속 결과 자극을 알아내는 것이다. 대부분 문제행동의 경우, 선행사건과 후속 결과를 분석해 보면 그 행동을 통하여 학생이 얻고자 하는 것이 무엇인지 파악할 수 있다(이대식 등, 2018). 이런 선행사건, 행동, 후속 결과의 기능적 관계에 대한 예를 들어보면 표 부록-3과 같다.

표 부록-3 선행사건, 행동 후속 결과의 기능적 관계

선행사건	행동	후속 결과	문제행동의 기능
체육 시간에 팀별로 나누어 게임을 하였으며, 은동이의 팀이 게임에서 지고 있었음	은동이는 상대편 친구들을 때림	교사는 게임의 규칙을 어긴 것으로 생각하고 게임을 중단하고 새로운 게임을 시작함	원하는 것 얻기
교사가 우필이에게 수학 문제 5개를 풀 것을 지시함	우필이는 수학 교과서의 해당 페이지가 찢어질 때까지 손으로 꽉 쥐고, 연필을 부러뜨림	교사는 우필이의 교과서를 보관하고, '그러면 안 돼!'라고 말한 다음, 교실 뒤쪽에 서 있을 것을 지시함	과제 회피하기
영애가 발표하자 교사가 칭찬을 해줌	치수가 책상을 주먹으로 내리치며 '내가 말하려고 했는데…'라고 함	교사는 '치수도 잘할 수 있었는데…' 라고 응답해 줌	관심 끌기

출처: 강영심 등(2019)

긍정적 행동지원 체계

지원이 필요한 행동에 대한 예방적 중재는 1차, 2차, 3차로 나눌 수 있다. 1차 예방적 중재는 보편적 지원으로 학급, 복도, 운동장, 급식실을 포함한 모든 학교 환경에서 모든 학생을 대상으로 하는 것을 말한다. 모든 학생이 긍정적인 행동지원을 받는다는 점에서 예방적 지원이다. 1차 예방적 중재의 목표는 가능한 한 학교 환경 내의 모든 학생을 대상으로 문제행동을 감소시키거나 제거하면서 긍정적인 행동도 증가시키는 것이다. 이러한 목표를 달성하기 위해 구조화된 학급환경, 규칙적인 하루 일과표 등과 같이 예측 가능한 환경을 제공하는 전략이 많이 사용된다(Fox 등, 2003). 보편적 지원을 하게 되면 행동 상의 문제를

그림 부록-1 교육기관 내 예방적 중재를 받는 학생의 비율

출처: 유은영, 조윤경(2020)

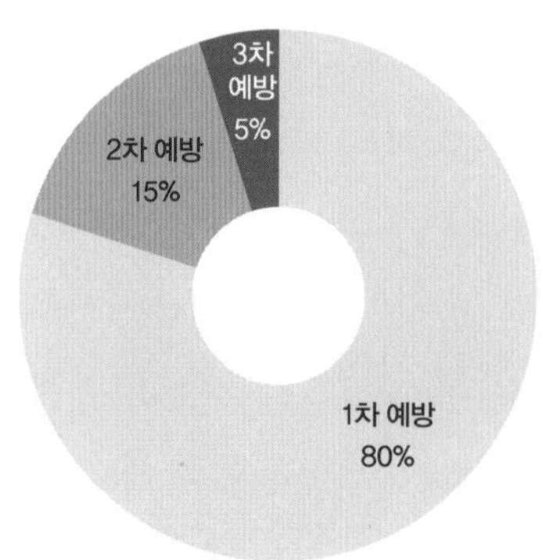

보일 가능성이 있는 학생들이 자신을 스스로 통제하고 규칙을 따르게 되는 등의 효과를 얻을 수 있다(유은영, 조윤경, 2020).

2차 예방적 중재인 소집단 지원은 보편적 지원을 통해서는 해결되지 않았던, 사회적 기술이 부족하거나 문제행동 발생 위험이 높은 학생들을 대상으로 한다. 즉, 보편적 지원보다는 높은 강도의 지원이 필요한 학생들을 위한 중재이다. 2차 예방적 중재로는 상업적으로 개발된 사회성 훈련 프로그램, 교사가 제작한 다양한 사회성 기술 교수 프로그램 등을 활용할 수 있다(Fox 등, 2003).

3차 예방적 중재인 개별화된 지원은 만성적이고 심각한 학생의 문제행동을 해결하기 위한 집중적인 지원을 일컫는다. 학교에서 학생들은 그림 부록-1에서 볼 수 있듯이 약 80%가 1차 예방적 중재를 받고, 15%는 2차 예방적 중재를 받으며, 나머지 5% 정도는 3차 예방적 중재인 집중적이면서 개별화된 중재를 받는 것을 알 수 있다.

긍정적 행동지원은 학생이 속한 모든 환경에서 실시되어야 하고 학생이 속한 학급

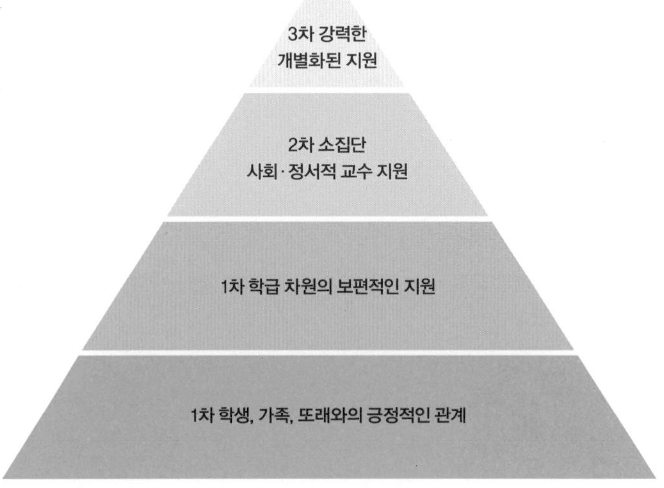

그림 부록-2 학생의 문제행동 예방과 사회적 능력 지원을 위한 중재모형

출처: 유은영, 조윤경(2020)

과 가정에서 일관되게 실시되어야 한다. 이러한 협력체계는 그림 부록-2에서 볼 수 있듯이 문제행동 예방과 사회적 능력 지원을 위한 중재모형의 단계와 맥락을 같이 한다(Joseph & Strain, 2003). 0단계는 학생, 가족, 또래와의 긍정적인 관계를 기반으로 하는 것이고, 1단계는 학급 중심의 예방적인 중재에 해당한다(0, 1단계는 1차 예방적 중재로서 보편적 지원). 2단계는 사회·정서적 중재에 해당하고(2단계는 2차 예방적 중재로서 소집단 지원), 3단계는 개별적이고 고강도의 중재에 해당한다(3단계는 3차 예방적 중재로서 개별화된 지원). 3단계에서는 구체적이고 개별화된 긍정적 행동지원 계획을 수립하고 시행하는 것이다.

긍정적 행동지원에 대한 계획은 크게 다음과 같이 예방, 교수, 대처 세 부분으로 나누어 수립될 수 있다(이대식 등, 2018).

예방

예방은 문제행동이 발생하지 않도록 하는 것이 목적이다. 이를 위해 다음과 같이 문제행동을 일으키는 선행사건이나 배경사건에 변화를 주는 것이다.

① 사람 관련 변인: 누가 있을 때 일어나는가?
- 예, 집단의 변화(다른 또래와의 집단화, 또래 수 감소 또는 증가)

② 활동 관련 변인: 무엇을 할 때 일어나는가?
- 난이도 수준 변화(과제가 지나치게 쉽거나 어려운지 확인)
- 활동의 시작과 끝을 정확하게 정의(예, '5개만 하고 쉬자')
- 시각적 촉진과 모델링 사용(시각적 조직자 사용, 과학 활동 단계에 대한 목록 제공, 수학문제 중 한 문제를 시범으로 풀어주기)
- 학생이 최상으로 학습하는 방법 찾기(활동의 속도와 수행양식을 학생의 학습 양식에 맞춰주기)
- 규칙과 절차, 매일의 일정, 활동의 구조에 대해 명확하게 의사소통하기, 더 많은 격려 제공 또는 다른 유형의 격려 제공(학생 가까이에 가거나 멀어짐, 자기평가에 대한 강조)

③ 시간 관련 변인: 언제 일어나는가?
- 어려운 과제와 쉬운 과제 사이에 균형 맞추기
- 선호하는 과제에서 비선호 과제로 바뀌는 때

④ 장소 관련 변인: 어디에서 일어나는가?
- 자리 배치 변화
- 넓은, 개방된 공간 또는 밀집된 공간 피하기

교수

문제행동과 같은 기능을 하면서도 부적절한 행동에 비해 사회적으로 바람직한 다른 행동, 즉 대안적인 행동을 직접 가르치는 것이다. 같은 기능이면서 대체행동에 대한 예는 다음과 같다.

- 정혁이는 과제수행이 지루해서 회피하고 싶을 때 교실 안을 뛰어다닌다.
  → 정혁이는 쉬는 시간 카드를 들고 기다린다.
- 철강이는 관심을 끌고 싶을 때 옆 사람을 꽉 움켜잡거나 꼬집는다.
  → 철강이는 또래의 이름을 부른다.
- 세영이는 어려운 과제로 인한 좌절로 자신의 몸을 할퀸다.
  → 세영이는 의사소통판에 있는 '도와주세요' 상징을 가리키고 눈맞춤을 통해 도움을 요청한다.
- 서단이는 팔이 닿지 않는 곳에 있는 어떤 물건을 가지기 위해 다른 사람의 팔을 세게 잡아당기면서 운다.
  → 서단이는 갖고 싶은 물건을 손가락으로 가리킨다.

대체행동을 교수하기 위해서는 어떤 행동이 문제행동을 대체할 수 있을지 결정해야 한다. 이에 필요한 대체행동의 조건은 다음과 같다.

- 학생이 대체행동을 수행하는 것은 문제행동보다 하기 쉬워야 한다.
- 대체행동을 언제, 어떻게 사용해야 할지 알려줘야 한다.
- 교사와 또래들은 학생이 부적절한 행동을 보였을 때는 무시하고 대체행동을 사용했을 때 반응을 보여줌으로써 사회적으로 강화해준다. 이는 사회적 인정을 통해 더 효과적으로 원하는 것을 성취할 수 있게 한다. 다시 말해, 문제행동보다 대체행동을 사용하는 것이 학생이 목적하는 바를 효율적으로 그리고 효과적으로 얻을 수 있음을 알게 해야 한다.

문제행동 발생 시 대처

행동 상의 문제를 예방하지 못했거나 중재 중에 발생하는 행동에 대해서는 적절하게 대처해야 한다. 즉, 문제행동이 일어났을 때 그 행동을 강화하지 않는 방법으로 반응하고, 대안적인 행동에는 반응해줘야 한다. 그리고 학생 자신과 다른 사람의 안전을 해치는 심각한 공격행동의 경우에는 특히 위기관리 계획을 미리 수립해 두어야 교사가 당황하지 않고 대처할 수 있다. 행동지원 계획을 수립할 때는 예방과 중재 계획뿐만 아니라 문제행동이 발생한 그 순간에 어떻게 대처해야 하는지에 대한 반응 계획도 포함해야 한다.

심한 공격행동이 발생하였을 때 교사는 다음과 같이 대처할 수 있다(이대식 등, 2018).

- 가장 먼저 학생의 공격행동을 제지한다.
- 동시에 다른 학생들을 안심시킨다.
- 누구에게 먼저 연락할 것인지 정해둔 대로 연락을 취한다.
- 빨리 올 수 있는 옆 반 교사에게 먼저 연락하면, 옆 반 교사는 학교 관리자와 특수교육 보조인력에게 연락한다.
- 학교 관리자와 특수교육 보조원은 학생이 안정될 때까지 정해진 장소에 데려간다(여기서 정해진 장소는 조용하고 안정을 취할 수 있는 곳이어야 하고, 위험한 물건이나 공격행동에 대한 강화가 될 수 있는 물건이 없어야 한다).
- 이 과정에서 교사나 다른 학생들이 큰소리를 지르거나 야단을 치는 것도 공격행동에 대한 강화가 될 수 있으므로 최대한 신속하게 정해진 계획대로 시행해야 한다.

학급을 담당하는 교사는 학생의 문제행동에 영향을 주는 요인 중에서 학생의 행동에 가장 큰 영향을 주는 요인이 무엇인지, 적절한 중재법으로 무엇이 있는지를 분명하게 구분할 수 있는 전문성을 갖춰야 한다. 그리고 장애학생의 행동중재를 위한 기능평가 등은 일반교사 혼자 하기보다 특수교사나 관련 전문가의 자문이나 협력을 통해 지원을 받아야 한다.

4 통합교육상황에서의 유형별 행동지원 사례

장애학생의 문제행동이 지속해서 나타날 때에는 아무리 경력이 많은 특수교사라 할지라도 문제행동에 대하여 효과적으로 대처하고 지도하는 데 많은 어려움과 부담이 있다. 이러한 이유는 문제행동의 중재법은 정해져 있는 것이 아니고 학생마다 달라지기 때문이다. 학생의 문제행동에 대한 정보는 학생을 직접 관찰하거나 면담해서 얻을 수 있고, 또는 이전 담임교사나 보호자, 또래들로부터도 얻을 수 있다. 하지만 문제행동에 대한 중재에서 가장 중요한 것은 학생마다 중재법이 다를 수 있으므로 교사 혼자 판단하여 행동지원 계획을 세우기보다 가능한 보호자, 다른 교사들(교과교사, 특수교사 등), 관련 전문가들과 협력해서 계획을 수립하고 시행해야 한다. 이렇게 했을 때 학생의 모든 환경(학교, 지역사회, 가정)에서 일관된 중재를 할 수 있고 그 중재 효과도 높일 수 있다. 이처럼 실제 중재법은 관련 협력팀이 학생의 장애특성과 발생원인, 상황 등을 종합적으로 고려해서 계획을 수립하고 실시해야 하지만, 여기서는 이해를 돕기 위해 학교 현장에서 고려해 볼 수 있는 행동중재 참고 사례 몇 가지를 제시해 보고자 한다(부산광역시교육청, 2014).

자해행동

- **자해행동 상황**

  재석이는 자주 자기 손등을 깨문다. 깨물지 말라고 제지를 하지만 그때뿐이고, 계속 깨물어서 손등이 상처투성이가 된다.

이런 자해행동에 대한 중재방법은 다음과 같다.

자해행동 중재방법(기능분석을 통한 중재)

표 부록-4와 같이 기능분석을 실시하고, 문제행동을 함께 할 수 없는 대체행동을 습득하게 할 수 있다. 심한 경우 대체행동 습득 전까지는 보호도구를 사용하게 할 수 있다.

표 부록-4 자해행동 중재의 예시

기능분석	보호도구 사용	바람직한 행동으로 관심 전환하기
• 욕구불만 표현의 의사소통 • 각성수준 조절을 위한 자기자극 행동 • 과제 회피 • 무료함 • 부적절한 관심 추구	• 장갑 • 구강 피스 • 붕대 • 마스크	• 자해행동과 함께 할 수 없는 상황에 적합하고 학생이 선호하는 활동이나 과제 제시(조작 놀이, 그림 그리기, 악기 연주 등)

기타 중재방법

자해행동에 대해 그 외로 사용해 볼 수 있는 중재방법의 예로 다음과 같은 것을 들 수 있다.

- 의사소통 기술이 부족하여 나타난 행동이라면 일단 '도와주세요.' 등의 말로 제 생각을 표현하게 한다.
- 어렵거나 싫은 과제가 원인이라면 미리 과제 난도를 낮춰주거나 분량을 줄여준다.
- 관심을 끌기 위한 행동이라면 학생의 행동을 주시하면서도 학생이 느낄 수 있는 시선과 관심을 주지 않는다.
- 행동을 멈추면 칭찬해 준다(예, '멈추었구나. 잘했어!').
- 적절한 대체행동을 개발하여 다른 행동(깨물 수 있는 다른 물건 제공 등)으로 전환시킨다.
- 학생이 피곤해하는 경우라면 뒤에서 특수교육 보조원의 도움을 받아 쉬게 한다.

상동행동

- **상동행동 상황**

  명수는 수업 시간에 끈이나 손가락을 계속해서 흔들거나 자리에서 일어나 빙글빙글 도는 행동을 한다. 이로 인해 수업에 방해가 되어 수업 분위기가 어수선해진다.

상동행동이 수업을 방해하는 예이다. 학생이 상동적 움직임을 보일 때에는 다음과 같은 방법으로 행동을 지도할 수 있다.

- 행동을 멈추지 않으면 스스로 참을 수 있도록 천천히 1부터 10까지 세도록 한다.
- 과제나 활동을 완수한 후 일정 시간 동안 상동행동을 할 수 있도록 약속을 정하고 허용한다.
- 학생이 수업을 어려워하거나 지루해할 때는 선호하는 활동이나 할 수 있을 만한 과제를 제공한다.
- 집중시간이 짧은 경우는 짧은 시간 안에 끝낼 수 있는 활동이나 과제를 제공해서 주의를 전환한다.

교사가 학생의 상동행동을 한 번에 제거하려 하면 이차적인 문제행동이 발생할 수도 있다. 행동중재계획을 수립할 때는 우선, 과제를 수행하거나 수업활동 시간만이라도 중단시키는 것을 목표로 하고, 이를 달성하면 점차 학교에서의 모든 시간으로 확대하는 방법을 사용한다. 이와 동시에 가정이나 지역사회에서도 상동행동을 하지 않게 하도록 보호자와 협력하여 다른 환경에서도 일관되게 지도할 수 있도록 해야 한다.

공격행동

- **공격행동 상황**

  홍철이는 수업 활동 중 갑작스럽게 괴성을 지르며 교실을 뛰어다니는 등 지나치게 흥분된 모습을 보이고, 의자를 넘어뜨리거나 친구의 등을 때리는 등의 공격 행동을 심하게 보인다.

우선, 학생이 공격행동으로 수업을 방해하고 또래를 공격할 때에는 일단 제지해야 한다. 그리고 공격행동을 보일 때는 결과에 대해 벌을 주기보다는 사전에 그와 같은 행동이 일어날 만한 상황과 원인을 파악해서 그런 행동이 발생하지 않도록 미리 제거해 주거나 문제상황을 극복하는 대체행동을 가르치는 것이 효과적이다. 공격행동은 다음과 같이 중재할 수 있다.

원인 파악해서 제거하기

공격행동의 원인을 파악하고 그 원인을 제거하는 것이 효과적일 수 있다. 그 원인은 매우 다양하고, 등교 전 가정생활과도 관련되어 있을 수 있으므로 보호자와 상담을 통해 원인을 찾는 것도 좋은 방법이 된다. 공격행동의 원인으로 다음과 같은 것을 들 수 있다.

- 감각자극(청각, 촉각 등)에 과도한 부담이 있다.
- 좌절, 실망, 학대, 혼란 등이 감정적으로 촉발시킨 요인이다.
- 음식 알레르기, 수면장애, 위장 문제, 병이나 상처 등의 물리적·생리적 요인이다.
- 이전 환경에서 비롯된 요구 미충족에 대한 불만이 원인이다.

공격행동 발생 전에 미리 다른 행동하게 하기

공격행동 발생 가능성이 큰 상황이라고 판단되면 그런 행동이 발생하지 않도록 미리 다른 행동을 하게끔 하는 것도 좋은 방법이다. 예를 들면 다음과 같이 지도할 수 있다.

- '그만' 카드와 같이 시각적으로 행동을 멈추게 하고 관심을 돌릴 수 있는 활동을 제공한다.
- 행동 전에 분노를 관리할 수 있는 프로그램(예, 1부터 10까지 천천히 세게 하기, 심호흡하게 하기, 좋은 생각하게 하기, 휴식공간으로 이동 등)을 사용하게 한다.
- 빠르게 걷기, 달리기, 트램펄린에서 점프하기 등 신체적인 활동을 하게 하여 에너지를 발산시켜 공격행동을 하지 않게 한다.

공격행동으로 인해 다른 사람이나 물건을 보호해야 하는 급박한 상황에서는 즉각 제지하되, 이런 신체적 제지는 두 팔을 잡는 등의 최소한으로 한정해야 한다. 그리고 긍정적 훈육은 최대한으로 해야 한다. 이 과정에서 체벌은 절대 있어서는 안 된다. 또한, 공격행동은 미미한 정도에서부터 타인에게 심각한 위협이 되는 정도의 행동까지 있으므로 행동이 방치되어 자신과 다른 학생의 학습을 침해하지 않도록 해야 한다. 따라서 학생의 행동 특성을 지속해서 기록하여 문제행동을 관리하고 개선하는 데 활용하는 것이 좋다.

등교 거부

- **등교 거부 상황**

  광수는 일주일 전부터 학교에 오지 않으려고 한다. 잠깐 학교에 갔다가 하교해도 된다고 말했으나, 광수는 아침에 등교 시간이 가까워지면 일어나지 않고 잠을 자거나 짜증을 낸다고 한다.

학생이 등교를 거부하는 경우는 가정사, 또래관계, 심리적 어려움 등의 문제가 원인일 수 있으므로 학생을 세심하게 관찰하고 이해하는 태도로 다가가서 도와주도록 한다. 교육 현장에서 등교 거부 학생에 대한 지도 방법은 다음과 같다(학생위기지원단, 2018).

등교 거부 이유 파악하기

저학년 학생인 경우 부모와의 분리불안으로 또는 수면 부족 등의 이유로 학교에 오기 싫어할 수도 있다. 고학년 학생의 경우에는 학업 수행 관련 문제로 학습능력이 부족하거나 하기 싫은 수업과 지루함으로 인해 등교를 거부할 수도 있다. 또는 또래 간 갈등이나 교사와의 부정적 관계, 가족 문제 때문일 수도 있다. 따라서 교사는 마음을 열고 학생의 말을 들어주어야 하며, 학생의 등교 거부 원인이 무엇인지를 정확하게 파악하여 지도하는 것이 중요하다.

등교 거부 중재방법

보호자나 친한 또래와의 상담을 통해 등교 거부 이유를 알아보고 그 이유와 관련하여 학교에서 지원할 수 있는 것이 무엇인지 파악할 수 있다. 그 외로 다음과 같은 방법을 실시해 볼 수 있다.

- 학생의 긍정적 행동과 변화에 관심을 두고 좋은 점을 발견하여 칭찬해 준다.
- 교사와의 관계에서 발생한 문제인 경우, 본인의 태도나 언행 중 어떤 것이 문제인지 점검해 보고 긍정적 표현을 사용하여 해결방안을 제시한다.
- 학업 수행 상의 문제인 경우, 학생의 장애특성이나 인지수준 등을 고려하여 현재 수행수준과 목표수준 간에 불일치가 심하면 교육목표를 수정해준다.
- 심리적 문제인 경우, 관련 전문기관에 의뢰해 도움을 받도록 한다.

성적행동

- **성적행동 상황**

  준하는 쉬는 시간이나 점심시간 이후, 또는, 수업 시간에 자신의 성기를 만진다. 하지 말라고 주의시키면 그때뿐이고 뒤돌아서면 슬며시 손이 성기에 가 있다. 부모님께서는 준하가 집에서도 다른 사람이 보지 않을 때 습관적으로 만지는 것 같다고 한다.

학생이 사춘기가 되면 성에 대한 호기심이 높아 성기를 만지기도 하지만, 수업활동에 흥미가 없거나 관심을 받고 싶을 때 일종의 놀이처럼 하기도 한다. 따라서 원인이 무엇인지 파악하여 대처하는 것이 중요하다. 학교 현장에서 성적행동을 하는 학생에 대해 다음과 같은 방법을 사용해 볼 수 있다(울산광역시교육청, 2018).

자신의 성기를 만지는 행동중재 방법

우선 제지를 하고 부적절한 행동임을 알려주면서 다음과 같은 방법을 사용해 볼 수 있다.

- 과제회피가 목적이라면 적당한 분량의 과제를 제공하고, 학생의 선호도와 관심사가 높은 주제를 활동에 반영한다.
- 행동상 문제와 함께 일어날 수 없는 행동(필기도구 잡기, 손으로 조작하는 교구 제공하기 등)을 강화한다.
- 공적인 공간과 사적인 공간을 구별하도록 하고, 특히 공적인 공간에서 성기를 만지는 행동은 잘못된 행동임을 알려준다.

이와 함께 가정과 연계하여 일관된 중재를 할 수 있도록 보호자에게 중재방법을 안내한다. 예를 들어, 단추나 지퍼가 있는 옷을 입혀 성기를 바로 만질 수 없게 하는 것도 좋은 방법이다. 그러나 일상생활이 어려울 정도로 심하다면 보호자와 상담하여 전문가의 도움을 받도록 권유한다.

위축행동

- **위축행동 상황**
  형돈이는 다른 수업으로 바뀔 때, 강당 모임이 있을 때 등등 전이 상황에 매우 스트레스를 받는다. 교육활동 장소가 바뀌어 이동하는 상황이 되면 교실에서 나가지 않고 주저앉거나 엘리베이터 앞에서 멈춰 버린다.

위축행동은 사람들이 많은 공간에서의 소음, 무질서 등 불편한 감각적 자극을 피하고자 하는 행동일 수 있으므로 문제행동의 원인을 파악하여 지도해야 한다. 교육 현장에서 위축행동이 있는 학생에 대한 지도 방법은 다음과 같다(부산광역시교육청, 2014).

장소 이동이나 활동 전이에 어려움에 대한 중재방법

환경 변화에 대처하기 어려워 발생하는 문제행동이라면 사전에 변화에 대해 미리 알려줄 필요가 있다. 또한 이런 학생들은 학교에서 대부분 사회적으로 고립된 경우가 많으므로 다음과 같은 방법을 사용해 볼 수 있다.

- 교실에서 다른 장소로 이동하기 전에 학생에게 별도로 알려준다(예, 학생이 장소의 이동을 예측할 수 있도록 그림이나 사진 또는 일과표를 활용하여 불안요소를 감소시켜 준다).
- 특별실 등으로 이동할 때 도우미 학생의 도움을 받게 한다.
- 변화에 대한 대처가 어렵다면 학생에게 어떤 일이 일어날지 미리 알려주거나, 학생에게 적절한 상황을 조성해 두어 더욱 쉽게 적응할 수 있도록 한다.

강당이나 급식실처럼 사람이 많은 공간을 두려워하고 불안해하는 학생이 있다. 이런 경우에는 억지로 학생을 데리고 가지 않고 서서히 적응하도록 하는 지도가 필요하다.

지도 시 유의점

교사는 위축행동을 보이는 학생을 내성적인 학생으로 오해하는 경우가 많다. 이로 인해 교사는 위축행동을 잘 알아채지 못할 수 있다. 하지만 위축행동은 학생의 사회적 고립, 낮은 학업성취도와 밀접한 관계가 있으므로 더욱 유심히 살펴보아야 한다. 이런 측면에서 다음과 같은 사항을 유의해야 한다.

- 교사는 학생이 보이는 행동을 세심하게 살피고, 민감하게 반응해줘야 한다. 직접적인 의사표현이 없더라도 교사가 먼저 말을 건네주고 학생 관점에서 어떤 도움이 필요할지를 생각해봐야 한다.
- 또래들과 긍정적인 상호작용을 할 기회를 제공해야 한다. 학생이 흥미 있어 하는 활동으로 구성하고, 이를 통해 또래와 함께 하는 경험을 하게 한다.
- 학생이 좋아하는 곳으로 이동하는 경험을 자주 제공하여 이동 자체가 어렵고 무서운 것이 아니라는 인식을 심어 준다.

학교에서의 학생에 대한 모든 행동지원은 부정적인 훈육이나 체벌이 아닌 긍정적인 관점이어야 한다. 행동지원은 행동이 일어나는 상황을 중심으로 파악하되, 학생의 발달에 따라 지도해야 하며, 무엇보다 학생의 자존감과 학습에 대한 긍정적인 태도를 기르고, 학습에 방해가 되는 요소를 스스로 극복할 수 있도록 도와주어야 한다.

Memo

2 특수교육 관련 법과 서비스

특수교육대상자로 선정되면 법적으로 보호를 받을 수 있다. 특수교육은 헌법, 교육기본법, 초중등교육법, 장애인 등에 대한 특수교육법, 특수학교시설·설비기준령, 장애인 차별금지 및 권리구제 등에 관한 법률 등 관련 법에서 정한 규정에 의해 관련 서비스를 제공하고 있다. 그중 발달장애인법, 그리고 장애인차별금지법과 같은 관련 법을 중심으로 장애학생의 교육, 복지, 고용 영역 관련 중요 조항들을 알고 있으면 교육활동 및 지도에 도움이 된다. 학교 현장에서의 관례적인 결정이라 하더라도 현재 실행되고 있는 관련 법규와는 맞지 않는 경우가 있을 수 있기 때문이다. 또한 이런 중요 관련 조항들을 알고 있다면 장애학생에 대한 교육적 지원뿐만 아니라 보호자와 상담할 때도 도움이 될 것이다.

발달장애인법(발달장애인 권리보장 및 지원에 관한 법률)

이 법은 발달장애인의 생애주기에 따른 특성 및 복지 욕구에 적합한 지원과 권리 옹호 등이 체계적이고 효과적으로 제공될 수 있도록 필요한 사항을 규정하고 있다. 발달장애인의 사회참여를 촉진하고 권리를 보호하며, 인간다운 삶을 영위하도록 돕는 법이므로, 발달장애인들은 이 법을 통해 생활영역의 필요한 부분에서 도움을 받을 수 있다. 이 법의 특징을 정리해보면 표 부록-5와 같다.

표 부록-5 발달장애인법의 특징

설립 배경 및 시기	목적 및 의의	주요 내용
발달장애인에 대한 복지서비스와 인프라가 그 필요량에 비해 지원 규모가 부족하여 발달장애인을 돌보고 있는 부모나 보호자들의 신체적·정신적·경제적·정서적인 부담이 높은 수준이고, 발달장애인 직업훈련이나 평생교육 등 능력 계발을 위한 지원체계도 상당히 미흡하여 제정됨	발달장애인의 의사를 최대한 존중하여 그들의 생애주기에 따른 특성 및 복지 욕구에 적합한 지원과 권리 옹호 등이 체계적이고 효과적으로 제공될 수 있도록 함	자기결정권의 보장, 성년후견제 이용 지원, 의사소통 지원, 자조 모임, 재판과 관련된 권리보장, 개인별 지원계획, 복지서비스 이용

이 법에서는 발달장애인 공공후견인제도를 통해 의사결정에 어려움을 겪는 성인 발달장애인이 지역사회에서 자립해 살아가는 데 필요한 도움을 받을 수 있도록 하고 있다. 특히 발달장애인뿐만 아니라 그 가족까지 지원받을 수 있게 하고 있는데, 예를 들어 발달장애 학생의 보호자가 심리적으로 어려움이 있는 경우, 발달장애인지원센터에서 도움을 받을 수 있다. 전국에 설립·운영되고 있는 중앙 발달장애인지원센터나 각 시도 지자체에서 설치된 장애인가족지원센터를 통해서 가족 상담을 받을 수 있다. 장애인가족지원센터는 장애인 가족 현황 및 욕구 실태 조사, 장애인 가족 교육에 관한 사업 등 장애인 가족지원을 위한 다양한 사업을 추진한다.

이 외에 가족 휴식 지원과 평생교육을 받을 수 있도록 하는 근거를 마련해 놓고 있다. 이 중 가족 휴식 지원은 24시간 지원이 필요한 발달장애인의 양육으로 인해 부모의 심리적 부담, 비장애 형제·자매의 스트레스 등 가족 붕괴의 위험 상황 발생을 막는다. 또한, 발달장애인의 양육과 보호의 역할을 담당하는 가족의 기능을 회복시키고, 양육 부담을 줄이도록 지원한다. 평생교육지원은 고교 졸업 후 마땅히 교육받을 수 있는 공간과 프로그램이 없는 발달장애인에게 평생교육의 기회를 제공하기 위해 평생교육센터를 설치하고 운영하는 것이다.

장애인차별금지법(장애인차별금지 및 권리구제 등에 관한 법률)

이 법은 모든 생활영역에서 장애를 이유로 차별을 금지하고, 이와 함께 장애를 이유로 차별받은 사람의 권익을 효과적으로 구제함으로써 장애인의 완전한 사회참여와 평등권 실현을 통하여 인간으로서의 존엄과 가치를 구현함을 목적으로 하고 있다. 이 법의 특징은 표 부록-6과 같다.

표 부록-6 장애인차별금지법의 특징

설립 배경 및 시기	목적 및 의의	주요 내용
모든 생활영역에서 장애를 이유로 한 차별을 금지하고 장애를 이유로 차별받은 사람의 권익을 효과적으로 구제함으로써 장애인의 완전한 사회참여와 평등권 실현을 통해 인간으로서의 존엄과 가치를 구현하려는 것임	모든 생활영역에서 장애를 이유로 한 차별을 금지하고 장애를 이유로 차별받은 사람의 권익을 효과적으로 구제함으로써 장애인의 완전한 사회참여와 평등권을 실현하도록 함	장애의 개념, 차별행위의 범위, 차별금지 영역, 장애여성에 대한 차별금지, 시정권고 및 시정명령 등, 손해배상 및 인증책임, 법원의 구제조치, 악의적인 차별행위에 대한 처벌 등

이 법은 제2절 제13조 차별금지 조항을 통해 다음과 같이 교육 영역에서 발생할 소지가 있는 장애인에 대한 차별을 금지하고 있다(장애인차별금지 및 권리구제 등에 관한 법률, 2017).

- 교육책임자는 장애인의 입학 지원 및 입학을 거부할 수 없고, 전학을 강요할 수 없으며, 장애인이 당해 교육기관으로 전학하는 것을 거절하여서는 안 된다.
- 교육책임자는 당해 교육기관에 재학 중인 장애인과 그 보호자가 편의 제공을 요청할 때 정당한 사유 없이 이를 거절하여서는 안 된다.
- 교육책임자는 특정 수업이나 실험·실습, 현장견학, 수학여행 등 학습을 포함한 모든 교내외 활동에서 장애를 이유로 장애인의 참여를 제한, 배제, 거부하여서는 아니 된다.
- 교육책임자는 취업 및 진로교육, 정보제공에 있어서 장애인의 능력과 특성에 맞는 진로교육 및 정보를 제공하여야 한다.
- 교육책임자와 교직원은 교육기관에 재학 중인 장애인 및 장애인 관련자, 특수교육교원, 특수교육보조원, 장애인 관련 업무 담당자를 모욕하거나 비하하여서는 아니 된다.
- 교육책임자는 장애인의 입학 지원 시 장애인이 아닌 지원자와 달리 추가 서류, 별도의 양식에 의한 지원 서류 등을 요구하거나, 장애인만을 대상으로 한 별도의 면접이나 신체검사, 추가시험 등(이하 추가서류)을 요구하여서는 아니 된다. 다만, 추가

서류 등의 요구가 장애인의 특성을 고려한 교육시행을 목적으로 함이 명백한 경우에는 그러하지 아니한다.

- 장애인에게 장애인 등에 대한 특수교육법에 따른 교육을 하는 경우, 정당한 사유 없이 해당 교육과정에 정한 학업 시수를 위반하여서는 아니 된다.

예를 들어, 장애학생 중 순회교육을 받는 장애학생에게는 수학여행, 현장견학, 현장체험 활동 등에 대해 공지조차 하지 않는 경우가 있는데, 이는 차별에 해당될 수 있다. 해당 학생에게 교외활동에 대해 반드시 알려야 하고, 장애로 인해 교외활동이 어느 정도 어려운지, 그리고 그러한 어려움이 정당한 편의제공으로 해결될 수 있는지를 보호자와 함께 고려한 후 그 결과에 따라 배제를 결정할 수 있다. 다시 말해 장애가 심하다는 이유로 교육 활동에서 배제할 수 없다. 단, 장애학생에게 이동수단, 이동 보조인력 등의 정당한 편의를 제공하기에 과도한 부담이 있거나 현저히 곤란한 사정이 있다는 등의 사유가 있을 때 배제할 수 있고, 이럴 때 차별이 아니라 할 수 있다(국립특수교육원, 2017b).

이 법에서 금지하는 차별행위로 인하여 피해를 본 사람 또는 그 사실을 알고 있는 사람이나 단체는 국가인권위원회에 그 내용을 진정할 수 있다. 진정이 없더라도 차별행위가 있다고 믿을 만한 타당한 근거가 있고, 그 내용이 중대하다고 인정할 때는 국가인권위원회가 직권으로 조사할 수 있다.

교육차별로 피해를 본 경우, 다음 제46조에 근거하여 손해배상을 청구할 수 있다(장애인차별금지 및 권리구제 등에 관한 법률, 2017).

① 누구든지 이 법의 규정을 위반하여 타인에게 손해를 가한 자는 그로 인하여 피해를 입은 사람에 대하여 손해배상책임을 진다. 다만, 차별행위를 한 자가 고의 또는 과실이 없음을 증명한 경우에는 책임지지 않는다.

② 이 법의 규정을 위반한 행위로 인하여 손해가 발생한 것은 인정되나 차별행위의 피해자가 재산상 손해를 입증할 수 없을 경우에는 차별행위를 한 자가 그로 인하여 얻은 재산상 이익을 피해자가 입은 재산상 손해로 추정한다.

③ ②에도 불구하고 차별행위의 피해자가 입은 재산상 손해액을 입증하기 위하여 필요한 사실을 입증하는 것이 해당 사실의 성질상 곤란한 경우에는 변론 전체의 취지와 증거조사의 결과에 기초하여 상당한 손해액을 인정할 수 있다.

정당한 편의제공에 대해서는 이 법 제14조에서 다음과 같이 규정하고 있다(장애인차별금지 및 권리구제 등에 관한 법률, 2017).

① 교육책임자는 당해 교육기관에 재학 중인 장애인의 교육활동에 불이익이 없도록 다음 각호의 수단을 적극적으로 강구하고 제공하여야 한다.

1. 장애인의 통학 및 교육기관 내에서의 이동 및 접근에 불이익이 없도록 하기 위한 각종 이동용 보장구의 대여 및 수리
2. 장애인 및 장애인 관련자가 필요로 하는 경우 교육보조인력의 배치
3. 장애로 인한 학습 참여의 불이익을 해소하기 위한 확대 독서기, 보청기기, 높낮이 조절용 책상, 각종 보완·대체 의사소통 도구 등의 대여 및 보조견의 배치나 휠체어의 접근을 위한 여유 공간 확보
4. 시·청각 장애인의 교육에 필요한 한국수어 통역, 문자통역(속기), 점자자료, 점자·음성변환용코드가 삽입된 자료, 자막, 큰 문자자료, 화면낭독·확대프로그램, 보청기기, 무지점자단말기, 인쇄물음성변환출력기를 포함한 각종 장애인보조기구 등 의사소통 수단
5. 교육과정을 적용하면서 학습진단을 통한 적절한 교육 및 평가방법의 제공
6. 그 밖에 장애인의 교육활동에 불이익이 없도록 하는 데 필요한 사항으로서 대통령령으로 정하는 사항

② 교육책임자는 ①을 제공하는 데 필요한 업무를 수행하기 위하여 장애학생지원부서 또는 담당자를 두어야 한다.

장애인복지법

이 법은 장애인의 인간다운 삶과 권리보장을 위한 국가와 지방자치단체 등의 책임을 명백히 밝히고, 장애 발생 예방과 장애인의 의료·교육·직업재활·생활환경개선 등에 관한 사업을 정하여 장애인복지대책을 종합적으로 추진한다. 또한 장애인의 자립생활·보호 및 수당지급 등에 관하여 필요한 사항을 정하여 장애인의 생활안정에 기여하는 등 장애인의 복지와 사회활동 참여 증진을 통하여 사회통합에 이바지함을 목적으로 한다. 이 법의 특징은 표 부록-7과 같다.

표 부록-7 장애인복지법의 특징

설립 배경 및 시기	목적 및 의의	주요 내용
1981. 6월 심신장애자복지법에서 1989. 12월 장애인복지법으로 개정되었음. 2000년 개정의 이유는 장애인 보조견, 장애유형에 따른 재활서비스 제공, 장애인생산품의 구매, 재활보조기구의 개발·보급 등 장애인의 새로운 복지 수요에 대응하여 장애인복지정책의 효율적 시행을 도모하려는 것임	자립생활·보호 및 수당 지급 등에 관하여 필요한 사항을 정하여 장애인의 생활안정에 기여하는 등 장애인의 복지와 사회활동 참여 증진, 장애인복지대책을 종합적으로 추진함	장애 발생 예방과 장애인의 의료·교육·직업재활·생활환경 개선 등

이 법은 장애인, 그 법정대리인 또는 보호자가 장애 상태 등을 등록하도록 하고 있다. 등록되면, 장애유형·정도별 재활 및 자립 지원 서비스, 의료비 지급, 산후조리 도우미 지원, 자녀교육비 지급, 자동차 등에 대한 지원, 보조견의 훈련·보급 지원, 자금 대여, 생업 지원, 자립훈련비 지급, 생산품 구매, 장애 수당, 장애아동 수당과 보호수당 등 법에서 규정한 다양한 복지 중에서 개인에게 해당하는 복지를 받게 된다.

2007년 다시 전면 개정된 장애인복지법은 한 단계 발전된 내용을 담고 있는데, 그 개정 취지는 바로 장애인의 권익을 신장하고, 중증장애인 및 여성장애인을 포함한 장애인의 자립생활 등을 실현하기 위한 각종 제도를 도입하는 것이다.

장애아동복지지원법

이 법은 장애아동의 특별한 복지적 욕구에 적합한 지원을 통합적으로 제공함으로써 장애아동이 안정된 가정생활 속에서 건강하게 성장하고 사회에 활발하게 참여할 수 있도록 하며, 장애아동 가족의 부담을 줄이는 데 이바지함을 목적으로 한다. 이 법의 특징은 표 부록-8과 같다.

표 부록-8 장애아동복지지원법의 특징

설립 배경 및 시기	목적 및 의의	주요 내용
2012. 8월 제정되었으며, 기존 정책이 저소득층 장애아동에 대한 선별적인 복지의 성격이 강하고, 복지정책도 주로 성인기 장애인들을 중심으로 수립되고 있으며, 복지지원 전달체계나 연계협력 체계가 미비하여 분절된 복지서비스를 개선하고자 하였음	장애아동이 안정된 가정생활 속에서 건강하게 성장하고 사회에 활발하게 참여할 수 있도록 하며, 장애아동 가족의 부담을 줄이는 데 목적이 있음	중앙 장애아동지원센터, 지역 장애아동지원센터, 장애 조기발견, 복지지원 대상자 선정, 개별 지원계획 수립, 의료비지원, 보조기구지원, 발달 재활서비스 지원, 보육 지원, 가족지원, 돌봄 및 일시적 휴식 지원 서비스, 지역사회 전환서비스지원, 문화 예술 등 복지지원

이 법에서 장애아동 복지지원은 장애아동의 특별한 복지적 욕구에 따라 의료비지원, 보육지원, 가족지원 및 장애아동의 발달에 필요한 지원 등 다양한 인적·물적 자원을

제공하는 것을 말한다. 6세 미만의 장애아동을 포함한 18세 미만의 등록장애인은 이 법에 따라 의료비지원, 보조기구지원, 발달재활서비스지원, 보육지원, 가족지원, 돌봄 및 일시적 휴식지원 서비스지원, 지역사회 전환 서비스지원, 문화·예술 등의 복지지원을 받을 수 있다.

장애인고용법(장애인고용촉진 및 직업재활법)

이 법의 특징은 표 부록-9와 같다.

표 부록-9 장애인고용법의 특징

설립 배경 및 시기	목적 및 의의	주요 내용
1990년 1월 장애인고용촉진 등에 관한 법률로 제정되어 2000년 장애인 고용촉진 및 직업재활법으로 개정됨 장애인들의 직업재활 및 고용기회를 확대하고자 함	장애인이 그 능력에 맞는 직업생활을 통하여 인간다운 생활을 할 수 있도록 장애인의 고용촉진 및 직업재활을 꾀하도록 함. 자활 여건을 조성하고 복지를 향상하려는 것임	장애인표준사업장에 대한 지원, 장애인고용 사업주에 대한 지원근거, 장애인의 공무원 채용시험 응시연령 상향조정, 건설업의 장애인고용의무 적용대상 판단 기준 개선, 한국장애인고용 촉진공단의 출연·출자 근거 마련

출처: 국립특수교육원(2017b)

2 관련 서비스

국가에서 제공하는 여러 가지 서비스들의 유형을 살펴보면, 생활 지원, 건강 지원, 고용 지원, 교육지원 영역으로 나누어 볼 수 있다. 그중에 많은 장애학생들이 기본적으로 필요한 서비스는 학습과 관련된 서비스이다.

학습 관련 보조공학기기 등 지원 서비스

특수교육대상자들은 보조공학기기 및 학습보조기를 지원받아 학습에 활용할 수 있다. 정보통신보조기기도 절차에 따라 지원받을 수 있는데 자세한 사항은 다음과 같다.

보조공학기기 및 학습보조기 지원

장애인 등에 대한 특수교육법의 제28조(특수교육 관련서비스)에 따라 관할 특수교육지원센터에서 교사가 표 부록-10과 같은 보조공학 관련기기를 대여하고 한 학년 동안 사용하게 할 수 있다. 주의할 것은 특수교육지원센터마다 보유하고 있는 기기들이 상이하고, 신청 절차가 다를 수 있으므로 사전에 특수교육지원센터에 연락하여 확인하여야 한다.

표 부록-10 보조공학기기 및 학습보조기 보유 유형의 예

보유 기기 유형		
학습보조기기	보조공학기기	촉각교구
의사소통 지원기기 쓰기 보조기기 감각훈련 학습보조기	컴퓨터 보조기기 이동보조기기 청각장애인보조기기	촉각자극기구

출처: 서울특별시교육청 특수교육지원센터

정보통신보조기기 지원

국가정보화기본법에 따라 등록장애인이나 국가유공장애인 등은 정보통신보조기기 보급사업을 통해 정보통신보조기기 구매비용의 80%를 지원받을 수 있다. 기초생활수급자 및 차상위 계층 장애인의 경우엔 90%를 지원받을 수 있다.

표 부록-11 정보통신보조기기 보급사업의 예

지원 기기 유형		
시각장애	지체/뇌병변장애	청각/언어장애
화면낭독소프트웨어 독서확대기 외	특수 마우스 특수키보드 외	영상 전화기 의사소통 보조기구 외

관련 정보는 인터넷(www.at4u.or.kr)에서 얻을 수 있다. 장애인보조기기 지원품목은 사업별로 신청대상, 품목, 신청 접수하는 기관 등에 차이가 있다. 또한, 해마다 기관별, 사업별로 지급되는 품목과 관련 세부 지침 등에 변동사항이 있을 수 있으니 사전에 해당 신청기관에 문의 및 확인하면 된다.

보조인력 지원 서비스

장애인 등에 대한 특수교육법 제28조(특수교육 관련서비스)에 따라 보조인력을 신청할 수 있다. 보조인력의 지원을 통해 장애학생은 학교에서의 다양한 활동에 더 적극적으로 그리고 안전하고 효율적으로 참여할 수 있으며, 학생이 교육활동에 익숙해지면서 보조인력의 도움 정도를 줄여 가며 학생의 독립적 참여 기회를 늘릴 수 있다. 하지만 보조인력은 주로 중도·중복장애 학생이 다수인 학교에 배치되거나, 일반학급(완전통합) 배치된 중도·중복장애 학생에게 우선 배치되므로, 이 서비스는 경도장애 학생에게는 지원되지 않는다는 한계성이 있다. 관련된 문의는 관할 특수교육지원센터에 연락하여 확인한다.

이 외에 만 6세 이상 만 65세 미만의 중증장애인인 경우 장애인활동 지원에 관한 법률에 따라 신변처리 지원, 일상생활 지원, 외출·이동에 대해 보조를 받을 수 있다. 이와 관련된 정보는 인터넷(www.ableservice.or.kr)에서 얻을 수 있다.

가족 관련 지원 서비스

장애인의 가족들도 지원받을 수 있다. 장애인복지법에서는 12세 미만의 비장애자녀를 대상으로 언어발달 진단서비스, 언어 재활서비스, 독서지도, 수어지도 등의 서비스를 지원하고 있고, 장애아동복지지원법에서는 발달장애인의 부모나 보호자를 대상으로 상담이용권(바우처)을 12개월간 제공하고 있다. 또한 발달장애인법에서는 발달장애인과 그 가족에 대해 힐링 캠프, 가족 캠프, 인식개선 캠프, 동료 상담 캠프의 경우에 강사초빙, 상담 프로그램 등을 지원하고, 테마여행(역사, 문화, 기관 방문)의 경우 여행비용을 지원한다. 돌보미 지원도 제공하며, 여행지 지원과 거주지 지원의 두 가지 방식 중 가족이 선택할 수 있다.

자기자극(self-stimulation)

자기자극은 반복적이고 상동적인 행동으로 어떤 명백한 목적도 없고 단지 감각적 자극만을 주는 것이다. 자기자극(상동적인 움직임의 형태)은 매우 다양한 형태로 나타날 수 있다. 예를 들면, 침 소리를 낸다든지, 물건을 빙빙 돌린다든지, 손바닥을 친다든지, 한 곳만 응시하는 것 같은 행동들이 있다. 반복적이고 상동적 행동은 여러 원인이 있을 수 있는데, 감각자극과 함께 사회적 요구도 원인이 될 수 있다. 대부분의 사람도 자기자극의 습관을 갖고 있다. 이를테면 입술을 깨문다든지, 머리카락을 꼰다든지, 손톱을 물어뜯는 행동 등이다. 그러나 장애로 특징지을 수 있을 만큼 심하게 나타나지는 않는다. 영유아도 자기자극을 하는 것과 마찬가지로 특히 피곤하거나 지루할 때 비장애 성인도 자기자극을 한다. 장애학생에게 나타나는 자기자극의 비율이 높고, 사회적으로 적절치 않다는 점들이 비장애인들에게서 보이는 자기자극과 구별되는 특징이다. 자기자극은 학습을 방해하거나, 사회적으로 부적절하거나 그 정도가 심해 신체에 손상을 주는 경우 문제가 된다. 자폐 또는 다른 전반적 발달장애인들은 학습 및 사회적 학습에서 배제될 때 나타나기도 한다. 이러한 경우에 학업 및 사회적 기술 학습을 돕기 위해서 직접적으로 중재해야 한다(Hallahan, Kauffman, & Pullen, 2012).

참고문헌

강병호(2010). 장애학생의 고등교육 지원 방안 및 실제. 현장특수교육, 17(겨울), https://www.nise.go.kr/jsp/field/2010-4_1/03_1.jsp.

강영심, 김기흥, 김자경, 여승수, 최진혁, 황순영(2019). 특수교육학개론. 서울: 학지사

강영심, 김자경, 김정은, 박재국, 안성우(2010). 예비교사를 위한 특수교육학개론. 서울: 서현사.

강창욱, 김용한, 박재선, 정효진, 박선희, 등(2020). 특수교사를 위한 교직실무. 서울: 학지사.

경기도(2021). 2022 유·초·중학교 입학 특수교육대상자 선정·배치 계획. 경기: 경기도.

고은(2018). 청각장애아교육. 서울: 학지사.

곽승철, 김중선, 안병즙, 정재권, 정진자(1996). 뇌성마비아의 동작훈련. 경산: 대구대학교출판부.

곽현주, 배성현, 한남주, 김진희(2019). 영유아 교사를 위한 특수아동 이해와 실제. 서울: 양성원.

광용어 사전 편찬회(2011). 광용어사전. 서울: 일진사.

교육과학기술부(2008a). 장애인 등에 대한 특수교육법령 해설자료. 서울: 교육과학기술부.

교육과학기술부(2008b). 개별화교육계획 수립·운영 자료. 서울: 교육과학기술부.

교육과학기술부(2011). 장애인 고등교육 지원 GUIDE BOOK I: 장애인 고등교육 지원 일반. 서울: 교육과학기술부.

교육기본법, 법률 제17954호 (2021)

교육부(2015a). 특수교육 가이드북. 경기: 경기도교육청.

교육부(2015b). 특수교육 지원을 위한 나이스 개별화교육계획 운영 사용자 설명서. 서울: 한국교육학술정보.

교육부(2017a). 초중등학교 통합교육 실행 가이드북 I. 세종: 세종특별자치시교육청.

교육부(2017b). 2015 개정 특수교육 교육과정 총론 해설서. 세종: 교육부.

교육부(2017c). 장애 영유아 조기발견 및 적합 배치 가이드북. 세종: 교육부.

교육부(2017d). 정서행동장애 학생을 위한 협력체제 지원 가이드북. 인천: 인천광역시교육청.

교육부(2019). 유치원 교육과정. 세종: 교육부.

교육부(2020). 2020 특수교육통계. 세종: 교육부.

교육부(2021a). 2021년도 특수교육 운영계획. 세종: 교육부.

교육부(2021b). 2021학년도 학교생활기록부 기재요령. 세종: 교육부.

구본권(2005). 지체장애아동교육: 치료교육 접근. 서울: 시그마프레스.

구인환(2006). Basic 고교생을 위한 국어 용어사전. 서울: 신원문화사.

권순우, 김영익, 정은, 팽재숙(2020). 특수교육학개론 2판. 서울: 창지사.

국립특수교육원(2001). 특수교육요구아동 출현율 조사연구. 안산: 국립특수교육원.

김윤성(2011). 특수교사의 전문성 어떻게 기를 것인가? 현장특수교육, 18(여름). https://www.nise.go.kr/jsp/field/2010-4/03_4.jsp.

국립특수교육원(2013). 시각·청각·지체장애학생 교수·학습 자료 개발 기초 연구. 아산: 국립특수교육원.

국립특수교육원(2015). 2015 특수교육 교육과정 기본교육과정 해설자료. 아산: 국립특수교육원.

국립특수교육원(2016). 양육길라잡이(발달장애-양육지식·정보). 아산: 국립특수교육원.

국립특수교육원(2017a). 2017 특수교육 실태조사. 아산: 국립특수교육원.

국립특수교육원(2017b). 장애학생 부모 양육 지원 가이드북(공통 양육 지원). 아산: 국립특수교육원.

국립특수교육원(2018). 특수교육학 용어사전. 서울: 하우.

국립특수교육원(2019). 개별화교육계획 운영 가이드북. 아산: 국립특수교육원.

국회입법조사처(2017). 특수교사 법정 정원 확보 현황 및 시사점. 지표로 보는 이슈, 102호. https://www.nars.go.kr/fileDownload2.do?doc_id=1M2G9437AJE&fileName=.

김건희(2018). 자폐성장애학생을 위한 최상의 실제, 서울: 학지사.

김동일, 고은영, 고혜정, 김우리, 박춘성, 손지영, 신재현, 연준모, 이기정, 이재호, 정광조, 지은, 최종근, 홍성두(2019). 특수교육의 이해. 서울: 학지사

김동일, 고혜정, 조재은, 김은삼, 조영희(2015), 학습부진 및 학습장애학생의 사회성 중재연구 동향 분석. 통합교육연구, 10(1), 141-166.

김동일, 홍성두(2005), 학습장애의 진단을 위한 불일치 판별모델: 개관과 전망, 아시아교육연구, 6(3), 209-237.

김병하(1999). 장애교육학의 관점에서 제기하는 새로운 교사교육의 필요성, 한국교원교육연구, 34(1), 139-168.

김수연(2010). 장애이해교육의 현재와 향후 방향. 현장특수교육, 17(봄). https://www.nise. go.kr/jsp/field/2010-1/03.jsp.

김승국, 김영욱, 박원희, 신현기, 전병운, 김호연(1997), 특수교사 양성을 위한 교육과정연구, 단국대학교 특수교육연구소, 특수교육요구아동연구, 제7집, 1-41.

김영욱(2007). 청각장애아동 교육의 이해. 서울: 학지사.

김애화, 김의정, 김자경, 최승숙(2016). 학습장애 이론과 실제. 서울: 학지사.

김은주(2008). 건강장애학생을 위한 병원학교 운영 지원체계의 타당화 연구. 이화여자대학교 대학원 박사학위논문.

김자경(2002), 학습장애아의 사회적 지위와 행동·정서상의 특성 간의 관계에 관한 연구. 정서·학습장애연구, 18(1), 37-61.

김정균, 강병호, 정해동(2004). 장애학생을 위한 비디오 자기모델링 기법과 적용. 안산: 국립특수교육원.

김정미, 조윤경(2013). 한국판 영유아 기질 및 비전형 행동 척도(K-TABS) 타당화 연구. 유아특수교육연구, 13(3), 197-217.

김종현(1998). 청각장애 아동의 학습특성. 현장특수교육, 여름호, 28-35.

김형일(2020). 특수교육 현장 교사를 위한 개별화교육의 계획과 실행. 서울: 학지사.

김춘경, 이수연, 이윤주, 정종진, 최웅용(2016). 상담학 사전. 서울: 학지사.

나운환, 이민규, 정명현(2002). 여가활동 프로그램이 정신지체아동의 사회적 기술에 미치는 효과. 특수교육저널: 이론과 실천, 3(4), 79-106.

대전동부교육 특수교육지원센터 홈페이지(www.djdbe.go.kr)

박순희(2016). 시각장애아동의 이해와 교육 3판. 서울: 학지사.

박승희(1999). 일반학급에 통합된 장애학생의 수업의 질 향상을 위한 교수적 수정의 개념과 실행방안. 특수교육학연구. 34(2), 29-71.

박은혜, 김정연(2010). 지체장애학생 교육. 서울: 학지사.

발달장애인 권리보장 및 지원에 관한 법률, 법률 제17779호. (2020)

방명애, 박현옥, 김은경, 이효정(2018). 자폐성장애학생 교육. 서울: 학지사.

백은희(2020). 지적장애 이해와 교육. 서울: 교육과학사.

변용찬, 김성희, 윤상용, 권선진, 조흥식, 조성열, 강종건, 최승희(2006). 생애주기별 장애인의 복지 욕구 분석 연구. 한국보건사회연구원 연구 보고서.

보건복지부(2016). 장애인학대 신고의무자 교육 교재. http://scowalk.or.kr/bbs/ board.php?bo_table=B22&wr_id=5.

보건복지부(2019). 장애인학대 신고와 예방. http://www.naapd.or.kr/bbs/board. php?bo_table=B21&wr_id=22.

보건복지부(2020). 2020년 장애인복지 사업안내(1). 보건복지부 장애인정책국.

부산광역시교육청(2014). 장애학생의 문제행동 사례별 가이드북 Q&A. 장애유형별 문제행동중재지침 개발연구. 부산광역시교육청.

부산광역시교육청(2019). 유급 방지 및 학교 복귀 지원을 위한 건강장애학생 지원 가이드북. 부산광역시 교육청 중등교육과.

서울대학교교육연구소(1995). 교육학용어사전. 서울: 하우동설.

서울특별시교육청(2021). 특수교육지원센터 진단평가 운영 매뉴얼. 서울특별시교육청 민주시민생활교육과.

송준만, 강경숙, 김미선, 김은주, 김정호 외(2018). 지적장애아교육 2판. 서울: 학지사.

울산광역시교육청(2018). 한 손에 잡히는 문제행동 중재. 울산: 울산광역시교육청.

유은영, 조윤경(2020). 특수교육학개론. 서울: 한국방송통신대학교출판문화원.

유치원 및 초등·중등·특수학교 등의 교사자격 취득을 위한 세부기준, 교육부고시 제2020-240호. (2020)

윤지영, 이정학(2015). 어음청각검사를 위한 학령기용 한국표준 어표의 검사-재검사 신뢰도. AUDIOLOGY·청능재활, 11(1), 26-36.

이규식, 국미경, 김종현, 김수진, 유은정 외(2010). 청각장애아 교육. 서울: 학지사.

이대식(2001), 학습장애 진단과 판별: 불일치 기준의 문제점과 교과별 기초학습기능의 역할, 정서·행동장애연구, 17(2), 19-41.

이대식, 김수연(2008). 초등학교 일반학급 교사들이 인식한 학급 내 문제해동 실태와 그 대처방안. 특수교육학연구, 43(1), 183-201.

이대식, 김수연, 이은주, 허승준(2018). 통합교육의 이해와 실제. 서울: 학지사.

이미숙, 구신실, 노진아, 박경옥, 서선진(2019) 특수교육학 개론. 서울: 학지사

이소현(2007). 0~2세 발달지체 영아를 위한 지원체계 수립의 방향 및 과제. 2007. 한국유아특수교육학회 추계학습대회, 1-39.

이소현(2020). 유아특수교육 2판. 서울: 학지사.

이소현, 박은혜(2020). 특수아동교육 3판. 서울: 학지사.
이소현, 김주영, 이수정(2007). 장애 영유아 지원체계 구축을 위한 정책 개선 방향 및 포괄적 지원 모형 개발. 유아교육연구, 27(1), 351-379.
이종담(1996). 어음청력검사, 임상이비, 7(2), 232-241.
이철수(2013). 사회복지학사전. 고양: 혜민북스.
인천광역시교육청(2017). 유치원 통합교육 가이드북 개발 연구. 인천광역시교육청 학교교육과 특수교육팀.
임안수(2005). 시각장애아 교육. 대구: 해동.
장경일(2020, 12, 15). 교사 1명이 중증 학생 6명 맡아…특수학교 정원 줄여야https://newsis.com/view/?id=NISX20201215_0001271315.
장애아동 복지지원법, 법률 제177895호 (2020)
장애인 등에 대한 특수교육법, 법률 제14156호 (2016)
장애인 등에 대한 특수교육법, 법률 제17494호 (2020)
장애인 등에 대한 특수교육법 시행령, 대통령령 제31623호 (2021)
장애인 등에 대한 특수교육법 시행규칙, 교육부령 제240호 (2021)
장애인복지법, 법률 제17791호 (2020)
장애인복지법 시행령, 대통령령 제31840호 (2021)
장애인복지법 시행규칙, 보건복지부령 제807호 (2021)
장애인차별금지 및 권리구제 등에 관한 법률, 법률 제14839호 (2017)
장혜란(2010). 건강장애학생의 실태와 특수교육 지원방안. 현장특수교육, 17(가을), https://www.nise.go.kr/jsp/field/2010-3/05.jsp.
전주대학교 국정도서편찬위원회(2018). (중학교) 진로와 직업 : 교사용 지도서 : [2015 개정 특수교육 기본 교육과정]. 서울: 미래엔.
정대영(2004). 영재 장애학생의 이해와 지도: 숨겨진 잠재력의 계발. 경남: 창원대출판부.
정동영(1997). 기능적 생활중심 교육의 이론과 실제. 안산: 국립특수교육원.
정동영(2001). 기초학력부진학생을 위한 교사용 자료: 학습부진아 교육과 특수교육의 연계. 서울: 한국교육과정평가원.
정대영(2005). 통합교육의 개념과 쟁점 고찰. 한국통합교육학회. 1(1), 1-22
정희섭, 김원경, 박성우, 우이구, 이동균(2006). 특수교육 지원대상자를 위한 특수학급 운영 편람. 안산: 국립특수교육원.
조윤경, 김수진(2014), 유아교사를 위한 특수아동 이해. 경기: 공동체.
특수교육진흥법, 법률 제5440호 (1997)
특수교육 교육과정 총론, 교육부고시 제2020-237호 (2020)
평생교육법, 법률 제14160호 (2016)
학교생활기록 작성 및 관리지침, 교육부훈령 제365호 (2021)
한국보육진흥원(2020). 발달이 느린 우리 아이를 위한 최선의 선택 (어린이집용). 서울: 한국보육진흥원
한국장애인개발원(2008). 뇌성마비장애인을 위한 재활체육 프로그램 개발 연구. 한국장애인개발원.
한국청각언어장애교육학회(2015). 청각장애아동교육.. 파주: 양서원.
한국통합교육학회(2014). 통합교육 2판. 서울: 학지사.
한기원, 예미경, 장형욱, 허명진, 이상흔, 조태환(1997). K-WISC 검사에 의한 농아의 인지적 특성. 한이인

지, 40(3), 340-346.

학생위기지원단(2018). 담임교사를 위한 학생상담 가이드. 경기도교육청.

허승준(2005), 학습장애의 진단 및 평가: 기존 모델의 문제점과 시사점, 학습장애연구, 2(2), 31-53.

홍성아, 정명현, 이정학(2002). 단음절어음표를 이용한 어음명료도 검사의 검사-재검사 신뢰도. 대한청각학회지, 6(2), 128-135.

최성규, 허명진(2012). 의견교환하기 교수학습이 초등부 건청학생과 통합된 청각장애학생의 연산능력에 미치는 효과. 특수교육재활과학연구, 51(2), 197-220.

충청남도교육청(2006). 통합학급 교사를 위한 특수교육 가이드북. 충청남도교육청.

한국특수교육학회(2008). 특수교육대상자 개념 및 선별 기준. 한국특수교육학회

American Association on Mental Retardation (2002). ***Mental Retardation: Definition, classification, and system of supports***, 10th edition. Washington, D. C.: Author.

American Psychiatric Association (2013). ***Diagnostic and statistical manual of mental disorders***. 5th ed. Arlington, VA: American Psychiatric Association.

American Speech-Language-Hearing Association. (1993). ***Definitions of communication disorders and variations*** [Relevant Paper]. Retrieved from: https://www.asha.org/policy/rp1993-00208/.

American Association on Intellectual and Developmental Disabilities (2021). ***Definition of Intellectual Disability***. Retrieved from: http://aaidd.org/intellectual-disability/definition#.V3T8YDVa8ZM.

Bellamy, G. T., Homer, R. H., & Inman, D. P. (1979). ***Vocational habilitation of severely retarded adults: A direct service technology***. Baltimore: University Park Press.

Bender, W. N. (2008). Learning disabilities: ***Characteristics, identification, and teaching strategies***. Boston: Pearson/Allyn and Bacon.

Bender, W. N., Rosencrans, C., & Crane, M. K. (1999). Stress, depression, and und among students with learning disabilities: Assessing the risk. ***Learning Disability Quarterly***. 22, 143-156.

Bennett, D. (1997). Low vision devices for children and young people with a visual impairment. In H. Mason & S. McCall(Eds.), ***Visual impairment: Access to education for children and young people*** (pp. 64-75). London: Fulton.

Best, S. J., Heller, K. W., & Bigge, J. L., (2010). ***Teaching individuals with physical, health, or multiple disabilities*** (6th ed.). Upper Saddle River, NJ: Pearson.

Best, S. J., Reed, P., & Bigge, J. L. (2010). Assistive technology. In S. J. Best, K. W. Heller, & J. L. Bigge (Eds.), ***Teaching individuals with physical or multiple disabilities*** (6th ed., pp. 175-220). Upper Saddle River, NJ: Merrill/Pearson.

Bickenbach J. E., Chatterji S., Badley E. M., Üstün T. B. (1999). Models of disablement, universalism and the international classification of impairment, disabilities and handicaps. ***Social Science & Medicine***, 48, 1173-1187.

Borthwick-Duffy, S. A. (2007). Adaptive behavior. In J. W. Jacobson, J. A. Mulick, & J. Rojahn (Eds.), ***Handbook on intellectual and developmental disabilities*** (pp. 279-291). Washington, DC: Springer.

Bowe, F. (2000). ***Physical, sensory, and health disabilities***. Columbus, OH: Merrill.

Bricker, D. (2002). ***Assessment, Evaluation, and Programming System for Infants and Children***, Second Edition. Baltimore, MD: Paula H. Brookes Publishing Co.

Bryan, J. H. & Bryan, T. S. (1983). The social life of the learning disabled youngster. In J. D. McKinney & L. Feagans (Eds.), ***Current topics in learning disabilities***, Vol. 1. Norwood, NJ: Ablex.

Cameron, D. L. & Cook, B. G. (2013). General education teachers' goals and expectations for their included students with mild and severe disabilities. ***Education and Training in Autism and Developmental Disabilities***, 48, 18-30.

Case-Smith, J. & O'Brien, J. (2010). ***Occupational Therapy for Children***. Mosby: Elsevier Missouri.

Centers for Disease Control and Prevention (2010). ***Illustration of baby with spina bifida***. Retrieved from: https://commons.wikimedia.org/wiki/File: Spina_bifida-web.jpg.

Colorado State Board of Education (2020). ***Guidance for Determining Eligibility for Special Education Students with Other Health Impairment***. Retrieved from: https://www.cde.state.co.us/cdesped/guidance_determiningeligibility_sped_students_ohi.

Cook, L., & Friend, M. (1993). Educational leadership for teacher collaboration. In B. Billingsley (Ed.), ***Program leadership for serving students with disabilities*** (pp. 421-444). Richmond: Virginia Department of Education.

Graham, S. & Harris, K. R. (2011). Writing and students with disabilities. In J. M. Kauffman & D. P. Hallahan (Eds.). ***Handbook of special education***. New York: Routledge.

Davis, P. (2003). ***Including Children with Visual Impairment in Mainstream Schools***. London: David Fulton Publishers.

Division for Early Childhood(DEC). (2007). ***Promoting positive outcomes for children with disabilities: Recommendations for curriculum, assessment, and program evaluation***. Missoula, MT: Author.

Doyle, M. B. & Giangreco, M. (2013). Guiding principles for including high schoolstudents with intellectual disabilities in general education classes. ***American Secondary Education***, 42(1), Fall 2013, 57-72.

Dunlap, G., Iovannone, R., Kincaid, D., Wilson, K., Christiansen, K., Strain, P., & English, C., (2010). ***Prevent-Teach-Reinforce: The school-based model of individualized positive behavior support***. Baltimore, MD: Paul H. Brookes.

Federici, S., Scherer, M. J., Meloni, F., Corradi, F., Adya, M., Samant, D., Morris, M., & Stella, A. (2012). Assessing individual functioning and disability. In S. Federici & M. J. Scherer (Eds.), ***Assistive Technology Handbook*** (pp. 1-10). Boca Raton, FL: CRC Press.

Foran-Conn, D., Hoerger, M., Kelly, E., Cross, R. R., Jones, S., Walley, H., & Firth, L. (2021). A comparison of most to least prompting, no-no prompting and responsive prompt delay procedures. ***Behavioral Interventions***, 1-18.

Fox, M. (2003). ***Including Children 3-11 with Physical Disabilities: Practical Guidance for Mainstream Schools***, London: David Fulton Publishers.

Fox, L., Dunlap, G., Hemmer, M. I., Joseph, G. E., & Strain, P. S.(2003). The teaching pyramid: A model for supporting social competence and preventing challenging behavior in young children. *Young Children*, 58, 48-52.

Frame, M. J. (2000). The relationship between visual impairment and gestures. ***Journal of visual impairments and Blindness***, 94, 155-171.

Friend, M. & Bursuck, W. D. (2011). ***Including students with special needs: A practical guide for classroom teachers*** (6th ed.). Pearson Higher Ed USA.

Gar Lunney (1958). ***A child reads poetry in Braille***. Retrieved from: https://www.flickr.com/photos/lac-bac/49483757027.

Giangreco, M. F. (1989). Facilitating integration of students with severe disabilities: Implications of "Planned Change" for teacher preparation programs. ***Teacher Education and Special Education***, 12(4), 139-147.

Giangreco, M. F., Shogren, K. A. & Dymond, S. K. (2020). Educating students with severe disabilities: Foundational concepts and practices. In F. Brown, J. McDonnell, & M. E. Snell (Eds.), ***Instruction of students with severe disabilities: Meeting the needs of children and youth with intellectual disabilities, multiple disabilities, and autism spectrum disorders*** (9th ed., pp. 1-27). Pearson.

Giangreco, M. F, York, J., & Rainforth, B. (1989). Providing related services to learners with severe handicaps in educational settings: ***Pursuing the least restrictive option. Pediatric Physical Therapy***, 1(2), 55-63.

Gilbert, C. & Foster, A. (2001) Childhood blindness in the context of Vision 2020: the right to sight. ***Bulletin of the World Health Organization***, 79, 227-232.

Gillies, R. M. (2007), ***Cooperative learning: Integrating theory and practice***. Thousand Oaks, CA: Sage.

Good, R. H., Simmons, D. C., & Kame'enui, E. J. (2001). The importance and decision-making utility of a continuum of fluency-based indicators of foundational reading skills for third grade high-stakes outcomes. ***Scientific Studies of Reading***, 5. 257-288.

Goleman, D. (1995). ***Emotional intelligence: Why it can matter more than IQ***. New York: Bantam Books.

Gottlieb, L. & Leyser, Y. (1981). Facilitating the social mainstreaming of retarded children. ***Exceptional Education Quarterly***, 1, 57-70.

Gray, C. A. (2004). Social Stories 10.0: The new defining criteria & Guidelines. ***Jennison Autism Journal***, 15(4), 2-21.

Greenberg, M. T. & Kusche, C. A. (1993). ***Promoting social and emotional development in deaf children: The PATHS project***. Seattle: University of Washington Press.

Greenspan, S. & Cerreto, M. (1989). Normalization, deinstitutionalization, and the limits of and butterfield. ***American Psychologist***, 44, 448-449.

Grossman, H. J. (1973). ***Manual on terminology and classification in mental retardation***. Washington, DC: American Association on Mental Retardation.

Grossman, H. J. (1983). ***Classification in mental retardation***. Washington, DC: American

Association on Mental Retardation.

Hallahan, D. P., Kauffman, J. M., & Pullen, P. (2012). ***Exceptional learners: An introduction to special education*** (12th ed.). Boston: Allyn and Bacon.

Hallahan, D. P., Lloyd, J. W., Kauffman, J. M., Weiss, M. P., & Martinez, E. A. (2005). ***Learning disabilities: Foundations, characteristics, and effective teaching***. Boston: Allyn & Bacon.

Hamilton-Jones, B., & Vail, C. O. (2013). Preparing special educators for collaboration in the classroom: Pre-service teachers' beliefs and perspectives. ***International Journal of Special Education***, 28(1), 56-68.

Hamre-Nietupski, S., Krajewski, L., Nietupski, J., Ostercamp, D., Sensor, K., & Opheim, B.(1988). Parent/professional partnerships in advocacy: Developing integrated options within resistive systems. ***Journal of the Association for Persons with Severe Handicaps***, 13, 251-259.

Harrison, P. L. (1987). Research with adaptive behavior scales. ***Journal of Special Education***, 21, 37-68.

Heber, R. F. (1959). A manual on terminology and classification in mental retardation. Monograph Supplement, ***American Journal of Mental Deficiency***, 62.

Heber, R. F. (1961). A manual on terminology and classification in mental retardation. Monograph Supplement, ***American Journal of Mental Deficiency***, 63.

Hedge, M. N. (1995). ***Introduction to communicative disorders***. Texas: Pro-Ed.

Heflin, L. J. & Alaimo, D. F. (2007). ***Students with autism spectrum disorders***. Upper Saddle. River, NJ: Pearson.

Heller, K. W., Forney, P. E., Alberto, P. A., Best, S., & Schwartzman, M. N. (2009). ***Understanding physical, health, and multiple disabilities*** (2nd ed.). Upper Saddle River, NJ: Pearson.

Heller, K. W. (1999). ***Classroom modification for students with physical and health impairment***. Bureau for students with physical and health impairment.

Hersh, M. & Johnson, M. A. (2008). ***Assistive Technology for Visually Impaired and Blind People***. Springer Publishing Company.

Heward, W. L. (2006). ***Exceptional Children An Introduction to Special Education*** (8th ed.). Upper Saddle River, NJ Merrill/Prentice Hall.

Heward, W. L., Alber-Morgan, S., & Konrad, M. (2016). ***Exceptional children: An introduction to special education***, 11th Edition. Upper Saddle River, New Jersey: Pearson.

Hiii, E. W. & Snook-Hill, M. (1996). Orientation and mobility. In M. C. Holbrook (Ed.), ***Children with visual impairments: A parents' guide*** (pp. 259-286). Bethesda, MD: Woodbine House.

Horner, R. H. & Sugai, G. (2015). School-wide PBIS: An example of applied behavior analysis implemented at a scale of social importance. ***Behavior Analysis in Practice***, 8(1), 80-85.

Hoon, A. H., Jr. (2005). Neuroimaging in cerebral palsy: Patterns of brain dysgenesis and injury. ***Journal of Child Neurology***, 20, 936-939.

Hoon, A. & Tolly, F. (2010). Cerebral Palsy. In M. Batshaw, N. Roizen, & G. Lotrecchiano,

Children with disabilities (2nd ed., pp. 423-450), Baltimore, MD: Brookes.

Huefner, D. S. (1988). The consulting teacher model: Risks and opportunities. ***Exceptional Children***, 54, 403-414.

Idol, L. (1994). ***Collaboration in action: Effective strategies for inclusion***. Paper presented at 2-Day Workshop, Cottesloe, Western Australia.

Individuals with Disabilities Education Act, 20 U.S.C. § 1400 (2004)

Johnson, D. W., Johnson, R. T., & Holubec, E. J. (1994). ***Cooperative learning in the classroom*** (6th ed.). Alexandria, VA: Association for Supervision & Curriculum Development.

Johnson, J., Rahn, N., & Bricker, D. (2015). ***An activity-based approach to early intervention***. Baltimore, MD: Brookes.

Joseph, G. E. & Strain, P. S. (2003). Comprehensive evidence-based social emotional curricula for young children: An analysis of efficacious adoption potential. ***Topics in Early Childhood Special Education***, 23, 65-76.

Kaiser, A. P. & Grim, J. C. (2006). Teaching functional communication skills. In M. E. Snell & F. Brown (Eds.), ***Instruction of students with severe disabilities*** (6th ed., p. 464). Upper Saddle River, NJ: Pearson Education, Inc.

Karge, B. D., McClure, M., & Patton, P. L. (1995). The success of collaboration in resource programs for students with disabilities in grades 6 through 8. ***Remedial and Special Education***, 16, 79-89.

Kauffman, J. M. & Landrum, T. J. (2009). ***Characteristics of emotional and behavioral disorders of children and youth*** (9th ed.). Upper Saddle River, NJ: Merrill/Pearson.

Kauffman, J. M., Nelson, C. M., Simpson, R. L., & Mock, D. R. (2011). Contemporary issues. In J. M. Kauffman & D. P. Hallahan (Eds.), ***Handbook of special education***. New York: Routledge.

Kirk, S. A. (1962). ***Educating exceptional children***. Boston: Houghton Mifflin.

Kirk, S. A. & Chalfant, J. C. (1984). ***Development and academic Learning disabilities***. Denver: Love Publishing.

Klin, L., Volkmar, F. & Sparrow, S. (2000). ***Asperger syndrome***. New York: Guilford Press.

Kostewicz, D, E. & Cubina, R. N. (2008). The national reading panel guidepost: A review of reading outcome measures for students with emotional and behavioral disorders. ***Behavioral Disorders***, 33, 62-74.

Landrum, T. J. (2011). Emotional and behavioral disorders. In J. M. Kauffman & D. P. Hallahan (Eds.), ***Handbook of special education***. New York: Routledge.

Lane, K. L., Kalberg, J. R., & Menzies, H. M. (2009). ***Developing schoolwide programs to prevent and manage problem behaviors: A step-by-step approach***. New York: Guilford.

Lane, K. L., Menzies, H., Bruhn, A., & Crnobori, M. (2011). ***Managing challenging behaviors in schools: Research-based strategies that work***. New York: Guilford Press.

Lazarus, S. S., Thurlow, M. L., Lail, K. E., & Christensen, L. (2009). Longitudinal analysis of state accommodations policies: Twelve years of change, 1993-2005. ***Journal of Special Education***, 43, 67-80.

Leland, H. W. (1978). Theoretical considerations of adaptive behavior. In W. A. Coulter, & H. W. Morrow(Eds.), ***Adaptive behavior: Concepts and measurements***. NY: Grune & Straton.

Lerner, J. M., Lowenthal, B., & Egan, R. (2003). ***Preschool children with special needs: Children at risk and children with disabilities*** (2nd ed.). Boston, MA: Allyn & Bacon.

Lerner, J. M. & Johns, B. (2014). ***Learning disabilities and related disabilities: Strategies for success*** (13th ed.). Stamford, CT: Cengage Learning.

Lewis, R. B., Wheeler, J. J., & Carter, S. L. (2017). ***Teaching students with special needs in general education classrooms*** (9th ed.). Boston: Pearson.

Lord, C. & Paul, R. (1997). Language and communication in autism, In D. Cohen & F., Volkmar (Eds.), ***Handbook of autism and pervasive developmental disorders*** (2nd ed., pp. 195-225). New York: Wiley.

Louisiana Department of Education(2011). ***Louisiana's co-teaching resources guide***. Retrieved from: https://irp-cdn.multiscreensite.com/4cc7e169/files/uploaded/FINAL coteaching_Guide.pdf.

Lowenfeld, B. (1971). ***Our blind children***. Springfield. IL: Charles Chomas.

Luckasson, R., Coulter, D. L., Polloway, E. A., Reiss, S., Schalock, R. L., Snell, M. E., Spitalinik, D. M., & Stark, J. A. (1992). ***Mental retardation: Definition, classification, and systems of support*** (9th ed.). Washington, DC: American Association on Mental Retardation.

McDonnell, J., Hardman, M. L., Hightower, J., Keifer-O'Donnell, R., & Drew, C. (1993). Impact of community-based instruction on the development of adaptive behavior of secondary-level students with mental retardation. ***American Journal on Mental Retardation***, 97(5), 575-584,

Maheady, L. & Gard, J. (2010). Classwide peer tutoring: Practice, theory, research, and personal narrative. ***Intervention in School and Clinic***, 46(2), 71-78.

Maheady, L., Mallette, B., & Harper, G. F. (2006). Four classwide peer tutoring models: Similarities, differences, and implications for research and practice. ***Reading and Writing Quarterly***, 22, 65-89.

Martin & Clark (2012). ***Introduction to Audiology***, 12th edition. Pearson.

Masia, C. L., Klein, R. G., Storch, E. A., & Corda, B. (2001). School-based behavioral treatment for social anxiety disorder in adolescents: Results of a pilot study. ***Journal of the American Academy of Child and Adolescent Psychiatry***, 40, 780-786.

McNamara, K. & Hollinger, C. (2003). Intervention-based assessment: Evaluation rates and eligibility findings. ***Exceptional Children***, 69, 181-194.

Meadow-Orlans, K. P., Mertens, D. M., SassLehrer, M. A., & Scott-Olson, K. (1997). Support services for patients and their children who are deaf or hard of hearing. ***American Annals of the Deaf***, 142, 278-288.

Mercer, C. D. (2002). ***Accommodating Students with Dyslexia in all Classroom Settings. Fact Sheet # 51. International Dyslexia Association***. Retrieved from: https://www.idaontario.com/wp-content/uploads/2015/04/2_Accommodating StudentsWithDyslexiaInAllClassroomSettings10-021.pdf

Mercer, C. D., Mercer, A. R., & Pullen, P. C. (2011). ***Teaching students with learning problems***, eighth edition. Upper Saddle River, NJ: Pearson.

Miller, F. (2005). ***Cerebral Palsy***. New York: Springer.

Mirenda, P. & Schuler, A. L. (1988). Augmenting communication for persons with autism: Issues and strategies. ***Topics in Language Disorders***, 9, 24-43.

Morrison, G. (2015). ***Early childhood education today*** (13th ed). Upper Saddle River, NJ: Pearson.

Montgomery, A. & Mirenda, P. (2014). Teachers' self-efficacy, sentiments, attitudes, and concerns about the inclusion of students with developmental disabilities. ***Exceptionality Education International***, 24(1), 18-32.

Naremore, R. C. (1980). Language disorders in children. In T. J. Hixon, L. D. Shriberg & J. H. Saxman, ***Introduction to communication disorders*** (p. 224). Englewood Cliffs, NJ: Prentice-Hall.

National Center for Biotechnology Information (2016). ***DSM-5 Changes: Implications for Child Serious Emotional Disturbance***. Retrieved from: https://www.ncbi.nlm.nih.gov/books/NBK519712/table/ch3.t3/.

NielsKarschin (2016). ***Abmessungen des Landoltrings. Der Abstand d ist der für die Bestimmung des Visus relevante Größe***. Retrieved from: https://commons.wikimedia. org/wiki/File:Landoltring_Abmessungen.jpg.

Nihira, K. (1969). Factorial dimensions of adaptive behavior in adult retardates, ***American Journal of Mental Deficiency***, 73, 868-878.

Nirje, B. (1969). The normalization principle and its human management implications. In R. B. Kugel & W. Wolfensgerger (Eds.), ***Changing patterns in residential services of the mentally retarded*** (pp. 179-195). Washington, DC: President Commission on Mental Retardation.

Oliver, M. (1990). ***The politics of disablement : A sociological approach***. New York: St. Martin's Press.

O'Rand, A. & Krecker, M. (1990). Concepts of the life cycle Their history, meanings, and uses in the social sciences. ***Annual Review of Sociology***, 16, 241-262.

Orelove, F. P. & Sobsey, D. (1987). ***Educating children with multiple disabilities: A transdisciplinary approach***. Baltimore: Brookes.

Owens, R. E., Metz, D. E., & Farinella, K. A. (2010). ***Introduction to communication disorders: A lifespan evidence-based perspective***, Upper Saddle River, NJ: Pearson.

Peterson, J. M. & Hittie, M. M. (2003). ***Inclusive teaching: Creating effective schools for all learners*** (pp. 267-268). Boston: Allyn and Bacon.

Prater, M. A. (2007). ***Teaching strategies for students with mild to moderate disabilities***. Boston (MA): Pearson.

Prizant, B. M. (1987). Clinical implications of echolalic behavior in autism. ***Journal of Child Psychology and Psychiatry***, 36, 1065-1076.

Pugach, M. C. & Johnson, L. J. (1988). Rethinking the relationship between consultation and collaborative problem-solving. ***Focus on Exceptional Children***, 21(4), 1-8.

Robinson, S. C., Menchetti, B. M., & Torgesen, J. K. (2002). Toward a two-factor theory of one type of mathematics disabilities. ***Learning Disabilities Research and Practice***, 17(2), 81-89.

Rosenthal, B. & Williams, 0. (2000). Devices primarily for people with low vision. In B. Silverstone, M. Lang, B. Rosentha1, & E. Faye (Eds.), ***The lighthouse handbook on vision impairment and vision rehabilitation*** (pp. 951-982). NewYork: Oxford University Press.

Roeser, R. J. & Clark, J. L. (2007). Pure-tone tests. In R. J. Roeser, M. Valente, & H. Hosford-Dunn (Eds.). ***Audiology: Diagnosis***. 2nd ed. (pp. 238-260). New York: Thieme Medical Publishers, Inc.

Salend, S. J. (2016). ***Creating inclusive classrooms: effective, differentiated and reflective practices***. Eighth edition. Boston: Pearson.

Saunders, R. R. (2007). Residential and day services. In J. W. Jacobson, J. A. Mulick, & J. Rojahn (Eds.), ***Handbook of intellectual and developmental disabilities*** (pp. 209-226). New York: Springer.

Schalock, R. L., Luckasson, R., and Tassé, M. J. (2021). ***Twenty questions and answers regarding the 12th edition of the AAIDD manual: Intellectual disability: definition, diagnosis, classification, and systems of supports***. American Association on Intellectual and Developmental Disabilities.

Scruggs, T. E. & Mastropieri, M. A. (1994). The construction of scientific knowledge by students with mild disabilities. ***The Journal of Special Education***, 28(3), 307-321.

Shapiro, B., Church, R. P., & Lewis, M. E. B. (2002). Specific learning disabilities. In M. L. Batshaw (Ed.), ***Children with disabilities*** (5th ed., pp. 417-442). Washington, DC: Paul H. Brooks.

Shaw, S. F., Cullen, J. P., McGuire, J. M., & Brinckerhoff, L. C. (1995). Operationalizing a definition of learning disabilities. ***Journal of Learning Disabilities***, 28, 586-597.

Shriberg, B., Paul, R., McSweeny, J. L., Klin, A., & Cohen, D. L. (2001). Speech and prosody characteristics of adolescents ad adults with high-functioning autism and Asperger syndrome. ***Journal of Speech and Hearing Research***, 44, 1097-1115.

Slavin, R. E. (1991). Synthesis of research on cooperative learning. ***Educational Leadership***, 48(5), 71-82.

Smith, D. D. (2004). ***Introduction to special education: Teaching in an age of opportunity*** (5th ed.), Boston: Allyn and Bacon.

Smith, T. E. C., Polloway, E. A., Patton, J. R., & Dowdy, C. A. (2006). ***Teaching students with special needs: In inclusive settings*** (4th ed.). Boston: Allyn and Bacon.

Snell, M. E., Luckasson, R., et al. (2009). Characteristics and needs of people with intellectual disability who have higher IQs. ***Intellectual and Developmental Disabilities***, 47, 220-233.

Sowers, J. & Powers, L. (1991). ***Vocational preparation and employment of students with***

physical and multiple disabilities. Baltimore: Paul Brookes.

Spandagou, I., Little, C., Evans, D., & Bonati, M. (2020). ***Inclusive Education in Schools and Early Childhood Settings***. Singapore: Springer.

Speech, D. L. & Shekitka, L. (2002). How should reading disabilities be operationalized? A survey of exports. ***Learning Disabilities Research & Practice***, 17, 118-123.

Strain, P. S., Lambert, D. I., Kerr, M. M., Stagg, V., & Lenkner, D. A. (1983). A naturalistic assessment of children's compliance to teachers' requests and consequences for compliance. ***Journal of Applied Behavior Analysis***, 16, 243-249.

Sugai, G., Horner, R. H., Dunlap, G., Hieneman, M., Lewis, T. J., & Nelson, C. M. (1999). Applying positive behavior support and functional behavioral assessment in schools. ***Journal of Positive Behavior Interventions***, 2, 131-143.

Sugai, G. & Horner, R. H. (2006). A promising approach for expanding and sustaining school-wide positive behavior support. ***School Psychology Review***, 35(2), 245-259.

Tager-Flusberg, H. (1993). What language reveals about the understanding of minds in children with autism. In S. Baron-Cohen, H. Tager-Flusberg, & D. J. Cohen (Eds.), ***Understanding other minds: Perspectives from autism*** (pp. 138-157), Oxford, England: Oxford University Press.

Taylor, S. J. (1988). Caught in the continuum: A critical analysis of the principle of the least restrictive environment. ***Journal of The Association for Persons with Severe Handicaps***, 13, 41-53.

Thurman, S. K. & Fiorelli, J. S. (1980). Perspectives on normalization. ***Journal of Special Education***, 13, 340-346.

Turnbull, R., Turnbull, A., & Wehmeyer, M. I. (2010). ***Exceptional lives: Special education in today's schools*** (6th ed.). Upper Saddle River, NJ: Merrll/Prentice-Hall.

Valente, M., Fernandez, E. & Monroe, H. (2011). ***Audiology answers for otolaryngologists***. New York, NY: Thieme Medical Publishers.

Wechsler, D. (1944). ***The measurement of adult intelligence*** (3rd ed.). Baltimore: Williams & Wilkins.

Wehmeyer, M. L., lance, D., & Bashinski, S. (2002). Promoting access to the general curriculum for students with mental retardation: A multi-level model. ***Education and Training in Mental Retardation and Developmental Disabilities***, 37, 223-234.

West, J. F. & Idol, L. (1990). Collaborative consultation in the education of mildly handicapped and at-risk students. ***Remedial and Special Education***, 11(1), 22-31.

Williamson, G. G. (1978). The individualized education program: An interdisciplinary endeavor. In B. Sirvis, J. W. Baken, & G. G. Williamson (Eds.), ***Unique aspects of the IEP for the physically handicapped, homebound, and hospitalized***. Reston, VA: Council for Exceptional Children.

Wolfensberger, W. (1972). ***The principle of normalization in human services***. Toronto: National Institute on Mental Retardation.

Woodruff, G. & McGonigel, M. J. (1988). Early intervention team approaches: The transdisciplinary model. In J. B. Jordan, J. J. Gallagher, P. L. Hutinzer, M. B. Karnes (Eds.), ***Early childhood special education: Birth to three***. Reston, VA: The Council for Exceptional Children(Ch. 8).

World Health Organisation (1980). ***International Classification of Impairments, Disabilities, and Handicaps***. World Health Organisation, Geneva.

World Health Organization (1993). ***The ICD-10 classification of mental and behavioral disorders***. World Health Organization.

World Health Organisation (2001). ***The International Classification of Functioning, Disability and Health (ICF)***. World Health Organisation, Geneva.

Yell, M. (2019). ***The law and special education*** (5th ed.). New York, NY: Pearson.

찾아보기

ㅇ

ㅈ

기타

박선희

덕성여자대학교 아동가족학 문학사

단국대학교 특수교육학 교육학석사

강남대학교 특수교육학 교육학박사

현) 용인강남학교 특수교사

현) 한양대학교 교육대학원 겸임교수

현) 강남대학교 출강

양현규

한양대학교 전자공학 공학사

한양대학교 전자통신전파공학 공학박사

단국대학교 특수교육학 교육학박사

성남혜은학교 특수교사

이현중학교 특수학급 교사

현) 홍익대학교 교육학과 초빙교수

현) 한양대학교 출강

예비 일반교육 교사를 위한

특수교육의 이해

펴낸날 2022년 1월 20일 초판 1쇄

지은이 박선희·양현규 ● **펴낸이** 김우승

펴낸곳 한양대학교출판부 ● **출판등록** 제4-7호(1972.2.29)

주소 서울 성동구 왕십리로 222 ● **전화** 02.2220.1432-4 ● **팩스** 02.2220.1435

홈페이지 press.hanyang.ac.kr ● **이메일** presshy@hanyang.ac.kr

디자인 안광일 ● **편집** 김민지 ● **인쇄** 네오프린텍

ISBN 978.89.7218.737.0 (93370)